한 권으로 읽는 경전 ─

경전숲길

한 권으로 읽는 경전

경전 숲길

정운 · 편역

조계종
출판사

| 책장을 열면서 |

길고 긴 머-언 길이었다.

수필, 기행문, 평전 등 다양한 글을 써봤지만 경전의 내용 일부를 추려 하나로 엮는 일은 생각지도 못했다. 이런 류의 책은 쉽게 만들 수 있을 거라고 생각했다. 그런데 원고 청탁을 수락한 뒤 어떤 책임감 같은 막연한 중압감이 나를 엄습했다. 원고를 시작하면서부터 탈고하기까지는 마라토너가 홀로 완주해야 하는 장거리 마라톤이었다.

현재 우리나라는 북방 대승불교권이지만 남방의 빨리 경전이 번역되어 있고, 위빠사나 수행자도 많다. 다양성과 복합성을 띠고 있는 불자들에게 진정으로 필요한 경전이 무엇인가를 신중하게 고민했다. 그러면서 보물을 발견한 해적들이 보석 하나라도 더 가져가려고 욕심 부리는 마음을 십분 이해했다. 경전 구절구절 보석 같은 진리 가운데 몇 부분을 선택하는 일은 쉽지 않았다. 어느 것 하나 놓치고 싶지 않았다. 하지만 작은 배 안에 한정된 보석을 싣는 심정으로 과감하게 긴요한 부분만 싣기로 했다.

무엇보다도 대중적인 요소를 지니고 있으며, 보편적으로 우리나라에서 유통되고 있는 경전을 1차로 선택했다. 초기불교의 메카인 아함부에서 제시하는 가르침은 불교 전반에 담겨 있는 사상이요, 불교의 총체적인 가르침이다. 아함부 내용이 반야부 경전에 그대로 드러나 있을 만큼 초기불교 사상과 가르침이 대승경전에 이어지고 있다. 선택한 경전은 결집 순서대로 배열하였고 크게 다섯 부분으로 구성하였다.

첫째(1장~5장), 초기불교 경전으로 불교의 기본적인 사상과 수행관을 중심으로 엮었다. 아함부에서는 부처님의 인간적인 모습과 제자 교육, 제자들의 수행을 통해 불교의 참 진리를 담고자 했다. 삼법인·사성제·팔정도·연기·업 등은 경전 내용 아래 별도 꼭지를 만들어 부연했다. 학문적인 느낌이 들어 수월하게 읽히지 않겠지만 불교의 기본 핵심을 강조하기 위한 편역자의 고집이다.

둘째(6장), 『밀린다왕문경』으로 초기불교에서 대승불교로 넘어가는 과도기에 성립된 경전이다. 부파불교 경전이지만 매우 쉽고, 현대인들이 공감할 수 있는 내용이다.

셋째(7장~15장), 대승불교 경전으로 우리나라 불자들이 애독하는 경전들이다. 신심을 일으키는 내용과 이타사상이 담긴 내용, 중요 언구, 일상생활과 밀접한 내용, 불교 사상의 핵심이라고 생각되는 내용을 모았다. 한편 불자들이 애독하는 『원각경』의 「보안장」, 『화엄경』의 「보현행원품」, 『법화경』의 「관음품」은 가능한 원문 그대로 실었다.

넷째(16장~19장), 『사십이장경』·『부모은중경』 등인데, 이 경전들은 중국에서 만들어졌다고 하지만 진리와 지혜가 담긴 훌륭한 경전들이다.

이와 같이 총 19권의 경전을 다루었다. 경전 내용은 단시일 내에 만들어진 것이 아니다. 『승만경』을 제외하고 편역자가 강의나 논문을 통해 정리해 두었던 것을 활용하였다.

다섯째(부록편), 경전의 서술 방법이나 불교의 전반적인 역사이다. 불교사 연대표는 편역자가 십여 년 전에 만들어 수정 보완해 온 것이다. 불교사에서는 경률론 삼장이 결집되는 순서와 남방의 6차 결집까지의 편찬 과정, 남방불교와 북방불교의 차이, 아쇼카왕의 업적 등을 아울러 정리해 두었다. 본문에서 독자들이 불교를 평면적으로 보았다면 부록편에서는 입체적인 감각으로 불교를 보았으면 하는 바람이다.

불교가 어렵다고 하는데, 주요 원인은 익숙하지 않은 용어와 한문권 경전 때문이다. 게다가 근래 출간하는 초기경전이나 위빠사나 관련 책들은 빨리어 발음으로 표기하고 있다. 편역자는 이 점을 충분히 숙지하여 현재 우리나라에서 예전부터 통용되는 용어를 선택했고, 문장도 현대적 감각을 반영코자 노력했다. 긴 수식어는 생략하여 경전의 의미를 살리는 데 중점을 두었다. 이 책이 불자들에게는 신심의 길라잡이가 되고, 일반 독자들에게는 불교를 쉽게 알 수 있는 계기가 되었으면 한다.

산모가 태아를 위해 좋은 것만 보고 들으며, 건전한 생각을 하려는 것처럼 이 책을 준비하는 동안 마음가짐을 조심하려고 노력했다. 부처님의 말씀을 엮는 동안만큼은 조금 착해져야(?) 반듯한 책이 나오리라는 작은 서원이었다.

그러나 현실은 그렇지 못했다. 좋은 책을 만들고자 하는 탐욕심, 부족한 능력으로 많은 것을 구하려는 데서 생기는 고뇌, 내 차를 들이박고 오리발 내미는 사람에게 분노했고, 병고로 외로웠던 시간도 있었다. 또 대학에서 강의하는 선생으로서 학생들에게 좋은 평가를 받는 기쁘고 보람된 일도 있었다. 모두 삶 속에 살아 있는 끊임없는 인간의 소리였고, 나약한 중생의 모습이었다. 현상을 떠나 본질이 있을 수 없고, 본질을 떠나 현상이 있을 수 없다. 삶의 순간순간에 닥치는 아픔과 고통을 피한다고 피해지겠는가! 바로 우리가 극복하지 않으면 안 되는 것들이다. 부처님께서는 인생에서 벌어지는 현상을 있는 그대로 바라보고 극복하는 방법을 설하셨다. 인간의 생로병사와 희로애락을 떠나서는 진리가 있을 수 없다. 이것이 편역자가 생각하는 경전이다.

이 책을 묶는 동안 승려로서의 길이 얼마나 행복한지를 깨달았고, 진리를 통해 맛보는 충만한 기쁨을 알았다. 아함부 경전에서는 목전에서 부처님 설법을 듣고 있는 착각을 하였고, 부처님 열반에 아난 존자가 눈물 흘릴 때는 함께 슬퍼했으며, 법장 비구의 48대원에서는 부끄러움을 느꼈고, 선재 동자의 구도 행각에서는 함께 구도의 길을 떠났다.

편역자와 출판사는 최대한 내용에 오류가 없도록 최선을 다했다. 내용 중에 그릇된 견해나 오류가 있다면 순전히 편역자의 무지함 때문이다. 아낌없는 질책 바란다. 이 책이 나오기까지 주위의 소중한 인연에 진심으로 감사드린다.

이천십일년 초여름
개웅산 니련선하원에서 정 운

| 차 례 |

책장을 열면서 ··· 4

초기불교 경전

1장 숫타니파타 부처님의 체취가 담겨 있는 가르침 ··· 22
　　　　　『숫타니파타』 이야기 38
2장 법구경 행복의 길, 해탈의 길 ·· 41
　　　　　『법구경』 이야기 61
3장 아함부 초기불교의 심장 ··· 64

　1. 석가모니부처님과 십대제자

　훌륭한 의사이신 부처님 64 | 위대한 스승, 석가모니 66 | 전법의 길을 떠나라, 절대 두 사람이 함께 가지 말라 67 | 등이 아파 쉬고 싶으니 사리불아, 대신 법을 설하라 68 | 신통 제일 목련도 업은 피할 수 없었다 69 | 사리불과 목련이 없어 대중이 텅 빈 것 같구나

71 | 사리불과 목련이 없는 포살 날 73 | 신명을 바쳐서라도 법을 전하겠다는 부루나 74 | 25년간 부처님을 모신 영원한 시자 75 | 잠을 자거라, 아나율아! 77 | 내 옆자리에 앉아라, 가섭아! 79 | 제일 먼저 마중 나온 수보리 81 | 분석과 논리에 뛰어난 가전연 83 | 우바리 같은 천민도 아라한이 될 수 있다 86 | 제게 보배 유산을 주십시오 88 | 아버지로서의 자식 교육 89 | 십대제자와 제바달다 91

2. 초기불교의 가르침

일체법(5온 · 12처 · 18계) 94 | 삼법인 98 | 사성제와 팔정도 103 | 중도 104 | 연기법 108 | 업 112

3. 수행의 이론과 실제

신념처 117 | 수념처 120 | 심념처 120 | 법념처 121 | 사념처 수행은 해탈로 가는 지름길 125 | 자기 스스로를 의지하라 127 | 호흡 수행과 자비희사 128 | 사향사과 130

4. 아함부 경전의 주옥같은 진리

깨달은 부처도 복을 짓는다 134 | 누구나 깨달을 수 있다 135 | 불씨를 구해오너라 136 | 형이상학적 철학에 관심 기울이지 말고, 현재 수행에 힘써라 138 | 두 번째 화살을 맞지 말라 139 | 진리 앞에서는 누구나 평등하다 141 | 여인도 성불할 수 있다 142 | 미래를 걱정하지 말라 144 | 현재에 충실하라 145 | 과거는 이미 지나갔고, 미래는 아직 오지 않은 것 146 | 정진 146 | 가장 위대하고 용감한 것은 인욕 148 | 정법 수행을 마음에서 놓지 말라 151 | 계와 지혜 152 | 참회 152 | 내가 싫으면 남도 싫은 법 153 | 석가족의 멸

망과 부처님의 고뇌 154 | 세상에서 가장 무서운 것은 무관심 156 | 남의 잘못을 들춰낼 때는 이렇게 하라 157 | 부모의 은혜를 잊지 말라 157 | 죽음이 다가오는데도 욕망의 늪에서 허우적대는 사람들 158 | 불법 만나는 일은 하늘의 별따기만큼 어렵다 159 | 외모로 사람을 판단하지 말라 160 | 원망을 원망으로 갚지 말라 161 | 좋은 도반 162 | 선지식의 도움은 인생을 좌우한다 162 | 나쁜 소문은 빨리 퍼진다 163 | 진실한 친구 163 | 『아함경』이야기 166

4장 대반열반경 부처님의 마지막 유행 ·················· 172

나라가 번성할 수 있는 일곱 가지 172 | 승가가 영원히 존속할 수 있는 일곱 가지 175 | 악행의 과보와 선행의 과보 176 | 유녀 암바팔리의 공양 177 | 자신을 의지처로 하고, 진리를 의지하라 178 | 사랑하고 좋아하는 사람도 이별하는 때가 온다 179 | 비구들이여, 진리를 수지해 수행할지니라 180 | 여래가 베살리 마을을 보는 것도 마지막이 될 것이다 180 | 부처님께 마지막 공양 올린 춘다 181 | 최후에 올린 공양은 복덕 쌓은 선업 182 | 출가자들은 여래의 유해를 모시지 말라 183 | 아난아, 나의 입멸을 한탄하거나 슬퍼하지 말라 184 | 부처님의 마지막 제자, 스밧다 비구 185 | 가르침과 계율로 스승을 삼을지니라 186 | 부처님의 입멸 187 | 말라족의 공양과 제자들의 비통함 188 | 부처님을 다비하다 189 | 『대반열반경』이야기 190

5장 육방예경 불자로서의 올바른 삶 ·················· 194

육방에 공양하고 예를 올리는 일 194 | 네 가지 악업과 재물이 손실되는 여섯 가지 195 | 재물이 손실되는 이유 196 | 착한 척하면서 가까이하는 사람 197 | 육방에 절을 하는 것

은 사람을 존경하는 일 198 | 『육방예경』 이야기 201

부파불교 경전

6장 밀린다왕문경 서양 그리스인과 동양 비구와의 문답 ················· 204

당신은 누구십니까? 204 | 고를 소멸하고 해탈하기 위해 출가한다 208 | 생존에 집착이 강한 사람이 다시 윤회한다 210 | 무아설은 윤회 관념과 모순되지 않는다 210 | 성자는 어떤 고난에도 마음이 동요되지 않는다 213 | 윤회하는 주체가 무엇인가 214 | 계행은 선정과 지혜의 근본 216 | 지혜는 번뇌를 끊고 광명을 특징으로 한다 217 | 시간의 최초 기점은 인식되지 않는다 218 | 여러 정신 작용을 세밀히 구별할 수 없다 220 | 과거 업식에 의해 현재의 삶을 받아 태어난다 222 | 목마를 때를 대비해 미리 우물을 파놓아라 223 | 소멸과 열반 225 | 진리를 보는 사람은 여래를 보는 것 225 | 출가한 자에게 육신은 어떤 의미인가? 226 | 제자들의 과오가 있을 때마다 부처님은 계율을 제정했다 227 | 냉정과 열정 227 | 욕망이 가득한 자와 욕망을 버린 자 228 | 바위를 배에 실으면 물 위에 뜬다 229 | 선행의 복덕은 크고, 죄업은 작다 229 | 알고 짓는 것보다 모르고 짓는 업의 과보가 더 무겁다 230 | 『밀린다왕문경』 이야기 231

초기대승불교 반야부 경전

7장 마하반야바라밀다심경 지혜 언덕에 이르는 길 ················· 236

반야심경 본문 236 | 경전의 내용 및 해석 238 | 『반야심경』 이야기 240

8장 금강경 견고한 다이아몬드 지혜로 번뇌를 깨뜨리다 ················· 243

보리심을 낸 사람은 어떤 마음 자세를 가져야 합니까? 243 ǀ 진정한 행자란? 244 ǀ 집착하지 않고 하는 보시는 복덕이 무량하다 245 ǀ 신체적 특징을 신체적 특징 아님으로 볼 줄 알아야 여래를 본다 245 ǀ 나의 설법을 뗏목과 같이 여길지니라 245 ǀ 일정한 법이 없는 것이 최상의 깨달음 246 ǀ 집착하지 않고 마음을 내어야 한다 246 ǀ 『금강경』이 있는 곳은 부처님이 계시는 곳과 같다 247 ǀ 참기 어려운 일을 참는 것이 수행이다 248 ǀ 여래가 얻은 법은 진실하지도 않지만 거짓되지도 않다 249 ǀ 『금강경』에서 제시하는 다섯 가지 수행 방법 249 ǀ 이 경을 수지 · 독송한 공덕 249 ǀ 이 경전을 독송하면 악업이 소멸된다 250 ǀ 일체 모든 법이 불법이다 250 ǀ 과거 마음도 얻을 수 없고, 현재 · 미래의 마음도 얻을 수 없다 251 ǀ 법신은 육안으로 볼 수 있는 것이 아니다 252 ǀ 여래는 오는 것도 아니고, 가는 것도 아니다 252 ǀ 여여부동한 마음 252 ǀ 재보시보다 법보시를 하면 수승한 복덕이 있다 253 ǀ 『금강경』 이야기 256

9장 유마경 재가신자의 청정한 삶 ················· 262

불국토 건설을 위해 닦는 행 262 ǀ 마음이 청정하면 국토가 청정하다 264 ǀ 국토가 청정하지 못함은 중생의 죄업과 허물 때문이다 265 ǀ 재가자로 살지만, 출가자처럼 청정한 유마 265 ǀ 육신에 열심히 투자해도 언젠가 나를 배신하고 허망하게 죽어간다 266 ǀ 무조건 앉아 있다고 해서 좌선하는 것이 아니다 267 ǀ 평등한 마음으로 밥을 빌어야 한다 268 ǀ 모든 것은 공이다 269 ǀ 중생의 근기를 살핀 뒤에 법을 설하라 269 ǀ 죄의 성품은 비어 있는 것이요, 죄업이란 두려움으로부터 비롯된다 270 ǀ 참다운 출가 271 ǀ 곧은 마음이 도량이다 271 ǀ 한 개의 등불로 백천 등불을 밝히듯 한 사람의 교화도 마찬가지다

273 | 참된 보시 274 | 중생이 아프므로 나도 아프다 274 | 누가, 왜 병을 앓고 있는가? 275 | 생사에 대한 애착을 끊어야 병이 낫는다 275 | 병에 걸린 보살의 마음 다스리는 법 276 | 진정한 보살행이란 중도행 277 | 땅에서 넘어진 자는 땅을 짚고 일어나라 277 | 법을 구하는 사람은 무언가 구하는 것이 있어서는 안 된다 278 | 법 앞에는 남녀 구별이 없다 278 | 더러운 진흙탕에서 연꽃이 피어난다 281 | 유마의 침묵 282 | 여덟 바라밀을 닦으면 정토에 태어난다 283 | 여래는 언어문자로 분별할 수 있는 것이 아니다 284 | 『유마경』 이야기 285

초기대승불교 화엄 · 정토 · 법화

10장 화엄경 대승불교의 꽃 ··· 290

서로 인연으로 얽혀 있을 뿐 자성이 없다 290 | 인연의 업은 꿈과 같은 것 291 | 자신의 업에 따라 과보를 받는 것 292 | 진리는 하나이지만, 각자 근기에 따라 받아들인다 293 | 그릇에 따라 물의 모양이 달라지듯, 중생의 업도 그러하다 294 | 쉼 없이 정진하라 295 | 듣는 것만으로 해탈할 수 없다, 실천이 필요하다 295 | 부처님은 한 법만으로 정각을 완성한 것이 아니다 296 | 중생이 정각을 구하는 방법에 따라 여래도 법을 설한다 297 | 부처님 세계는 허공처럼 광대무변하다 298

일상생활에서 불자의 서원과 실천 299 | 삼보를 믿고, 중생을 구제하는 발원으로 보리심을 내어라 301 | 신심은 도의 근본, 공덕의 어머니 302 | 어떻게 중생을 교화합니까? 304 | 진정한 수행자로 거듭나기 위한 십바라밀 304 | 삼보가 끊어지지 않도록 공경하고 받들어야 한다 306 | 마음과 부처와 중생은 차별이 없다 307

지혜를 얻기 위한 십지 308 | 환희심으로 서원을 세움-초지 환희지 308 | 번뇌를 여의고 선업을 닦음-제2 이구지 309 | 실상을 관찰하고, 중생구제를 위해 법문 듣기를 서원-제3 발광지 310 | 깨달음을 향한 정진-제4 염혜지 311 | 사성제를 관하고, 중생을 연민히 여김-제5 난승지 311 | 연기를 관해서 지혜를 얻음-제6 현전지 312 | 십바라밀 공덕을 쌓음-제7 원행지 314 | 번뇌를 소멸한 뒤의 흔들림 없는 경지-제8 부동지 316 | 지혜가 수승하고, 법을 설함이 뛰어남-제9 선혜지 316 | 부처님이 내리는 법비를 맞다-제10 법운지 318

선근을 닦은 열 가지 인연으로 부처가 세상에 출현한다 320 | 여래는 차별이 없건만, 중생은 자신의 근기에 따라 받아들인다 321 | 일체중생이 모두 여래의 지혜를 가지고 있다 323 | 중생은 여래의 참 아들로서 여래의 집에 태어난다 323 | 부처의 경계 324 | 손에 손잡고 함께 가자, 열반 세계로 325 | 하나가 곧 일체요, 일체가 곧 하나이다 326

선재 동자의 구법 여행 326 | 선재 동자, 구도의 길을 떠나다 328 | 광대무변함과 포용력 갖춘 바다를 수행대상으로 삼다 329 | 걸림 없는 경계는 마음이 만들어낸다 332 | 중생을 구제하기 위해 보리심을 발한다 333 | 선지식의 방편을 의심하지 말라 334 | 내 모습을 보면 기쁨이 넘치고 행복해진다 335 | 육신의 병이란 마음에 의해 생겨난다 336 | 대자는 대지와 같아서 중생을 성장시킨다 337 | 나를 가까이 하기만 해도 탐욕이 사라진다 338 | 모든 중생이 고통 없이 행복하기를 340 | 모든 중생이 기쁨으로 가득하기를 341 | 모든 중생은 인연으로 화합된 허망한 존재요, 생로병사·슬픔·고뇌는 허망한 분별에서 생긴 것 342 | 보리심은 불법을 성장시키는 종자이다 344 | 신심이 견고해야 보살행을 실천하고, 최상의 진리를 깨닫는다 347 | 마침내 지혜를 완성하다 348 | 『화엄경』이야기 350

11장 보현행원품 불자의 아름다운 행원 ··· 355

보현 보살의 열 가지 행원 355 | 첫째, 모든 부처님께 예배 · 공경하겠습니다 356 | 둘째, 모든 부처님을 찬탄하겠습니다 357 | 셋째, 널리 두루두루 공양 올리겠습니다 357 | 넷째, 모든 업장을 참회하겠습니다 358 | 다섯째, 남이 짓는 공덕이 있으면 함께 기뻐하겠습니다 359 | 여섯째, 설법하여 주시기를 청하겠습니다 360 | 일곱째, 부처님께서 이 세상에 오래 계시기를 청하겠습니다 360 | 여덟째, 게으름 피우지 않고 부처님의 수행력을 따라 배우겠습니다 360 | 아홉째, 항상 중생의 뜻에 따라 수순하겠습니다 361 | 열째, 지은 바 모든 공덕을 중생에게 회향하겠습니다 363 | 「보현행원품」을 수지 · 독송한 공덕 363 | 『보현행원품』 이야기 366

12장 무량수경 법장 비구의 48대원 ··· 367

법장 비구의 선정과 수행 원력 367 | 법장 비구의 48대원 368 | 대원을 이루지 못한다면, 저는 부처가 되지 않겠습니다 375 | 『무량수경』 이야기 377

13장 법화경 중생이 곧 부처 ··· 380

처음과 중간, 마지막이 여일한 가르침 380 | 있는 그대로의 모습 381 | 삼승을 설하는 것은 일승으로 이끌기 위해서이다 381 | 부처님은 일대사인연으로 세상에 출현하셨다 382 | 아이들이 장난으로 탑을 쌓아도 불도를 이룬다 382 | 부처님은 근기에 따라 법을 설한다 383 | 방편품에 담긴 보물 같은 진리 384 | 애들아, 집이 불타고 있으니 빨리 집 밖으로 나오거라 385 | 보배를 거지 아들에게 물려주다 386 | 비가 내리면 모든 초목이 똑같이 비를 맞는다 387 | 모든 이들이 성불할 것이다 388 | 모든 이들에게 공덕

을 돌리는 것이 참다운 회향 389 | 조금만 더 가면 보물이 있으니, 힘을 내십시오 389 | 옷 속에 보배를 두고 거지생활을 하다 391 | 법화행자의 다섯 가지 수행 방법 391 | 『법화경』이 있는 곳이면 부처님이 계시는 곳 392 | 법화행자의 세 가지 마음가짐 392 | 나를 해친 악인일지라도 내세에 반드시 성불할 수 있다 393 | 여덟 살 용녀의 성불 393 | 네 가지 안락행 396 | 황제의 상투 속에 있는 소중한 보배 구슬 397 | 『법화경』을 수지·독송한 공덕 399 | 중생을 제도하기 위해 경전이 존재한다 399 | 부처님은 방편으로 열반을 보인 것 399 | 저는 당신을 공경합니다, 당신은 곧 부처님이 되기 때문입니다 401 | 법을 위하여 신명을 바치다 402 | 관세음 보살을 염하는 공덕 403 | 『법화경』 이야기 405

중기대승불교 경전

14장 열반경 중생 곁에 늘 함께하는 부처님, 불성사상의 정수 ········· 410

열반 4덕인 상락아정 410 | 중생을 아들처럼 여긴다 413 | 여래는 금강신이다 414 | 고기를 먹는 것은 자비 종자를 끊는 것과 같다 414 | 계율과 참회 416 | 진아는 여래장이다 416 | 이마에 파묻힌 보배 구슬 417 | 『열반경』에서 제시하는 계율론 418 | 달의 성품이 영원히 만월인 것처럼 여래도 마찬가지다 418 | 성자는 성스러운 행동을 한다 419 | 행복과 불행은 함께하는 법 420 | 사랑은 이별의 고통을 만드는 근원 421 | 『열반경』은 가장 훌륭한 경전 421 | 진리를 구하고자 육신을 보시하다 422 | 보살의 행원 423 | 4무량심 424 | 아무리 어리석은 중생일지라도 성불할 수 있다 425 | 참된 선지식이란 어떤 존재인가? 426 | 중생을 향한 보살의 염원 427 | 불성의 정의 427 | 중생은

자신의 이익을 위해 고행하지만, 보살은 남을 위해 고행한다 428 | 일부분을 가지고 전부인 양 주장하는 어리석은 이들 429 | 불성이 내재되어 있음을 모르다 430 | 업은 반드시 정해진 것이 아니다 430 | 함께 받는 업 431 | 『열반경』 이야기 433

15장 승만경 여인 성불과 그녀의 설법 ··· 437

승만부인, 미래에 부처가 될 수기를 얻다 437 | 깨달음에 이를 때까지 늘 불법을 수지하겠습니다 438 | 세 가지 큰 서원 440 | 올바른 가르침을 받아들이는 일 440 | 올바른 가르침을 받아들이는 일이 곧 바라밀이다 441 | 올바른 가르침을 받아들이는 사람과 올바른 일 442 | 올바른 가르침을 받아들이는 일은 곧 대승이다 444 | 해탈의 맛 445 | 삼승이 곧 일승이요, 대승이다 445 | 여래장은 성스러운 진리 447 | 법신에 대한 올바른 견해 447 | 여래장은 자성청정심 448 | 『승만경』을 수지한 공덕 450 | 『승만경』 이야기 451

지혜의 길

16장 원각경 원융한 본성과 차별적인 수행의 조화로움 ··· 456

무명이란 무엇인가? 456 | 수행 방법과 차제 457 | 생각은 마음으로부터 일어난다 464 | 애욕은 윤회하는 근원 465 | 원각을 통해서 본 삶의 본성 466 | 손가락을 보지 말고, 달을 보라 466 | 원각에 수순하는 것 466 | 자아를 지나치게 애착하거나 싫어하지 말라 467 | 병에 걸리지 말라 467 | 마음에 애증의 찌꺼기를 남겨두지 말라 469 | 업장소멸과 정진 470 | 『원각경』 이야기 471

17장 사십이장경 북방불교 최초의 경전 ·· 473

녹야원에서의 첫 설법 473 | 나무 밑에서 하룻밤 자되 절대 두 밤을 머물지 말라 474 | 인간 됨됨이의 길 474 | 늘 자신을 돌아보는 삶 475 | 자신의 인격 점수는 몇 점인가? 475 | 메아리는 소리를 따른다 476 | 현자를 박해함은 결국 자기 파멸의 길 476 | 원만한 수행의 길 477 | 다른 이의 선행을 함께 기뻐하는 공덕 477 | 인생에서의 스무 가지 어려움 478 | 청정한 마음으로 뜻을 굳건히 하라 478 | 참다움을 지키는 최선과 최고의 원만함 479 | 인욕 수행으로 맺어진 최상의 지혜 479 | 도를 얻는 가장 빠른 길은? 480 | 무명이 사라짐은 곧 지혜의 자리 480 | 참된 수행의 길 480 | 무상을 아는 그 자리가 깨달음의 길 481 | 나는 어떤 요소로 이루어져 있나? 481 | 향을 사르고 나면 연기만 남는다 481 | 재물욕과 애욕으로 인한 피해 482 | 정에 얽매이면 수행이 성글다 482 | 이성에 대한 욕망은 수행의 큰 걸림돌 483 | 부처님이 애욕을 멀리한 이야기 483 | 이기심과 삿된 견해에 떨어지지 않는 중도 483 | 근심은 애욕으로부터 생긴다 484 | 여인을 바라볼 때는 그대의 누이라고 생각하라 484 | 애욕이 일어나는 근원지를 끊어라 485 | 열심히 정진하라 485 | 조화로운 삶과 수행 방법 486 | 번뇌를 제거하면 마음이 청정해진다 487 | 불법 만나기 어렵고, 바른 스승 만나기 어렵다 487 | 계율을 늘 염두에 두어라 487 | 삶과 죽음은 호흡과 호흡 사이에 있다 488 | 부처님의 가르침은 처음·중간·마지막이 모두 일미이다 488 | 마음이 있으면 행이 따라온다 489 | 곧은 마음으로 도만을 사념하라 489 | 왕위를 먼지같이 보고, 보배를 조약돌처럼 여긴다 489 | 『사십이장경』이야기 491

18장 불유교경 부처님의 마지막 가르침 ·· 494

계율로 스승을 삼을지니라 494 | 마음을 잘 단속하라 495 | 화는 공덕을 훔쳐가는 도둑이다 496 | 탐욕 부린 만큼 고뇌가 발생한다 497 | 소유지족을 미덕으로 삼아라 497 |

사람을 좋아하면 수행이 성글다 498 ǀ 게으름 피우지 말고 정진하라 498 ǀ 선정을 얻은 사람이 지혜를 얻는다 499 ǀ 지혜는 해탈로 나아가는 지름길이다 499 ǀ 쓸데없는 말을 많이 하지 말라 499 ǀ 늘 수행을 염두에 두라 500 ǀ 진리는 영원히 변하지 않는다 500 ǀ 여래의 법신은 늘 그대 곁에 머물 것이다 501 ǀ 모든 것은 변하게 되어 있다 501 ǀ 『불유교경』 이야기 503

19장 부모은중경 이생에서 가장 소중한 인연, 부모 ·········· 505
옛적부터 현생에 이르는 동안 육도 중생이 나의 부모 · 형제 · 친척 아님이 없다 505 ǀ 여자는 자식을 낳을 때 서 말의 피를 흘리고, 여덟 섬 젖을 먹인다 506 ǀ 10개월 동안 태아는 어떻게 형성되는가? 507 ǀ 자식을 낳아 기르는 열 가지 은혜 508 ǀ 『부모은중경』 이야기 510

부록
경전의 사구게 및 주요 게송 ·· 514
불교의 역사 ·· 522
    왕조의 발전 522 ǀ 불교사 523 ǀ 경률론 삼장결집(제1~제4 결집) 524 ǀ 남방불교 4차~6차 결집 527 ǀ 빨리어와 산스크리트어 528 ǀ 불교를 부흥시킨 아쇼카왕의 업적 528 ǀ 남방불교와 북방불교 530 ǀ 불교가 인도에서 쇠퇴한 원인 531

경전 내용의 형식과 특징 ·· 532
경전 독송 시작하고 끝날 때의 게송 ································· 534

찾아보기

일러두기

1. 이름이나 지역, 법수法數나 경經의 개념은 한국불교에서 쓰고 있는 한글 그대로 표기했다.
   (예 : 왕사성, 코살라국, 라훌라, 사리불, 수보리, 목련 등)

2. 초기불교에 관련된 경전이나 용어는 빨리어로 표기하고, 대승경전은 산스크리트어로 표기했다.
   단 지명 가운데 베살리(웨살리)는 빨리어 표기로 통일해 두었다.

3. 초기불교 경전에서 삼법인·사성제·연기설 등 불교의 중요 가르침은 별도 박스를 만들어 편역자의 설명을 덧붙여 놓았다.

4. 경전이나 전집은 『 』, 경전의 품品이나 장후은 「 」, 경전의 인용구는 " ", 중요 언구나 용어 등 특별한 단어는 ' '로 표시하였다.

5. 찾아보기(색인)에서 빨리어인 경우 빨 산스크리트어인 경우 산 약자로 표기하였다.

초기불교 경전

1장 숫타니파타 - 부처님의 체취가 담겨 있는 가르침

2장 법구경 - 행복의 길, 해탈의 길

3장 아함부 - 초기불교의 심장

4장 대반열반경 - 부처님의 마지막 유행

5장 육방예경 - 불자로서의 올바른 삶

1장

숫타니파타[1]
— 부처님의 체취가 담겨 있는 가르침

뱀의 독이 퍼진 상처 부위에 약을 발라 치료하듯이
분노가 일어난 것을 잘 제어하는 수행자는
이 세상과 저 세상을 함께 버린다.
마치 뱀이 묵은 허물을 벗어버리는 것처럼.

- 제1장 사품蛇品 01

---

1 남전대장경 빨리어본『숫타니파타Suttanipāta』를 저본으로 함.

안으로 성냄이 없고
밖으로 세상 어떤 풍파에도 흔들림 없는 수행자는
이 세상과 저 세상을 함께 버린다.
마치 뱀이 묵은 허물을 벗어버리는 것처럼.

- 제1장 사품 06

사람들과 어울리기를 좋아하고
모임 만들기를 좋아하는 사람은 해탈에 이를 수가 없다.
부처님의 가르침에 따라 무소의 뿔처럼 홀로 가라.

- 제1장 사품 20

자식이 있으면 자식 때문에 근심이 생기고
소가 있으면 소 때문에 걱정할 일이 생긴다.
곧 집착 때문에 근심·걱정이 생겨난다.
집착 없는 사람에게는 근심·걱정도 생기지 않는다.

- 제1장 사품 34

사람을 만나기 시작하면 사랑과 그리움이 싹튼다.
사랑과 그리움이 연정으로 커지면서
괴로움이 따르기 마련이다.
연정으로부터 근심·걱정·불행이 시작된다.
저 광야에 외로이 걷는 무소의 뿔처럼 홀로 가라.

- 제1장 사품 36

배우자와 자식, 부모 · 재물 · 곡식 · 친족
그 밖의 모든 것에 대한 욕망까지도 버리고
무소의 뿔처럼 홀로 가라.

- 제1장 사품 60

최고의 목적에 도달하기 위해 노력 정진하되
마음의 안일을 구하지 말고, 행동을 게을리하지 말라.
열정적으로 행동하고, 체력과 지력을 갖추어
저 광야에 외로이 걷는 무소의 뿔처럼 홀로 가라.

- 제1장 사품 68

큰 소리에 놀라지 않는 사자와 같이
그물에 걸리지 않는 바람같이
물에 젖지 않는 연꽃같이
저 광야에 외로이 걷는 무소의 뿔처럼 홀로 가라.

- 제1장 사품 71

사람들은 자신의 이익을 위해 친구를 사귀고 돕기도 한다.
이해관계를 떠나서 사람을 사귀기란 쉽지 않은 일이다.
이런 인간의 본성을 염두하고
저 광야에 외로이 걷는 무소의 뿔처럼 홀로 가라.

- 제1장 사품 75

부처님께서 아침 일찍 발우를 들고 탁발을 나가셨다.

한 바라문이 음식을 받기 위해 서 계신 부처님께 말했다.
"사문이시여, 나는 밭을 갈고 씨를 뿌립니다.
그 노동한 수확물로 나는 먹고 있습니다.
사문이여, 당신도 밭을 갈고 씨를 뿌리며, 그 수확물로 공양하십시오."
부처님께서 말씀하셨다.
"바라문이여, 나도 밭을 갈고 씨를 뿌려 노동한 수확물로 먹습니다."
바라문이 말했다.
"우리는 당신께서 호미를 들고, 밭에서 일하는 모습을 본 적이 없습니다."
부처님께서 말씀하셨다.
"믿음은 종자요, 고행은 비(雨)며, 지혜는 내 멍에와 호미,
부끄러움은 괭이자루, 의지는 잡아매는 줄,
정념正念은 내 호미 날과 작대기입니다.
행동을 조심하고, 말을 삼가며, 음식을 절제해 과식하지 않습니다.
나는 진실을 김매는 일로 삼고 있습니다.
온화함(부드러움)으로 멍에를 떼어 놓습니다.
노력은 나의 황소이며, 나를 안온의 경지로 실어다 줍니다.
퇴전하지 않고 앞으로 정진해 그곳에 이르면 근심 걱정이 없습니다.
이런 경작을 시행하면 모든 고뇌로부터 해방됩니다."

- 제1장 사품 77, 78, 79, 80

재산이 많아 풍족하게 살면서도
늙은 부모를 돌보지 않는다면, 이는 파멸의 문이다.
귀금속과 재산을 많이 가지고 있으면서
홀로 부귀영화를 누린다면 이는 파멸의 문이다

가문은 뽐내고 자랑하면서 가문의 사람들을 멸시하고
도와주지 않는다면 이는 파멸의 문이다.

- 제1장 사품 98, 102, 104

여자에게 탐닉하고, 술과 도박을 일삼는다면, 파멸로 가는 지름길이다.
왕족 집안에 태어난 사람이 권세는 작은데
욕망만 커서 왕위를 차지하고자 한다면, 이는 파멸의 문이다.
세상에 파멸이 있다는 것을 잘 알고 살핀 현자들은
진리를 구하고, 해탈을 구하려고 한다.

- 제1장 사품 106, 114, 115

사람은 출신 성분으로 천한 사람이 되는 것이 아니다.
또한 태생에 의해 귀한 사람(바라문, Brāhman)이 되는 것도 아니다.
행위에 의해 천한 사람이 되기도 하고
행위에 의해 귀한 사람이 되기도 한다.

- 제1장 사품 142

빈부귀천 남녀노소를 막론하고 남을 속여서는 안 된다.
또 어디에서나 남을 업신여기거나 경멸해서도 안 된다.
상대방에게 괴롭히려는 의도를 가지고
화를 내거나 고통을 주지 말라.

- 제1장 사품 148

살아 있는 존재는 다 행복하라.

마치 어머니가 외아들을 사랑하는 것처럼
살아 있는 모든 것에 무한한 자비심을 가져라.

- 제1장 사품 149

'저 시체도 얼마 전까지 살아 있던 사람으로
내 육체와 같았을 것이다.
살아 있는 이 몸도 언젠가는 저 시체와 똑같이 될 것이다'
라고 알고 안팎으로 관조觀照하여
몸에 대한 욕망을 버려야 한다.

- 제1장 사품 203

인간은 무명無明과 육신의 더러움을 지니고 있으면서
꽃이나 향으로 자신의 치부를 숨긴다.
이렇게 어리석은 인간이요, 부정不淨한 육신을 가지고 있으면서
자신을 위대하고 대단한 존재로 착각하고
다른 사람을 함부로 하거나 무시한다면
바로 이런 사람이 앞을 보지 못하는 사람이다.

- 제1장 사품 205, 206

자기를 잘 지키고 제어해 악행을 삼가도록 하라.
젊었을 때나 중년이 되어서도 자기를 지킬 줄 알아야 한다.
남을 괴롭히지 않고, 남으로부터 괴롭힘을 당하지 않는 사람
바로 이런 사람을 성자라고 한다.

- 제1장 사품 216

살아 있는 생명을 죽이는 것, 때리는 것, 훔치고 거짓말하는 것,
사기 치고 남을 속이는 것, 그릇된 것을 배우는 것,
남의 아내와 가까이하는 것 등
이런 일이 비린 것이지 육식(肉食)이 비린 것이 아니다.

- 제2장 소품小品 242

난폭하고 잔인하며, 친구를 험담하고 배신하는 것,
오만하고 편견이 심하며, 인색해서 남에게 베풀지 않는 것
이런 행위가 비린 것이지 육식이 비린 것이 아니다.

- 제2장 소품 244

부끄러운 행동을 하고도 부끄러움을 느끼지 못하고
'나는 그대의 친한 친구다'라고 말하면서
친구가 정작 어려운 일에 처했을 때, 도와주지 않는 사람이라면
그런 사람은 친구가 아니니, 가까이하지 말라.

- 제2장 소품 253

자신이 원하는 일에 좋은 결과를 바란다면
인간으로서 짊어져야 할 삶의 무게를 받아들여라.
참고 견디면서 살다 보면 마침내 기쁜 일이 생기고,
남으로부터 칭찬받으며, 안락함이 찾아온다.

- 제2장 소품 256

부모를 섬기고, 부인과 자식을 사랑하는 것,

일에 질서가 있어 혼란스럽지 않은 것,
이것이 더할 나위 없는 행복이다.

- 제2장 소품 262

친족에게 베풀고 올바르게 행동하는 것
비난받을 만한 행동을 하지 않는 것
이것이 더할 나위 없는 행복이다.

- 제2장 소품 263

존경하고 감사할 줄 아는 것, 적은 것에도 만족할 줄 아는 것,
때때로 진리의 가르침을 듣는 것, 이것이 더할 나위 없는 행복이다.

- 제2장 소품 265

삶의 고난에 인욕하고, 온순하며, 수행자를 만나는 것,
선지식의 설법에 귀 기울여 듣고자 하는 것,
이것이 더할 나위 없는 행복이다.

- 제2장 소품 266

수행, 청정한 행위, 진리에 대한 갈구와 법열法悅,
이것이 더할 나위 없는 행복이다.

- 제2장 소품 267

세상의 어떤 일에도 마음이 흔들리지 않고
근심·걱정 없이 평온을 유지하는 것,

이것이 더할 나위 없는 행복이다.

- 제2장 소품 268

탐욕과 혐오는 자신으로부터 생긴다.
좋고 싫다는 것, 그리고 두려움도 모두 자신으로부터 비롯된다.
마치 어린아이들이 잡았던 까마귀를 놓아버리는 것처럼.

- 제2장 소품 271

사물에 대한 이해가 부족하고, 질투심이 많은 소인이나
어리석은 이를 가까이 사귄다면, 이 세상 사는 동안
진리를 알지도 못하고 의심만 많은 채로 죽게 된다.

- 제2장 소품 318

정당하게 얻은 재물로 부모를 섬겨라.
떳떳한 업종으로 장사하여라.
열심히 산 사람은
다음 세상에 좋은 곳에서 태어난다.

- 제2장 소품 404

사람에게 출신 성분을 묻지 말고, 그 사람의 행위를 물어라.
불(火)이 장작에서 생겨나는 것처럼
아무리 천한 출신일지라도 진리에 대한 믿음이 있고,
부끄러움을 알고 절제할 줄 안다면, 이 사람은 고귀한 사람이다.

- 제3장 대품大品 462

사람의 목숨은 정해져 있지 않다.
얼마나 살다 죽을지 아무도 모른다.
인생은 애처롭고 짧은 데다 늘 고통을 수반하고 있다.
이 세상에 태어난 존재는 죽음을 피할 길이 없다.
늙으면 죽음이 자연스럽게 찾아온다.
참으로 생명이 있는 것은 바로 이런 것이다.

- 제3장 대품 574, 575

젊은 사람도, 중년이 된 사람도,
어리석은 사람도, 지혜 있는 사람도
모든 사람은 죽음 앞에 굴복한다.
모든 살아 있는 존재는 반드시 죽게 되어 있다.

- 제3장 대품 578

죽어서 저세상에 가는 사람을
부모도 자식도 친척도 구원해주지 못한다.
친척들이 애타는 마음으로 지켜보지만
모든 이들이 하나씩 하나씩 도살장으로 끌려가는 소처럼 사라진다.

- 제3장 대품 579, 580

생명이 있는 모든 존재는 구별할 수 있지만
사람은 (천민과 바라문이라는 태생으로) 구별할 수 없다.
인간 사이의 구별은 다만 명칭에 의할 뿐이다.

- 제3장 대품 611

세상에 사는 동안, 붙여진 이름과 성은 하나의 명칭에 불과하다.
사람이 태어난 그때 임시로 붙여진 것이다.
이렇게 임시로 이름이 붙여졌다는 것을 모르는 사람은
잘못된 편견이 있는 것이다.
어리석은 사람들은 '태생에 의해 바라문이 된다' 라고 생각한다.
그러나 사람은 태생으로 바라문이 되는 것이 아니라
그 사람의 행위로 바라문이 되는 것이다.

- 제3장 대품 648, 649, 650

비난받아야 할 사람을 칭찬하고
칭찬받아야 할 사람을 비난하는 사람
그는 입으로 죄업을 더하고, 그 죄업으로 고통을 받는다.

- 제3장 대품 658

자신이 지은 어떤 죄업도 소멸되지 않는다.
반드시 되돌아와 그 임자가 악업의 과보를 받는다.
어리석은 자는 현생에 죄를 짓고, 내세에 괴로운 과보를 받는다.

- 제3장 대품 666

그릇된 애착과 집착을 늘 안고 있는 사람은
이 세계에서 저 세계로 굴러다니며
결코 생사윤회에서 벗어나지 못한다.

- 제3장 대품 740

집착 때문에 생존이 생긴다.
존재하는 자는 모두 괴로움을 받는다.
이것이 괴로움이 일어나는 원인이다.
현자들은 집착의 소멸에 대해 바르게 알고
다시는 생존하지 않는다.

- 제3장 대품 742, 743

욕망을 채우고 싶어 애달파하는 사람이
자신의 욕망을 이루지 못하면
화살에 맞은 것처럼 괴로워한다.

- 제4장 의품義品 767

농토 · 집터 · 황금 · 말 · 노비 · 부인 · 친척 등
여러 가지를 탐내는 사람은
그것으로 말미암아 반드시 고통이 따르고 위험이 따르기 마련이다.
마치 부서진 배에 물이 스며들듯이.
그래서 사람은 항상 바른 생각을 품고 자신을 지켜야 한다.
배에 스며든 물을 퍼내듯이.
욕망을 버리고 강을 건너 피안에 도달하는 사람이 되어라.

- 제4장 의품 769, 770, 771

욕망에 탐닉해 있는 사람은 해탈하기 어렵다.
다른 사람이 (그대를) 해탈시켜 주지 못한다.
사람들은 과거를 돌아보고, 미래를 계획하면서

현재 눈앞의 욕망에 탐닉해 있다.

- 제4장 의품 773

세상에 미련을 가지고 집착해도 인간은 죽음을 면치 못한다.
인생은 매우 짧다. 백 살도 못 채우고 눈을 감는다.
아무리 오래 살려고 발버둥쳐도 결국 노쇠老衰해 죽는다.

- 제4장 의품 804

사람들은 '나의 것'이라고 집착한 그 물건 때문에 괴로워한다.
'나의 것'이라고 생각하는 그 물건은 영원하지 않다.
세상 모든 것은 변하고 사라지는 것임을 분명히 알아야 한다.

- 제4장 의품 805

성인은 어느 것, 어떤 것에도 집착하지 않는다.
사랑하거나 미워하지도 않는다.
또 슬퍼하지 않고, 인색하지도 않다.
마치 연꽃잎에 물이 묻지 않는 것처럼.

- 제4장 의품 811

그들은 '우리만이 청정하다'고 주장하면서
다른 가르침은 청정하지 않다고 우긴다.
자기가 따르는 것만이 옳다고 주장하면서
다른 가르침을 배척하고 있다.

- 제4장 의품 824

죽음에 가까워져 삶에 애착 부리지 않고,
과거에 얽매이지 않으며, 현재에 망상 피우지 않는다면
미래도 당연히 걱정하거나 괴로워할 것이 없다.

- 제4장 의품 849

투쟁 · 논쟁, 근심 · 슬픔, 인색 · 자만, 오만함, 악구惡口는
자신이 좋아하는 것에 대한 애착에서 비롯된다.
투쟁하고 논쟁할 때는 조금도 양보하지 않는다.
논쟁할 때는 서로 욕설이 오가기도 한다.

- 제4장 의품 863

수행자는 비방 · 비난을 받더라도 두려워해서는 안 된다.
또한 타인으로부터 칭찬받더라도 자만심을 갖지 말라.
탐욕과 인색함, 성냄과 욕설을 몸에 익히지 말라.

- 제4장 의품 928

'이것은 내 것이다', '저것은 남의 것이다'라고
생각하지 않는 사람은 집착과 애착심을 떠난 사람이다.
지혜로운 사람은 설령 자신의 소유물이 적을지라도
근심하거나 슬퍼하지 않는다.

- 제4장 의품 951

다른 사람이 충고해주면, 반성하고 감사하게 생각하라.
함께 수행하는 사람들에게 악한 마음을 품지 말고

좋은 말을 많이 해주어라.
시기가 적절하지 않을 때는 말을 삼가고
헐뜯으려는 마음을 품지 말라.

- 제4장 의품 973

어떤 것에 대한 편견과 선입견, 분별심을 내지 말라.
덧없는 세상에서 생존 상태에 더 이상 머물려고 하지 말라.
이렇게 깊이 생각하며 부지런히 정진하는 사람은
'내 것'이라는 소유 개념을 갖지 않는다.
생과 죽음, 근심과 슬픔을 버리고
지혜로운 사람이 되어 세상의 괴로움에서 벗어나라.

- 제5장 피안도품 彼岸道品 1055, 1056

어떤 것도 소유하거나 집착 부리지 않는 것
이것이 (평온하고 고요한) 마음이고, 열반이다.
또한 늙음과 죽음의 소멸이기도 하다.

- 제5장 피안도품 1094

제자 뼁기야가 부처님께 물었다.
"저는 나이를 먹고 힘도 없으며 초췌하게 늙어가고 있습니다.
저는 어둠 속에서 죽고 싶지 않습니다.
어떻게 해야 태어남과 늙음이라는 고통에서 벗어날 수 있습니까?"
부처님께서 말씀하셨다.
"육신을 가진 존재는 늘 괴로움이 따르기 마련이다.

육신이 있기 때문에 병의 고통이 생긴다.
그러니 그대는 육체에 대한 집착을 버리고
부지런히 정진해서 다시는 생존을 받지 않도록 하라."

- 제5장 피안도품 1120, 1121

『숫타니파타』 이야기

■ 『숫타니파타』의 의의

『숫타니파타』는 『법구경』과 함께 경전 가운데 가장 초기에 이루어진 경으로 알려져 있다. 『아함경』보다 먼저 이루어진 경으로 부처님의 체취와 진리가 생생히 담겨 있다. 곧 석가모니부처님을 초현실적인 존재가 아니라 현실적이고 역사적인 인물로 이해할 수 있는 경전이다.

이 경전은 남전南傳대장경 빨리 삼장 중 소부경전(Khuddaka-nikāya) 15경 가운데 하나이다. 빨리어로 『숫타니파타Sutta-nipāta』라고 한다. 숫타sutta는 경經이란 뜻이고, 니파타nipāta는 모음(集)이란 뜻으로, '부처님 말씀을 모아놓은 것'이라는 의미이다. 즉 이 경은 길고 짧은 여러 가지 경구를 모은 시집이다.

한역본으로는 남전대장경의 제4장 「의품義品」에 해당되는 내용이 『불설의족경佛說義足經』이라는 이름으로 한역되어 있다. 『불설의족경』은 서북인도 출신인 지겸支謙이 3세기 중엽 중국 오나라(223~253)로 건너와 번역한 것이다.

『아함경』처럼 선업과 악업으로 말미암은 과보, 오온·연기·사성제 등과 같은 단어가 등장하지 않지만, 『숫타니파타』에는 초기불교 교단 이전의 상황이나 가르침이 그대로 담겨 있다. 소박하면서도 단순하고 인간으로서의 참다운 길, 수행자로서의 해탈 등이 간결하게 표현되어 있다.

■ 경전의 구성 및 내용

『숫타니파타』는 학계에서 『법구경』과 함께 아쇼카왕 이전인 기원전 4~3세기에 편집되었을 것으로 본다. 모두 5품(5장)으로 구성되어 있으며, 1149편의 시가 70경經으로 수록되어 있다.

제1장 「사품蛇品」에는 12개의 경이 수록되어 있다. 뱀이 허물을 벗는 것처럼 수행자는 세속의 번거로움에서 벗어나야 함을 강조하고 있다. '무소의 뿔처럼 홀로 가라', '마치 뱀이 허물을 벗듯이'가 후렴구로 반복된다. 또한 수행자의 자비심이 강조되어 있으며, 수행은 밭을 가는 것처럼 정신적 노동을 통해 해탈을 얻는다고 하였다.

제2장 「소품小品」은 비교적 짧은 글인 14경이 수록되어 있다. 최상의 행복이 무엇인가를 제시하고 있다. 악지식을 여의고 선지식을 가까이하고, 성인을 존경하는 것이 최상의 행복임을 나타내고 있다. 또한 만족을 알고 공덕 쌓는 것, 주위 사람들에게 최선을 다하는 것이 최상의 행복이라고 하였다.

제3장 「대품大品」에는 조금 긴 문장의 12경이 수록되어 있다. 사람은 태생이 아니라 행위로 평가받아야 한다는 인류 평등과 인권 사상이 담겨 있다. 또한 선업을 쌓는 것, 수행의 중요성과 죽음에 대한 통찰이 강조되어 있다.

제4장 「의품義品」은 여덟 편의 시구를 16경으로 구성한 것이다. 이 4장은 처음에 독립된 경전이었다가 나중에 편입되었다. 이 경전 내용 중 가장 일찍 이루어진 것이라고 볼 수 있다. 인간의 욕망과 분노·어리석음으로 인해 집착에서 벗어나기 어려움을 설하고, 늙음과 죽음에도 애착 부리지 않는 청정행을 강조한다.

제5장 「피안도품彼岸道品」은 다른 장과는 달리 하나의 줄거리를 가지고 있다. 바라문의 제자인 16명 학생이 한 사람씩 차례로 부처님께 물으면 응답하는 형식으로 구성되어 있다.

2장

법구경 [2]

― 행복의 길, 해탈의 길

모든 것은 마음에 근거하고, 마음을 근본으로 하며,
마음에 의해 만들어진다.
즉, 마음속에 악한 것을 생각하면 말과 행동까지 거칠게 된다.
이 때문에 죄업이 따른다.
마치 수레를 따르는 수레바퀴처럼.

― 대구품 01

---

2 남전대장경 빨리어본 『담마빠다 Dhammapāda』 26장 423게를 저본으로 함.

모든 것은 마음에 근거하고, 마음을 근본으로 하며,
마음에 의해 만들어진다.
즉, 마음속에 착한 일을 생각하면 좋은 말을 하게 되고 착한 행위를 한다.
이로 인해 복을 쌓고 즐거운 일이 생긴다.
마치 형상을 따르는 그림자처럼.

- 대구품 02

'그는 나를 욕하고 꾸짖었다, 나를 때렸다, 나보다 승리했다'
라는 생각을 가슴에 담아두면
그 원한은 끝내 사라지지 않는다.

- 대구품 03

'그는 나를 욕하고 꾸짖었다, 그 사람이 내 것을 빼앗았다, 나를 이겼다'
라는 것을 마음에 새겨두지 않으면
원망하는 마음이 차츰 사라진다.

- 대구품 04

원한을 원한으로 되갚는다고 해서
맺힌 한이 풀어지는 것은 아니다.
원망을 쉬어야 원한이 풀어진다.
이것은 영원한 진리이다.

- 대구품 05

남이 저지른 잘못이나 그릇된 행실을 보지 말고
내가 저지른 잘못이나 그릇된 행위를 살펴보아라.
이렇게만 한다면 상대방에 대한 다툼이 소멸하고, 근심이 사라진다.

                                                                        - 대구품 06

진실을 거짓으로 보고, 거짓을 진실로 본다면
이것은 그릇된 생각이요, 사견邪見이다.
자신에게 이익될 것이 없다.

                                                                        - 대구품 11

진실을 진실로 볼 줄 알고, 거짓을 거짓으로 볼 줄 아는 것,
이것이 바른 견해요, 정견正見이다.
반드시 이익이 따른다.

                                                                        - 대구품 12

허술하게 이은 지붕에 비가 새는 것처럼
마음을 잘 살피지 않으면 탐욕이 스며든다.

                                                                        - 대구품 13

촘촘히 꼼꼼하게 잘 이은 지붕은
비가 내려도 빗물이 스며들지 않는 것처럼
마음을 잘 거두고 살피는 사람에게는 탐욕이 스며들지 않는다.

                                                                        - 대구품 14

아무리 경전을 많이 독송할지라도
실천이 따르지 않는다면 남의 소를 세는 목동과 같다.

- 대구품 19

비록 경전 독송이 적을지라도
진리에 따라 행동하고, 탐·진·치 삼독을 제거하며
올바른 법을 얻어 이생과 내생에 집착하지 않으면
이 사람을 참다운 불자라고 할 수 있다.

- 대구품 20

마음이란 (경계에) 흔들리기 쉬운 법이고,
불안정해 조어調御하기 어렵다.
지혜 있는 사람은 마음을 잘 다스린다.
마치 활 만드는 사람이 화살을 잘 만들듯이.

- 심의품心意品 33

마음은 고요함에 머물지 않고
끊임없이 변해서 종잡을 수 없나니
지혜로운 사람은 악惡을 돌이켜 복福으로 만들 줄 안다.

- 심의품 39

적이 나에게 주는 피해보다
또 원수가 나에게 주는 피해보다
자신의 그릇된 마음 때문에 발생하는 피해가 훨씬 크다.

- 심의품 42

부모님이 주는 어떤 이익보다도
또 친척들이 내게 이로운 일을 베풀지라도
자신의 바른 마음으로 생기는 행복이 가장 크다.

- 심의품 43

이 몸을 (순간에 일어났다 사라지는) 물거품처럼 보고
모든 것을 아지랑이처럼 관조할 줄 아는 사람은
악마의 꽃 화살을 꺾고
생사生死를 여의고 진리를 얻으리라.

- 화향품華香品 46

꿀벌이 꽃의 색과 향기를 상하지 않고 꿀만 취해 떠나는 것처럼
지혜로운 성자는 마을에 탁발하러 들어가되
꿀벌의 행위와 같은 마음이어야 한다.

- 화향품 49

남의 그릇됨이나 잘못된 행실을 탓하지 말고
먼저 자신이 이치에 맞게 행동했는지, 잘못되었는지를 살펴라.

- 화향품 50

아무리 훌륭한 말도 행行이 따르지 않는다면
빛깔만 곱고 향기 없는 예쁜 꽃이
열매를 맺지 못하는 것과 같다.

- 화향품 51

예쁜 꽃이 빛깔도 곱고 향기가 있는 것처럼
훌륭한 말과 더불어 좋은 행위가 따라 준다면
반드시 복덕과 행복을 얻는다.

- 화향품 52

여러 꽃 무더기에서 꽃다발이 만들어지는 것처럼
사람으로 태어나 선업을 많이 쌓으면
다음 세상에 좋은 곳에 태어나는 복을 얻는다.

- 화향품 53

잠 못 드는 사람에게 밤은 길고, 피곤한 사람에게 길이 멀듯이
바른 진리를 알지 못하는 어리석은 사람에게는
생사의 밤길이 멀고 험하다.

- 어리석음품 60

자신보다 훌륭하거나 비슷한 사람을 만나지 못했다면
차라리 홀로 가라. 어리석은 사람과 함께하지 말라.

- 어리석음품 61

어리석은 사람은 '이 아이는 내 자식이다'
'이것은 내 재산이다' 라고 애착하며 근심·걱정한다.
그 자신조차 자신의 것이 되지 못하거늘
어찌 하물며 자식과 재산을 소유코자 집착하는가.

- 어리석음품 62

자신의 어리석음을 아는 자는 현명한 사람이다.
자신이 현명하다고 착각하는 자가 정말 어리석은 사람이다.

- 어리석음품 63

어리석은 사람은 성자와 한평생을 함께 지낼지라도
참다운 법을 알지 못한다.
마치 숟가락이 국 맛을 모르는 것처럼.

- 어리석음품 64

현명한 사람은 성자와 잠깐을 지낼지라도
진리를 안다. 마치 혀가 국 맛을 알듯이.

- 어리석음품 65

어리석은 사람은 악이 열매를 맺기 전까지는 달콤한 꿀같이 생각한다.
악이 완전히 익어 열매를 맺은 뒤에야 비로소 고통을 알게 된다.

- 어리석음품 69

어리석은 사람은 이익만을 탐하며
부질없는 명예와 명성만을 구한다.
집에서는 주권을 다투고
타인에게는 공양만을 바란다.

- 어리석음품 73

'모든 것이 나를 위해 존재한다.'
'모든 것을 내 맘대로 할 수 있다' 라고 억지 부리는 사람이 있다.
이는 결코 올바른 생각과 행동이 아니다.
어리석은 사람은 욕망과 교만을 키운다.

- 어리석음품 74

옳고 그릇됨을 자세히 살피며
하지 말아야 할 일을 분명히 알고, 두려워할 줄 안다면
이 사람은 근심·걱정 없이 편안히 살아간다.
자신에게 충고할 줄 아는 벗을 만났다면, 그를 선지식으로 섬겨라.
이 선지식을 따르면 복덕이 있을 뿐 손해는 없을 것이다.

- 현자품 76

나쁜 친구와 어울리지 말고, 저속한 사람과 벗을 하지 말라.
자신보다 훌륭한 사람을 가까이하고, 뛰어난 사람을 친구로 삼아라.

- 현자품 78

진리를 좋아하는 사람은 언제나 편안하며, 행복하다.
지혜로운 사람은 성인의 설법을 듣고 즐거이 실천하려고 노력한다.

- 현자품 79

활 만드는 사람이 화살을 잘 다루고
뱃사공이 배를 잘 손보며
훌륭한 목수가 나무를 잘 다루듯이
지혜로운 사람은 자기를 잘 다룬다.

- 현자품 80

큰 바위가 바람에 흔들리지 않는 것처럼
지혜로운 사람은 어떤 칭찬과 비방에도 흔들리지 않는다.

- 현자품 81

지혜로운 사람은 어떤 일이 일어날지라도 여법하다.
즐거운 일이 생기든 괴로운 일이 발생하든
그 어떤 일에도 연연하지 않는다.

- 현자품 83

지혜로운 사람은 자손·재물·토지 등 세상일에 탐하지 않는다.
부정한 방법으로 영달을 꾀하지 아니하고
인간으로서 도덕규범을 잘 지키며
탐욕으로 생기는 부귀를 바라지 않는다.

- 현자품 84

천 개의 글귀를 외울지라도 글의 뜻을 바르게 알지 못하는 것보다
비록 한마디의 말을 듣고 마음을 편안케 하는 글귀가 의미 있는 것이다.

- 서술품 100

아무리 경전을 많이 외울지라도 글의 뜻을 모르면 이익이 없다.
그러나 비록 한 글귀를 알지라도 행이 따른다면 도를 얻을 수 있다.

- 서술품 102

전쟁터에서 백만 적군을 이기는 것보다
자기 한 사람을 이긴 사람이 가장 위대한 승리자다.

- 서술품 103

한 달에 천 번 제사 지내기를 목숨이 다하도록 하는 것보다
일념一念에 진리를 생각한다거나 잠깐 복을 짓는 일이
앞의 공덕보다 훨씬 뛰어나다.

- 서술품 106

예절을 잘 지키고 어른을 공경할 줄 아는 사람은
장수 · 아름다움 · 행운 · 능력, 네 가지가 생긴다.

- 서술품 109

비록 백 년을 살지라도 계를 지키지 않고 사는 것보다
하루를 살더라도 계를 지니며
고요한 마음으로 살아가는 사람이 더 훌륭하다.

- 서술품 110

백 년을 살면서 최상의 진리를 알지 못하는 것보다
하루를 살더라도 불법을 듣고, 진리를 아는 것이 최상의 삶이다.

- 서술품 115

비록 악한 행동을 했을지라도
두 번 다시 되풀이하지 않도록 조심하라.
혹 그릇된 행동을 하였다면, 그 일에 마음 두지 말라.
자꾸 염두에 두면 괴로움만 더한다.

- 악행품 117

선한 일을 했으면 늘 그렇게 하도록 자신을 격려하라.
꾸준히 선한 일을 마음에 두어라.
선한 일을 쌓는 데서 기쁨이 생긴다.

- 악행품 118

악의 열매가 완전히 익기 전에는 악한 사람도 복을 받는다.
그러나 악의 열매가 완전히 익었을 때
악인惡人은 반드시 벌을 받는다.

- 악행품 119

선의 열매가 완전히 익기 전에는 선한 사람도 재앙이 따른다.
그러나 선의 열매가 완전히 익었을 때
선인善人은 반드시 복을 받는다.

- 악행품 120

'그것을 해도 화가 미치지 않을 것이다' 라고 생각하고
조그만 악을 가벼이 여기지 말라.
비록 한 방울 한 방울이 적을지라도
그 물이 고여 큰 항아리를 채우나니
이 세상의 큰 죄악도 작은 악이 쌓여서 되는 것이다.

- 악행품 121

'그것은 복이 되지 않을 것이다' 라고 생각하고
조그마한 선을 가벼이 여기지 말라.
한 방울 한 방울이 비록 적을지라도
그 한 방울 한 방울이 고여서 큰 항아리를 채우나니
이 세상의 행복도 작은 선이 쌓여서 이루어진 것이다.

- 악행품 122

모든 생명은 폭력을 무서워하고 죽음을 두려워한다.
그러니 이러한 이치를 자신에게 견주어서
모든 생명에 대해 폭력을 휘두르거나 죽이지 말라.

- 징벌품懲罰品 129

모든 생명은 채찍을 두려워하고, 살기를 좋아한다.
자신의 생명을 소중히 여기는 것처럼
남을 죽이거나 해롭게 하지 말라.

- 징벌품 130

살아 있는 모든 존재는 행복을 원한다.
폭력으로 존재를 해치지 않는다면
사후死後에 행복을 얻을 수 있다.

- 징벌품 132

남이 듣기 싫은 말이나 좋지 않은 말을 하지 말라.
가는 말이 고와야 오는 말이 고운 법이다.
상대에게 악한 말을 하면
매를 들거나 욕설이 오갈 수도 있음을 명심하라.

- 징벌품 133

목숨이 다해 식識이 떠나면
가을 들판에 버려진 표주박처럼
살은 썩고 앙상한 백골만이 뒹굴 것이다.
무엇을 즐거워하고 애착할 것인가?

- 노년품 149

청정한 행실도 닦지 아니하고
젊어서 재물도 모으지 않았다면
(늙어서) 부러진 화살처럼 지난 일을 뉘우치며 한숨지은들
무슨 소용이 있겠는가!

- 노년품 156

자신을 사랑한다면 자기 자신에 대해 늘 살펴라.
지혜 있는 사람은 하루 세 번, 자신을 관조한다.

- 자신품自身品 157

먼저 자신부터 살피고 공부하라.
옳고 그름을 제대로 판단할 줄 안 다음, 남을 가르쳐라.
그때는 괴로운 일이 생기지 않는다.

- 자신품 158

자기야말로 자신의 주인이다.
남이 어떻게 나의 주인이 되겠는가.
자기를 잘 다스리면 얻기 어려운 주인(지혜)을 얻을 수 있다.

- 자신품 160

자신이 지은 악은 자신이 과보를 받는다.
자신이 지은 죄로 자기를 파괴하나니
이것은 마치 금강석이 보석을 부수는 것과 같다.

- 자신품 161

스스로 악을 지어 그 죄과를 받고,
스스로 선을 행해 그 복도 자신이 받는다.
죄와 복은 스스로 만드는 것이요,
누가 대신 받는 것이 아니다.

- 자신품 165

사람 몸 받기 어렵고, 세상에 태어나 오래 살기 어렵다.
부처님이 계시는 세상에 출현하기 어렵고
부처님의 가르침을 듣는 일은 더욱 어렵다.

- 불타품 182

모든 나쁜 짓 하지 말고, 많은 선행을 지어라.
자기 마음을 깨끗이 하는 것
이것이 모든 부처님의 가르침이다.[3]

- 불타품 183

하늘에서 칠보七寶가 쏟아진다 해도 욕심은 채워지지 않는다.
인생이란 즐거움은 잠깐이요, 괴로움이 더 많은 법,
지혜로운 사람은 이것을 잘 안다.

- 불타품 186

3　"제악막작諸惡莫作 중선봉행衆善奉行 자정기의自淨其意 시제불교是諸佛敎" 이 구절은 『법구경』의 대표적인 사구계로서 초기경전뿐만 아니라 여러 대승경전에도 언급되어 있다. 이 게송은 석가모니부처님을 포함한 일곱 분의 과거 부처님께서 공통으로 훈계하는 가르침이라고 하여 칠불통계게七佛通戒偈라고 한다.

승리는 원한을 가져오고
패한 사람은 슬픔에 빠져 괴로워한다.
이기고 지는 일이 인생의 다반사임을 아는 사람은
다툼이 없이 마음을 편안히 갖는다.

- 행복품 201

건강은 가장 큰 은혜요, 만족은 가장 큰 재산이다.
신뢰는 가장 큰 벗이요, 열반은 가장 큰 기쁨이다.

- 행복품 204

사랑하는 사람도 가지지 말라.
미워하는 사람도 만들지 말라.
사랑하는 사람은 만나지 못해 괴롭고
미운 사람은 만나서 괴롭다.

- 쾌락품 210

사랑으로부터 근심과 두려움이 생긴다.
사랑이 없으면 근심도 사라질 것이니
어디에 두려움이 있겠는가?

- 쾌락품 212

아주 오래전부터 인간은 이래 왔다.
곧, 사람은 서로서로 헐뜯고 비방한다는 사실이다.
말이 많아도 비방을 받고

말이 적어도 비방을 받으며
또한 적당히 말해도 비방을 받나니
비방 받지 않는 사람은 한 사람도 없을 것이다.

- 분노품 227

예전이나 오늘날이나 미래에도
비방만 받는 사람, 칭찬만 받는 사람은 없을 것이다.
칭찬과 비방이란, 하나의 속절없는 이름일 뿐이다.

- 분노품 228

쇠 스스로에서 생긴 녹이 쇠를 갉아먹듯이
자신에게서 만들어진 악행은 자신을 망친다.

- 진구품塵垢品 240

남의 허물은 보기 쉽지만 자기 잘못은 알기 어렵다.
남의 허물은 겨처럼 까불어 버리면서
자기 허물은 교묘하게 속이고 감춘다.

- 진구품 252

자기 허물은 숨기고 남의 허물을 들춰내는 사람은
마음의 번뇌만 키울 뿐이요, 번뇌를 소멸할 기약이 없다.

- 진구품 253

세상에 형성된 모든 존재는 무상하다(諸行無常)라고
분명한 지혜를 갖추어 관할 때, 이 사람은 고통을 멀리 여읜다.
이것이야말로 사람이 청정해지는 지름길이다.

- 도행품道行品 277

모든 것은 다 고통이다(一切皆苦)라고
지혜를 갖추어 있는 그대로 관할 때, 이 사람은 슬픔으로부터 멀어진다.
이것이야말로 사람이 청정해지는 지름길이다.

- 도행품 278

모든 사물은 〈나〉라는 개체가 없다(諸法無我)라고
지혜를 가지고 분명히 관할 때, 이 사람은 고통으로부터 멀어진다.
이것이야말로 사람이 청정해지는 지름길이다.

- 도행품 279

자식도 믿을 것이 못 되고, 부모·형제도 믿을 것이 못 된다.
죽음에 다다라서 숨이 끊기려고 할 때
나를 구원해줄 사람은 아무도 없다.

- 도행품 288

남에게 고통을 준 대가로 자신이 행복하다면
그 재앙은 오히려 자신에게 돌아와 원망과 미움만 남는다.

- 광연품廣衍品 291

신뢰와 덕행을 갖추고 명성과 번영을 누리는 사람은
어떤 곳에 가더라도 사람들로부터 존경을 받는다.

- 광연품 303

어리석은 자와 길벗이 되는 것보다 홀로 가는 것이 낫다.
숲 속의 코끼리처럼 고고히 홀로 가라.

- 코끼리품 330

나무통을 잘라도 뿌리가 있으면 다시 싹이 나듯이
애욕의 근원을 뿌리째 소멸시키지 않으면
고는 끊임없이 되풀이된다.

- 애욕품 338

과거에도 머물지 말고, 미래·현재에도 머물지 말라.
과거·현재·미래, 어디에도 머물지 않는다면
생사의 고통을 받지 않는다.

- 애욕품 348

지혜가 없는 사람에게 선정이 있을 수 없다.
또한 선정이 없는 사람에게 지혜가 생길 수 없다.
선정과 지혜를 갖춘 사람만이
이미 열반에 가까이 간 사람이다.

- 비구품 372

자기 자신을 주인으로 삼고, 자기 자신을 귀의처로 삼아라.
조련사가 말을 잘 다루듯이 자신을 잘 다스려라.

- 비구품 380

『법구경』 이야기

■ 『법구경』의 의의

『법구경法句經』은 빨리 삼장 소부경전(Khuddaka-nikāya) 15경 가운데 두 번째 경으로 수록되어 있다. 『숫타니파타』와 함께 대표적인 초기경전으로 널리 알려져 있다. 초기불교 교단 내에서 다양한 형태로 구전되던 시(詩, 진리)가 기원전 4~3세기 무렵 편집되었다. 이 경전은 『담마빠다Dhammapāda』라고 하는데, 담마Dhamma는 법이나 진리라는 의미이고, 빠다pāda는 구句 · 말(언어)이라는 뜻이다. 즉 '가르침의 말씀' 또는 '진리의 길'이라는 의미이다. 대승경전에서 볼 수 없는 해학과 명쾌한 진리를 간명하게 전달한다.

■ 경전의 역경

내용에 약간씩 차이는 있지만 여러 본이 있다. 빨리어 원문『담마빠다』가 26장 423게로 구성된 비유가 담긴 시 게송의 형태로 현존하고 있다. 또한 대중부 계통인 설출세부說出世部 소속인『대사大事』에서는 기원전 2~1세기경에 편찬된『법구경』1000품(Sahasr-avarga)이 있다. 한편 간다라어로 된『간다라 법구경』도 있다. 설일체유부說一切有部 계통에서는 1~2세기경에 법구(法救, Dharma-trata)가 편찬한 『법구경』과 비슷한 내용을 지닌 작품을 만들어 『우다나품Udāna-varga』이라고 불렀다. 게송의 수도 많고 『법구경』과 『우다나』를 합친 이미지를 준다.

한역 경전으로는 빨리어 『법구경』에 가까운 『법구경』2권, 『법구비유경法句譬喩經』4권인 두 본本이 있다. 『법구경』2권은 224년 지겸과 축장염이 번역했다. 26장 500게로 원본을 기본으로 하고, 13장 250게를 추가로 첨가하였다. 『법구비유경』은 290~306년에 번역되었다. 모두 39품으로, 『법구경』에서 대략 3분의 2 정도의 게송을 가려 뽑은 뒤, 설해지게 된 배경이나 인연을 덧붙여 놓았다. 한편 한역 경전 중 『법구경』과 유사한 것으로는 『출요경出曜經』, 『법집요송경法集要頌經』이 있다. 두 경은 비유와 암시를 통하여 부처님의 진리를 전하는 비유문학적인 경전이다.

한편 19세기 말부터 많은 영역英譯이 시도되었다. 이 가운데 가장 오래된 것은 1881년 독일인 막스 뮐러Marx Mueller의 『담마빠다』 영역본이다.

이후 여러 이본의 영역본과 여러 나라 언어로 출간되었다. 한국에서는 거해스님이 1992년에 빨리본 『법구경』을 출간하였다.

■ 경전의 주요 사상

『법구경』은 고대 이래 현재까지 전 세계 사람들이 애독하는 경전이다. 수천 년이 흘러도 경이 담고 있는 메시지가 사람들에게 감동을 주기 때문이다. 이 경전은 불교의 윤리적·도덕적·교훈적인 내용이 주를 이룬다.

인간의 탐욕과 분노, 어리석음으로 말미암아 발생하는 고통이 무엇인지를 알게 하고 그 고통을 제거할 수 있는 길을 제시한다. 또 고통을 제거했을 때의 참 행복과 해탈의 맛이 무엇인지를 알려주고 있다. 욕망과 집착에서 벗어나는 길, 마음 닦는 방법, 참된 삶의 방법, 진리의 소중함, 신·구·의 삼업 청정 등 출가수행자뿐만 아니라 재가자들이 삶에서 무엇을 지향하며, 어떻게 살아야 하는가에 대한 인생의 이정표를 담고 있다.

3장 아함부[4]
— 초기불교의 심장

I. 석가모니부처님과 십대제자

훌륭한 의사이신 부처님

이와 같이 나는 들었다.

어느 때 부처님께서 바라나시 녹야원에 계실 때, 비구들에게 말씀하셨다.

"이 세상에는 네 가지 진리가 있다. 그것을 성취하면 의왕醫王이라고 한다. 그 의왕은 병을 잘 아는 사람이요, 병의 근원을 잘 아는 사람이요, 병

---

4 한글대장경(동국역경원)의 아함부를 저본으로 하되, 재편역하였음을 밝혀둔다.

을 치료하는 방법을 잘 아는 사람이요, 병이 치료된 뒤에 다시 발병하지 않도록 해주는 분이다.

첫째, '훌륭한 의사는 병을 잘 안다'는 것은 질병의 종류가 수없이 많지만 훌륭한 의사는 각양각색의 병을 잘 분별해 아는 것을 말한다.

둘째, '훌륭한 의사는 병의 근원을 잘 안다'는 것은 무엇인가? 병이 생긴 데는 그만한 이유가 있다. 즉 '이 병은 바람으로 발생했다, 침으로 발병했다, 냉冷한 기운에서 생겼다, 현재 발병했다, 오래전부터 진행된 병이다……' 등 병의 근원을 잘 아는 것을 말한다.

셋째, '훌륭한 의사는 병을 치료하는 방법을 잘 안다'는 것은 무엇인가? 병이 생긴 것에 약을 발라야 할 것인지, 토하게 해야 할 것인지, 배설시켜야 할 것인지, 코 안을 씻어내야 할 것인지, 훈기를 쐬어야 할 것인지, 땀을 내야 할 것인지를 잘 알고, 병에 따라 적절한 처방을 해주는 사람을 말한다.

넷째, '훌륭한 의사는 병을 치료한 뒤에 다시 발병하지 않도록 해준다'는 것은 병의 원인을 완전히 없애 앞으로 다시는 발병하지 않도록 해주는 의사를 말한다.

여래·응공·등정각이 큰 의왕이 되어 네 가지 덕을 성취하고 중생의 병을 고치는 것도 또한 그와 같다. 즉 여래는 사성제四聖諦를 분명히 알고 계신다.

모든 비구들이여, 저 세간의 의사는 생·노·병·사와 근심·슬픔·번민·괴로움의 근본적 치료 방법을 사실 그대로 알지 못한다. 그러나 여래·응공·등정각은 훌륭한 의왕으로서 생·노·병·사와 근심·슬픔·번민·괴로움의 근본적 치료 방법을 사실 그대로 알고 중생을 제도하기 때문에 부처님을 '큰 의왕'이라고 부른다."

- 잡아함 15권, 389 양의경良醫經

위대한 스승, 석가모니

부처님께서 마가다국 왕사성에 계실 때의 일이다. 어느 날 부처님께서 출타하셨다가 날이 저물어 질그릇 만드는 옹기장이 집에서 하룻밤 묵게 되었다. 부처님께서 하룻밤 묵을 것을 청하자, 주인은 '먼저 온 수행자가 있으니 그에게 동의를 구해보라'고 하였다.

부처님께서 방에 들어가 먼저 와 있던 수행자에게 '하루 함께 묵어도 되겠느냐?'고 묻자, 그는 '당연히 그래줄 수 있다'라고 했다.

부처님은 발을 씻고 좌복을 깔고 앉아 선정에 들었는데, 그 낯선 수행자도 선정에 들어 있었다. 부처님께서 그를 가만히 살펴보니, 비구의 위의와 행동거지가 매우 기품 있고 수행자다웠다. 부처님께서 비구에게 물었다.

"그대 이름은 무엇이며, 그대의 스승은 누구십니까?"

"저의 이름은 푸쿠사티이고, 제 스승님은 고타마 붓다이십니다. 그분은 석가 종족의 왕자로서 출가해 최상의 깨달음을 이룬 훌륭한 분입니다."

부처님께서 물었다.

"그대는 그 스승을 본 적이 있습니까?"

"아직 뵙지 못했습니다."

"혹시 길에서 만나면 알아볼 수 있겠습니까?"

"아마 알아보지 못할 것입니다. 하지만 그분은 나의 세존이시며, 여래·응공·정변지·명행족·선서·세간해·무상사·조어장부·천인사·불세존이라는 열 가지 이름을 가진 성자이십니다. 나는 스승님의 가르침에 의지해 출가했고, 지금도 스승님의 가르침대로 수행하고 있습니다."

부처님은 수행자의 마음가짐과 품행이 기특하여 그에게 밤새도록 법을 설해주었고, 마지막으로 당부하였다.

"비구여, 수행은 〈나〉에 대한 집착을 버리기 위해서이다. 〈나〉에 대한 집착에 빠져서 교만하고 게을러서는 안 된다. 이 교만심을 버려야 남을 미워하지 않고 사랑하게 되며, 근심이 사라져 평온을 얻음으로서 깨달음을 얻을 수 있다."

- 중아함 42권, 162 분별육계경分別六界經

전법의 길을 떠나라, 절대 두 사람이 함께 가지 말라

이와 같이 나는 들었다.

부처님께서 성불하고 얼마 되지 않은 무렵, 왕사성 녹야원에 계실 때의 일이다. 부처님께서는 당신께 귀의한 몇 제자들을 모이게 한 뒤, 전도傳道를 선언하면서 이렇게 말씀하셨다.

"제자들이여, 나와 그대들은 하늘과 인간 세계에서 모든 번뇌의 속박으

여래십호如來十號란 석가모니부처님을 칭하는 열 가지 이름이다.
- 첫째, 여래如來는 빨리어로 타타가타tathāgata라고 하며, 진여眞如, 즉 진리에서 오신 분이라는 뜻이다.
- 둘째, 응공應供은 빨리어로 아라한arahant이라고 하며, 깨달음을 완성한 분이다. 인간계나 천상계 사람들에게 공양받을 만한 분이라는 뜻이다.
- 셋째, 정변지正遍知는 지혜가 바르고 넓게 골고루 미쳐 있는 분으로, 세상과 우주의 이치를 잘 아는 분이라는 뜻이다.
- 넷째, 명행족明行足은 삼명(천안·숙명·누진통)과 삼업(신·구·의)을 원만히 성취하신 분이라는 뜻이다. 즉 지혜와 행을 원만히 갖춘 분이다.
- 다섯째, 선서善逝는 생사의 세계를 벗어나 깨달음의 세계로 잘 가신 분이라는 의미이다.
- 여섯째, 세간해世間解는 세상의 모든 이치를 잘 알고 이해하는 분이라는 뜻이다.
- 일곱째, 무상사無上士는 부처님은 일체중생 가운데 가장 높은 분이라는 뜻이다.
- 여덟째, 조어장부調御丈夫는 중생을 잘 이끌고 적절하게 다스릴 줄 아는 분이라는 뜻이다.
- 아홉째, 천인사天人師는 부처님은 하늘과 인간의 스승이라는 뜻이다.
- 열째, 불세존은 불佛은 깨달은 분이라는 뜻이며, 세존世尊은 세상에서 가장 존귀한 분이라는 뜻이다.

로부터 해탈해 자유인이 되었다. 이제 유행遊行하여 많은 사람들의 이익과 행복을 위하여 법을 전하러 가자.

나의 제자들이여, 모두 함께 진리를 바르게 전해야 한다. 전도傳道하러 갈 때는 반드시 두 사람이 함께 가지 말라. 한 사람 한 사람씩 다른 길로 가서 더 많은 사람들에게 진리를 설해야 한다.

제자들이여, 중생에게 법을 설할 때는 처음도 좋고, 중간도 좋으며, 마지막도 좋아야 한다(初善·中善·後善). 또한 의미가 분명하고, 표현력을 갖추어 진리를 전해야 하며, 법을 설할 때는 범행(梵行, 청정한 위의나 모습)을 갖추어 중생에게 모범이 되어야 한다. 나도 또한 우루벨라로 가서 법을 전할 것이다."

- 잡아함 39권, 1096 승색경繩索經

등이 아파 쉬고 싶으니 사리불아, 대신 법을 설하라(지혜 제일 사리불)

이와 같이 나는 들었다.

어느 때 부처님께서 사위성 기수급고독원에 계시다가 왕사성으로 가서 여름 안거를 지내려고 하였다. 천이백오십 명의 제자들과 함께 사리불 존자도 왕사성으로 가서 여름 안거를 지내려고 하였다. 그런데 사리불 Sāriputta과 목련은 여름 안거를 마치고 장차 열반에 들게 되어 있었다.

안거 도중, 세존께서 사리불에게 말씀하셨다.

"지금 천이백오십 명의 제자가 너희를 위해 이곳에서 함께 여름 안거를 지내고 있다. 그런데 그대와 목련은 이제 곧 열반하게 되어 있다. 어떠냐? 사리불아, 그대는 비구들을 위해 나 대신 미묘한 법을 설해줄 수 있겠느냐? 나는 지금 등이 아파 조금 쉬고 싶구나."[5]

"네, 그렇게 하겠습니다, 세존이시여."

그때 세존께서 승가리僧伽利를 접어놓고 오른쪽 옆구리를 땅에 대고 누워 두 다리를 서로 포개고 정념正念에 들었다.

- 증일아함 18권, 26 사의단품四意斷品

신통 제일 목련도 업은 피할 수 없었다

목련Moggallāna 존자가 부처님이 계시는 곳에서 사리불과 함께 여름 안거를 지낼 무렵, 공양할 때가 되어 발우를 들고 걸식하러 성으로 들어갔다. 그때 외도들이 목련 존자의 모습을 보고 수군거렸다.

"저 사람은 사문 고타마의 제자 가운데 신통력이 가장 뛰어난 사람이다. 우리의 세력 확장을 방해하는 중요 인물이다. 저 사람을 죽이자."

그들은 순식간에 목련을 둘러싸 땅바닥에 내동댕이친 뒤, 돌과 기왓장을 던졌다. 목련은 피를 흘리며 온몸을 가눌 수 없을 만큼 맞았다. 목련은 뼈와 살이 다 문드러져 고통이 너무 심해 움직일 수 없었다. 신통력으로 기원정사로 돌아온 목련은 사리불을 만나 말했다.

"외도들의 폭력으로 이렇게 되었습니다. 나는 이제 열반에 들려고 하니 하직 인사를 하겠습니다."

"당신은 세존의 제자 가운데 신통이 제일이요, 신통력으로 얼마든지 피할 수 있었는데, 왜 피하지 않았습니까?"

---

5 사리불 존자는 부처님께서 가장 아꼈던 제자로 부처님 대신 법을 설하기도 하였다. 부처님께서는 '사리불은 낳아주신 어머니와 같고, 목련은 길러주신 어머니와 같으니 비구들은 이 두 사람을 언제나 가까이 따르고 섬겨야 한다'라고 할 정도였다. 또한 부처님께서는 아들 라훌라를 맡길 정도로 사리불을 신임했다. 원래 사리불과 목련은 당시 육사외도六師外道 가운데 한 명인 회의론자 산자야 sañjaya의 제자였다. 사리불이 앗사지(마승)비구를 통해 부처님의 가르침을 전해 듣고, 목련과 함께 부처님께 출가했다. 북방불교 법당에서는 석가모니부처님 좌우로 가섭(선禪을 상징)과 아난(교敎를 상징)을 모시지만, 남방불교에서는 대체로 사리불과 목련을 모신다.

"아무리 내가 신통력이 뛰어나지만, 예전에 제가 지은 업이 깊고 무거워 이런 과보는 피할 수 없습니다. 업으로 인한 과보를 당연한 것으로 받아들여 피하지 않았습니다. 나는 곧 열반에 들려고 합니다."[6]

사리불이 말했다.

"모든 비구와 비구니들이 사신족四神足을 닦기 때문에 자신이 여러 겁을 머물고 싶다면 얼마든지 머물 수 있습니다. 지금 열반에 들지 마십시오."

목련이 대답했다.

"그렇습니다. 사리불 존자님, 나도 그 점은 알고 있습니다. 그러나 부처님께서 여러 겁을 머문다면 저도 그렇게 하겠지만, 부처님께서도 곧 열반에 드실 것입니다. 저는 세존께서 반열반에 드는 것을 차마 볼 수 없습니다. 어쨌든 현재 내 육신의 고통이 너무 심해 열반에 들고 싶습니다."

이후 예견했던 대로 사리불이 세존께 열반에 들겠다는 청을 한 뒤, 허락을 받아 목련보다 먼저 열반에 들었다.

- 증일아함 18권, 26 사의단품

---

[6] 목련 존자가 외도들의 폭력으로 열반에 들자, 사문들이 화가 나서 부처님께 '그들에게 앙갚음을 해야 한다'고 말했다. 부처님께서 그들을 잘 타이르며 말씀하셨다. "그대들은 아직도 삶의 진리를 체득하지 못했구나. 육체는 무상하고 업보는 끝이 없나니 원한을 원한으로 갚지 말라. 이것은 목련이 바라는 바가 아니다. 내가 한밤중 선정에 들어 죽은 목련을 만났는데, 그는 어떤 원망도 슬픔도 없이 편안히 열반에 들었다. 깨달은 자에게는 삶과 죽음이 여일如一하며, 삶과 죽음은 흐르는 강물처럼 아무런 의미가 없는 법이다. 삶이 있으면 죽음이 있는 것은 당연한 이치이다. 죽음에 대한 초연한 자세도 삶의 한 일부분이다. 목련은 우리에게 그것을 가르쳐 주었다. 그는 큰 깨달음을 얻은 것이다."

사리불과 목련이 없어 대중이 텅 빈 것 같구나

세존께서 아난에게 말씀하셨다.

"너는 사리불 존자의 사리를 받아가지고 오너라."

"그렇게 하겠습니다, 세존이시여."

아난은 사리불의 사리를 받아 세존의 손에 올려놓았다. 세존께서 사리를 손에 들고 비구들에게 말씀하셨다.

"지금 여기에 있는 이것이 사리불의 사리이다. 그는 지혜롭고 총명했으며, 대중 가운데서 가장 탁월한 지혜를 갖추었다. 그의 지혜는 말로 다 표현할 수 없을 정도이다. 또한 그는 욕심이 적고, 만족할 줄 알며, 한가하고 고요한 곳을 좋아했고, 견고한 뜻을 품고 있었으며, 늘 고요한 마음을 지니고 있었고, 성품이 부드러워 사람들과 다투지 않았다. 그는 항상 정진했고, 삼매에 노닐었으며, 지혜를 익히고, 해탈을 얻었으며, 해탈지견解脫知見7을 성취하였다.

비구들아, 마땅히 알라. 비유하면 지금 나의 심정은 가지가 없는 큰 나무와 같구나. 여래는 큰 나무인데, 사리불 비구가 열반을 해서 큰 나무에 가지가 다 없어진 것과 같다."

이때 목련은 사리불이 입멸했다는 말을 듣고, 신통으로 세존의 처소에 찾아가서 머리를 조아려 부처님 발에 예를 올리고 한쪽에 서 있었다.

그때 목련이 세존께 아뢰었다.

"사리불 비구는 이미 열반했습니다. 저도 지금 세존께 하직 인사를 하고, 열반에 들고자 합니다."

---

7 자신이 깨달음을 성취하고 일체 번뇌의 속박에서 벗어나 해탈하였음을 스스로 아는 지혜이다.

세존께서 잠자코 아무 대답도 하지 않았다. 목련이 세 번을 아뢰어도 부처님은 아무 말씀도 하지 않았다. 목련은 부처님의 어떤 대답도 듣지 못하고, 부처님 발에 예를 올리고 부처님 처소를 떠났다.

목련은 왕사성을 떠나 자신의 고향으로 돌아갔다. 가는 도중 병이 깊어 맨땅 위에 자리를 펴고 앉았다. 첫 번째 선정(初禪)에 들었다. 첫 번째 선정에서 두 번째 선정(二禪)에 들어갔고, 두 번째 선정에서 세 번째 선정(三禪)에 들어갔으며, 세 번째 선정에서 네 번째 선정(四禪)에 들어갔다. 다시 네 번째 선정에서 일어나 공무변처空無邊處 – 식무변처識無邊處 – 무소유처無所有處 – 비상비비상처非想非非想處에 차례로 들어갔다. 비상비비상처정에서 화광삼매火光三昧에 들어갔고, 화광삼매에서 수광삼매水光三昧에 들어갔으며, 수광삼매에서 멸진정滅盡定에 들어갔다. 또 멸진정에서 수광삼매 – 화광삼매 – 비상비비상처 – 무소유처 – 식무변처 – 공무변처……이렇게 선정을 거듭하다가 네 번째 선정(四禪)에서 완전한 열반에 들었다.

그때 세존께서는 오백 비구를 거느리고 왕사성에 계셨다. 세존께서 조용한 곳에 홀로 앉아 물끄러미 모든 비구를 바라보셨다. 그리고 비구들에게 말씀하셨다.

"나는 지금 이 대중을 관찰해보았는데, 왠지 텅 빈 것 같구나. 대중 가운데 사리불과 목련 비구가 없기 때문이다. 예전에 사리불과 목련이 유행하고 있었다면 그 지역은 아마도 행운이었을 것이다. 사리불과 목련은 외도들에게 항복받을 수 있을 만큼 뛰어난 제자들이기 때문이다.

비구들아, 마땅히 알라. 세간에는 두 가지 보시가 있다. 하나는 재물 보시요, 다음 하나는 법보시이다. 만약 그대들이 재물 보시를 바란다면, 사리불과 목련 비구에게 구해야 할 것이요, 법의 보시를 바란다면 내게 구해야 한다. 왜냐하면 지금 나 여래에게는 재물 보시가 없기 때문이다. 너희는 오늘 사리불과 목련 비구의 사리에 공양하여라."

- 증일아함 19권, 26 사의단품

사리불과 목련이 없는 포살 날

이와 같이 나는 들었다.

어느 때 부처님께서 마투라국 발타라 강가에 있는 산개암라숲에 계셨는데, 이때는 사리불과 목련이 열반한 지 얼마 되지 않은 무렵이었다.

세존께서 보름날 포살布薩[8] 때, 대중을 조용히 관찰한 뒤 말씀하셨다.

"대중을 관찰하다가 허공을 보았다. 그것은 사리불과 목련이 반열반했기 때문이다. 나의 성문 가운데 오직 이 두 사람만이 법을 잘 설하고, 동료를 훈계하고 가르쳤으며 변재가 뛰어나 만족스러웠다.

재물에는 두 종류가 있는데, 금전이란 재물과 법이란 재물이다. 나 여래는 금전 재물은 세상 사람들로부터 구했고, 법 재물은 사리불과 목련으로부터 구했다.

그대들은 사리불과 목련이 열반했다고 근심하거나 슬퍼하지 말라. 비유하면 큰 나무의 뿌리·줄기·가지·잎·꽃·열매가 무성한 데서 큰 가

---

8 부처님 당시나 현재, 승려들이 포살과 자자를 통해 수행생활을 점검하는 제도이다. 매월 보름과 말일에 불교도들이 각각 자신들이 거주하는 지역의 한 곳에 모여 각자의 보름 동안의 생활을 반성하는 의식이다. 그 방법은 중회衆會 가운데 상좌上座 자리에 있는 이들이 차례로 번갈아서 바라제목차의 계법을 읽어 내려간다. 이때 수행자들은 귀를 기울이며 보름 동안 계법에 어긋나는 말이나 행동을 한 일이 있었는지를 반성해 보고, 어긋나는 일을 한 바가 없으면 말없이 있되, 계율을 범한 적이 있으면 대중 앞에서 그 일을 고백하고 참회하여 중회에서 정해주는 적절한 처벌을 받아들이는 제도이다.

지가 먼저 부러지는 것과 같고, 보배산에서 큰 바위가 먼저 무너지는 것처럼, 여래의 대중 가운데서 사리불과 목련이라는 대성문大聲聞이 먼저 열반한 것이다.

그러므로 비구들이여, 너희들은 근심하거나 괴로워하지 말라. 어떤 존재이든 생겨나면 지상에 잠시 머물다 파괴되어 사라지는 법이다. 어떻게 영원할 수 있겠는가. 아무리 죽지 않으려고 해도 죽음은 찾아오고, 아무리 아끼는 물건이라도 소멸되는 법이다. 내가 전에 말하지 않았는가. 사람은 모이면 반드시 흩어지게 되어 있다. 나도 오래지 않아 열반에 들 것이다. 열심히 수행 정진할지니라."

- 잡아함 24권, 639 포살경

신명을 바쳐서라도 법을 전하겠다는 부루나 (설법 제일 부루나)

부처님의 십대제자 가운데 부루나Puṇṇa 존자는 부처님께 들은 진리를 중생에게 제일 잘 설한다고 하여 설법說法제일로 알려져 있다. 어느 날 그는 인도의 서부 지역 수나아로 가서 전법할 것을 맹세하고, 부처님께 그곳에 갈 수 있도록 허락해 달라고 요청하였다. 부처님께서 염려하는 눈빛으로 부루나를 바라보며 말씀하셨다.

"내가 알기로는, 그 나라 사람들은 사납고 흉악해서 남을 욕하고 꾸짖는 일을 예사로 한다더구나. 만약 그 나라 사람들이 너를 욕한다면, 너는 어떻게 할 생각이냐?"

"비록 그 나라 사람들이 설령 저를 욕한다고 할지라도 그들에게도 착한 심성이 있어 손으로 때리거나 돌로 치지는 않을 것입니다."

"부루나야, 만약 그들이 손으로 때리고 네게 돌을 던진다면 어찌할 것이냐?"

"스승님, 만약 저를 손으로 때리거나 돌로 칠지언정 그들에게도 착한 심성이 있어 칼을 사용하지 않을 것입니다."

"만약 그 나라 사람들이 칼로 너를 해치면 어쩌려고 하느냐?"

"부처님, 비록 칼로 저를 해한다 할지라도, 그들에게도 지혜가 있어 저를 죽이지는 않을 것입니다."

"아무리 그래도 그들이 혹시 너를 죽인다면 어쩌겠느냐?"

"부처님, 만약 그 나라 사람들이 제 생명을 해친다면 저는 이렇게 생각할 것입니다. '도道를 열심히 닦으려는 수행자들 중에는 육신이 병들어 스스로 목숨을 끊기도 한다. 그런데 이 사람들 덕분에 내 썩어빠진 육신을 벗고 사바세계 고통에서 해탈하게 되었다' 라고 생각할 것입니다."

부처님께서 부루나 존자를 대견하게 여기며 말씀하셨다.

"부루나야! 너는 도를 잘 닦아 참고 견디는 마음을 체득하였구나. 너의 그런 마음만 있다면 그곳의 거친 중생을 충분히 제도할 수 있을 것이다. 또한 열반을 얻지 못한 자는 열반을 얻게 될 것이다."

부루나는 부처님께 하직하고, 서부 수나아로 갔다. 그곳에 이르러 안거를 지내고, 오백 명의 우바새를 위해 법을 설했으며, 오백 개의 승가람을 세웠다. 또한 그곳에서 부루나는 수행생활에 부족함이 없는 공양을 받았다. 부루나 존자는 이후 삼명(三明, 천안·숙명·누진통)을 두루 갖추고, 무여열반無餘涅槃에 들었다.

- 잡아함 13권, 311 부루나경

25년간 부처님을 모신 영원한 시자 (다문多聞 제일 아난)

이와 같이 나는 들었다.

부처님께서 왕사성에 계실 때이다. 당시 부처님 곁에는 사리불·목련·아나율·아난·마승 등 훌륭한 제자가 많았다. 부처님께서 여러 비구를 한 자리에 모이게 한 뒤 말씀하셨다.

"나는 이제 늙어 몸은 갈수록 쇠하고 매우 힘들다. 나를 시봉할 시자가 필요하구나. 그대들은 나를 위해 시자 한 사람을 추천해 보아라."

대중 가운데 시자를 자청한 사람이 있었다. 부처님께서는 그에게 말씀하셨다.

"코온단냐야, 그대도 늙어서 몸은 갈수록 쇠하고 곧 이생을 마치려고 한다. 너도 보살필 만한 제자가 필요하건만 어찌 나를 시봉하려고 하느냐. 너는 물러가 있어라."

이렇게 부처님께서 몇 사람을 물리치자, 목련 존자가 일어나 여러 비구에게 말했다.

"세존께서는 아난Ānanda을 시자로 삼고자 하는 뜻이 있는 것 같습니다. 아난은 부처님께서 꼭 해야 할 일과 하지 말아야 할 일을 잘 판단하고, 또 부처님의 뜻을 알고 잘 보필할 것입니다. 아난에게 부처님의 시자가 되어 달라고 부탁하려고 합니다."

목련은 아난에게 가서 말했다.

"아난 존자님, 부처님께서는 그대를 시자로 삼으려는 뜻이 있는 것 같습니다. 부처님께서는 아난 존자님이 당신을 잘 섬길 것이라고 생각하는데 아난 존자님이 부처님의 뜻을 받들어 시자가 되어 주십시오."

"목련 존자님, 부처님의 시자가 되는 것은 쉬운 일이 아닙니다. 만약 세존께서 저의 세 가지 소원을 들어 주신다면, 저는 곧 부처님의 시자가 될 것입니다.

첫째, 저는 부처님께서 입으시던 새 옷이나 헌 옷을 입지 않으며,

둘째, 장자들이나 왕족들의 초청이 있어 공양받는 경우 부처님의 공양분을 먹지 않고,

셋째, 때가 아니면 부처님을 뵙지 않는 것입니다. 이 세 가지 약속을 들어주신다면 저는 시자가 될 것입니다."

목련이 부처님께 아난의 세 가지 요구를 말하자 부처님께서 말씀하셨다.
"목련아, 아난은 총명하고 지혜로워 반드시 비방할 사람이 있을 것을 미리 알고 있는 것이다. 혹 어떤 이들은 '아난 비구가 옷을 위하여 세존을 모신다. 아난은 밥을 위해 세존을 모신다'고 말할지 모른다. 또 아난은 자신이 부처님을 친견해야 할 때를 잘 알고, 하지 말아야 할 때와 사부대중이 부처님을 친견하고 친견하지 말아야 할 때를 잘 분별하는 것이다. 아난 비구는 매우 총명한 제자이다."

이런 세 가지 약조를 인연으로 아난은 부처님께서 열반하실 때까지 25년간을 모셨다. 후에 아난은 비구들에게 이렇게 말했다.

"여러 현자들이여, 제가 부처님을 모셔온 지 25년입니다. 그러나 그것을 가지고 뽐낼 생각은 전혀 없습니다."

- 중아함 8권, 33 시자경

잠을 자거라, 아나율아!(천안 제일 아나율)

천안天眼 제일 아나율Anuruddha 존자는 마하나마라는 형이 있었다. 마하나마는 자기 가족 중에 출가한 사람[9]이 한 사람도 없자 동생 아나율에게

---

9 증일아함 15권 「고당품」에 의하면, 정반왕Suddhodana의 출가에 관한 이러한 언급이 전한다. "석씨가문에서는 형제가 두 명이면 한 사람은 반드시 도를 닦아야 한다. 그렇게 하지 않으면 반드시 중重한 벌을 내릴 것이다." 정반왕은 4형제로 백반왕Sukkodana · 곡반왕Dhotodana · 감로반왕Amitodana이 형제이다. 부처님과 배다른 형제인 난다Nanda가 출가했고, 백반왕의 아들 제바달다Tevadatta와 아난Ānanda, 곡반왕의 아들 아나율Anuruddha, 감로반왕의 아들 발제(跋提, Bhaddiya) 등 석가족 형제들이 모두 출가했다.

출가를 권유했다. 아나율이 싫다고 하자, 마하나마가 말했다.
"그러면 내가 출가할 터이니, 너는 가문의 일족을 잘 이끌어주기 바란다."
아나율은 형의 말에 출가할 마음을 굳히고 어머니께 찾아가자, 그녀는 아들의 출가를 막으려고 아나율의 사촌형 발제가 출가한다면 허락하겠노라고 약속한다. 그러나 아나율은 발제뿐만 아니라 아난, 우바리 등과 함께 출가했다.

- 증일아함 15권, 24 고당품

아나율은 썩 내키지 않은 출가를 한 터라 사문의 생활에 적응하지 못했다. 그러던 어느 날 부처님께서 출가자와 재가 신도들을 상대로 기원정사에서 법을 설하는 중에 아나율이 부처님 앞에서 꾸벅꾸벅 졸고 있었다. 그것을 본 부처님께서 아나율을 호되게 꾸짖으며 말씀하셨다.
"너는 도대체 무엇 때문에 출가했느냐? 사문이 그렇게 열심히 수행하지 않으면 출가한들 무슨 의미가 있겠느냐?"
순간 아나율은 심히 부끄러움을 느껴 졸지 않고 정진하겠다 맹세하고, 일주일 동안 용맹정진에 들어갔다. 그 결과 아나율은 사물을 식별할 수 없을 정도로 실명의 위기에 처했다. 부처님께서 명의名醫 지바카Jivaka에게 아나율을 치료하라고 명했으나 지바카는 '아나율이 조금이라도 잠을 잔다면 치료할 수 있으나 잠을 자지 않기 때문에 치료할 수 없다'고 하였다.
세존께서 아나율에게 말씀하셨다.
"너는 잠을 자야 한다. 사람은 먹어야 살아갈 수 있고, 먹지 않으면 살아갈 수 없다. 눈은 잠으로 음식을 삼고, 귀는 소리로 음식을 삼으며, 코는 냄새로 음식을 삼고, 혀는 맛으로 음식을 삼으며, 몸은 감촉으로 음식을 삼고, 뜻은 법으로 음식을 삼는다. 그리고 지금 나의 열반에도 음식이 있다."

아나율이 부처님께 아뢰었다.

"열반은 무엇으로 음식을 삼습니까?"

"열반은 방일하지 않는 것으로 음식을 삼는다. 그러므로 방일하지 않는 것을 방편삼아 무위無爲에 이른다."

"세존께서 비록 눈은 잠으로 음식을 삼는다고 하셨지만 저는 차마 잘 수 없습니다."

아나율은 계속 정진하여 결국 실명하게 되었다. 비록 아나율이 물질을 식별하는 육안肉眼은 잃었지만, 세상에서 벌어지는 모든 일을 꿰뚫어볼 수 있는 천안天眼을 얻었다.

- 증일아함 31권, 38 역품力品

내 옆자리에 앉아라, 가섭아! (두타頭陀 제일 가섭)

이와 같이 나는 들었다.

부처님께서 사위성 기수급고독원에 계실 때의 일이다. 어느 날 부처님께서 제자들에게 법을 설하고 있었다. 그때 멀리서 가섭Kassapa 존자가 대중 앞으로 걸어오고 있었다. 그의 형색은 무척 남루하고 좋아 보이지 않았다. 오랫동안 아란야[10]에 머물렀던 탓인지 머리카락은 길고 헝클어져 있었으며 수염도 깎지 않았고 가사까지 남루한 차림이었다. 가섭 존자가 대중 앞에 거의 다가왔을 무렵, 어떤 제자들은 그 모습을 보고 혀를 차며 비웃었다.

"저 비구는 도대체 누구인데, 남루한 가사에 위의도 갖추지 않고, 감히 부

---

10 빨리어로는 arañña라고 하며, 아란야阿蘭若·아란야阿蘭耶·아란나阿蘭拏 등 여러 음역이 있다. 비구들이 수행하기에 고요하고 한적한 장소를 말한다.

처님 곁으로 오려고 하는지 알 수 없군."

여기저기서 가섭 존자의 모습을 비난했다. 그때 부처님께서 가섭 존자에게 말씀하셨다.

"가섭이여, 잘 왔다. 내 자리 옆 절반 자리에 앉아라. 나는 이제 마침내 알았다. 누가 먼저 집을 나왔던가.[11] 그대인가, 나인가?"

대중은 부처님과 가섭 존자의 위의를 보고 몸의 털이 곤두설 정도로 경외감과 두려움을 느꼈다. 그때 가섭 존자가 부처님께 말했다.

"세존이시여, 부처님께서는 스승이고, 저는 제자입니다."

"그렇다. 나는 그대의 스승이고, 그대는 나의 제자이다. 괜찮으니, 내 옆에 앉아라."

- 잡아함 41권, 1142 납의중경

선종禪宗에서는 부처님께서 가섭 존자에게 세 곳에서 마음에서 마음으로(以心傳心) 법을 전했다고 하여 삼처전심三處傳心이라고 한다.

첫째, 영산회상염화미소靈山會上拈花微笑이다. 부처님께서 영산회상에서 법을 설하다 꽃을 들어보이자, 대중 가운데 가섭만이 부처님의 뜻을 알고 홀로 미소를 지었다는 뜻이다.

둘째, 본문의 내용인 다자탑전분반좌多子塔前分半坐이다.

셋째, 사라쌍수곽시쌍부沙羅雙樹槨示雙趺이다. 부처님께서 사라쌍수 아래에서 열반에 드셨는데, 가섭 존자는 부처님 입멸 후 7일이 지나 쿠시나가라 성에 도착했다. 가섭이 관 옆에서 "세존이시여! 세존의 열반이 어찌하여 이렇게 빠르십니까?"라고 하며 슬피 울자, 부처님께서 관 밖으로 두 발을 내밀어 보였다는 내용이다. (본문 p.189 참조)

제일 먼저 마중 나온 수보리(해공解空 제일 수보리)

부처님께서 어머니 마야부인을 뵙기 위해 도리천에 올라갔다가 세 달이 지나 내려오는 날, 많은 제자가 부처님을 뵙기 위해 마중을 나갔다.

그때 수보리Subhūti는 영축산 바위굴 안에서 옷을 꿰매고 있었는데, 밖으로 나가려다 멈추고 다시 자리로 돌아와 옷을 꿰매기 시작했다.

'내가 왜 이렇게 서둘러 부처님을 맞이하러 가야 하지. 부처님의 형상은 안·이·비·설·신·의 육근으로 이루어져 있으며, 색(형체)은 지·수·화·풍인 사대 원소로 이루어져 있다. 부처님께 예배하려거든 그 육근이 무상한 것이라고 관觀해야 한다. 또한 그것은 모두 공空이며, 무아無我가 아니던가. 무릇 일체의 모든 것이 공적空寂하여 지을 것도 없고, 지어진 것도 없다. 이전에 세존께서 게송으로 말씀하신 것과 같다.'

> 만약 누구나 부처님께 예배하고
> 최고의 성인에게 예배하려거든
> 오온五蘊·십이처十二處·십팔계十八界를
> 모두 덧없는 것이라고 관찰하라.
> 옛날 과거의 부처님과 미래의 모든 부처님도
> 지금 현재의 이 부처님처럼
> 그것은 모두 다 덧없는 것(無常)이다.
> 만약 부처님께 예배하려거든

---

11 부처님께서 말씀하신 '집을 나왔다'는 표현은 한글대장경 원문 그대로 실었다. '집을 나온다'는 뜻은 부처님께서 가섭 존자가 당신과 같은 삼매에 머물러 있고, 번뇌를 다해 마쳤으며, 지혜를 갖추었고, 뛰어난 공덕을 갖추었다는 칭찬이라고 생각된다.

지난 과거와 미래, 그리고 지금에 있어
모두 공空한 법이라고 관찰하여라.
또 만약 부처님께 예배하려거든
지난 과거와 미래, 그리고 현재
모든 부처님을 〈나〉가 없는 것(無我)이라고 관찰하여라.

'도대체 무얼 가지고 〈나〉라고 할 수 있는가? 〈나〉도 없고, 명(命, 영혼)도 없으며, 타인(人)도 없다. 짓는 자도 없고, 지어진 것도 없으며, 표현할 수도 없고, 남에게 가르쳐 보일 수도 없다. 모든 것이 비어 있거늘 〈나〉란 주인공은 어디에 있단 말인가. 나는 지금 진여眞如의 법 무더기[12]에 귀의해야 하리라. 이것이 고타마 부처님의 참다운 제자이다.'
수보리 존자는 이렇게 사유하면서 계속 바느질을 하였다.
한편 제자 가운데 우발화색優鉢華色 비구니는 제일 먼저 부처님을 뵈려고 신통술을 부려 전륜성왕의 모습으로 변하였다.
이때 부처님께서 수만의 하늘 신을 거느리고 수미산 꼭대기에서 못가로 내려 오셨다. 세존께서 발을 들어 땅을 밟는 순간, 신통으로 변한 전륜성왕은 본모습인 비구니로 바꾼 뒤 부처님께 예배를 올렸다. 부처님께서 빙그레 웃으며 말씀하셨다.
"기특하구나, 우발화색 비구니여. 제일 먼저 마중한 것은 네가 아니라 수보리 존자이다. 수보리는 모든 법이 다 공함을 관찰하여 여래께 예배하고 있다. 공무해탈문空無解脫門이 바로 예불이며, 공무법空無法을 관

---

12 '진법지취眞法之聚'라고 되어 있는데, 부처님의 법신을 의미한다.

찰하는 것을 예불이라고 한다.

- 증일아함 28권, 36 청법품

분석과 논리에 뛰어난 가전연 (논리 제일 가전연)

이와 같이 나는 들었다.

어느 때 부처님께서 카필라국 니구루원에서 오백 명의 비구와 함께 계실 때이다. 부처님께서 공양을 마치고, 니구루원에서 비라야 마을 어귀 나무 아래 앉아 계셨다. 이때 석가족의 한 장자가 지나면서 부처님께 물었다.

"사문께서는 무엇을 가르치고, 무엇을 주장하십니까?"

세존께서 말씀하셨다.

"나의 주장은 하늘·용·귀신이 미칠 수 있는 바가 아닙니다. 나는 세상에 집착하는 것도 아니고, 또 세상에 머무는 것도 아니요. 내 주장은 바로 이것입니다."

장자는 돌아갔고, 세존께서도 처소로 돌아와 모든 비구에게 말씀하셨다.

"조금 전 저 동산에 앉아 있었는데, 석가족의 한 장자가 내게 질문하기에 나는 하늘·용·귀신이 미칠 수 있는 바가 아니다. 나는 세상에 집착하는 것도 아니고 또 세상에 머무는 것도 아니라고 답변하였다."

그때 어떤 비구가 세존께 아뢰었다.

"세상에 집착하지 않고, 또 세상에 머무르지도 않는다는 것은 무엇입니까?"

세존께서 말씀하셨다.

"내가 주장하는 것은 이 세상에 전혀 집착하지 않는 것이다. 현재의 경우도 나는 탐욕에서 벗어났고, 그 석가족의 의심을 끊었으며, 다른 망상이 전혀 없다. 내 주장은 바로 이것을 말하는 것이다."

세존께서 이렇게 말씀하시고, 곧 일어나 방으로 들어가셨다. 이때 비구들은 수군거렸다.

"세존께서 하신 말씀은 그 뜻이 너무 간략해 잘 모르겠다. 자세히 말해줄 수 있는 사람이 누구 없을까?"

그들 가운데 한 사람이 말했다.

"세존께서는 늘 가전연Kaccāna 존자를 논리에 뛰어나다고 칭찬하신다. 지금 그 뜻을 우리에게 설명해줄 사람은 오직 가전연 존자뿐이다."

이에 비구 대중은 가전연에게 말했다.

"조금 전 여래께서 말씀하신 뜻은 너무 간략해 잘 모르겠습니다. 원컨대 존자께서 자세히 설명해주고 분별해서 우리를 이해시켜 주십시오."

가전연 존자가 말했다.

"마치 마을의 어떤 사람이 진귀한 목재를 구하려고 나섰다가, 큰 나무를 보고는 곧 그것을 베어 잎사귀만 가지고 나무는 버리는 것과 같군요. 지금 그대들도 그와 같아서 여래를 버려두고 가지에서 목재를 찾는구려. 여래께서는 모든 것을 관찰하시기 때문에 세상을 빠짐없이 두루 비추는 천상과 인간의 길잡이십니다. 여래께서는 진리의 참 주인이니, 때가 되면 여래께서 그대들을 위해 그 뜻을 설명하실 겁니다."

비구들이 대답하였다.

"존자께서는 세존께 수기를 받으셨으니 그 뜻을 자세히 설명해줄 수 있을 것입니다. 잘 분별해 설해주십시오."

"그대들은 자세히 듣고 잘 사유해 기억하십시오. 여래께서 '나의 주장은 하늘·용·귀신이 미칠 수 있는 바가 아니다. 나는 세상에 집착하는 것도 아니고 또 세상에 머무는 것도 아니다. 그리고 나는 거기서 해탈하였고, 온갖 의심을 끊어 다시는 망설임이 없다' 라고 하신 것은 지금 중생은 다 투기를 좋아해 온갖 망상을 일으키는데, 여래께서는 혼탁한 데 물들어 집착하는 마음을 일으키지 않는다는 뜻입니다.

인간은 탐욕의 모든 번뇌와 성냄, 삿된 소견 등으로 고통스런 과보를 초래하기도 하고, 사람들과 다투며 여러 가지 나쁜 행을 일으키고, 그릇된 생각을 하며, 좋지 않은 행동을 합니다.

즉 눈(眼)으로 형태(色)를 보면 안식이 생기고, 이 세 가지가 서로 인(因)이 되어 접촉해 이 접촉으로 느낌(受)이 생기고, 느낌으로 말미암아 표상(想)이 생기며, 표상으로 말미암아 의도(行)가 생기고, 의도로 말미암아 인식(識)이 생깁니다.

귀로 소리를 듣고, 코로 냄새를 맡으며, 혀로 맛을 보고, 몸으로 감촉을 느끼며, 뜻으로 법(法)을 알고 곧 식이 일어납니다. 이 세 가지가 서로 인이 되어 접촉해 느낌이 생기고, 느낌으로 말미암아 표상이 생기며, 표상으로 말미암아 의도가 생기고, 의도로 말미암아 인식이 생깁니다. 이것은 모두 탐욕과 성냄, 그릇된 생각을 만들어냅니다.

만일 어떤 사람이 '눈이 없고, 형태가 없는데 접촉이 있다'고 말한다면 그것은 옳지 않습니다. 또 '접촉이 없어도 느낌이 있다'고 말한다면 그것도 옳지 않습니다······.

만일 어떤 사람이 '눈이 있고 형태가 있으면 거기서 안식이 생긴다'고 한다면 그것은 옳은 것입니다. 또 '귀와 소리, 코와 냄새, 혀와 맛, 몸과 감촉, 뜻과 법이 있으면 거기에 식이 생긴다'고 한다면 그것은 맞는 말입니다.

이런 까닭으로 부처님께서는 '나의 주장은 하늘·용·귀신이 미칠 수 있는 바가 아니다. 나는 세상에 집착하는 것도 아니고 또 세상에 머무는 것도 아니다. 그리고 나는 거기서 해탈하였고, 온갖 의심을 끊어 다시는 망설임이 없다'라고 한 것입니다. 즉 중생은 다투기를 좋아해 온갖 어지러운 생각을 일으키는데, 여래께서는 그런 혼탁함에 물들어 집착을 일으키지 않는다는 뜻입니다. 그대들이 그래도 이해되지 않는다면 다시 여래께 찾아가 이 뜻을 거듭 여쭈어 보십시오."

그때 비구들은 가전연의 말을 듣고, 옳다·그르다는 말을 하지 않은 채 자리에서 일어나 세존이 계신 곳으로 옮겨갔다. 비구들은 조금 전에 있었던 일을 빠짐없이 세존께 아뢰었다.

그때 여래께서 비구들에게 말씀하셨다.

"가전연 비구는 총명하고 말 솜씨(辯才)가 뛰어나구나. 그대들에게 그 뜻을 자세히 설명해주었다. 설령 그대들이 내게 찾아와 물었더라도 나 또한 가전연과 똑같은 답변을 했을 것이다."13

- 증일아함 35권, 40 칠일품

부처님께서는 가전연 존자에 대해 이렇게 말씀하셨다.

"나의 성문 대중 가운데, 뜻을 가장 잘 파악하고, 아무리 많은 법을 들어도 총명해 빨리 깨달으며, 조금만 설해주어도 남을 위해 널리 분별해 해설하는 데 으뜸인 사람이 바로 가전연 비구이다."

- 증일아함 3권, 4 제자품

우바리 같은 천민도 아라한이 될 수 있다 (계율 제일 우바리)

우바리Upāli는 출가하기 전, 왕족들의 머리를 깎아주던 이발사로서 천민

---

13 가전연 존자는 언어를 분석해 해설하는 데 뛰어났다고 한다. 아무리 많은 분량의 법문이라도 내용을 압축 요약해 비구 도반들에게 해설해주었다. 중아함 28권, 『밀환유경』에서는 이렇게 전한다. "부처님께서 간략하게 법을 설하면 가전연은 진리를 잘 분별하였으므로 부처님의 칭찬을 받았다." "세존께서 간략히 설한 법을 가전연은 비구들의 요청으로 광설廣說하였다."

계급이었다. 왕족 출신 비구들은 우바리 같은 천민을 출가 교단에 받아들이는 것을 달갑지 않게 여기며, 부처님의 사상을 의심하기까지 했다. 왕족 출신 비구들은 '왜 여래가 우바리와 같은 하천한 사람을 출가시켜 사람들이 출가 교단에 대해 믿음을 저버리고, 신심을 버리도록 할까?'라고 생각했다.

그러나 부처님은 여래가 깨달음을 얻어 성불한 것과 마찬가지로 우바리 같은 천민도 얼마든지 출가해 해탈할 수 있으며, 많은 사람의 존경을 받을 수 있다는 확신을 가진 분이었다. 부처님은 인류 평등 사상가였다. 우바리는 마침내 계율戒律을 잘 지키는 일인자로서 십대제자 가운데 한 명이 되었다.

- 대방편불보은경大方便佛報恩經 6권, 8 우바리품

인도는 사성(四姓, caste)제도가 존재한다. 브라만들은 업과 윤회사상을 토대로 그들의 계급을 정당화했으며, 사람들이 이를 숙명처럼 받아들이도록 했다. 베다Veda에 명시되어 있는 이 제도를 인도인들은 바르나Varṇa라고 한다. 사성은 바라문 · 크샤트리아(왕족) · 바이샤(평민) · 수드라(천민)인 네 계급이고, 아웃카스트outcaste인 불가촉천민不可觸賤民이 있다. 부처님께서는 카스트제도를 엄격히 부정하셨으며, 행을 통해서 인간은 바라문이 될 수 있다고 하셨다. 이처럼 계급 제도를 반대하신 부처님은 천민을 출가 교단에 받아들여 왕족 출신과 똑같이 대하셨다.

카스트라는 말은 혈통이라는 뜻의 포르투갈어 카스타casta라는 말에서 나왔다. 16세기 포르투갈 사람들이 인도의 신분 제도를 보고 붙인 이름이다. 1947년 카스트제도는 법적으로 금지되었으나 인도사회에서는 여전히 카스트에 따른 차별이 존재하고 있다. 다른 계급 간에 혼인을 금지하며 이름에서부터 신분 간의 차이가 있다. 이 제도는 현재까지 인도 발전을 저해하는 가장 큰 요인이다.

부처님께서 대중에게 말씀하셨다.

"나의 성문 제자 가운데 계율을 잘 받들어 지니고, 계율을 철저하게 지키며 조금도 어기지 않는 비구는 우바리가 제일이다."

- 증일아함 3권, 4 제자품

부처님께서 열반에 들자, 마하가섭 존자를 상수上首로 제1차 결집이 단행되었다. 칠엽굴에서 오백 명의 비구가 모여 마하가섭 존자가 상수가 되고, 아난 존자가 부처님 재세 시 들은 대로 가르침을 말했고, 계율의 제일인자인 우바리 존자는 대중 앞에서 계율을 토로하였다.

- 오분율

제게 보배 유산을 주십시오 (밀행 제일 라훌라)

라훌라Rāhula는 부처님의 십대제자 중 밀행제일密行第一이라고 한다. 부처님께서 출가하려고 하는데 아들이 태어났다는 말을 전해 듣고 '장애(라훌라)가 생겼구나!' 라고 한 데서 라훌라라고 이름 붙였다.

석가모니부처님이 출가한 이후 10년 만에 고향 카필라국에 갔다. 10년 만에 돌아오는 부처님을 정반왕과 카필라국 사람들은 흔쾌히 맞아들였다. 며칠을 머물면서 부처님이 왕궁 뜰에서 법을 설하고 있었다. 이때 출가 전, 부인이었던 야쇼다라가 아들 라훌라에게 말했다.

"저기서 법을 설하고 있는 성자가 너의 아버지이다. 저분께 가서 '아들인 저에게 보배 유산을 주십시오' 라고 하여라."

라훌라가 부처님 곁으로 가서 이 말을 하자, 부처님은 라훌라의 손을 잡고 걸어 니그로다 정사로 돌아와 사리불 존자를 불렀다.

"사리불이여, 라훌라를 출가시켜 잘 이끌어주도록 하라."

이런 인연으로 라훌라는 어린 나이에 출가하였다. 정반왕은 손자까지 출가하자 애달파하면서 부처님께 간청했다.

"어린 사람이 출가할 경우, 부모의 승낙 없이 출가하지 않도록 해주십시오." 이후 스무 살 이전에 출가할 경우는 부모의 승낙이 있어야 삭발할 수 있다는 계율이 정해졌다.[14]

어린 라훌라는 사리불 존자를 스승으로, 목련을 아사리로 하여 계를 받아 최초의 사미가 되었다.

- 불본행집경佛本行集經[15] 55권, 56 라훌라 인연품

부처님께서 대중에게 말씀하셨다.
"나의 성문 제자 가운데 계율을 철저히 지키며 송독誦讀을 게을리하지 않는 비구는 바로 라훌라가 제일이다."

- 증일아함 3권, 4 제자품

아버지로서의 자식 교육

라훌라는 어린 나이에 출가한 탓인지 승원 생활이 어렵고 지루하기만 했다. 이때 라훌라는 어른들에게 거짓말하며 골탕 먹이는 일로 재미를 삼기 시작했다. 어느 수행자가 찾아와 '부처님이 어디 계시냐?'고 물으면,

---

14 『마하승기율』에 의하면, 정반왕이 손자까지 출가함을 보고 '부모의 허락을 얻지 못한 이에게 구족계를 주면 안된다'는 의견을 내놓음으로써 이런 규칙이 생겼다.

15 이 경전은 『불소행찬』처럼 부처님의 일생을 상세히 기록해 놓은 것이다. 산스크리트 원전은 전하지 않으며 북인도로부터 중국에 온 사나굴다(闍那崛多, Jñānagupta)에 의해 587~591년에 번역된 한역본만이 전한다. 내용은 부처님의 탄생 이전부터 시작해 결혼·라훌라 출생·출가·깨달음·중생제도에 이르기까지 부처님의 일생 전반에 관한 내용이다.

부처님이 동쪽에 머물고 있는데도 라훌라는 재미삼아 '서쪽에 계신다'고 하였고, 부처님이 북쪽에 계시는데도 '남쪽에 계신다'고 거짓말하였다.
어느 날 부처님께서 탁발공양을 다녀오자, 라훌라는 평소대로 대야에 물을 떠와 부처님 발을 씻겨 드렸다. 라훌라가 부처님 발을 다 씻겨 드리자, 부처님은 대야의 물을 조금 쏟아버린 뒤 라훌라에게 말했다.
"이 대야의 쏟고 남은 물을 보았느냐?"
"보았습니다. 세존이시여."
"네가 수행하지 않고 게으름 피우는 것도 바로 이와 같다. 이미 알고 있으면서 거짓말하고 부끄러워하지도 않으며, 반성하지 않는 것이다. 그런 거짓 악행을 하지 말아야 한다. 또한 필요 없이 웃거나 쓸데없는 말을 하지 말라."
부처님께서는 또 대야의 물을 쏟아버리고 말씀하셨다.
"너의 도道가 다 버려졌다고 하는 것도 또한 이와 같다. 이미 알고 있으면서 거짓말하고 부끄러워하지도 않으며, 반성하지 않는 것과 같다. 그런 거짓 악행을 하지 말아야 한다. 또한 필요 없이 웃거나 쓸데없는 말을 하지 말라."
부처님께서 말씀하셨다.
"사람들이 무엇 때문에 거울을 사용한다고 생각하느냐?"
"세존이시여, 얼굴이 깨끗한지 깨끗하지 않은지를 보기 위함입니다."
부처님께서 라훌라를 한참 바라본 뒤, 말씀하셨다.
"사람도 마찬가지이다. 더러운 물은 마실 수 없는 것처럼, 수행자가 수행에 힘쓰지 않고 마음을 청정히 지키지 않으면 진정한 수행자라고 할 수 없다. 너는 신身·구口·의意 삼업을 청정히 닦아야 한다. 몸과 입, 뜻으로 짓는 모든 행 하나하나에서 현재의 자신을 면밀히 살펴보고, 지금 현재 청정하게 해야 한다."
부처님께서 라훌라에게 게송으로 거듭 말씀하셨다.

"몸과 입과 뜻으로 짓는 삼업과
선善·불선不善, 옳고 그른 것을 잘 살펴야 한다.
이미 알면서 거짓말을 하는 것은 옳은 행위가 아니니
거짓말하지 말라.
사문이 계율을 지키지 않으면 헛되어 진실성이 없어 보이며
거짓말하는 것은 입을 보호하지 않기 때문이다.
거짓말하지 않는 자가
바로 참 깨달음을 얻은 이의 아들이다.
그대가 머무는 곳마다
풍성하고 즐거우며 평온하여 두려움이 없네.
라훌라야, 너는 거기에 이르러 남을 해치지 말라."

- 중아함 3권, 14 나운경

십대제자와 제바달다

이와 같이 나는 들었다.
부처님께서 사위성 기수급고독원에 계실 때이다. 부처님께서 무수한 중생들에 둘러싸여 법을 설하고 있었다.
이때 사리불은 많은 비구를 거느리고 경행俓行(행선)하고 있었고, 목련·가섭·아나율·가전연·우바리·부루나·수보리·라훌라·아난 등도 각각 많은 비구를 거느리고 서로 즐거이 수행하고 있었으며, 제바달다 역시 많은 비구를 거느리고 경행하고 있었다.

그때 세존께서 신통력으로 제자들이 각각 그 대중을 거느리고 경행하는 모습을 지켜보시며, 비구들에게 말씀하셨다.

"사람의 근기와 성정은 서로 비슷한 점이 있어 선한 사람은 선한 사람과 어울리고, 악한 사람은 악한 사람과 어울린다. 비유하면 마치 젖은 젖과 서로 어울리고, 대소변은 대소변과 서로 어울리는 것처럼 중생은 자신의 근기와 업에 따라 어울리는 사람도 비슷한 사람과 만나 어울리는 법이다."

"그대들은 사리불 비구가 사리불을 따르는 비구들과 함께 경행하는 것을 보는가?"

"예, 봅니다."

"저 비구들은 모두 사리불을 닮아 지혜가 뛰어난 사문들이다."

또 말씀하셨다.

"그대들은 저 목련 비구가 목련을 따르는 비구들과 함께 경행하는 것을 보는가?"

"예, 봅니다."

"저 비구들은 모두 목련을 닮아 신통력이 뛰어난 사문들이다."

또 물으셨다.

"그대들은 저 가섭이 가섭을 따르는 비구들과 함께 경행하는 것을 보는가?"

"예, 봅니다."

"저 비구들은 모두 가섭을 닮아 두타행을 실천하는 사문들이다."

또 물으셨다.

"그대들은 저 아나율이 아나율을 따르는 비구들과 함께 경행하는 것을 보는가?"

"예, 봅니다."

"저 비구들은 모두 아나율을 닮아 천안통을 얻은 사문들이다."

또 물으셨다.

"그대들은 저 가전연이 가전연을 따르는 비구들과 함께 경행하는 것을 보는가?"

"예, 봅니다."

"저 비구들은 모두 가전연을 닮아 이치를 잘 분별할 줄 아는 사문들이다."

또 물으셨다.

"그대들은 저 부루나가 부루나를 따르는 비구들과 함께 경행하는 것을 보는가?"

"예, 봅니다."

"저 비구들은 모두 부루나를 닮아 설법을 잘하는 사문들이다."

또 물으셨다.

"그대들은 저 우바리가 우바리를 따르는 여러 비구들과 함께 경행하는 것을 보는가?"

"예, 봅니다."

"저 사람들은 모두 우바리를 닮아 계율을 잘 지키는 사문들이다."

또 물으셨다.

"그대들은 저 수보리가 수보리를 따르는 비구들과 함께 경행하는 것을 보는가?"

"예, 봅니다."

"저 비구들은 모두 수보리를 닮아 공을 체득하는데 뛰어난 이들이다."

또 물으셨다.

"그대들은 저 라훌라가 라훌라를 따르는 비구들과 함께 경행하는 것을 보는가?"

"예, 봅니다."

"저 사람들은 모두 라훌라를 닮아 밀행에 뛰어난 사람들이다."

또 물으셨다.

"그대들은 저 아난 비구가 아난을 따르는 비구들과 함께 경행하는 것을 보는가?"

"예, 봅니다."

"저 사람들은 모두 아난을 닮아 많이 듣고 한번 들은 것을 잊지 않는 사문들이다."

"그대들은 저 제바달다가 제바달다를 따르는 사람들과 함께 경행하는 것을 보는가?"

"예, 봅니다."

"저 사람들은 모두 제바달다를 닮아 악한 행동을 많이 하는 이들로서 선의 근본을 심지 않은 무리이다."

- 증일아함 46권, 49 방우품放牛品

2. 초기불교의 가르침

일체법—切法 : 오온五蘊

이와 같이 나는 들었다.

부처님께서 바라나시 녹야원에 계실 때, 제자들에게 말씀하셨다.

"나는 온(蘊, 쌓임)과 오온의 집착된 모습(受陰)을 설하리라.

어떤 것을 쌓임이라고 하는가? 모든 형태(色)는 과거의 것이든 미래·현재의 것이든, 혹은 안에 있든 밖에 존재하든, 큰 것이든 작은 것이든, 좋

> 오온(五蘊, pañca-skandhāḥ)에서 온(蘊, skandha)이란 '모임', '쌓임'이라는 의미이다.
> 색온은 인간존재의 근저를 이루고 있는 물질적인 형체·형태이다.
> 수·상·행·식온은 정신적인 개체를 지속적으로 유지시키는 것이다.
> 수vedanā는 고와 락, 불고불락不苦不樂을 느끼는 감수感受 작용이다.
> 상saññā은 표상表象으로 개념의 정립이다.
> 행saṃkhārā은 마음의 의지 작용이 나아가는 상태로서, 경향성·의도·형성·심리현상들이라고 할 수 있다.
> 식viññāṇa은 식별하는 인식·의식, 판단의 작용이다.
> 무아無我란 고정적인 실체의 〈나〉가 없다는 것이다. 오온으로 이루어진 〈나〉는 고정된 것이 없이 끊임없이 변화하고 있는 무상無常이다. 이에 '오온무아五蘊無我'라고 한다.

은 것이든 나쁜 것이든, 혹 멀리 있든 가까이 있든 간에 모든 것은 여러 인연이 모여 쌓여진 것(色蘊)이라고 할 수 있다.

따라서 수受·상想·행行16·식識도 또한 앞에서 열거한 색온과 마찬가지이다. 그 일체는 모두 수·상·행·식의 인연의 쌓임인 수온·상온·행온·식온이다. 이들을 '오온'이라고 한다.

어떤 것을 '오온의 집착된 모습'이라고 하는가? 만일 색·수·상·행·식에 대한 번뇌가 있으면 그것을 취함(取)이라고 한다. 만일 색·수·상·행·식에 탐욕심을 내거나 성내고 어리석으며 그 이외 번뇌로 인해 마음이 생기는 것을 오온의 집착된 모습이라고 한다."

- 잡아함 2권, 55 음경陰經

---

16 불교 교리에서 '행行'은 여러 의미가 있으며 복수이다. 오온에서의 행은 의지작용··의도·반응·심리현상 등을 말하는데, 이 번역도 정확하지 않다. 편역자는 여기에서 '의도'라고 번역한다. 또한 삼법인 가운데 제행무상의 '행'은 생멸 변화하는 모든 것을 의미하는 포괄적인 뜻이다. 십이연기에서 '행'은 신身·구口·의意 삼업에서 나온 일체 행위 및 경험이 집적되어 업력業力이 형성된 작용이다.

일체법 : 십이처十二處

부처님께서 사위성 기수급고독원에 계실 때 생문 바라문이 찾아왔다. 생문 바라문은 부처님께 인사를 한 뒤 한쪽에 앉아 부처님께 물었다.
"고타마시여, 일체란 어떤 것을 말합니까?" 부처님께서 말씀하셨다.
"일체는 십이처十二處에 포섭되는 것이니, 곧 눈과 색, 귀와 소리, 코와 냄새, 혀와 맛, 몸과 촉감, 의지와 법이다. 이것을 일체라고 한다. 만일 어느 누군가 '이것은 일체가 아니다'라고 하면서 십이처를 여의고 다른 것을 일체라고 한다면, 그것은 희론이며 언설일 뿐이다."

- 잡아함 13권, 319 일체경

부처님께서 비구들에게 말씀하셨다.
"사람에게는 여섯 가지 감각기관(六根)이 있으니, 눈·귀·코·혀·몸의 감각기관과 의지이다. 또한 여섯 가지 인식대상(六境)이 있다. 즉 형체·소리·냄새·맛·촉감·법이 곧 인식대상이다."

- 잡아함 13권, 323 육내입처경六內入處經

부처님께서 사위성 기수급고독원에 계실 때 비구들에게 말씀하셨다.
"여섯 가지 떳떳한 행(常行)이 있다. 그 여섯 가지란 바로 이러하다. 비구가 눈으로 색을 보고 괴로워하지도 즐거워하지도 않으며, 평온한 마음에 머물러 바른 생각과 지혜를 갖는 일이다. 또한 귀로 소리를 들을 때, 코로 냄새를 맡을 때, 혀로 맛을 볼 때, 몸으로 촉감을 느낄 때, 의지로 법을 분별할 때 괴로워하지도 즐거워하지도 않으며 평온한 마음에 머물러 바른 생각과 지혜를 가지면, 이것을 비구들의 떳떳한 행이라고 한다."

- 잡아함 13권, 339 육상행경六常行經

> 초기불교에서 법이란, 하나하나가 법으로서 존재하는 현상을 성립시키고 있는 기체基體적인 존재를 말한다. 불교에서는 법法에 관한 용어가 많이 등장하는데, 다양한 의미를 지닌다. 힌두교에서는 윤리, 양속, 의무라는 어감이 강한 편이다.
>
> - 일반적으로 불교에서 법은 진실, 교법의 뜻이다.
> - 불법승佛法僧 : 불교의 가르침.
> - 9분교九分敎의 법장法藏 : 경장經藏으로 완성되기 이전, 교법의 분류.
> - 법을 구한다 : 깨달음, 진리.
> - 법계法界 : 연속의 세계, 즉 연기의 세계.
> - 제법무아諸法無我 : 모든 현상.
> - 6경六境의 마지막인 법 : 의식의 대상.

장자들이 부처님께 물었다.

"어떤 종류의 사문이나 바라문을 공경하고 존중하며, 예로서 섬기고 공양해야 합니까?"

부처님께서 말씀하셨다.

"눈으로 색(대상)을 보아도 탐심을 일으키지 않음으로 욕심을 여의고, 애욕을 멀리해 사랑을 갈구하지 않으며, 쓸데없는 망상을 떠나 마음이 고요하고, 법다운 행동을 함으로써 마음이 평온하고, 그릇된 행을 하지 않는 이다. 또한 귀·코·혀·몸·의지에 있어서도 앞에서 열거한 대로 행한다면, 그런 사문은 마땅히 공경받고 공양받을 만한 사람이다."

- 잡아함 11권, 280 빈두성경

일체법 : 십팔계十八界

이와 같이 나는 들었다.

> '저것은 아름다운 꽃이다' 라는 것으로 정리해 보자. 보는 내 눈은 안근, 꽃이라는 대상은 색경, '아름답다'고 인식하거나 꽃의 개체임을 아는 것을 안식이라고 한다.
> 즉 어떤 것이 생기거나 인식되는데, 반드시 인과 연이라는 두 조건이 갖춰져야 한다.
>   └→6식   └→6근 └→6경

어느 때 부처님께서 베살리 중각당重閣堂에 계실 때의 일이다. 비구들이 부처님 처소에 찾아와 부처님 발에 절을 하고 한쪽에 앉아 물었다.

"무슨 인因과 연緣으로 눈의 식(眼識)이 생기며, 무슨 인과 연으로 귀·코·혀·몸·의지의 식識이 생기는 겁니까?"

부처님께서 비구들에게 말씀하셨다.

"눈이 색(色, 대상경계)을 인연해서 안식이 생긴다. 즉 눈의 식이 생겼다면, 일체는 눈과 색이 인연이 되었기 때문이다(안근+색경→안식). 귀와 소리의 인연으로 이식耳識, 코와 냄새의 인연으로 비식鼻識, 혀와 맛의 인연으로 설식舌識, 몸과 부딪침의 인연으로 신식身識, 뜻과 법의 인연으로 의식意識이 생기는 것이다.

비구들이여, 안식·이식·비식·설식·신식·의식은 다 인연화합으로 생겨나는 것이다."

- 잡아함 9권, 238 인연경

삼법인三法印 : 무상·고·무아

이와 같이 나는 들었다.

부처님께서 사위성 기수급고독원에 계실 때 모든 비구에게 말씀하셨다.

"색(물질)은 영원한 것이 아니라고(無常) 관찰하라. 이렇게 관찰하면 그

것은 바른 관찰이다. 바르게 관찰하면 애착하는 마음이 생기지 않는다. 좋아하고 애착하는 마음이 사라지면 이것을 마음의 해탈이라고 한다.
이와 같이 수·상·행·식도 바르게 관찰할지니라. 바르게 관찰하면 애착하는 마음이 생기지 않는다.
비구들이여, 해탈을 얻은 사람은 곧 열반을 증득할 수 있다. 이렇게 영원한 것이 없다고 관찰하는 것처럼, 모든 것이 괴로움(苦)이고, 공空이요, 무아無我라고 관찰할지니라."

— 잡아함 1권, 1 무상경

이와 같이 나는 들었다.
부처님께서 사위성 기수급고독원에 계실 때 비구들에게 말씀하셨다.
"너희의 소유가 아닌 것은 다 버려야 한다. 그 법을 버리게 되면, 긴 밤 동안 마음이 평온하리라. 비구들이여, 만약 어떤 사람이 제타숲속 초목의 가지와 잎사귀를 가져간다면 그대들은 '이것들은 나의 것인데, 왜 가져가느냐?'고 하겠는가?"
"아닙니다. 세존이시여, 그것은 〈나〉도 아니요, 〈나의 것〉도 아니기 때문입니다."
"너희 모든 비구도 마찬가지다. 그대들의 소유가 아닌 물건은 마땅히 취하려고 하지 말아야 한다. 설령 취한 것이라고 할지라도 집착하지 않고 버리면, 긴 밤 동안 평온함을 얻으리라. 비구들이여, 눈은 영원한 것인가, 무상한 것인가?"
"세존이시여, 영원하지 않습니다."
"만약 무상한 것이라고 한다면, 그것은 괴로운 것인가?"
"괴로운 것입니다. 세존이시여."

"만약 모든 것이 덧없고(諸行無常), 고통스러운 것(一切皆苦)이라면 그것은 변하고 바뀌게 되어 있다. 그런데 비구들이 '눈이 바로 〈나〉다, 눈이 〈나〉와 다르다. 눈이 〈나〉와 함께 있다'라고 하면 옳은 행동인가?"
"옳지 않습니다. 세존이시여."
"비구들이여, 귀·코·혀·몸·의지에 있어서도 마찬가지다. 여섯 감각기관에 대해 〈나〉도 아니요, 〈나의 것〉도 아니라고 관찰해야 한다(諸法無我). 관찰한 뒤에는 모든 세간에 대해서도 집착해서 소유할 것이 없고, 집착하지 않기 때문에 마침내 열반에 이르게 된다."

- 잡아함 11권, 274 기사경

이와 같이 나는 들었다.
어느 때 부처님께서 바라나시 녹야원에 계실 때, 다섯 비구에게 말씀하셨다.
"육체(色)에는 〈나〉가 없다. 만일 육체에 〈나〉가 있다고 한다면, 육체는 병고가 생기지 않아야 할 것이다. 또한 육체에 대해 '이렇게 되었으면…… 이렇게 되지 않았으면……' 하고 바랄 필요도 없을 것이다.
육체에 〈나〉가 없기 때문에 육체에 병이 들고, 괴로움이 생기는 것이요, 또한 육체에 대하여 '이렇게 되었으면…… 이렇게 되지 않았으면……' 하고 바라는 것이다. 수·상·행·식도 그와 같다."
부처님께서 잠시 침묵하신 뒤 말씀하셨다.
"비구들이여, 그대들은 어떻게 생각하는가? 육체가 영원한가, 무상한가?"
"무상합니다. 세존이시여."
"만일 무상하다면 그것은 괴로운 것인가?"

> 삼법인은 불교의 특질을 잘 드러내는 부처님의 교설이다. 증일아함 18권에서는 마지막에 열반적정涅槃寂靜을 포함해 사법인四法印이 제시되어 있다. '법인法印'은 '법의 도장', '징표', '진리가 되는 도장'으로 진리임이 틀림없다는 것을 증명한다는 뜻이다. 초기불교의 삼법인은 대승불교에서 공사상으로 이어진다.
> 첫째, 제행무상諸行無常이란 모든 것이 변한다는 뜻이다. 이 세상의 모든 것, 즉 현상적인 모든 것은 잠시도 움직이지 않는 것이 없다. '제행'이란 일체만물을 뜻하는 말이다. 일체만물은 저 혼자의 힘으로 성립되어 존재하는 것이 아니라, 여러 가지 인연 화합(緣起)에 의하여 생겨난 것이므로, 시시각각으로 생멸 변천하는 것이다. 중생은 태어나서 이 세상에 머물다 죽어가는 생로병사生老病死이고, 물건은 만들어져 이 세상에 존재하다가 쓸모없게 되면 사라지는 성주괴공成住壞空의 원리이다.
> 둘째, 제법무아諸法無我란 모든 것은 실체가 없다는 의미이다. 항상 변하지 않는 〈나〉가 있다고 한다면, 상일성常一性과 주재성主宰性이 있어야 한다. 그러나 몸과 마음은 시시각각 끊임없이 변하여 여일하지 못하다. 한편 〈남〉은 나를 마음대로 할 수 없을지라도 나 자신만큼은 내 마음대로 할 수 있는 주재성을 가지고 있어야 하지만 그렇지 못하다. 이와 같이 상일성과 주재성이 없는, 즉 생멸 변화하는 모든 것에 〈나〉라고 할 만한 실체가 없는 것이다. 그것은 인연으로 화합되었기 때문이다.
> 셋째, 일체개고一切皆苦란 모든 것이 고라는 것이다. 모든 만물은 덧없고, 덧없음으로 실체가 없다. 이렇게 모든 것이 실체가 없기 때문에 고苦일 수밖에 없다. 고를 유형에 따라 세 가지로 분류하기도 한다. 고고(苦苦, 육체적인 아픔이나 정신적인 괴로움), 행고(行苦, 모든 존재는 조건에 의해 생겼다가 사라지는 데서 생기는 괴로움. 시간의 흐름에 따라 변화됨으로써 받는 괴로움), 괴고(壞苦, 절망이나 비애, 사람과 이별, 물건의 소멸, 죽음과 같은 멸함으로부터 받는 괴로움)이다.

"그것은 괴로운 것입니다."

"비구들이여, 만일 무상하고 괴로운 것이라고 한다면 그것은 변하고 바뀌는 법이다. 그런데 나의 법을 들은 제자들로서 '이것은 〈나〉와 다르다' '이것은 〈나〉와 〈나〉 아닌 것이 함께 있는 것이다'라고 한다면 옳은 것인가?"

"옳지 않습니다. 세존이시여."

"수·상·행·식도 또한 그러하다. 그러므로 비구들이여, 그대들은 이런 생각을 하여라.

'존재하는 모든 것은 과거·미래·현재 어디에 속하든, 안팎 어디에 속하든, 크거나 작은 것이든, 아름답거나 추한 것이든, 멀거나 가까이 있든 간에 모든 일체는 〈나〉가 아니요, 〈나〉와 다르지도 않으며, 〈나〉와 〈나〉 아닌 것이 함께 존재하는 것도 아니다.'

이와 같이 사실 그대로 관찰할지니라. 수·상·행·식도 그와 같다. 지혜로운 제자들은 〈나〉도 아니요, 〈나의 것〉도 아니라고 볼 줄 안다.

이렇게 관찰하기 때문에 모든 세간에 대해서 전혀 취할 것이 없고, 취할 것이 없기 때문에 집착할 것이 없으며, 집착할 것이 없기 때문에 스스로 열반을 얻는다."

부처님의 설법이 끝나자, 다섯 비구는 모든 번뇌를 소멸하고 해탈을 얻었다.

- 잡아함 1권, 34 오비구경

부처님께서 성불하시고 7주간 좌선삼매에 들었는데, 7주 동안 연기 도리를 고찰하였다. 고찰한 연기를 실천적인 교리로 설명한 것이 사성제이다. 사성제(四聖諦, Cattāo-ariya-sacca)는 부처님께서 다섯 명의 비구에게 녹야원에서 최초로 설하셨던 법문이다. 사람들의 고뇌를 치유하기 위한 원리를 설한 것으로 불교의 실천적 원리를 나타내는 가르침이다.

고성제dukkha-sacca는 고뇌에 찬 현실(果)이고, 집성제samudaya-sacca는 고뇌의 근본 원인과 이유(因)이다. 멸성제nirodha-sacca는 이상세계인 해탈과 열반(果), 도성제magga-sacca는 열반에 이르기 위한 정진과 수행(因)이다.

병의 발생부터 완치까지 사성제로 비유하면 이러하다. 병이 나서 현재 고통 받고 있는데(고성제-果), 그 병이 왜 발생했는지 원인을 찾아보았다(집성제-因). 병의 원인을 알고 건강하기 위해 약을 복용한다거나 치료해서(도성제-因), 건강을 완전히 회복하였다(멸성제-果).

사성제와 팔정도

이와 같이 나는 들었다.

어느 때 부처님께서 바라나시 녹야원에 계실 때 제자들에게 말씀하셨다.

"네 가지 성스러운 진리가 있다. 괴로움의 진리(苦聖諦), 괴로움을 발생시키는 원인의 진리(集聖諦), 괴로움이 소멸된 진리(滅聖諦), 괴로움을 없애는 길의 진리(道聖諦)이다.

만약 비구들이 이 네 가지 진리에 대해 참다운 지혜를 얻지 못했다면 마땅히 그것을 닦아야 한다. 다양한 방편을 써보고, 참고 견디어 바른 생각과 바른 앎으로 깨달아야 한다."

- 잡아함 15권, 381 사제경

이와 같이 나는 들었다.

어느 때 부처님께서 사위성 제타숲 기수급고독원에 계실 때, 제자들에게 말씀하셨다.

"사성제에 대해 자세히 설하리라.

고성제는 어떤 진리인가? 생·노·병·사인 네 가지 고와 근심·슬픔·번민으로 괴로워하는 고통, 사랑하는 사람과 헤어지는 고통, 원수와 가까이 만나는 고통, 구하는 것을 얻지 못하는 고통, 오온(오음)이 치성함으로 생기는 고통 등이다.[17]

---

[17] 인간의 고를 4고·8고라고 한다. 4고와 애별리고愛別離苦·원증회고怨憎會苦·구부득고求不得苦인 일곱 가지 고를 하나로 축약하면 결국 오음성고五陰盛苦이다. 앞의 4고는 육체적인 괴로움이고, 애별리고·원증회고·구부득고가 정신적인 괴로움이라면, 오음성고는 육체적·정신적 괴로움 모두를 포함한다.

집성제는 괴로움이 생겨나는 원인이다. 즉 애욕과 탐욕으로 인해 마음이 지나치게 집착하는 것을 말한다.

멸성제는 괴로움이 완전히 소멸된 경지이다. 애욕과 탐욕이 사라져 다시는 고통이 생겨나지 않는 열반의 진리이다.

도성제는 괴로움을 멸하기 위한 수행 방법을 말한다. 괴로움을 소멸시킬 수 있는 수행 방법에는 여덟 가지가 있다(八正道). 즉 정견·정사유·정어·정업·정명·정정진·정념·정정이다.

비구들이여, 이 네 가지 진리는 진실하여 허망하지 않고, 여래의 말씀이기 때문에 참 진리이다. 모든 중생의 형태인 두 발 가진·세 발 가진·네 발 가진·욕계·색계·무색계·지각이 있기도 하고 없기도 한 세계의 여러 중생 가운데서 여래가 최상이요, 부처님은 이 네 가지 진리를 성취했기 때문에 '성스러운 네 가지 진리'라고 한다.

사성제를 깨닫지 못하면 삶과 죽음에서 5도五道[18]에 윤회하게 된다. 나는 사성제를 얻었기 때문에 이 언덕에서 저 언덕으로 건너갔으며, 진리를 성취했기 때문에 생사의 근본을 끊어 다시는 생을 받지 않는다.

비구들이여, 분명히 말하건대 사성제를 깨닫지 못하면 오도에 윤회하게 된다. 그러니 반드시 방편을 써서 네 가지 진리를 성취하도록 하라."

- 증일아함 17권, 25 사제품

중도

부처님께서 말씀하셨다.

"지나치게 고행하거나 탐욕의 쾌락에 빠지지 말라. 두 가지 극단적 견해를 여의는 것이 곧 중도中道이다. 극단적인 경지에 떨어지지 않으면 눈이 되고 지혜가 되어 자재롭게 선정을 이루며, 지혜로 나아가고, 깨달음

팔정도 = 삼학 = 중도

팔정도(八正道, ariya-aṭṭhaṅgika-magga)				삼학三學
정어正語	바른 말	sammā-vacca	거짓이 아닌 참된 말	계戒 sīla
정업正業	바른 행위	sammā-kammanta	살생이나 도둑질 등을 하지 않는 올바른 행동	
정명正命	바른 생활	sammā-ājīva	바른 생계 출가자는 무소유적인 삶, 재가자는 바른 직업을 갖는 것	
정정진正精進	바른 노력	sammā-vāyāma	끊임없이 노력하여 물러섬이 없는 마음	정定 samādhi
정념正念	바른 사띠	sammā-sati	순간순간 관찰하여 사띠가 유지되는 것	
정정正定	바른 삼매	sammā-samādhi	바른 집중	
정견正見	바른 견해	sammā-diṭṭhi	사성제의 교법을 분명히 알고, 있는 그대로 보는 견해 올바른 세계관과 진리관	혜慧 paññā
정사유正思惟	바른 사유	sammā-saṅkappa	망상이나 번뇌에 끄달리지 않는 건전한 마음자세	

중도中道 majjhimā-paṭipadā

으로 나아가며, 열반으로 나아갈 수 있다. 무엇 때문에 그렇게 할 수 있는가? 곧 팔정도를 말하나니, 바른 견해부터 바른 선정까지 여덟 가지 수행 방법이다. 팔정도를 실천하여 두 가지 극단적 견해를 여의면 곧 중도로서, 눈이 되고 지혜가 되어 자재롭게 선정을 이루며, 지혜로 나아가고 깨달음으로 나아가며, 열반으로 나아갈 수 있기 때문이다."

- 중아함 43권, 169 **구루수무쟁경**

---

18 초기불교에서는 수라를 축생에 포함시켜 '오도〔지옥·아귀·축생(수라)·인간·천계〕'라고 하였다. 일반적으로 '육도'라고 하여 지옥·아귀·축생·수라·인간·천계인데, 이는 대승불교시대에 들어오면서부터 시작되었다.

비구 이십억이는 발에서 피가 철철 흐를 정도로 고행했지만 깨달음의 경지에 이르지 못했다.

'나는 세속에서 유명한 가문의 아들이고, 재산도 넉넉히 갖추고 있으니 집으로 다시 돌아가 가난한 사람들을 돌보며 복 짓는 일이 훨씬 나을 것 같다.'

그는 출가한 것을 후회하기 시작했다.

이때 부처님께서 이십억이의 마음을 알고 말씀하셨다.

"이십억이야, 출가하기 전에 그대는 거문고를 대단히 잘 탔다고 들었는데 맞는가?"

"네, 그렇습니다. 부처님."

"이십억이야, 거문고 줄을 팽팽히 조이면 소리가 잘 나더냐?"

"아닙니다. 소리가 잘 나지 않습니다."

"그러면 줄을 너무 느슨하게 하면 소리가 잘 나더냐?"

"아닙니다. 너무 느슨해도 소리가 잘 나지 않습니다."

"이십억이야, 조율을 알맞게 해야 음을 낼 수 있는 것처럼 수행도 역시 마찬가지다. 너무 지나치게 몸을 핍박해서도 안 되며, 그렇다고 너무 게을리해서도 안 된다. 수행자는 극단에 떨어지지 말고 중도를 취해야 한다."

- 잡아함 9권, 254 이십억이경

이와 같이 나는 들었다.

어느 때 부처님께서 나알리 마을의 깊은 숲속 대빈사에 계실 때, 가전연이 와서 부처님께 물었다.

"세존이시여, 부처님께서 말씀하시는 바른 견해(正見)란 무엇이며, 어떻게 세존께서는 정견을 설하십니까?"

부처님께서 가전연에게 말씀하셨다.

"세간에는 두 가지에 의존하는데, 있다는 것(有)과 없다는 것(無)이다. 중생들은 어느 하나에 집착하여 있다는 것, 혹은 없다는 것에 의존한다. 만약 어떤 하나를 취하려는 마음이 없다면, 마음이 어떤 경계에 매이더라도 집착하지 않고, 머물지 않는다. 또한 헤아리는 분별심을 갖지 않기 때문에 괴로움이 생기면 생기는 대로 두고, 괴로움이 소멸되면 사라지는 대로 두어 그것에 미혹되지 않으며, 남을 의지하지 않고 스스로 알게 되나니 이것을 바른 견해라고 한다.

무슨 까닭인가? 세간의 모임(集)을 있는 그대로 보면[19], '세간이 없다'고 말하는 사람은 없을 것이요, 또한 세간의 소멸(滅)을 있는 그대로 보면, '세간이 있다'고 말하는 사람도 있지 않을 것이다. 이것은 두 극단을 떠난 중도에서 말하는 것이다. 이것이 있으므로 저것이 있고, 이것이 일어나므로 저것이 일어난다.

말하자면 무명無明을 인연으로 하여 행行이 있고, 행을 인연해 식이 있으며, 식을 인연해 명색이 있고…… 내지 점차 큰 괴로움의 무더기(純大苦聚)가 모인다. 반대로 무명이 멸하므로 행이 멸하고, 행이 멸하므로 식이 멸하며, 식이 멸하므로 명색이 멸하고…… 내지 점차 큰 괴로움의 무더기가 멸하는 것이다."

부처님께서 이 경을 말씀해 마치자, 가전연 존자는 모든 번뇌를 소멸하

---

19 '있는 그대로 본다'라고 하는 것은 빨리어 야타부땅 yathābūtaṁ이다. 사실 그대로 알고 보는, 여실지견如實知見은 단순히 육안으로 보는 것이 아닌 선정에 의해 볼 수 있는 지혜의 견見을 의미한다. 『잡아함경』에서는 "여실지견은 삼매三昧를 조건으로 한다"라고 하였고, 『증일아함경』에서는 "여실지견이 없으면 해탈지견도 없다"라고 하였다.

고 마음에 해탈을 얻어 아라한이 되었다.

- 잡아함 12권, 301 가전연경

연기법

이와 같이 나는 들었다.

어느 때 부처님께서 구류수의 소 치는 마을에 계실 때이다. 한 비구가 찾아와 부처님께 예배드리고 한쪽에 앉아 물었다.

"세존이시여, 연기법이란 세존께서 만드신 겁니까? 다른 사람이 만든 겁니까?"

부처님께서 비구들에게 말씀하셨다.

"연기법緣起法은 내가 만든 것이 아니요, 어느 누가 만든 것도 아니다.

중아함 30권, 『상적유경象跡喩經』에서 "연기를 보는 자는 법을 보고, 법을 보는 자는 연기를 보는 것이다(若見緣起 便見法 若見法 便見緣起)"라고 하였고, "연기를 보는 자는 법을 보고, 법을 보는 자는 부처를 본다"라고 하였다. 곧 연기사상은 불교를 이해하는 첫걸음이다.

연기는 빨리어로 빠띳짜-사뭅빠다paticca-samuppada이다. 빠띳짜paticca는 '말미암아, 때문'이라는 뜻이고 사뭅빠다samuppada는 '일어나다, 생기生起하는 것'을 말한다. 즉 연기는 인연하여 일어난다는 뜻이며, 다른 것과 관계를 맺어 일어나는 현상계의 존재 법칙이다. 연기설을 구체적으로 언급하면 이러하다.

첫째, 인과율因果律은 인간과 세계 사이, 인간과 인간 사이에 성립되는 영원한 법칙이다. 인간의 의지적 작용이 원인되어 대상의 필연적 반응이 결과로 나타난다. 여기서 인과업보因果業報, 인과응보因果應報가 성립된다.

둘째, 인연화합因緣和合은 사물의 생멸 변화는 인과 연의 결합으로 이루어진 현상 법칙이다. 치즈라는 물질은 우유라는 개체에 발효 조건이 맞아야 생성된다. 즉 1차의 직접적 원인(우유)과 2차의 간접적 원인(발효 조건)이 결합되어야 한다.

셋째, 상의상관相依相關은 존재와 존재는 서로서로 의지하면서 연결되어 있다는 것이다.

넷째, 법주법계法住法界는 모든 만물이 무상無常한 속에서도 일정한 법칙이 있다는 것이다.

이 법은 여래가 세상에 출현하든 출현하지 않든 간에 항상 법계法界에 있는 것이다. 저 여래는 이 법을 스스로 깨닫고 바른 깨달음을 이룬 뒤 모든 중생을 위해 분별해 연설하고 이렇게 드러내 보인다."

　　　　이것이 있으므로 저것이 있고　　　此有故彼有
　　　　이것이 생하므로 저것이 생한다.　　此生故彼生
　　　　이것이 없으므로 저것이 없고　　　此無故彼無
　　　　이것이 멸하므로 저것이 멸한다.　　此滅故彼滅

부처님께서 이 경을 말씀하시자, 비구들은 기뻐하여 받들어 행하였다.

　　　　　　　　　　　　　　　　　　- 잡아함 12권, 299 연기법경

이와 같이 나는 들었다.
부처님께서 사위성 기수급고독원에 계실 때 비구들에게 말씀하셨다.
"비구들이여, 내가 인연법에 대해 설하리니, 그대들은 잘 듣고 사유思惟해 수행하도록 하라.

무명無明으로 말미암아 행이 있고, 행行으로 말미암아 식이 있으며,
식識으로 말미암아 명색이 있고, 명색名色으로 말미암아 육입이 있으며,
육입六入으로 말미암아 촉이 있고, 촉觸으로 말미암아 수가 있으며,
수受로 말미암아 애가 있고, 애愛로 말미암아 취가 있으며,
취取로 말미암아 유가 있고, 유有로 말미암아 생이 있으며,
생生으로 말미암아 늙음·죽음이 있고
늙음·죽음(老死)으로 말미암아 근심·슬픔·괴로움·번민이 있다.[20]

어떤 것이 무명인가? 사성제를 잘 알지 못하는 것이다. 즉 괴로움이 무엇인지, 그 괴로움이 왜 생겼는지, 괴로움을 소멸한 경지가 어떠한지, 괴로움을 소멸할 수 있는 수행 방법이 무엇인지를 알지 못하는 어리석음을 말한다.

행이란 무엇인가? 행에는 세 가지가 있는데, 몸의 행·입의 행·뜻의 행이다.

식이란 무엇인가? 곧 육식을 말함이니, 안식眼識·이식耳識·비식鼻識·설식舌識·신식身識·의식意識이다.

명색이란 무엇인가? 명名이란 정신적인 영역을 말하며 감수작용(感受作用·受), 표상(表象·想), 의지작용(行), 인식(識)이다. 색色이란 지·수·화·풍 사대로 이루어진 육체이다.

육입이란 육근을 말한다. 즉 눈·귀·코·혀·몸·뜻이다.

촉이란 여섯 가지 접촉을 말한다. 육입이 대상(六境)과 만나 육식六識과 접촉하는 것이다.

수는 세 가지 느낌을 말한다. 즉 즐거운 느낌·괴로운 느낌·즐겁지도 괴롭지도 않은 느낌이다.

애욕(愛)에 세 가지가 있다. 감각적 애욕(欲愛), 존재에 대한 애욕(有愛), 진리를 갈구하며 수행해서 생을 받고 싶지 않은 욕구(無有愛)이다.[21]

취란 네 가지 집착이다. 즉 애욕의 집착, 견해에 대한 집착, 계율에 대한 집착, 〈나〉라는 상에 대한 집착이다.

존재(有)에는 욕유(欲有, 욕계), 색유(色有, 색계), 무색유(無色有, 무색계)가 있다.[22]

태어남(生)이란 여인의 몸에 잉태되어 갖가지 존재를 받아 오온을 얻고, 여러 감각기관을 갖추는 것이다.

늙음(老)이란 무엇인가? 이가 빠지고, 머리털이 희며, 기력이 쇠하고, 감각 기관이 약해지며, 수명이 날로 줄어들면서 정신이 혼미해지는 것이다.

죽음(死)이란 무엇인가? 몸의 온기가 사라지고, 무상하게 변해 다섯 가지(지·수·화·풍·공)가 제각기 흩어지며, 오온의 몸을 버리고, 목숨이 끊어지는 것이다.

내가 지금까지 말한 것이 인연법으로서 십이연기를 말한 것이다. 그대들은 부지런히 수행 정진해서 후회하지 않도록 하라."

그때 아난이 부처님께 아뢰었다.

"여래께서는 비구들을 위해 매우 심오한 인연법을 설명하셨습니다. 그러나 제가 관찰하기엔 그다지 심오한 이치가 아닌 것 같습니다."

부처님께서 말씀하셨다.

"그만 두어라. 아난아, 그렇게 생각하지 말라. 십이인연법은 매우 심오해서 보통 사람들은 쉽게 깨달을 수 없는 것이다. 나도 인연법을 깨닫기 전에는 생사윤회에 흘러다니면서 벗어날 기약이 없었다.

---

20 "무명으로 말미암아 행이 생기고…… 생이 있기 때문에 노사가 있다." 본문은 유전연기流轉緣起라고 한다. 반면 본문의 내용과는 반대로 "무명이 멸滅함으로써 행이 생기고…… 생이 멸함으로써 노사가 멸한다"는 것은 환멸연기還滅緣起라고 한다. 12연기는 고의 생성과 소멸 구조를 설한 진리이다. 유전연기가 고의 발생을 설한 것이라면, 환멸연기는 고가 소멸되는 원리를 설한 것이다.

21 욕애(欲愛, Kāma-taṇhā)는 인간의 감각적인 욕망, 욕계 세계를 상징한다. 유애(有愛, bhava-taṇhā)는 사후에 행복한 세계에 태어나고 싶어하는 욕망으로, 색계를 상징한다. 무유애(無有愛, vibhava-taṇhā)는 욕망이나 욕심이 없으며 더 이상 윤회하고 싶어하지 않음을 갈구하는 것으로, 무색계를 상징한다.

22 '유'는 초기불교 연구 학자에 따라 의견이 다르지만, 선악의 행위로서의 존재(業有)라고 보면 이해하기 쉽다. 더 나아가 존재가 이루는 세계(有)라고 보면, 이해하기 쉽다. (본문 p. 461 참고)

> 십이연기설十二緣起說은 잠깐 동안 일어나는 연기緣起로 보기도 하고, 한생 동안의 연기로 보는 경우도 있으며, 이생·삼생에 걸쳐 있는 연기로 보기도 한다. 부파·대승 불교시대에는 삼세三世에 걸쳐 인과가 걸쳐 있다는 십이연기설(삼세양중인과)이 대두되었다. 즉, 과거세의 이인(二因, 무명·행), 현재세의 오과(五果, 식·명색·육입·촉·수), 현재세의 삼인(三因, 애·취·유), 미래세의 이과(二果, 생·노사)이다.

그리고 아난아, 인연법이 심오하지 않다고 말하는 것은 비단 오늘날 너만이 아니다. 옛날에도 그렇게 말한 사람이 있었다…… 모든 중생은 십이인연법을 잘 알지 못하여 생사를 헤매며 윤회에서 벗어날 기약이 없는 것이다.

내가 처음 불도를 이루었을 때, 이 십이인연법을 깊이 사유했기 때문에 악마의 권속들로부터 항복 받았고, 무명을 제거해 지혜의 밝음을 얻어 모든 번뇌를 다 소멸하였다.

또 아난아, 나는 이 십이인연설을 세 번 굴려 도를 깨달았느니라. 아난아, 마땅히 내게 들었으면 깊이 사유하여 십이인연법을 받들어 행하여라."

- 증일아함 46권, 49 방우품

업

이와 같이 나는 들었다.

부처님께서 사위성 제타숲 동산에 계실 때 비구들에게 말씀하셨다.

"만약 일부러 업業을 짓는다면 현세에 그 과보를 받을 수도 있고, 후세에 받을 수도 있다. 그러나 고의적으로 업을 지은 것이 아니라면, 과보를 받지 않을 수도 있다.23 업에는 몸으로 짓는 세 가지가 있고, 입으로 짓는 네 가지, 뜻으로 짓는 세 가지가 있다.

먼저, 몸으로 짓는 세 가지 업으로서 좋지 않은 고통의 결과가 따르고 그 괴로움의 과보를 받게 되어 있다.

첫째, 산 목숨을 죽이는 것이니, 동물의 피를 마시거나 해치고, 작은 미물을 죽이는 것이다.

둘째, 남이 주지 않는 것을 취하는 것이니, 남의 재물에 집착하여 도둑질할 뜻으로 가져가는 것이다.

셋째, 사음하는 일이다. 이와 같이 세 가지 업은 선업이 아닌 악한 행위로서 고통의 결과가 있고, 괴로움의 과보를 받게 된다.

다음, 입으로 짓는 네 가지 업은 무엇인가?

첫째, 거짓말(妄語)이다. 알면서 모른다고 하고, 모르면서 안다고 하는 일이다. 또한 보지 못한 것을 보았다고 하고, 본 것을 보지 않았다고 하며, 자기를 위하거나 남을 위해 혹은 재물을 위해 알면서 거짓말하는 것이다.

둘째, 이간질해서 사람들을 갈라서게 하는 것(兩舌)이다. 여기서 듣고 저기에서 다른 말을 하거나 저기서 듣고 와서 여기서 엉뚱한 말을 하는 것이다. 사람들끼리 당파를 만들어 그것을 즐기며 당파를 칭찬하는 일도 이 업에 포함된다.

셋째, 욕을 하거나 악담을 하는 것(惡口)이다. 사람들의 귀에 거슬리는

---

23 업설은 인도의 전반적인 사상이다. 부처님 재세 이전부터 있던 업 사상을 불교에서 받아들였으며, 자이나교도 마찬가지다. 그러나 불교는 이전의 업설을 무조건 수용한 것이 아니라, 인간의 의지와 동기를 중시해 업설을 완성하고 있다. 자이나교와 불교의 업에 대한 관점을 살펴보면 다음과 같다. 자이나교 교주 마하비라는 신身·구口·의意 삼업에서 세 가지 벌罰을 세우고 결과를 중시한 반면, 불교는 삼업 가운데 의업意業을 중시한다. 즉 업의 동기를 강조한다.

말을 하거나 남에게 욕하는 등의 행위이다.

넷째, 꾸미는 말(綺語)이다. 때가 아닌데 말하고, 법이 아닌 것을 말하며, 진실이 아닌 것을 말하는데 쉼 없이 그치지 않는다. 또한 가르쳐 주지 않으며, 꼭 충고해야 할 때 하지 않는 것도 이 업에 포함된다.

이와 같이 네 가지 입으로 짓는 업은 선업이 아닌 악한 행위로서 고통의 결과가 있고, 괴로움의 과보를 받게 된다.

마지막으로, 뜻으로 짓는 세 가지 업이다.

첫째, 탐심이다. 남의 재물과 생활 기구를 내 것으로 만들고자 탐욕 부리는 마음이다.

둘째, 미워하고 성내는 마음이다. 미운 마음을 품어 '저 중생은 죽어야 하고, 묶어야 하며, 재물을 빼앗고, 파면시키고자 하며, 배척해야 한다' 라고 하면서 사람들을 질시하고 화를 내거나 성내는 마음이 가득한 것이다.

셋째, 삿된 소견이다. '보시도 없고, 재齋도 없으며, 선악의 업보도 없고, 이 세상과 저 세상도 없다. 아버지도 없고, 어머니도 없다. 세상에는 선지식이 사는 좋은 곳도 없고, 이 세상 저 세상에 잘 가는 이도 없으며, 스스로 증득하고 성취해야 할 열반도 없다' 라는 그릇된 견해를 가진 사람이다.

이 세 가지 뜻으로 짓는 업은 선업이 아닌 악업으로서 고통의 결과가 뒤따르고 괴로움의 과보를 받게 된다.

훌륭한 제자들은 신身·구口·의意 삼업을 청정히 하고 선업을 닦는다. 청정하게 계를 갖추어 몸과 입과 뜻의 깨끗한 업을 성취한다. 또한 마음이 안정되어 있으며, 의심을 끊고 아만심을 버려 바른 생각과 바른 지혜로서 어리석지 아니하다.

그의 마음은 사랑(慈心)으로 가득차서 주위 사람들과 원한을 맺지 않고, 두루두루 원만하게 지낸다. 이렇게 모든 선남자 선여인은 자심해탈慈心

解脫을 부지런히 닦아야 한다. 만약 자심해탈을 잘 닦는다면, 그는 반드시 아나함과를 얻고 혹은 그보다 더 높은 경지에 오를 수 있다.
또한 연민히 여기는 마음(悲心)과 기뻐하는 마음(喜心), 평온·평등한 마음(捨心)을 모두 지니면 원한도 없고, 성냄도 없으며, 다툼이 없어 지극히 넓고 크며, 잘 닦아서 일체 세상에 두루 차 성취하여 노닌다.
따라서 비구는 이렇게 생각해야 한다. '나는 게으르고 악업을 많이 지었다. 이렇게 지은 모든 업을 현생에 과보 받아야 하고, 다음 세상까지 가져가서는 안 된다.'
만약 평온한 마음 해탈(捨心解脫)을 닦는다면 그는 반드시 아나함과를 얻고 혹은 그보다 더 높은 경지에 오를 것이다."

- 중아함 3권, 15 사경思經

부처님께서 사위성 기수급고독원에 계실 때의 일이다. 어느 날 부처님은 비구들에게 이렇게 말씀하셨다.
"만일 어떤 사람이 몸과 말과 생각으로 악행을 저지르고, 성인을 비방하며, 삿된 소견을 버리지 않고, 부모에게 불효하며, 사문을 존경하지 않고, 복덕을 쌓지 않으며, 죄업을 두려워하지 않는다면, 이 사람은 반드시 지옥에 떨어진다."
부처님은 중생이 악도에 떨어지기 전에 지옥을 다스리는 염라대왕에게 다섯 천사를 보내어 중생을 꾸짖고 가르치게 하였다.
"지혜로운 사람은 이를 보고, 악한 행동을 멈추고 선행을 한다면 지옥에 떨어지지 않을 것이다.
첫 번째 천사는 부모다.
어떤 마을에 아기가 태어났다. 아기는 아직 어려서 대소변도 가리지 못하고 그 속에서 버둥거린다. 아는 것도 없고 말도 제대로 못한다. 그때 부모는 아기를 기르고 목욕시키며 깨끗하게 해준다. 그 천사를 보고도 착한 일을 하지 않고 게으르며, 악행을 저지른다면 마땅히 과보를 받을 것이다.

두 번째 천사는 노인이다.

어떤 마을에 머리가 희고 이가 빠졌으며 허리가 굽어 지팡이에 의지해 걸어가며 몸을 벌벌 떠는 사람을 보았을 것이다. 그는 한때 젊고 청춘을 자랑했으나 나이가 들어 수명이 다해 목숨이 끊어지려는 고통을 받는다. 그 천사를 보고도 선업을 짓지 않고, 나태하면 마땅히 과보를 받을 것이다.

세 번째 천사는 병자이다.

어떤 사람이 병에 걸려 힘들고 괴로워 침대에 누워 있는 것을 볼 것이다. 그도 한때는 건강했으나 어느 순간 병이 들어 목숨이 끊어질듯 고통을

부처님은 업(業, kamma)에 관한 교설에서 업설을 인정하셨다. 노력 정진은 의지의 자유를 인정하지만, 행위의 결과는 그 사람이 받지 않으면 안 된다. 또한 부처님께서는 "업은 의지이다", "업을 피할 곳은 없다"라고 하셨다. 업은 결코 우리의 힘이 미치지 않는 세력에 의해 주어졌거나 우연히 일어난 것이 아니다. 오늘날의 행동은 숙명적인 것이 아니라, 우리의 지금 의지에 따라 순간순간 행복과 불행을 선택하는 것이다.

따라서 첫째, 우리의 행복과 불행은 자기 자신의 책임에 의해 결정되며 업을 제어할 수 있는 능력은 우리 자신에게 있다.

둘째, 업의 본성은 공空하기 때문에 아무리 사악한 악업을 지었을지라도 전환할 수 있다. 즉, 선업과 청정한 수행으로 업장을 소멸시킬 수 있다.

전생의 일을 알고자 하는가?	欲知前生事
지금 받고 있는 업이 이것이다.	今生受者是
다음 생의 일을 알고자 하는가?	欲知來生事
지금 짓고 있는 행위가 다음 생의 과보이다.	今生作者是

받고 괴로워한다. 그 천사를 보고도 선업을 짓지 않고 게으르다면 반드시 악업의 과보가 따를 것이다.

네 번째 천사는 죽은 사람이다.

어떤 사람이 죽으면 며칠도 안 되어 육신이 썩어 냄새가 진동한다. 들이나 산에 시신이 버려진다면 까마귀와 솔개에게 쪼이고 승냥이의 먹잇감에 불과하다. 또 집에서 죽은 사람의 시신은 불에 태워지거나 땅에 묻힌다. 그 천사를 보고도 선업을 짓지 않고 게을러 악행을 일삼는다면 반드시 악업의 과보가 있을 것이다.

다섯 번째 천사는 감옥의 죄수다.

어떤 사람이 죄를 지어 형벌을 받거나 손발이 묶인 채 옥에 갇혀 있다. 죄의 경중에 따라 손발이 절단되기도 하고, 귀와 코를 베고 살을 저미며, 수염과 머리를 뽑히기도 한다. 불에 지지며 날카로운 쇠 평상에 눕히거나 거꾸로 매달리거나 혹은 뱀에게 물리는 형벌을 받을 수도 있다. 또 목을 베이기도 하며, 나무에 매달리기도 한다. 그 천사를 보고도 선업을 짓지 않고, 게으르면 마땅히 과보를 받을 것이다."

- 중아함 12권, 64 천사경

3. 수행의 이론과 실제

신념처

부처님께서 수행 방법에 대해 말씀하셨다.

"비구들이여, 단 하나의 수행 길이 있다. 마음을 청정하게 하고, 슬픔과 비탄을 극복하며, 육체적 고통과 정신적 고뇌를 소멸해주고, 깨달음에 도달케 하는 하나의 길이 있으니, 바로 네 가지 사띠[24]의 확립(四念處)이다."

"비구들이여, 몸(身)에서 몸을 관찰하면서[25] 어떻게 알아차림을 하는가? 비구는 숲 속이나 나무 아래, 한적한 곳에서 가부좌를 하고 몸을 바르게 세우고 앉아서 호흡에 관해 알아차림을 한다. 그는 길게 들이쉴 때는 '길게 들이쉰다'라고 알아차림 하고, 길게 내쉴 때는 '길게 내쉰다'라고 알아차림을 한다. 짧게 들이쉴 때는 '짧게 들이쉰다'라고 알아차림 하고, 짧게 내쉴 때는 '짧게 내쉰다'라고 알아차림을 한다.

비구들이여, 비구는 걷고 있을 때 '걷고 있다'라고 알아차림 하고, 서 있을 때에는 '서 있다'라고 알아차림을 한다. 또한 앉아 있을 때에는 '앉아 있다'라고 알아차림 하고, 누워 있을 때는 '누워 있다'라고 알아차림을 한다. 또한 몸이 어떤 자세를 취할지라도 그 취하는 자세 자세마다 그대

---

24 사띠sati는 빨리어로 잊지 않고 기억한다는 뜻이다. 이는 '적당하게 발생하는 순간순간 몸과 마음을 기억한다'는 것이요, 발생하는 순간순간 몸과 마음을 사실 그대로 알도록 관찰해서 기억(관찰)함을 뜻한다. 한역에서는 정념正念이라고 할 수 있다. 영어에서는 mindfulness, observation, awareness, watching bare attention 등 다양한 어구로 번역된다. 대체로 한국의 초기불교 학자들은 마음챙김, 알아차림, 관찰, 주의집중, 주의기울임 등 다양한 언어로 해석하고 있다. 이 사띠에 대해서는 한국에서도 역자마다 다양하게 번역하고, 어떤 해석을 한다고 해도 논란의 여지가 있다. 편역자는 이 책에서 빨리어 발음대로 사띠, 알아차림으로 통일하고, 문장에 따라 '관찰한다'라고 하였는데, 모두 사띠의 뜻임을 밝혀둔다.

25 '몸에서 몸을 관찰한다'에 대해서는 두 가지 측면으로 해석할 수 있다.
첫째, 몸을 관찰할 때는 느낌 · 마음 · 법을 관찰하지 않고 몸만을 관찰한다는 뜻이 있다. 둘째, 순간순간 몸의 반응(현상)에 대해서 지속적으로 꾸준히 관찰(사띠)하는 것으로 해석하기도 한다. 편역자는 후자 입장이다.

로 분명하게 알아차림을 한다.

다시 비구들이여, 비구는 앞으로 갈 때나 뒤로 갈 때도 '앞으로 간다, 뒤로 간다' 라고 알아차림을 한다. 앞을 보거나 뒤를 볼 때도 '앞을 본다, 뒤를 본다' 라고 알아차림을 한다. 팔다리를 구부리거나 펼 때, 가사를 수할 때, 발우를 들 때, 먹고 마시고 씹고 맛볼 때, 대소변을 볼 때, 가고 서 있으며 앉아 있을 때, 잠들거나 잠에서 깨어날 때, 말하거나 침묵할 때도 알아차림을 한다.

비구들이여, 몸은 부정하고 더럽다고 알아차림 하며, 이 몸은 사대(지·수·화·풍)로 이루어져 있다고 알아차림을 한다.

이와 같이 그는 안으로 몸에서 몸을 관찰하면서 매 순간 순간 몸의 움직임에서 지속적으로 알아차림을 유지한다. 혹은 밖으로 몸에서 몸을 관찰하면서 지속적으로 알아차림을 유지한다. 혹은 안팎으로 몸에서 몸을 관찰하면서 지속적으로 알아차림을 유지한다.

혹은 몸에서 일어나는 모든 현상을 관찰하면서 지속적으로 알아차림을 유지한다. 혹은 몸에서 사라지는 현상을 관찰하면서 지속적으로 알아차림을 유지한다. 혹은 몸에서 일어나고 사라지는 현상을 관찰하면서 지속적으로 알아차림을 유지한다.

그는 이제 애착이나 사견에 떨어지지 않고 '오직 몸만 있을 뿐이다' 라는 사띠가 꾸준히 지속됨을 확립한다. 그는 세상의 어떤 것에도 집착하지 않고 초연하게 살아간다. 이와 같이 비구들이여, 비구는 몸에서 몸을 관찰하면서 오로지 알아차림을 유지해야 한다."

- 중아함 24권, 98 염처경念處經

수념처

"비구들이여, 어떤 것이 느낌에 대한 알아차림인가?

비구가 즐거운 느낌이 있으면 '즐거운 느낌을 느낀다' 라고 알아차림 한다. 또한 괴로운 느낌이라면, '괴로운 느낌을 느낀다' 라고 알아차림 한다. 또 즐겁지도 괴롭지도 않은 느낌이라면, '즐겁지도 괴롭지도 않은 느낌을 느낀다' 라고 알아차림 한다.

이와 같이 느낌에서 일어나는 현상을 관찰하면서 알아차림을 지속적으로 유지한다. 혹은 느낌에서 사라지는 현상을 관찰하면서 지속적으로 알아차림을 유지하고, 혹 느낌에서 일어나고 사라지는 현상을 지속적으로 관찰하면서 알아차림을 유지한다.

그는 이제 애착이나 사견에 떨어지지 않고 '오직 느낌만 있을 뿐이다' 라는 사띠가 꾸준히 지속됨을 확립한다. 그는 세상의 어떤 것에도 집착하지 않고 초연하게 살아간다. 비구들이여, 이와 같이 비구는 느낌에서 느낌을 관찰하면서 오로지 알아차림을 유지해야 한다."

- 중아함 24권, 98 염처경

심념처

"비구들이여, 어떤 것이 마음에 대한 알아차림인가?

비구들이여, 탐욕이 일어나면, '탐욕이 있는 마음' 이라고 알아차림을 한다. 탐욕이 없으면, '탐욕이 없는 마음' 이라고 알아차림을 한다. 성냄이 있으면, '성냄이 있는 마음' 이라고 알아차림 하고, 성냄이 없으면 '성냄이 없는 마음' 이라고 알아차림을 한다. 어리석음이 있으면 '어리석은 마음' 이라고 알아차림 하고, 어리석음이 없으면 '어리석음이 없는 마음' 이라고 알아차림을 한다. 마음이 의기소침해 있으면 '의기소침한 마음'

이라고 알아차림 하고, 자신의 마음이 산란되어 있으면 '산란한 마음'이라고 알아차림을 한다.

마음이 집중되어 있으면 '집중된 마음'이라고 알아차림 하고, 집중되지 않은 마음이라면 '집중되지 않은 마음'이라고 알아차림을 한다. 해탈된 마음이라면 '해탈된 마음'이라고 알아차림 하고, 해탈되지 않은 마음이라면 '해탈되지 않은 마음'이라고 알아차림을 한다.

마음에서 일어나는 현상을 관찰하면서 지속적으로 알아차림을 유지한다. 혹은 마음에서 사라지는 현상을 관찰하면서 지속적으로 알아차림을 유지한다. 혹은 마음에서 일어나고 사라지는 현상을 관찰하면서 지속적으로 알아차림을 유지한다.

그는 이제 애착이나 사견에 떨어지지 않고 '오직 마음만 있을 뿐이다'라는 사띠가 꾸준히 지속됨을 확립한다. 그는 세상의 어떤 것에도 집착하지 않고 초연하게 살아간다. 비구들이여, 이와 같이 비구는 마음에서 마음을 관찰하면서 오로지 알아차림을 유지해야 한다."

- 중아함 24권, 98 염처경

법념처

"비구들이여, 어떻게 법에서 법을 관찰하면서 알아차림 하는가?

먼저 다섯 가지 장애(五蓋, 감각적 욕망·악의惡意·의심·들뜸·혼침)의 법에서 법을 관찰하면서 알아차림을 지속해야 한다.

첫째, 자신에게 탐욕이 일어날 때, '나에게 탐욕이 있다'라고 알아차림 하고, 자신에게 탐욕이 없을 때 '나에게 탐욕이 없다'라고 알아차림을 한다. 탐욕이 어떻게 일어나는지 분명히 알아차림 하고, 일어난 탐욕이 어떻게 제거되는지 분명히 알아차림 하며, 제거한 탐욕이 어떻게 하면 다시는 일어나지 않는지를 분명히 알아차림 한다.

둘째, 자신에게 분노나 진심이 일어날 때, '나에게 분노와 진심이 있다'라고 알아차림 하고, 자신에게 분노가 없을 때 '나에게 분노가 없다'라고 알아차림을 한다. 어떻게 분노가 일어나는지 분명히 알아차림 하고, 일어난 분노가 어떻게 하면 제거되는지 분명히 알아차림 하며, 제거한 분노가 어떻게 하면 다시는 일어나지 않는지를 분명히 알아차림 한다.

셋째, 자신에게 게으름과 혼침이 있을 때 '나에게 게으름과 혼침이 있다'라고 알아차림 하고, 자신에게 게으름과 혼침이 없을 때, '나에게 게으름과 혼침이 없다'라고 알아차림을 한다. 게으름과 혼침이 어떻게 일어나는지 분명히 알아차림 하고, 게으름과 혼침이 어떻게 하면 제거되는지 분명히 알아차림 하며, 제거된 게으름과 혼침이 어떻게 하면 다시는 일어나지 않는지를 분명히 알아차림 한다.

넷째, 자신에게 들뜸과 회한이 있을 때 '나에게 들뜸과 회한이 있다'라고 알아차림 하고, 자신에게 들뜸과 회한이 없을 때 '나에게 들뜸과 회한이 없다'라고 알아차림 한다. 들뜸과 회한이 어떻게 일어나는지 분명히 알아차림 하고, 일어난 들뜸과 회한이 어떻게 하면 제거되는지 분명히 알아차림 하며, 제거된 들뜸과 회한이 어떻게 하면 다시는 일어나지 않는지를 분명히 알아차림 한다.

다섯째, 자신에게 회의적인 의심이 있을 때 '나에게 의심이 있다'라고 알아차림 하고, 자신에게 의심이 없을 때 '나에게 의심이 없다'라고 알아차림 한다. 의심이 어떻게 일어나는지 분명히 알아차림 하고, 일어난 의심이 어떻게 하면 제거되는지 분명히 알아차림 하며, 제거된 의심이 어떻게 하면 다시는 일어나지 않는지를 분명히 알아차림 한다."

"비구들이여, 오온五蘊의 법에서 법을 관찰하면서 지속적으로 알아차림을 유지해야 한다. '이것이 물질(色)이고, 이것이 물질의 일어남이며, 이것이 물질의 사라짐이다'라고 알아차려야 한다. 이와 같은 방식으로 감수작용(受)·표상(想)·행行26·인식(識)도 지속적으로 알아차림을 유지해야 한다."

"또한 비구들이여, 육근과 육경의 법에서 법을 관찰하면서 알아차림 한다. 자신의 눈이 있음을 알아차림 하고, 대상을 보고 있음을 알아차림 하며, 안근과 색경의 두 가지 조건으로 일어나는 것이 무엇인지를 알아차림 한다.
자신의 귀가 있음을 알아차림 하고, 대상을 듣고 있음을 알아차림 하며, 이근과 성경의 두 가지 조건으로 일어나는 것이 무엇인지를 알아차림 한다.
자신의 코가 있음을 알아차림 하고, 대상을 냄새 맡고 있음을 알아차림 하며, 비근과 향경의 두 가지 조건으로 일어나는 것이 무엇인지를 알아차림 한다.
자신의 혀가 있음을 알아차림 하고, 대상을 맛보고 있음을 알아차림 하며, 설근과 미경의 두 가지 조건으로 일어나는 것이 무엇인지를 알아차림 한다.
자신의 몸이 있음을 알아차림 하고, 대상과 접촉하고 있음을 알아차림 하며, 신근과 촉경의 두 가지 조건으로 일어나는 것이 무엇인지를 알아

---

26 의도, 상카라, 형성 작용, 마음이 대상에 대해서 여러 가지로 반응하는 것 등 정신적인 형성을 말한다. 빨리어로 상카라saṇkhara인데, 이 '상카라'는 단수가 아닌 복수이다. 한국어로는 적절한 용어가 없어 빨리어 '상카라'라고 하는 것이 가장 적절하다. 여기 오온에서는 '형성 작용'이라고 보는 것이 옳을 듯하다.

차림 한다.

자신의 마음이 있음을 분명히 알아차림 하고, 마음이 대상과 만나는 법을 알아차림 하며, 그 두 가지 조건으로 일어나는 것이 무엇인지를 알아차림 한다.

조건으로 일어난 것(번뇌)을 분명히 알아차리고, 일어난 번뇌가 어떻게 하면 제거되는지를 분명히 알아차리며, 어떻게 해야 다시는 번뇌가 일어나지 않는지를 분명히 알아차림 해야 한다."

"다시 비구들이여, 비구는 일곱 가지 깨달음의 요소(七覺支)에서 법을 관찰해야 한다.

비구에게 사띠(알아차림)의 깨달음의 요소(念覺支)가 있을 때, '내 안에 사띠의 깨달음의 요소가 있다'라고 알아차리며, 사띠의 깨달음의 요소가 없을 때, '내 안에 사띠의 깨달음의 요소가 없다'라고 알아차려야 한다.

아직 생기지 않은 염각지念覺支가 어떻게 일어나는지 분명히 알아차리고, 일어난 염각지의 깨달음의 요소가 수행으로 어떻게 완성되는지를 분명히 알아차려야 한다.

또한 자신에게 법을 간택하는 깨달음의 요소(擇法覺支)…… 정진하는 깨달음의 요소(精進覺支)…… 기뻐하는 깨달음의 요소(喜覺支)…… 몸과 마음이 경쾌한 깨달음의 요소(輕安覺支)…… 선정의 깨달음의 요소(定覺支)…… 평온의 깨달음의 요소(捨覺支)가 있음을 분명히 알고, 일어난 (앞에서 열거한 각지들) 깨달음의 요소가 수행으로 어떻게 완성되는지를 분명히 알아차려야 한다."

"다시 비구들이여, 비구는 네 가지 고귀한 진리(四聖諦)에서 법을 관찰하면서 지속적으로 알아차림 한다. 즉 '이것이 괴로움이다(苦聖諦)'라고 있는 그대로 알아차리고, '이것이 괴로움의 일어남이다(集聖諦)' 라고 있는 그대로 알아차리며, '이것이 괴로움의 소멸이다' 라고 있는 그대로 알아차림 한다. 그리고 '이것이 괴로움의 소멸로 이끄는 길이다(滅聖諦)' 라고 있는 그대로 알아차리는 것이다.

이와 같이 수행자는 (오개 · 오온 · 십이처 · 칠각지 · 사성제를) 안으로 법에서 법을 관찰하면서 알아차림을 지속적으로 유지한다. 또한 밖으로 법에서 법을 관찰하면서 알아차림을 지속적으로 유지한다. 이와 같이 안팎으로 법에서 법을 관찰하면서 알아차림을 지속적으로 유지한다.

혹은 법에서 일어나는 현상을 관찰하면서 지속적으로 알아차림을 유지한다. 또 법에서 사라지는 현상을 관찰하면서 지속적으로 알아차림 하고, 또한 법에서 일어나고 사라지는 현상을 관찰하면서 지속적으로 알아차림을 유지한다.

수행자는 이제 애착이나 사견에 떨어지지 않고 '오직 법만이 있을 뿐이다' 라는 사띠가 지속됨을 확립한다. 수행자는 세상의 어떤 것에도 집착하지 않고 초연하게 살아간다. 비구들이여, 비구는 법(오개 · 오온 · 십이처 · 칠각지 · 사성제)에서 법을 관찰하면서 오로지 알아차림을 유지해야 한다."

- 중아함 24권, 98 염처경

사념처 수행은 해탈로 가는 지름길

"비구들이여, 어느 누구라도 사념처 수행을 7년 하면, 이번 생에 구경각(아라한과)을 얻을 수 있다. 혹은 집착이 남아 있다면 그는 아나함과(不還果)의 경지에 이를 수 있다.

이 사념처를 7년은 못 하더라도 6년이나 1년을 수행하면 바로 이번 생에 구경각을 얻을 수 있다. 혹은 집착이 남아 있다면 그는 아나함과의 경

사념처

사념처(四念處, cattāro satipaṭṭhānā)는 『대념처경』의 내용을 중심으로 보면, 신수심법身受心法의 네 가지 대상에 대해 관찰(sati, 알아차림)하는 수행이다.

첫째, 신념처身念處는 몸에서 일어나는 모든 현상을 알아차림 하는 수행이다. 경에서는 14가지 육체적인 현상에 대한 관찰이 제시되어 있다. 즉, 호흡·행주좌와·몸의 다양한 움직임(행동)·몸을 구성하는 32가지 요소·사대(地水火風)·묘지에서 시체가 변화하는 모습을 9단계로 관찰하는 수행이다.

둘째, 수념처受念處는 우리가 감수작용으로 받아들이는 즐겁고, 괴로우며, 즐겁지도 괴롭지도 않은 세 가지 느낌을 관찰하는 수행이다. 이 외(육체적·정신적) 6가지 감각적 현상이 있다.

셋째, 심념처心念處는 마음에서 일어나는 마음의 전반적인 활동인 16가지를 관찰하는 수행법이다.

넷째, 법념처法念處는 세상에 존재하는 모든 것에 대해 알아차림 하는 수행이다. 먼저 수행 도중에 제일 먼저 장애가 되는 오개(五蓋, 감각적인 욕망·악의惡意·게으름과 혼침·들뜸·회의적 의심)에 대한 관찰이다. 이 오개를 알아차림으로써 수행하는 데 힘을 얻는다. 다음 오온과 십이처를 관찰한 뒤, 깨달음의 일곱 가지 요소(七覺支)가 경험되기 시작한다. 이때가 되면 몸과 마음이 안정되고 수행에 대한 확신도 강해진다. 사띠의 깨달음의 요소(念覺支)가 더욱 예리해지고, 현상에 대해 간택하는 깨달음(擇法覺支)의 이해가 심화된다. 좋은 현상들을 경험하게 되면서 더욱 더 정진하고(精進覺支), 마음에서 환희심을 느끼며(喜覺支), 마음과 몸은 편안해지고 안정된다(輕安覺支). 이런 기쁨과 안정 속에서 삼매(定覺支)를 이루고, 생겨났다 사라지는 현상에 대해 집착·싫음도 없는 평온이 유지된다(捨覺支). 이와 같이 칠각지가 경험될 때, 긍정적인 현상에도 집착해서는 안 된다. 이런 좋은 현상들도 알아차림의 대상일 뿐이다. 수행의 핵심은 알아차림(sati)을 놓치지 않고, 지속하는 일이 가장 중요하다. 이 칠각지가 경험되면서 사성제를 통한 체험으로 이해하게 된다.

이와 같이 사념처는 신념처의 14가지 육체적 현상, 수념처의 9가지 감각적 현상, 심념처의 16가지 심리적 현상, 법념처의 5가지 범주의 정신·육체적 현상이다.

모두 44가지 주제를 관찰하는 수행법이다.

지에 이를 수 있다.

또한 사념처를 6개월이나 7일간 수행하더라도 이번 생에 구경각을 얻을 수 있다. 혹은 집착이 남아 있다면 그는 아나함과의 경지에 이를 수 있다.

비구들이여, 사념처 수행은 마음을 청정하게 하고, 슬픔과 비탄을 극복하게 하며, 육체적 고통과 정신적 고뇌를 소멸하고, 열반 언덕에 도달하는 길임을 분명히 알라."
이와 같이 부처님께서 말씀하시자, 비구들은 부처님 말씀에 환희심을 얻었다.

- 중아함 24권, 98 염처경

자기 스스로를 의지하라

부처님께서 말씀하셨다.
"비구들은 자기를 섬으로 삼아 자기를 의지하라.
법을 섬으로 삼아 법에 의지하라.
다른 것을 섬으로 삼지 말고, 다른 것에 의지하지 말라.
이 말을 반드시 명심해야 한다. 이른바 안의 몸을 있는 그대로 관찰(신념처身念處)하여, 사띠sati가 꾸준히 유지되어야 한다. 꾸준히 정진하여 바른 사유와 지혜로 세간의 탐욕과 근심을 항복 받아야 한다.
또한 밖의 몸도 있는 그대로 관찰하여 사띠가 꾸준히 유지되어야 한다. 꾸준히 정진하여 바른 사유와 지혜로 세간의 탐욕과 근심을 항복 받아야 한다.
이와 같이 느낌(受念處)·마음(心念處)·법(法念處)을 있는 그대로 관찰하여 사띠가 꾸준히 유지되어야 한다. 꾸준히 정진하여 바른 사유와 지혜로 세간의 탐욕과 근심을 항복 받아야 한다.
이것이 '자기를 섬으로 삼아 자기를 의지하라. 법을 섬으로 삼아 법을 의지하라. 다른 것을 섬으로 삼지 말고 다른 것을 의지하지 말라'고 하는 뜻이다."
부처님께서 이 경을 말씀하시자, 비구들은 부처님의 말씀을 듣고 기뻐하며 받들어 행하였다.

- 잡아함 24권, 639 포살경

호흡 수행과 자비희사

어느 때 부처님께서 사위성 기수급고독원에 계실 때의 일이다. 세존께서 공양하실 때가 되어 발우를 들고 라훌라와 함께 걸식을 하기 위해 사위성으로 들어갔다. 세존께서 오른쪽으로 고개를 돌려 라훌라에게 말씀하셨다.
"지금 네가 보고 있는 형체(色)를 무상한 것이라고 관찰하느냐?"
"그렇습니다. 세존이시여, 모든 형체는 무상한 것입니다."
세존께서 말씀하셨다.
"라훌라야, 수·상·행·식도 다 무상한 것이니라."
"네, 그렇습니다. 세존이시여, 수·상·행·식도 모두 무상합니다."
라훌라 존자는 이런 생각을 하였다.
'왜 부처님께서 걸식하기 위해 성으로 들어가는 중에 이런 말씀을 하실까? 세존께서 직접 나를 가르치시는 것일까? 나는 지금 당장 내 처소로 돌아가야겠다. 지금 성으로 들어가 걸식할 때가 아니다.'
라훌라는 기원정사로 돌아가 나무 아래 앉았다. 그곳에서 몸과 마음을 바르게 하고, 가부좌한 뒤, '색은 무상한 것, 수·상·행·식도 모두 무상한 것이다'라고 오롯한 일념으로 선정에 들었다.
세존께서 사위성에서 걸식을 마치고, 공양을 끝낸 뒤 도량에서 경행하다가 라훌라를 찾아와 말씀하셨다.
"너는 꼭 호흡을 관찰하는 수행(安般念, 數息觀)을 해야 한다. 그 법을 닦으면 모든 근심·걱정이 사라질 것이다.
또한 인간의 육신은 매우 더럽다는 부정관不淨觀을 닦아야 한다. 부정관

수행을 하면 탐욕을 없앨 수 있다.

라훌라야, 너는 지금 마땅히 사랑스러운 마음(慈心)을 닦아야 한다. 자심 수행을 하면 분노와 성내는 마음이 사라질 것이다.

또한, 너는 불쌍히 여기는 마음(悲心)을 닦아야 한다. 중생을 연민히 여기는 수행을 하면 남을 해치려는 악한 마음이 사라질 것이다.

라훌라야, 너는 기뻐하는 마음(喜心)을 닦아야 한다. 이 기뻐하는 마음을 닦으면 시기·질투하는 마음이 사라질 것이다.

너는 마땅히 평온한 마음(捨心)을 닦아야 한다. 평온한 마음을 닦으면 온갖 교만한 마음이 없어질 것이다."

그때 라훌라 존자는 이런 생각을 하였다.

'어떻게 호흡 수행을 해야 근심·걱정을 제거하고, 쓸데없는 생각을 없앨 수 있을까?'

라훌라는 곧 부처님께 아뢰었다.

"어떻게 호흡관을 닦아야 근심·걱정을 제거하고, 온갖 잡생각을 없애며, 큰 과보를 성취해 감로甘露의 맛을 얻을 수 있습니까?"

세존께서 말씀하셨다.

"기특하고, 기특하구나. 라훌라야, 네가 능히 내 앞에서 사자의 외침으로 그런 이치를 묻는구나. 자세히 듣고 잘 사유思惟하여 기억하여라. 내 너를 위해 자세히 분별해주리라."

"네, 그렇게 하겠습니다, 세존이시여."

세존께서 말씀하셨다.

"그렇다. 라훌라야, 먼저 아무도 없는 한가하고 고요한 곳에 앉아 몸과 마음을 바르게 한 뒤 망상하지 않고, 뜻을 코끝에 집중한다.[27] 내쉬는 숨이 길면 긴 줄을 알고, 들이쉬는 숨이 길면 긴 줄을 알며, 내쉬는 숨이 짧으면 짧은 줄을 알고, 들이쉬는 숨이 짧으면 짧은 줄을 알아야 한다. 내쉬는 숨이 차가우면 차가운 줄을 알고, 들이쉬는 숨이 차가우면 차가운 줄을 알며, 내쉬는 숨이 따뜻하면 따뜻한 줄을 알고, 들이쉬는 숨이 따뜻하면 따뜻한 줄을 분명히 알아서 들이쉬는 숨과 내쉬는 숨을 잘 관찰해야 한다.

혹 숨이 있으면 있는 줄을 알고, 숨이 없으면 없는 줄을 알아야 한다. 만일 그 숨이 심장에서 나오면 심장에서 나오는 줄을 알고, 그 숨이 심장으로 들어가면 심장으로 들어가는 줄을 알아야 한다.

라훌라야, 이와 같이 호흡 수행을 잘 하면, 곧 근심·걱정·번민·복잡한 생각 등이 모두 사라지고 큰 과보를 성취해 감로의 맛을 얻게 될 것이다."

- 증일아함 7권, 17 안반품

사향사과

이와 같이 들었다.

어느 때 부처님께서 사위성 기수급고독원에 계실 때, 제자들에게 말씀하셨다.

"사문이 실천하는 법과 수행으로 진척된 성과가 있으니 자세히 듣고 잘 사유하여라.

어떤 것이 사문이 수행해 나가는 정법이겠는가? 바로 팔정도이다.

어떤 것이 사문이 실천 수행한 과위이겠는가? 바로 수다원과·사다함과·아나함과·아라한과를 성취하는 것이다. 수다원과는 삼결三結이 끊어진 것이요, 사다함과는 탐·진·치 삼독이 희석된 경지이다. 아나함과는 욕계의 오하분결五下分結[28]이 사라진 경지이며, 아라한과는 탐·진·치 삼독이 모두 소멸되고 번뇌가 다한 경지이다."

- 잡아함 29권, 797 사문과경

사향사과四向四果는 사향四向과 사과四果를 말하며 사쌍팔배四雙八輩라고도 한다. 실천 수행에 의해 진척되는 깨달음의 과정을 여덟 단계로 구별한 것인데, 대체로 경전에서는 사과四果만을 언급한 경우가 대부분이다.

사향이란 예류과에 도달하기 전까지는 예류향豫流向, 일래과에 도달하기 전까지는 일래향一來向, 불환과에 도달하기 전까지는 불환향不還向, 응공과에 도달하기 전까지는 응공향應供向이라는 수행 과위를 말한다.

다음 사과란 수다원 · 사다함 · 아나함 · 아라한과이다.

첫째, 수다원과Sotāpanna는 예류과豫流果로서 성인의 흐름에 들었다는 것이다.

둘째, 사다함과Sakadāgāmi는 일래과一來果로서 수행을 잘하였으나 번뇌가 조금 남아 있어 열반에 들지 못하고 다시 한 번 세상에 태어나는 것이다.

셋째, 아나함과Anāgāmi는 불환과不還果로서 번뇌를 모두 소멸했으므로 다시는 이 세상에 돌아오지 않는 것이다.

넷째, 아라한과Arahant은 응공과應供果로서 수행을 완성한 사람으로 일체 번뇌를 끊고 완전한 열반에 들어간 경지이다.

사과의 수도론은 윤회의 사고방식과 장소로서의 삼계의 존재를 인정한다. 이 세상의 수행만으로는 깨달을 수 없어 윤회를 반복하여 수행한다는 것이다. 불교의 세계관인 십계十界도 이 시대부터 있었다고 볼 수 있다. 하지만 중국에 와서는 이번 한 생에 깨달을 수 있다는 성불론이 강조되었다.

반면 대승경전『화엄경』에서는 수행 과위를 52위(10信 · 10住 · 10行 · 10回向 · 10地 · 等覺 · 妙覺)로 나누었고,『유가론』에서는 42위인 수행 과위가 제시되어 있다. 또한『범망경』·『인왕반야경』·『보살영락본업경』에서는 42위와 52위를 모두 설하고 있다.

---

27 이 호흡 수행은 바로 앞의 사념처 수행 가운데 신념처에 해당된다. '뜻을 코 끝에 둔다(前面)'는 말은 코 끝 지점에 마음을 집중한다는 뜻이다. 여기서 코 끝이란 호흡이 들고 나는 데 가장 밀접한 부분이기 때문이다.

28 앞의 삼결三結은 유신견有身見 · 계금취견戒禁取見 · 회의적인 의심인 세 가지 번뇌이고, 오하분결五下分結이란 욕계를 벗어나지 못하게 하는 번뇌로서 탐욕 · 성냄 · 유신견 · 계금취견 · 회의적인 의심이다. 유신견은 자아가 있다는 그릇된 견해이고, 계금취견은 형식적 계율을 지키는 것만으로 해탈할 수 있다고 집착하는 번뇌이다.

삼십칠조도품

삼십칠조도품(三十七助道品, bodhipakkhiya dhamma)은 깨달음을 위한 37가지 실천 항목으로, 삼십칠보리분법三十七菩提分法이라고도 한다. 초기불교의 대표적인 수행 방법이다. 『아함경』에 이 37가지 실천 항목이 여러 곳에 설해져 있으며, 대승경전에도 언급되어 있다. 일곱 가지 항목은 각각 독립된 수행 방법의 체계를 이루어 그것 하나만으로도 수행이 완결된다.
오근이나 오력이 신참 수행인을 위한 것이라면, 칠각지는 선정에 의해 열반에 도달하는 것으로 구참 수행자를 위한 것이다. 자신의 근기에 적합한 항목을 선택해서 수행해도 된다.
한편 잡아함 29권, 810 『아난경』에서는 이렇게 전한다. "안반념(安般念, 호흡수행)으로부터 출발해 집중을 얻은 뒤, 사념처를 관하며, 사념처에서 수행이 충분해지면 칠각지의 수행에 들어가 칠각지의 숙달이 끝날 때, 비로소 해탈의 경지에 이른다는 것이다. 즉, 순서대로 수행해 나간다."

● **사념처**(四念處, cattāro satipaṭṭhānā)
　① 신(身, kāya) : 몸에서 일어나는 모든 현상을 관찰하는 수행
　② 수(受, vedanā) : 우리가 감수 작용으로 받아들이는 고苦・낙樂・불고불락不苦不樂을 관찰하는 수행
　③ 심(心, citta) : 마음에서 일어나는 전반적인 활동을 관찰하는 수행
　④ 법(法, dhamma) : 수행 중에 생기는 장애를 극복하고, 존재하는 모든 것에 대해 관찰한 뒤, 사성제를 통찰함.
※ (본문 p.126 참고)

● **사정근**(四正勤, cattāro sammappadhānā)
　① 이미 생긴 악을 끊어서 다시 이어지지 않게 하는 것(已生之惡 斷令不續)
　② 아직 생기지 않은 악을 생기지 않도록 하는 것(未生之惡 羅令不生)
　③ 아직 생기지 않은 선을 생기도록 하는 것(未生之善 令生)
　④ 이미 생긴 선을 더욱 증장시키는 것(已生之善 令廣)

● **사신족**(四神足, cattāro iddhipānā)
　사신족은 사여의족四如意足이라고도 한다.
　① 욕(欲, chanda)은 열반에 이르기를 간절히 바라는 열망
　② 정진(精進, viriya)은 열반을 얻기 위한 부지런한 노력
　③ 심(心, citta)은 열반을 얻기 위한 강한 마음
　④ 사유(思惟, vīmaṁsa)는 열반에 도달하기 위한 지혜를 가지고 사유하는 것

● 오근(五根, pañcendriya)
다섯 가지 정신적인 기능이나 작용하는 능력을 말한다.
① 신근(信根, saddhā)은 믿음의 기능
② 정진근(精進根, viriya)은 정진의 기능
③ 염근(念根, sati)은 알아차림의 기능
④ 정근(定根, samādhi)은 삼매의 기능
⑤ 혜근(慧根, paññā)은 지혜의 기능

● 오력(五力, pañca balāni)
오근과 유사한 덕목으로 열반에 이르도록 큰 힘을 발휘하는 다섯 가지이다.
① 신력信力은 믿음의 힘
② 정진력精進力은 정진의 힘
③ 염력念力은 알아차림의 힘
④ 정력定力은 삼매의 힘
⑤ 혜력慧力은 지혜의 힘

● 칠각지(七覺支, sambojjaṅga)
칠각분七覺分이라고도 한다. 지혜로서 참되고 거짓되며, 옳고 그릇된 것을 살펴 골라내고 알아차리는 일곱 가지이다. 이 일곱 가지는 깨달음의 요인, 혹은 깨닫기 위한 필수 요인이라고 할 수 있다.
① 염(念, sati)은 알아차림을 잘 유지하는 것
② 택법(擇法, dhamma-vicaya)은 지혜로 모든 법을 살펴서 좋은 것은 골라내고 나쁜 것은 버리는 것
③ 정진(精進, viriya)은 수행에 도움 되지 않는 고행이나 그릇된 수행을 배제하고, 바른 도에 나아갈 수 있도록 정진하는 것
④ 희(喜, piti)는 법을 얻어 기뻐하는 것
⑤ 경안(輕安, passaddhi)은 몸과 마음이 경쾌하고 밝아진 상태
⑥ 정(定, samādhi)은 삼매에 들어 번뇌 망상을 일으키지 않는 것
⑦ 사(捨, upekkhā)는 바깥 경계에 집착하던 마음을 여의고, 평온을 유지하는 것

● 팔정도(八正道, ariya aṭṭhangika magga)
바른 견해(正見) · 바른 사유(正思惟) · 바른 말(正語) · 바른 행위(正業) · 바른 생활(正命) · 바른 노력(正精進) · 바른 알아차림(正念) · 바른 삼매(正定)

※ (본문 p.105 참고)

4. 아함부 경전의 주옥같은 진리

깨달은 부처도 복을 짓는다

천안제일 아나율 존자는 잠을 자지 않고 정진한 결과, 결국 눈이 멀게 되었다. 어느 날 옷을 꿰매려고 바늘에 실을 꿰는데, 앞을 보지 못하는 아나율로서는 여간 힘든 일이 아니었다. 아나율은 중얼거렸다.

"나를 위해 바늘에 실을 꿰어줄 사람이 누구 없을까?"

세존께서 천이통으로 그 소리를 듣고 아나율의 처소로 찾아왔다.

"실과 바늘을 내게 달라. 내가 꿰어주리라."

부처님께서 바늘에 실을 꿰어 아나율에게 건네주자 아나율이 말했다.

"부처님께서는 이런 복을 짓지 않아도 복덕과 공덕을 구족하신 분인데, 무엇 때문에 이런 일을 하십니까?"

부처님께서 말씀하셨다.

"세상에서 복을 구하는 사람으로 나보다 더한 사람은 없을 것이다. 여래는 여섯 가지 법에 있어서 만족할 줄을 모른다.

첫째는 보시요, 둘째는 교훈이며, 셋째는 인욕이요, 넷째는 법답게 진리를 설하는 것과 이치에 맞게 설명하는 것이며, 다섯째는 중생을 보호하는 것이요, 여섯째는 최상의 도를 구하는 일이다."

아나율이 물었다.

"여래의 몸은 법신法身인데, 다시 법을 또 구하려 하십니까? 여래께서는 이미 생사의 바다를 건너 애착을 벗어났는데, 지금 또 애써 복덕을 닦으시는군요."

세존께서 말씀하셨다.

"그렇다, 아나율아, 네 말과 같다. 여래도 여섯 가지 법에 있어서 만족할 줄 모른다는 것을 안다. 만약 중생이 죄악의 근본인 신·구·의 삼업으로 짓는 업을 안다면 삼악도(지옥·아귀·축생계)에 떨어지지 않을 것이다. 저 중생은 죄악의 근원이 무언지를 알지 못하기 때문에 삼악도에 떨어지는 것이다. 그러므로 아나율아, 너도 열심히 정진해서 여섯 가지 법을 얻도록 하여라. 비구들이여, 마땅히 이와 같이 공부해야 한다."

- 증일아함 31권, 38 역품

누구나 깨달을 수 있다
부처님께서 어리석은 제자를 지도한 예가 있다.
부처님 제자 중에 반특Panthaka이라는 형제가 있었다. 형 반특은 총명하고 지혜로워 출가한 뒤, 금방 아라한의 경지에 올랐다. 그러나 동생 주리반특Cūdapanthaka은 너무나 어리석고 아둔했다. 당시 출가 수행승들은 부처님의 가르침을 짧은 시의 형태인 게송으로 암기하고 있었다. 형은 동생에게 하나의 게송이라도 외우게 하려고 무진 애를 썼으나 제대로 외우지 못했다.
이윽고 안거安居 날이 되었다. 안거 때는 제자들이 스승으로부터 받은 가르침을 복송復誦하고, 암기가 끝났으면 다시 새로운 문구를 가르쳐 받았다. 형은 동생이 안거 날까지 게송 하나조차 암기를 못하자 화가 나서 말했다.
"너는 너무 어리석어 부처님의 제자가 될 수 없으니 다시 집으로 돌아가라."
주리반특은 형에게 꾸지람을 듣고 대문 밖으로 나가 소리 내어 엉엉 울었다.
이때 부처님께서 지나가다 이 일을 보시고 말씀하셨다.

"비구야, 걱정하지 말라. 나는 최상의 정각(無上正等正覺)을 이루었다. 너의 형 반특으로 인해 네가 도를 얻는 것이 아니다."

부처님께서 시자 아난에게 일러 주리반특을 특별 지도케 하였으나 아난도 곧 포기하고 말았다. 결국 부처님께서 주리반특을 조용한 곳으로 데려가 "나는 먼지를 턴다. 나는 더러움을 닦는다"라는 문구를 외우도록 하였다. 그런데도 주리반특이 외우지 못하자, 부처님께서는 직접 빗자루로 마당을 쓸면서 두 구절을 외우게 하셨다.

주리반특은 '세존께서는 왜 이런 방법으로 나를 가르치는 걸까? 나는 지금 그 뜻을 궁구해야 한다. 지금 내 몸에도 티끌과 때(번뇌)가 있다. 나 스스로를 비유해 보자. 무엇을 없애야 하고, 무엇이 때인가?' '결박縛結'이 때이고, '지혜'가 그것을 없애주는 것이다. 나는 지금 지혜의 비로써 이 결박을 쓸어버리리라.'

그때 주리반특은 오온五蘊이 이루어지는 것과 소멸하는 것을 관찰했다. '이것은 색色이요, 이것은 색의 발생 원인(色集)이며, 이것은 색의 소멸(色滅)이다.' 이와 같이 수·상·행·식이 이루어지고 소멸하는 것을 사유하였다. 점차 수행이 깊어지면서 주리반특은 마침내 아라한이 되었다.

- 증일아함 11권, 20 선지식품

불씨를 구해오너라

부처님께서 사위성 기수급고독원에 계실 때이다. 어느 과부가 유복자인 외아들 하나만을 의지하며 애지중지 키웠는데, 어느 날 갑자기 그 아들이 죽었다. 그녀는 슬픔과 설움에 거의 반미치광이가 되었다. 과부는 성 밖 기수급고독원에 부처님이 계시다는 말을 듣고 찾아가 물었다.

"부처님, 저는 이 세상을 살아가는 유일한 보람이 아들이었습니다. 그런

제 아들이 죽었는데, 아들을 살릴 수 있는 방법이 없겠습니까? 제 아들을 살려만 주십시오."

부처님께서는 그녀의 말을 조용히 다 듣고 말씀하셨다.

"너는 마을로 가서 죽은 사람이 한 사람도 없는 집에서 불씨를 구해 오너라. 그 불씨를 구해 오면 네 아들을 살려 주겠다."

여인은 부처님의 말씀을 듣고 기쁜 마음으로 한걸음에 마을로 달려갔다. 그러나 온 마을을 다니면서 불씨를 구하려고 해도 구할 수 없었다. 이 집에 가면 '아버지가 죽었다' 고 하고, 저 집에 가면 '할머니가 죽었다' 고 하는 등 어느 집이나 사람이 죽지 않은 집안이 없었다. 여인은 할 수 없이 부처님 처소로 되돌아와 말했다.

"부처님, 어느 집이나 사람이 죽지 않은 집은 없었습니다. 그래서 불씨를 구하지 못했습니다."

부처님께서 과부에게 말씀하셨다.

"사람은 세상을 살면서 네 가지를 면할 수 없다.

첫째, 이 세상 모든 것은 영원한 것이 없는 것이오,

둘째, 아무리 부귀하더라도 가난하고 천해질 수 있으며

셋째, 어떠한 것이든 모이면 흩어지기 마련이고

넷째, 건강한 육신을 가진 사람도 때가 되면 반드시 죽는 것이다."

이 설법을 듣고 여인은 깊이 깨달아 마음에 평온을 얻었다.

- 출요경[29] 2권, 무상품

---

[29] 『출요경出曜經』이란 아함부 경전과 이외 초기경전에서 부처님의 말씀이나 게송 등을 간추려 모은 뒤 부연 설명한 경이다. '출요' 란 말은 북방불교에서는 '비유' 라고 하지만, 서양의 불교학자들은 '훌륭한 공적' '빛나는 업적' 등으로 해석한다. 『법구경』과 유사한 아름다운 문체의 불교 시집으로 총 34장 930편이 있으며, 398~399년 축불념竺佛念이 한역하였다.

형이상학적 철학에 관심 기울이지 말고, 현재 수행에 힘써라

부처님께서 사위성 기수급고독원에 계실 때이다. 수행자 가운데 만동자가 홀로 조용한 곳에서 좌선하고 있다가 부처님이 계신 곳으로 와서 물었다.
"부처님, 세계는 영원한 것입니까, 아니면 무상한 것입니까? 영혼과 육체는 동일한 것입니까, 별개의 것입니까? 사후에도 인간은 존재할 수 있는지, 존재할 수 없는지에 대해 대답해주십시오. 부처님께서 정확한 답변을 하지 않는다면, 저는 이 교단을 떠날 것입니다."
부처님께서 한동안 침묵하다가 다음과 같이 말씀하셨다.
"만동자여! 만약 어떤 사람이 독화살을 맞아 고통을 받고 있다고 가정해 보자. 그 친구들은 바삐 의사를 부르려고 할 것이다. 그런데 그는 '아직 이 화살을 뽑아서는 안 되오! 나는 먼저 화살을 쏜 사람이 누구인지를 알아야겠소. 성은 무어고 이름은 무엇이며 어떤 신분인지를 알아야겠소. 그리고 그 활이 어떤 나무로 만들어졌는지 알아야겠고, 또 화살에 어떤 독이 묻어 있는지를 알아야겠소. 또…… 이 모든 것들을 알고 난 뒤, 이 독화살을 뽑겠소'라고 한다. 이와 같이 말한다면 그는 그것들을 다 알기도 전에 온 몸에 독이 퍼져 죽고 말 것이다. 만동자여, 세계가 영원한 것인지 무상한 것인지, 육체와 영혼이 하나인지 개별적인 것인지, 사후에도 존재할 수 있는지 없는지를 안다고 해서 우리의 고통이 해결되는 것은 아니다. 우리의 현재 삶 속에서 고를 먼저 극복하는 일이 급선무다. 내 설법 가운데 사성제가 있다. 이 세상의 고통(苦)은 욕심과 집착에서 비롯되었다. 고통을 없애려 한다면, 그 고통이 욕심과 집착(集) 때문에 생겨난 것임을 알아야 한다. 그것을 소멸할 수 있는 수행(道)을 해보아라. 그러면 반드시 해탈과 열반의 경지(滅)에 이르게 된다."

- 중아함 60권, 221 전유경

두 번째 화살을 맞지 말라

이와 같이 나는 들었다.

어느 때 부처님께서 왕사성 죽림정사에 계실 때, 제자들에게 말씀하셨다.

"비구들이여, 나의 가르침을 모르는 사람들에게 괴로운 느낌·즐거운 느낌·괴롭지도 즐겁지도 않은 느낌인 세 가지가 있다.

한편 나의 가르침을 들은 제자들도 괴로운 느낌·즐거운 느낌·괴롭지도 즐겁지도 않은 느낌이 있다. 그렇다면 비구들이여, 나의 가르침을 모르는 어리석은 범부와 나의 가르침을 알고 수행하는 그대들과는 어떤 차이가 있는가?"

비구들이 말했다.

"세존이시여, 저희들은 세존을 근본으로 합니다. 세존께서 말씀해주시면 그것을 들은 뒤 마땅히 받들어 행할 것입니다."

부처님께서 비구들에게 말씀하셨다.

"나의 교법을 모르는 범부들은 고통스런 일을 당하면, 슬퍼하고 가슴을 치며 힘들어한다. 그들은 두 가지의 수受를 느낀다. 즉 몸으로 느끼는 수와 마음으로 느끼는 수이다.

무지한 범부들은 몸의 접촉으로 느낌이 생겨 고통스러우면 목숨을 잃을 지경에 이르기까지 슬퍼하고 원망하며 울부짖는다. 비유하면 몸에 두 번째의 독화살을 맞고 아주 고통스러워하는 것과 같다. 즉 무지한 범부들은 몸의 느낌과 마음의 느낌, 이 두 가지 느낌을 더욱 증장시켜 고통스러워한다.

범부들은 즐거운 느낌과 접촉해서 오욕의 즐거움을 누리는데, 이 오욕의 즐거움을 누리기 때문에 탐욕이라는 번뇌(貪)의 부림을 당하게 된다. 반대로 괴로운 느낌과 접촉해서 화를 내고 분노한다. 그 성내고 분노하는 번뇌(嗔)의 부림을 당하기 때문이다. 고락苦樂의 느낌에 대해 그것의 발생·소멸·그것에 맛들임·재앙 등 그것에서 벗어남을 사실 그대로 알지 못하기 때문에 괴롭지도 즐겁지도 않은 느낌이 생겨 어리석음이란 번뇌(痴)의 부림을 당한다.

즐겁다는 느낌에 얽매여 끝내 벗어나지 못하고, 괴롭다는 느낌에 얽매여 끝내 벗어나지 못하며, 괴롭지도 즐겁지도 않은 느낌에 묶여 끝내 벗어나지 못한다. 즉 그것은 탐·진·치에 속박되고, 생로병사·근심·슬픔·번민·괴로움에 묶인 것이다.

나의 가르침을 들은 제자들은 몸의 접촉으로 괴로운 일이 발생하면, 목숨을 잃을 지경이 되더라도 근심과 슬픔으로 원망하거나 혼란스러워하지 않는다. 그런 때를 당해서는 오직 한 가지 느낌만 일으키나니, 이른바 몸의 느낌(身受)만 일으키고 마음의 느낌(心受)은 일으키지 않는다.

비유하면 하나의 독화살만 맞고 두 번째 독화살은 맞지 않는 것처럼, 몸의 느낌으로만 괴로울지언정 마음에서 괴로움을 일으키지 않는다는 뜻이다.[30]

탐욕의 즐거움에 빠지지 않고, 탐욕의 즐거움에 빠지지 않기 때문에 번뇌에 물들지 않는다. 한편 괴로움이 생겼다고 해서 괴로움에 빠지지 않고, 괴로움에 빠지지 않기 때문에 화를 내거나 분노하지 않는다. 또한 괴롭지도 즐겁지도 않은 느낌, 두 가지 번뇌의 발생·소멸·그것에 맛들임·재앙·그것에서 벗어남을 사실 그대로 알기 때문에 어리석지 않고, 해탈하여 번뇌에 속박되지 않는다. 즉 탐·진·치 삼독, 생로병사, 근심·

---

30 첫 번째 화살은 인간이 살아 있는 이상, 누구나 맞는다. 두 번째 화살은 감정에 빠져서 받는 고통이다. 두 번째 화살로 인한 고통이 매우 크기 때문에 감정에 탐닉되거나 사로잡히지 말고 이성적인 태도와 마음가짐을 가지라는 뜻이다.

슬픔·번민·괴로움에 묶이지 않는 것이다.

- 잡아함 17권, 470 전경

진리 앞에서는 누구나 평등하다

부처님께서 사위성 기수급고독원에 계실 때이다. 가전연 존자가 숲속에 있는데, 서방의 마투라 국왕이 가전연에게 찾아와 예를 갖추어 절한 뒤 물었다.

"바라문들은 그들 스스로가 이렇게 말합니다. '우리 바라문이 제일이고, 다른 사람들은 비열하다. 우리는 살결이 희고 청정하며, 다른 사람들은 검고 청정하지 못하다. 다른 사람들은 입으로 태어났고, 우리는 바라문이 화化한 것이다. 이는 오직 바라문의 특권이다.' 이것은 무슨 뜻입니까?"

"대왕이여 그것은 말로만 그럴 뿐이지 실제 그런 것이 아닙니다. 업은 진실한 것입니다. 오직 업에 의한 것입니다."

왕이 이해가 가지 않는다며 다시 묻자, 가전연이 말했다.

"내가 당신에게 묻겠소. 당신은 바라문의 왕입니다. 당신 나라에 바라문·찰제리·장자 등 여러 계급의 사람들이 있는데, 권력으로 다스리면 그들이 시키는 대로 말을 듣습니까?"

"내가 시키는 대로 할 것입니다."

"그렇다면 혹 다른 찰제리가 왕이 되어 각각 사성(四姓, 카스트)을 궁중으로 모두 불러와 어떤 명령을 내린다면 그 사람들은 당신의 뜻대로 따르겠습니까?"

"제 뜻대로 따를 것입니다."

"그렇다면 대왕이시여, 사성은 모두 평등한 것으로 차별이 없는 것입니다. 네 종류의 계급은 평등하여 잘나고 못난 차이는 없습니다. 사성은 세간에서 차별하여 지어낸 말뿐이지, 실제로는 업業에 의해 출생합니다. 대왕이여, 혹시 어떤 바라문이 도둑질을 하였다면, 어떻게 처벌해야 합니까?"
"설령 바라문이라고 할지라도 벌을 내리고, '도둑놈'이라고 부를 것입니다."
"찰제리(왕족)가 도둑질을 하면 어떻게 합니까?"
"찰제리도 바라문과 똑같은 벌을 줍니다."
"그렇다면 대왕이여, 사성은 평등한 것입니다. 거기에 무슨 차별이 있겠습니까? 그러니 대왕이여, 분명히 알아야 합니다. 진실로 인간은 잘나고 못나고의 차이는 없습니다. 다만 업에 의할 뿐입니다. 그러니 바라문 그들 스스로가 '자신들은 제일이고, 다른 사람은 비열하다. 우리는 살결이 희고 청정하며 다른 사람은 검고 청정하지 못하다'고 하는 말은 세간의 말일 뿐이요, 실제는 업에 의한 겁니다."
"바라문이라도 나쁜 업을 지으면 지옥에 떨어질 것이요, 천민이라도 선업을 지으면 하늘세계에 태어납니다. 찰제리와 장자도 마찬가지입니다. 이런 이치로, 사성은 평등한 것이요, 잘나고 못난 차이는 없는 법입니다."

- 잡아함 20권, 548 마투라경

여인도 성불할 수 있다

이와 같이 나는 들었다.

어느 때 부처님께서 여러 비구들과 함께 하안거에 들어갈 무렵이었다. 부처님의 이모이자 모친인 구담미(마하파자파티) 여인이 찾아왔다. 구담미 여인은 부처님께 예를 올리고 한쪽에 앉은 뒤 아뢰었다.

"세존이시여, 여인도 출가하여 얼마든지 아라한과를 얻을 수 있지 않습니까? 저도 출가하고 싶습니다."

세존께서 말씀하셨다.

"그만두십시오. 여인은 출가해서 신명身命을 바쳐 법 구하는 일이 쉽지 않습니다."

구담미 여인은 부처님의 단호한 거절에 한 마디도 못하고 물러났다. 얼마 후, 구담미 여인은 부처님을 또 찾아와 출가하겠다는 의지를 밝혔으나 이번에도 부처님께서 거절하였다.

세존께서 여름 안거를 마치고 제자들과 유행에 나섰다. 그런데 구담미 여인은 부처님이 어디에 계시는지를 수소문해 찾아왔다. 구담미 여인은 또 출가하겠다는 의지를 밝혔으나 부처님께서는 이전의 똑같은 답변으로 거절하였다. 부처님께 예를 올리고 밖으로 나온 구담미는 문밖에서 하염없는 눈물을 흘리며 슬피 울었다. 이때 아난 존자가 그 모습을 보고 놀라서 물었다.

"구담미여, 무슨 까닭으로 흙 묻은 맨발에 먼지를 뒤집어쓰고 울고 있습니까?"

"아난 존자님, 여인도 출가해서 얼마든지 도를 배울 수 있는 것이 아닙니까? 저는 부처님께 세 번이나 출가하기를 요청했으나 계속 거절당했습니다."

"구담미여, 잠깐만 여기 계십시오. 제가 부처님께 한번 여쭤 보겠습니다."

아난은 부처님 계시는 곳으로 나아가 부처님 발에 머리를 조아리고, 합장한 채 여인 출가에 대해 여쭈었다. 그러나 부처님께서는 이번에도 여인 출가에 대해 반대하셨다.

그러자 아난이 아뢰었다.

"세존이시여, 구담미 여인은 예전에 세존을 위해 수고하셨습니다. 세존의 모친께서 돌아가신 뒤 오로지 세존의 양육을 책임진 어머니이십니다. 부처님께서는 법 앞에 남녀 구별이 없고, 진리 앞에 누구나 평등하다고 하시면서 왜 여인 출가는 반대하십니까?"

세존께서 말씀하셨다.

"아난아, 여인이 출가해도 아라한과를 얻을 수 있다. 여인 출가로 교단에 문제가 발생할 수 있기 때문에 반대한 것이다. 그러나 구담미가 팔경계八敬戒[31]를 받아들인다면 출가해도 괜찮다."

이런 우여곡절 속에 여인도 출가하게 되었다.

- 중아함 28권, 116 구담미경

미래를 걱정하지 말라

부처님께서 카필라국 니그로다 동산에 계실 때 석가족인 마하나마가 찾아와 여쭈었다.

"이런 어지러운 세상에 어울려 살다가 부처님과 부처님의 가르침, 그리고 승보를 잊게 될까 봐 겁이 납니다. 이렇게 살다가 죽은 뒤 어디에서 다시 태어날지 걱정이 됩니다."

부처님께서 마하나마에게 말씀하셨다.

"큰 나무가 한 쪽으로 기울어져 있을 때 그 밑동을 자르면 어느 쪽으로 쓰러지겠는가?"

"당연히 기우는 쪽으로 넘어질 것입니다."

---

31 팔경계는 '팔불가월법八不可越法', '팔불가과법八不可過法'이라고도 한다. 첫째, 백세의 비구니라도 새로 갓 출가한 사미승에게 삼배의 예를 갖추고, 자리를 내주어 앉기를 청한다. 둘째, 비구니는 비구를 흉보거나 꾸짖을 수 없다. 셋째, 비구니는 비구의 죄를 들어 그 허물을 말하지 못한다. 넷째, 식차마나는 이미 육법六法을 배웠으므로 대중 스님들을 따라 구족계를 받아야 한다. 다섯째, 비구니가 승잔죄를 지었을 때는 반드시 보름 안에 비구와 비구니 이부대중이 있는 가운데 참회해야 한다. 여섯째, 비구니는 보름마다 비구 대중 가운데 법을 설해줄 사람을 구해야 한다. 일곱째, 비구가 없는 곳에서 비구니는 안거를 하지 못한다. 여덟째, 안거를 마치거든 마땅히 비구 대중 가운데 자자할 비구를 한 분 모셔야 한다.

"그대도 그 나무와 마찬가지이다. 그대는 오랫동안 불법승을 생각하고 잘 닦아 익혔다. 비록 목숨이 다해 육체가 불에 타거나 묘지에 버려져 오랫동안 바람에 쐬고 햇볕에 쬐어 마침내 가루가 된다 하더라도, 너의 마음은 오랫동안 바른 믿음이 있고, 계율을 잘 수지했으며, 수행자에게나 사람들에게 보시행을 쌓았고, 진리를 들어 지혜를 얻고자 노력했기 때문에 너의 신식神識은 안락한 곳을 향해 위로 올라 천상에 나게 될 것이다. 그러니 두려워하거나 걱정하지 말라."

- 잡아함경 33권, 930 자공경

현재에 충실하라

부처님께서 사위성 기수급고독원에 계실 때이다. 어느 날 잘 생긴 천자天子가 부처님을 찾아와 예를 마치고 한쪽에 앉았다. 그런데 한 줄기 찬란한 빛이 기수급고독원을 두루 비추면서 주위가 밝게 빛났다. 천자는 부처님께 여쭈었다.

"비구는 대중과 떨어져 고요한 숲속에 머물고 홀로 청정하게 수행하며 하루 한 끼만을 먹는데 무슨 인연으로 얼굴이 환하십니까?"

부처님께서 답하셨다.

"지나간 일에 근심하거나 걱정하지 않고, 앞으로 생기지도 않은 일에 마음 쓰지 않으며 현재에 일어나는 그대로를 꾸준히 알아차린다. 먹는 것에도 집착하지 않기 때문에 얼굴빛이 환한 것이다.

다가올 미래 일에 마음을 치달리거나 지나간 일을 돌아보고 근심하며 자신을 괴롭히는 것은 어리석음의 불로 스스로를 태우는 것, 마치 우박이 초목을 때리는 것과 같다."

- 잡아함 36권, 995 아란야경

과거는 이미 지나갔고, 미래는 아직 오지 않은 것

과거를 쫓지 말고, 아직 오지 않은 미래를 염려하지 말라.
과거는 이미 지나갔고, 미래는 아직 오지 않은 것.
오로지 현재 일어난 것들을 관찰하라.
어떤 것에도 흔들리지 말고, 그것을 추구하고 실천하라.

오직, 오늘 마땅히 할 바를 열심히 하라.
어느 누가 내일 죽음이 없다고 장담하겠는가.
저 죽음의 대군과 마주치지 않을 수 없다.
능히 이렇게 추구하는 자는
마음을 다해 밤낮으로 게으르지 말고 실천하라.
이런 사람을 일야현자一夜賢者라고 하나니
또한 마음이 고요한 자를 말한다.

- 중아함 43권, 165 온천림천경

정진

천안제일 아나율 존자는 유행하는 도중 수행자의 조건으로 여덟 가지를 사유한 뒤, 부처님께 의견을 여쭈었다.
"첫째, 현재 가진 것에 만족할 줄 아는 마음가짐(知足者).
둘째, 고요한 곳에 머물러 마음에 평온을 유지하는 것(閑居者).
셋째, 마음에 욕심을 여의는 것(小欲者).
넷째, 계율을 철저히 지키고 계율을 스승으로 삼는 것(持戒者).
다섯째, 생각을 고요히 하고 선정 삼매를 유지하는 것(三昧者).

여섯째, 마음이 들뜨지 않고 지혜로운 마음을 갖는 것(智慧者).
일곱째, 진리가 설해지는 어느 곳에서든 많이 듣고자 하는 것(多聞者).
여덟째, 늘 정진하는 마음가짐(精進者)을 지니려고 합니다."
부처님께서는 아나율의 여덟 가지 구도 요건을 듣고, 그것은 고귀한 일이며 가장 뛰어난 일이라고 칭찬하며 말씀하셨다.
"아나율아, 너는 칭찬받을 만한 생각을 하였구나. 비구가 계율이 청정하면 선정을 얻음이요, 선정을 얻으면 지혜를 얻고, 지혜를 얻으면 지식을 얻으며, 지식을 얻으면 해탈을 얻고, 해탈을 얻으면 무여열반無餘涅槃하게 될 것이다. 곧 열반을 얻는 시작이 바로 계율이니, 그대가 세운 여덟 가지는 매우 훌륭하다."
아나율이 다시 부처님께 여덟 가지를 자세히 설명하였고, 부처님께서 아나율의 말에 덧붙여 말씀하셨다.
"훌륭하고, 훌륭하구나. 아나율아, 네가 지금 생각하는 것이 바로 대인大人의 사유이다. 욕심을 적게 가져 만족한 줄을 알고, 한적한 곳에 지내며, 계율에 철저하고, 삼매를 성취하며, 지혜를 성취하고, 해탈을 성취하며, 지식을 성취하라. 아나율아, 너는 이런 뜻을 세워 그 여덟 가지 대인의 생각을 깊이 사유하라. 이 여덟 가지 법은 정진하는 이가 행할 바요, 게으른 사람이 할 수 있는 것이 아니다.
왜냐하면 미륵보살은 30겁 동안 정진해 가장 높은 최상의 깨달음(아뇩다라삼먁삼보리)을 이룬 것이요, 나도 정진의 힘으로 부처를 이루었기 때문이다. 여덟 가지 가운데서도 마지막 정진이 제일 중요하다. 아나율아, 여덟 번째 생각이 가장 뛰어나고 높고 귀한 것으로서 감히 비유할 데가 없다. 마치 소로부터 우유가 나오고, 우유에서 낙酪이 나오며, 낙에서 생소生酥가 나오고, 생소에서 제호醍醐가 나오는데, 제호가 가장 뛰어나다.

세상에서 가장 맛있는 제호를 바로 정진에 비유할 수 있을 만큼, 수행의 요소 가운데 정진이 가장 중요하다.

그러므로 아나율아, 여덟 가지 대인의 생각을 받들고 사부대중에게 그 이치를 설명해주어라. 만일 여덟 가지 대인의 생각이 세상에 널리 퍼진다면 나의 제자들은 모두 수다원과·사다함과·아나함과·아라한과를 성취할 것이다.

- 증일아함 37권, 42 팔난품

가장 위대하고 용감한 것은 인욕

어느 날 라훌라는 사리불 존자를 따라 왕사성으로 탁발을 나갔다가 길목에서 외도를 만났다. 그런데 외도가 갑자기 사리불의 뺨을 때렸다. 라훌라는 엉겁결에 놀라 '스승님이 무슨 잘못을 했다고 때리느냐?'고 하자, 외도는 라훌라의 발우를 빼앗아 그의 머리를 내리쳤다. 라훌라의 얼굴에서 피가 철철 넘쳐흐르자, 외도는 황급히 사라졌다. 순식간에 당한 모멸감에 잔뜩 화가 나 있던 라훌라가 분심을 참지 못하자, 사리불이 말했다.
"라훌라야, 부처님의 제자라면 분노와 원한을 품어서는 안 된다. 어떤 경우이건 자비로운 마음으로 중생을 가엾이 여겨야 한다. '참는 것이 가장 훌륭한 일'이라고 부처님께서 늘 말씀하지 않았느냐? 인욕으로 보배를 삼자."

라훌라는 마음을 가라앉히고 스승에게 '죄송하다'고 말했지만, 그래도 분노가 가라앉지 않았다.

사리불이 이어서 말했다.

"분노와 원망을 품고 폭력을 휘두르는 것은 자신을 불구덩이에 던지는 것과 같다. 그것은 마치 거센 바람이 불어오는 쪽으로 횃불을 들고 가는 것과 같다. 곧 바람이 불어오는 쪽으로 횃불을 들고 가는 사람은 바로 악행을 저지르는 사람이다. 바로 이런 사람은 화를 당하고 지옥에 떨어진다. 부처님의 제자들은 항상 자신의 마음을 굴복시켜, 남을 해치고자 하는 생각이 일어나면 곧바로 원망과 미움을 없애야 한다. 이 세상에서 가장 위대하고 용감한 것은 인욕이란다."

사리불의 말을 듣고 있던 라훌라가 말했다.

"스승님은 대단하십니다."

"뭐가 대단하다는 말이냐?"

"어떻게 스승님은 뺨을 맞는 수모를 당했는데도 분노를 가라앉히고 화를 내지 않으십니까?"

"라훌라야, 분노가 치밀었다면 나도 화를 냈을 텐데 나는 분노가 일어나지 않았다."

"느닷없이 뺨을 맞았는데도 화가 나지 않았다는 말입니까?"

"이 몸은 지·수·화·풍 사대 요소가 잠시 인연으로 모인 것이다. 잠깐 모인 덩어리인 이 몸이 영원한가, 영원하지 않은가?"

"영원하지 않습니다."

"순간순간 변화하는 것이요, 언젠가는 사라질 무상無常한 것이다. 네 가지 요소로 만들어진 것을 〈나〉라고 집착해서 어떤 〈나〉가 있다고 한다면 지혜로운 사람이라고 할 수 있겠느냐?"

"할 수 없습니다."

"지혜로운 사람은 〈나〉, 혹은 〈나의 것〉이라고 생각하지 않는다(無我)."

"그럼 나라고 집착하지 않으면 몽둥이로 맞아도 아프지 않습니까?"

"그건 아니다. 아프긴 아프단다."

"깨달은 사람과 깨닫지 못한 사람이 무엇이 다릅니까? 아픈 것은 똑같지 않습니까?"

"둘 사이에는 아주 중요한 차이가 있단다."

"어리석은 사람은 고통과 불쾌함을 느끼면 '내가 아프다'고 자신의 경험으로 여겨 집착하고, 괴로워하며 화를 낸다. 반면 지혜로운 사람은 고통과 불쾌함을 느끼면 이렇게 관찰한다. '내가 느끼는 이 고통과 불쾌함은 인연 따라 생겨난 것이다. 인연 따라 생겨난 것은 인연 따라 사라진다. 고통의 원인 뒤에는 사대로 구성된 몸이 있다. 이 몸은 덧없는 것이요, 〈나〉라고 고집할 만한 것이 없다. 이렇게 지혜롭게 통증을 관찰(sati)하면, 분노나 고통으로 마음이 흔들리지 않는다. 또한 유쾌함과 즐거움을 느끼는 것도 마찬가지다."

라훌라는 스승의 가르침에 감동을 받고 인사를 올렸다. 사리불이 이어서 말했다.

"세속에서 귀하게 여기는 것을 진리에서는 천하게 여긴다. 탐욕과 분노에 맛들인 자들은 나의 가르침을 좋아하지 않을 것이다. 그들에게 인욕으로 실천해야 한다."

부처님께서 이 상황을 전해 듣고 다음과 같이 말씀하셨다.

"가장 용감한 사람은 자신을 이기는 사람이며
인욕은 해와 달보다 밝다.
용과 코끼리가 힘이 강하다고 하지만
인욕의 힘에는 만분에 일도 미치지 못한다.
지금 내가 부처가 되어서 천인들로부터 존경을 받고
홀로 삼계를 거닐며 안온한 마음을 지닐 수 있는 것은
다 인욕수행으로 인한 공덕이다."

부처님께서 게송으로 거듭 말씀하셨다.

> "세상에서 가장 큰 복이 보시지만,
> 보시보다 인욕이 더 큰 복이다.
> 인욕하면서 자비를 베풀면 근심이 사라진다.
> 인욕은 편안한 집, 재앙과 유혹에 깃들지 않고
> 인욕은 신들의 갑옷, 어떤 무기도 침범하지 못하며
> 인욕은 커다란 배, 험난한 바다를 헤쳐 나갈 수 있고
> 인욕은 좋은 약과 같아서 중생의 생명을 구할 수 있다."

- 나운인욕경羅云忍辱經, 한글대장경 159책

정법 수행을 마음에서 놓지 말라

이와 같이 들었다.

어느 때 부처님께서 사위성 기수급고독원에 계실 때이다. 라훌라 비구는 계율을 받들어 철저히 지키며 조금도 비구로서 흐트러짐이 없었다. 비구로서 작은 허물이 될 만한 일은 조금도 하지 않았다. 그런데도 번뇌에서 벗어나지 못하고 해탈하지 못했다.

그때 여러 비구들이 세존의 처소에 찾아와 부처님께 머리를 조아려 발에 예를 올린 뒤, 한쪽에 앉았다. 비구들이 세존께 아뢰었다.

"라훌라 비구는 계율을 닦고 잘 지키며 조금도 범하는 일이 없습니다. 그런데 계율을 어기지 않는데도 여전히 번뇌로부터 해탈하지 못하고 있으니 무슨 까닭입니까?"

세존께서 곧 게송을 설해 답해주었다.

"비구로서 지켜야 할 계율을 완전히 갖추면
모든 감각기관도 제어할 수 있으리라.
그러나 차츰차츰 체득하게 되어
마침내 모든 번뇌를 끊고 열반 언덕에 오를 수 있으리라."

"모든 비구들이여, 늘 바른 법 닦는 것을 마음에서 놓지 말고 사유思惟해 실수가 없도록 하여라. 비구들이여, 이와 같이 공부해야 한다."

- 증일아함 7권, 16 화멸품火滅品

계와 지혜

지혜는 계율에 의해 정화되고
반대로 계율도 지혜에 의해 정화된다.
계와 지혜는 동시에 갖추어진다.
계가 있는 이에게는 지혜가 갖추어지고
지혜가 있는 이에게는 계가 갖추어진다.

- 장아함 15권, 종덕경種德經

참회

이와 같이 나는 들었다.
어느 때 부처님께서는 왕사성 죽림정사에서 오백 명의 비구에게 법을 설하고 계셨다. 마침 제바달다를 따라 교단을 이탈했던 오백 명의 비구가 그곳을 지나가고 있었다. 세존께서 제바달다를 따르는 제자들을 보고 게송으로 말씀하셨다.

"악한 벗을 친근히 하지 말고, 어리석은 이를 따르지 말라.

훌륭하고 뛰어난 선지식을 가까이 모셔야 한다.
사람은 본래 악하지 않은데, 나쁜 벗을 친근히 함으로써
은연중에 나쁜 선근을 심어 어둠의 나락으로 떨어진다."

그때 제바달다를 따르던 오백 명의 비구는 세존의 게송을 듣고, 곧 세존이 계신 곳으로 와서 부처님 발에 머리 조아려 예배하고 한쪽에 앉았다. 잠시 후 그들은 세존을 향해 잘못을 참회하였다.
"저희들은 어리석고 미혹하여 아무것도 몰랐습니다. 원컨대 세존께서는 저희들의 참회를 받아 주소서."
세존께서는 오백 비구의 참회를 받아들이고, 그들에게 참 믿음(信根)에 대해 설해주셨다. 이후 오백 명의 비구들은 한적하고 고요한 곳에서 법을 사유하고 열심히 정진하여 아라한이 되었다. 그들은 이미 생사生死가 다하였고, 청정행도 갖추었으며, 할 일을 마쳤으므로 다시는 윤회하지 않는 수행과위를 성취하였다.

- 증일아함 11권, 20 선지식품

내가 싫으면 남도 싫은 법

이와 같이 나는 들었다.
어느 때 부처님께서 코살라국 비뉴다라 마을에 계셨다. 그때 마을에 살고 있던 바라문과 장자들은 세존께서 가까운 처소에 계신다는 말을 듣고, 찾아와 예를 갖춘 뒤 한쪽에 앉았다. 부처님께서 말씀하셨다.
"세상을 바르게 살아가는 이치를 설하리니 자세히 듣고 잘 생각해보아라. 어느 누군가가 그대를 죽이려고 한다면 그대는 공포감에 떨며 싫어할 것이다. 그대가 이렇게 공포감을 느끼고 싫어한다면 남들도 반드시

그럴 것이다. 그러니 어떻게 그대가 남을 죽이려고 하는가?

누군가가 그대의 물건을 훔쳐 간다면 그대는 매우 불쾌하게 느끼고 화를 낼 것이다. 그대가 불쾌하고 화가 난다면 남들도 역시 그럴 것이다. 그러니 그대가 어찌 남의 것을 훔치려고 하는가?

누군가가 그대의 아내를 범한다면 그대는 매우 좋지 않을 것이다. 그대가 불쾌하고 좋지 않은 것처럼 남들도 역시 그럴 것이다. 그러니 어찌 그대가 남의 아내를 범할 수 있겠는가?

누군가가 그대를 속이거나 거짓말하는 것을 좋아하지 않나니, 남들도 역시 그럴 것이다. 그런데 어찌 그대가 남을 속이려고 하는가?

누군가가 그대의 친구에게 이간질하는 것을 좋아하지 않나니, 남들도 역시 그럴 것이다. 그런데 어찌 그대가 남의 친구를 이간질하려고 하는가?

누군가가 그대에게 욕하는 것을 싫어하나니, 남들도 역시 그럴 것이다. 그런데 어찌 그대가 남에게 욕하고 싫어하는 말을 하려고 하는가?

누군가가 그대에게 적당하게 말을 꾸미고, 진실하지 못한 말을 하는 것을 좋아하지 않나니, 남들도 역시 그럴 것이다. 그런데 어찌 그대가 남에게 진실하지 못한 말을 해서야 되겠는가? 이와 같은 일곱 가지 계를 거룩한 계(聖戒)라고 한다."

마을의 장자와 바라문들은 부처님의 말씀을 듣고 기뻐하며 자리에서 일어났다.

- 잡아함 37권, 1044 비뉴다라경

석가족의 멸망과 부처님의 고뇌

부처님께서 코살라국 사위성에 계실 때이다. 코살라국 사위성의 왕자인 유리Viḍūḍabha태자는 파사익왕과 왕후 말리부인을 내쫓고 왕위에 올랐다.

유리왕의 어머니 말리부인은 카필라국 여인이었다. 카필라국과 사위국은 오래전부터 인척관계를 맺고 있었다. 사위국의 파사익왕은 태자 시절 카필라국의 공주에게 청혼을 하였는데, 당시 카필라국의 마하나마 Mahamana 왕은 자신의 딸(공주)을 보내지 않고, 시녀였던 말리부인을 공주처럼 가장해 사위국에 시집보냈다.

그런 이유로 어린 시절, 유리왕이 어머니 말리부인을 따라 카필라국에 갔을 때 주위에서 유리태자를 천민의 아들이라고 소곤대며 천대했던 적이 몇 번 있었다.[32] 그 일로 유리태자는 카필라국에 적대감을 가진 채 유년시절을 보내게 되었다. 그리고 왕이 된 후, 어린시절 자신에게 상처를 주었던 카필라국에 쳐들어가 패망시키고자 하였다.

어느 날 드디어 유리왕이 수많은 군대를 이끌고 카필라국을 향해 갔다. 유리왕이 카필라국에 다다를 무렵, 뙤약볕 마른 나무 밑에 앉아 있는 부처님을 보았다.

유리왕은 부처님을 보고 말에서 내렸다.

"부처님! 저쪽 큰 나무 밑이나 녹음이 우거진 시원한 곳에 계시지 않고, 그늘도 제대로 없는 작은 나무 밑에 계십니까?"

"나의 고향 카필라국은 이렇게 초라한 작은 나무와 다름이 없소. 내가 아무리 깨달은 성자이지만, 저 큰 나무 그늘보다 친족의 그늘이 더 시원한 법이요."

유리왕이 부처님의 말씀을 듣고 고개를 숙이고 자기 나라로 되돌아갔다.

---

32 여자 천민이 왕족과 결혼하더라도 그 아들은 모친과 똑같은 천민 계급이다.

몇 달 후, 유리왕이 다시 카필라국으로 출격했으나 도중에 부처님을 만나게 되어 또 되돌아갔다. 마침내 유리왕이 네 번째 카필라국에 쳐들어갈 때는 부처님께서도 진군을 막지 않았다. 이때 부처님께서 아난에게 말씀하셨다.
"나의 고향 카필라국의 인연도 다하였구나, 앞으로 이레 뒤면 카필라국은 완전히 패망할 것이다."

- 증일아함 26권, 34 등견품等見品

세상에서 가장 무서운 것은 무관심

아난이 부처님께 여쭈었다.
"차나車匿[33] 비구 같은 사람에게는 어떻게 처신해야 합니까?"
"범법의 벌(梵檀法)을 주어라."
"범법의 벌은 어떤 것입니까?"
"차나 비구에게 말하지 않는 벌이다. 차나 비구와 함께 말을 하지 말라. 그에게 좋다고 말하지도 말고, 나쁘다고 말하지도 말라. 그렇게까지 하면 그 비구도 네게 말을 걸지 않을 것이다."
"그가 저지른 일을 대중이 비판하거나 문제 삼지 않는다면, 그는 더욱더 나쁜 죄를 지을 것입니다."
세존께서 말씀하셨다.
"그와 더불어 말하지 않기만 하라. 그것은 매우 무서운 벌이다. 그래도 고치지 않거든 여러 사람에게 데리고 가서 함께 꾸짖고 쫓아내라. 그에

---

33 빨리어로는 'Channa'이고 차익車匿이라고도 하며, 욕작欲作·부장覆藏이라고 한역한다. 천민으로서 부처님이 성을 넘어 출가할 때, 말을 몰았던 사람이다. 부처님이 성불하고 카필라성을 방문했을 때 출가했다. 그는 육군비구六群比丘와 어울려서 사견과 악행을 일삼다가 부처님께서 열반에 든 후 참회하고 아라한과를 증득하였다.

게 계를 설명하지도 말고 법회에 참석도 못하게 하라."

- 증일아함 37권, 42 팔난품

남의 잘못을 들춰낼 때는 이렇게 하라

어느 날 사리불이 부처님께 여쭈었다.
"남의 잘못을 들춰내야 할 때, 어떻게 하면 마음을 평온한 상태로 머물 수 있습니까?"
부처님께서 대답하셨다.
"남의 잘못을 들춰낼 때는 다음 다섯 가지를 염두에 두어야 한다.
첫째, 들추려는 잘못이 사실인지를 반드시 확인해야 한다.
둘째, 시기가 적절한지를 살펴야 한다.
셋째, 이치가 상대방이나 제삼자에게도 이익이 있어야 한다.
넷째, 부드럽고 조용하며 시끄럽게 하거나 까다롭지 않아야 한다.
다섯째, 사랑하는 마음을 꾸준히 유지하며 성내지 않아야 한다."

- 잡아함 18권, 497 거죄경擧罪經

부모의 은혜를 잊지 말라

이와 같이 나는 들었다.
어느 때 부처님께서 사위성 기수급고독원에 계실 때 비구들에게 말씀하셨다.
"세상 사람 가운데, 단 두 사람에게 많은 것을 베풀고, 좋은 일을 하여도 은혜를 다 갚을 수 없다. 두 사람이란 바로 어머니와 아버지이다.
비구들이여, 가령 어떤 사람이 왼쪽 어깨에 아버지를 얹고, 오른쪽 어깨에 어머니를 얹고 다니면서 천만 년 동안 의복·음식 등으로 베풀고, 병이 났을 때 치료해준다고 해도 은혜 갚는 것은 어려운 일이다. 혹 부모가 노망으로 그대의 어깨와 등에 대소변을 본다고 해도 은혜를 다 갚을 수 없다.

비구들이여, 반드시 알아야 한다. 부모의 은혜는 매우 위대하다. 우리를 안아 길러 주셨고, 수시로 보살펴 시기를 놓치지 않고 병을 살펴주셨기에 저 해와 달을 볼 수 있는 것이다. 이렇게 부모의 은혜가 막중하기 때문에 부모의 은혜를 갚는 것은 참으로 어려운 일이다. 그러니 비구들이여, 너희는 마땅히 부모에게 공양해야 할 것이요, 항상 효도하고 순종하여 그 시기를 놓치지 않아야 한다."

- 증일아함 11권, 20 선지식품

죽음이 다가오는데도 욕망의 늪에서 허우적대는 사람들(안수정등岸樹井藤)

어떤 사람이 황량한 길을 걷다가 미친 코끼리에 쫓겨 도망가다 우물에 빠졌다. 그는 '코끼리로부터 해방되어 다행이다'라고 안심하고 아래를 보니, 우물 밑에 네 마리의 독사가 우글거리고 있었다. 엉겁결에 우물에 드리워진 칡넝쿨을 붙잡았는데 밑으로 내려가자니 독사가 있고, 다시 위로 올라가자니 미친 코끼리가 버티고 서 있었다.

칡넝쿨을 붙잡고 있어 그나마 다행이라고 생각하며 죽지 않으려고 안간힘을 쓰고 있는데, 설상가상 붙잡고 있는 칡넝쿨을 검은쥐, 흰쥐 두 마리가 갉아 먹고 있었다.

진퇴양난에 처한 그는 '더 이상 살아갈 수 없겠구나'라고 생각하며 절망했다. 그런데 마침 붙잡고 있던 칡넝쿨에서 꿀이 똑똑 떨어지고 있었다. 그는 달콤한 꿀맛에 취해 위급한 상황을 까마득히 잊어갔다.

- 불설비유경

위의 비유에서 황량한 들판은 우리가 살고 있는 사바세계, 우물에 빠진 사람은 어리석은 중생, 미친 코끼리는 누구나 피하고자 하는 죽음, 독사는 사대로 구성된 육신, 두 마리의 쥐는 낮과 밤을 상징하는 세월, 칡넝쿨은 죽지 않고 살겠다는 삶의 애착, 꿀은 인간의 오욕락(재산·수면·성욕·명예·식욕)을 비유한 것이다. 다급하고 위험한 생사의 갈림길에서도 인간은 욕망에 빠져 있음을 비유한 이야기다.

불법 만나는 일은 하늘의 별따기만큼 어렵다
이와 같이 나는 들었다.
부처님께서 베살리 중각당에 계실 때 아난에게 말씀하셨다.
"불법 만나기는 매우 어려운 일이다. 비유하면 바다 한가운데 눈 먼 거북이가 있다. 이 거북이는 한량없는 겁을 살고 있는데 백 년에 한 번씩 머리를 내민다. 그리고 바다 가운데 나무토막이 떠 있는데, 구멍이 하나 나 있다. 구멍 뚫린 나무토막은 바다 물결에 떠다니면서 바람을 따라 이리저리 떠돌아다닌다. 눈 먼 거북이가 백 년에 한 번 나와 바로 그 나무토막 구멍으로 머리를 내민다고 가정한다면, 가능하겠느냐?"
아난이 대답했다.
"될 수 없습니다. 세존이시여, 눈 먼 거북이가 혹 바다 동쪽으로 가면 나무토막은 바람을 따라 서쪽으로 갈 것이요, 거북이가 서쪽에 있으면 나무토막은 동쪽으로 흘러가 서로 만날 수 있는 가능성이 희박합니다."
부처님께서 말씀하셨다.
"눈 먼 거북이와 나무토막은 비록 서로 어긋날지라도 만날 수 있는 가능성이 있다. 그러나 어리석은 범부는 오취(五聚, 지옥·아귀·축생·인계·천계)에 떠 흘러다니다 잠깐이나마 사람 몸을 받는 일이, 저 눈 먼 거북이가 백 년에 한 번씩 머리를 내밀어 나무토막 구멍에 들어가는 것보다 더 어려운 일이다. 무슨 까닭인가. 모든 중생은 그 이치를 행하지 않고, 법을 행하지 않으며, 선을 행하지 않고, 진실을 행하지 않으며, 서로서로 죽이거나 해치고, 강한 자는 약한 자를 업신여겨 한량없는 악행을 저지르기 때문이다. 게다가 사람 몸 받는 것도 어려운데 불법 만나기는 더더욱 어려운 일이다.

그러므로 비구들이여, 사성제에 대하여 공부하지 못했다면 반드시 그 진리를 알고 익혀 실천해야 한다."

- 잡아함 15권, 406 맹귀경盲龜經

외모로 사람을 판단하지 말라

이와 같이 나는 들었다.
어느 때 부처님께서 사위성 기수급고독원에 계실 때이다.
얼굴이 매우 추하고 못생긴 비구가 있었다. 그는 다른 비구들로부터 따돌림을 받았고, 사람들이 함께 대면하는 것조차 피할 정도였다.
어느 날 부처님께서 대중에게 법을 설하고 있는데, 그 비구가 걸어오고 있었다. 다른 비구들은 못생긴 비구를 업신여기며 그를 쳐다보는 것조차 피하였다. 그러자 부처님께서 말씀하셨다.
"너희는 저기 오는 비구가 얼굴이 추하고, 보기에 민망하다고 그를 업신여기거나 꺼려서는 안 된다. 저 비구는 모든 번뇌를 이미 소멸했고, 할 일을 다해 마쳤으며, 온갖 무거운 짐을 버리고 모든 결박을 끊어 해탈을 성취했다. 비구들아, 사람의 외모만을 가지고 함부로 평가하지 말라. 오직 여래만이 사람됨을 평가할 수 있느니라."
마침 그 비구는 부처님 계신 곳으로 와서 부처님 발에 머리를 조아리고 한쪽으로 물러나 앉았다. 그때 세존께서 다시 비구들에게 게송으로 말씀하셨다.

"공중을 나는 조류와 숲속을 달리는 뭇 짐승들
사자를 두려워하지 않는 것 없나니
오직 사자만이 짐승들의 제왕으로서
그와 견줄 수 있는 짐승이 존재하지 않는다.
몸이 비록 작고 누추할지라도
지혜를 갖춘 사람을 업신여기지 말지니라.
몸이 크고, 얼굴이 잘 생겼을지라도
지혜를 갖추지 못했다면 최상의 장부라고 할 수 없다."

- 잡아함 38권, 1063 추루경

원망을 원망으로 갚지 말라

부처님께서 베살리성에 계실 때 비구들에게 말씀하셨다.
"성내지 말라. 설령 상대방이 성을 내어도 성을 내어 갚지 말라.
또 남을 원망하지 말라. 남이 나에게 원망하여도 원망으로 갚지 말라.
악에 대해서도 악한 마음을 내지 말고, 마땅히 교만한 마음을 버려야 한다.
원망하지도 않고 해치지도 않으면, 바로 성현의 흐름에 들어가는 것이다.
상대방이 악한 마음으로 화를 내더라도
마치 큰 바위처럼 견고해 마음이 흔들리지 않아야 한다.
탁월한 마부가 달리는 말을 멈추게 하듯이
수행자는 화가 치밀어 오를 때 자기 마음을 잘 제어해야 한다."

- 잡아함 40권, 1107 야차경

좋은 도반

아난이 선정에 들어 있다가 일어나 부처님께 여쭈었다.
"세존이시여! 수행자에게 좋은 도반이 있으면 그 사람은 수행의 반을 완성한 것이 아닐까요?"
부처님께서 고개를 저으며 말씀하셨다.
"아난아! 그렇지 않다. 좋은 벗이 있다는 것, 선지식이 있다는 것, 좋은 사람들에게 둘러싸여 있다는 것은 수행의 전부를 완성한 것과 다름이 없다."

- 잡아함 27권, 726 선지식경

선지식의 도움은 인생을 좌우한다

부처님께서 말씀하셨다.
"아직 생기지 않은 선한 일을 생기도록 하고,
이미 생긴 선한 일을 거듭거듭 발전시킬 수 있는 주요 요인은
바로 선지식·좋은 도반·좋은 사람과 함께하는 일이다.
비구들이여, 선지식·좋은 도반·좋은 사람을 가까이하면
아직 생기지 않은 정견正見이 생기도록 도와주고
이미 갖고 있는 정견을 거듭 발전시킬 수 있다.
이와 같이 선지식·좋은 도반·좋은 사람을 가까이하면
아직 생기지 않은 바른 생각·바른 말·바른 행위·바른 생활
바른 정진·바른 사띠·바른 선정이 생기도록 해주고
이들을 더욱 발전시킬 수 있도록 도와준다."

- 잡아함 28권, 779 선지식경

나쁜 소문은 빨리 퍼진다

나쁜 벗이나 어리석은 사람.
그런 자들과 함께하지 말고
착한 벗이나 지혜로운 사람
그런 자들과 더불어 사귀어라.

본래 악하지 않던 사람도
성품이 좋지 않은 사람을 가까이하면
후에는 반드시 악의 인因을 이루게 되어
나쁜 이름이 천하에 퍼지리라.

- 증일아함 46권, 49 방우품

진실한 친구

장사를 하던 사람이 120세에 집을 나와 외도가 되었다. 그는 주위 사람들과 상인·외도들로부터 공양받고 대접받는 것이 마치 아라한과 같았다. 마침 천상에 있던 그의 친척이 '저 사람이 부처님의 가르침을 받아 청정행을 닦으면 얼마나 좋을까. 좋은 선지식을 찾아야 하는데, 왜 외도가 되었을까. 가서 충고를 해줘야겠다'라고 생각하고 그를 찾아와 말했다.
"어떤 친구가 나쁜 친구로서 좋은 벗인 것처럼 꾸미는지, 어떤 친구가 좋은 벗으로서 친구를 자기의 한 몸처럼 생각하는지를 알아야 한다."
이 외도는 친척의 말을 듣고, 여러 곳을 다니며 선지식에 관한 정의를 물었으나 대답을 얻지 못했다. 몇 장로에게도 질문했으나 정확한 답변을 듣지 못했다. 그러자 그는 '이 문제를 여러 스승에게 물었으나 아무도 대답하지 못했다. 출가한 이들을 찾는 것보다 내게 재물과 보배가 많이 있으니, 차라리 집으로 돌아가 오욕락(五欲)이나 누리며 사는 것이 낫겠다' 고 생각하고, 마지막으로 고타마 사문을 만나 보기로 했다.
한편으로 그는 120세의 고령인지라 이런 생각도 들었다.
'나는 나이가 많고, 나이 많은 장로들도 대답하지 못하는데, 어찌 젊은 고타마가 대답할 수 있겠는가. 하지만 옛날 어른들께서 젊은 출가자라고 해도 업신여기지 말라고 하였으니, 어쩌면 젊은 고타마 사문이 훌륭한 선지식일지도 모른다.'
외도는 부처님을 찾아가 좋은 벗과 악한 벗에 대해 질문했다. 부처님께서 이런 답변을 하셨다.

"나쁜 친구는 겉으로는 착한 벗인 것처럼 꾸미지만
마음속으로 상대방을 싫어하고
그와 가까이하는 것조차 수치로 받아들이면서
입으로는 '나와 똑같은 마음을 가진 사람' 이라고 떠들어댄다.
이런 사람은 좋은 벗이 아니다.
입으로는 부드럽고 자비로운 말을 하면서도
마음은 다른 생각을 하고 있다.
하는 일마다 서로 같지 않나니
현명한 사람은 빨리 깨달아야 한다.
그런 친구는 실로 나쁜 친구이면서
착한 벗인 양 겉모습만 꾸미는 것이다.

게으르고 악한 행동을 하는데도 충고하지 않고
오히려 의심이나 비방만 하며, 친구의 단점을 살펴 찾으면서

착한 친구인 것처럼 행세하는 사람도 있다.
그러나 어려운 일이 생겼을 때, 진정 자기 몸을 돌보듯이
친구를 대하는 사람이 좋은 친구요,
바로 이런 사람이 선지식이다."

부처님의 설법이 끝나자, 외도가 부처님께 말했다.
"저처럼 나이가 많은 사람도 고타마 교단에 출가해 비구로서 바른 법을
배우고 계율을 익혀 청정행을 닦을 수 있습니까?"
부처님께서 외도의 출가를 받아들여 그는 교단의 비구가 되었다.

- 잡아함 35권, 978 상주경

『아함경』이야기

■ 왜 『아함경』을 공부해야 하는가

『아함경』은 한국·중국·일본을 비롯한 북방불교권에서는 소승불교 경전으로 분류되어 관심을 받지 못한 경전이었다.

유럽의 불교학자들은 19세기 중반부터 빨리 삼장을 연구하였다. 대표적인 학자로 리스 데이비스(Rhys Davids, 1843~1922, 영국)와 올덴베르그(H. Oldenberg, 1854~1920, 독일)가 있다. 두 학자는 빨리성전협회(The Pāli Text Society)를 만들어 연구에 매진하여 빨리 삼장을 간행하였다. 이 가운데 『법구경』이나 『숫타니파타』 등은 여러 나라의 언어로 번역되어 전 세계인들에게 애독되었다.

이와 같이 서양에서의 불교학 발전으로 북방불교권에서도 초기 경전에 대한 관심이 높아졌다. 일본은 1900년대 초기부터 『아함경』 연구를 시작했고, 1935년~1941년에 남전대장경南傳大藏經이 완성되었다. 1980년도 후반, 위빠사나 수행이 보급되고, 직접 빨리 삼장을 번역하는 출·재가자들이 많아지면서 『아함경』은 더 이상 소승불교 교학이 아닌 한국불교의 한 부분을 차지하게 되었다.

이 경에 담긴 교학이 곧 대승불교학의 밑거름이 된다.『반야심경』의 '조견오온개공照見五蘊皆空'만 보더라도 이 언구 속에는 12처 18계 등 일체법과 삼법인의 교리체계를 바탕으로 하며,『금강경』의 공사상은 연기와 무아사상을 바탕으로 경전이 전개되고 있다. 또한『화엄경』의 일심一心,『법화경』의 일승一乘,『열반경』의 불성佛性 사상은 바로『법구경』,『숫타니파타』등의 마음 강조에서 비롯되며, 더 나아가 초기경전과 대승경전의 마음 강조는 곧 선종의 근간을 이루고 있기 때문이다.

따라서『아함경』을 비롯한 초기불교 경전들은 불교학의 토대요, 근간이 되므로 더 이상 소승 교학이라며 옆으로 밀어놓아서는 안 된다. 앞으로 적극적인 연구가 필요하다.

◘ 경전의 의의

아함은 산스크리트어 아가마Āgama의 음역으로, '구전되어온 전승傳承·법장法藏·전교傳敎'라는 의미이다. 중국에는 4세기에 전해져 4세기 말엽부터 5세기 초반에 한역이 이루어졌다. 당시 이루어진 아함은 네 부류로 나뉜다.

- 『잡아함경雜阿含經』은 아함 경전 가운데, 제일 먼저 이루어져 다른 경전의 원형이 된다. 잡雜은 매우 작은 교설들만 모여 있다는 뜻으로 짧고 간결하며 교훈적인 내용들이다.
- 『중아함경中阿含經』은 내용의 길이가 비교적 중간쯤 되는 것으로 경의 길이가『잡아함경』보다는 약간 길다. 부처님의 말씀뿐만 아니라 제자들의 설법도 실려 있다.

- 『장아함경長阿含經』은 길이가 비교적 긴 경이다. 『범망경』, 『사문과경』, 『열반경』, 『육방예경』이 포함되어 있다.
- 『증일아함경增一阿含經』은 짧은 경이면서 법수法數의 순서대로 나열되어 있다. 즉 1법~11법까지 순서대로 배열되어 있는데, 점차 증가한다는 뜻이다. 이 경전 또한 여러 경으로 집성되어 있다.

당시 아함경전군은 완역이었고, 율장律藏과 더불어 가장 오래된 문헌이다. '각 경전마다 각 부파에 속한다' 는 학자의 견해도 있지만, 불멸 후 1차 결집 때 엮어진 초기불교의 기본 가르침이다.

◘ 북방 『아함경』과 빨리 삼장
한역 『아함경』에 해당하는 빨리 삼장에서는 아함이 아니라 니까야Nikāya라고 한다. 빨리어 니까야에는 다섯 부류가 있는데, 그 명칭이나 내용이 한역본과 유사하다.

- 잡아함은 상응부相應部 경전(쌍윳따 니까야Saṃyutta-nikāya)으로 5품 2,875경으로 구성되어 있다. '상응' 이라는 말은 결합이라는 뜻을 내포하며 같은 종류에 속하는 교설의 경을 모았다는 뜻이다.
- 중아함은 중부中部 경전(맛지마 니까야Majjhima-nikāya)으로 15품 152경이 집성되어 있다.
- 장아함은 장부長部 경전(디가 니까야Dīgha-nikāya)으로 3품 33경이 집성되어 있다.

한역	역경 연도	경전 수	번역자	부파소속	특징	빨리삼장 니까야
잡아함경	435년	50권 1362경	구나발타라	유부有部	짧은 경	쌍윳따
중아함경	397~ 398년	60권 222경	승가제바	유부有部	중간쯤의 경	맛지마
장아함경	413년	22권 30경	불타야사 축불념	법장부 法藏部	구절이 긴[長] 경	디가
증일아함경	397년	51권 471경	승가제바	대중부 大衆部	법수가 점차 증가	앙굿따라
사분율이나 오분율에 일부 수록						쿳다카

- 증일아함은 증지부增支部 경전(앙굿따라 니까야Aṅguttara-nikāya)으로 170품 2,198경이 집성되어 있다.
- 소부小部 경전(쿳다카 니까야Khuddaka-nikāya)에는 『법구경』, 『숫타니파타』, 『본생담Jātaka』, 『자설경Udāna』, 『장로게Theragāthā』, 『장로비구니게Therīgāthā』, 『비유경Apadāna』 등 15경으로 구성되어 있다. 한역 네 아함에는 속하지 않지만, 한역 경전 『사분율』이나 『오분율』에 소부의 내용이 몇 부분 수록되어 있다.

상좌부 불교(남방불교)에서는 다섯 니까야가 최상의 경전이요, 수행의 근거는 물론, 교학 체계의 저본이다.

◘ 경전을 통해서 본 인간적인 붓다

첫째, 부처님께서는 형이상학적인 철학이 아닌 실존적인 가르침으로 제자를 지도하셨다. 오온·육근·십이처·사성제·십이연기 등 인간존재의 실상을 설함으로써, 듣고(聞) 사유(思)하며 수행(修)을 통해 깨달음으로 향하는 길을 제시하셨다. 즉 진리에 수반되는 수행체계 및 실천을 중시하셨다.

둘째, 부처님의 인간다운 면모가 드러나 있다. 사리불과 목련 존자가 부처님보다 먼저 열반에 들었는데, 다음 포살 때 부처님께서는 이들이 함께하지 못해 섭섭하다는 감정을 토로하였다. 또 열반 무렵 아난에게 '슬퍼하지 말라' 며 타이르기도 하셨고, 아들 라훌라를 지도하실 때는 아버지의 연민이 담겨 있다.

셋째, 부처님은 제자들에게 채찍과 당근을 함께 사용한 교육자였다. 게으른 아나율에게 따끔한 충고를 하셨고, 교단을 어지럽히는 비구에게는 대중으로 하여금 '그에게 말을 걸지 말라' 는 엄격함을 보이기도 하였다.

넷째, 부처님께서는 수많은 제자를 다스리는 데 있어 다른 사람의 비방만 듣고 제자를 질책하는 일은 없었으며, 극단에 치우치지 않는 중도中道로 제자를 지도하였다.

다섯째, 부처님의 가르침은 다양성과 포용성을 지니고 있다. 당시 인도에서는 스승과 제자 간에 비밀리에 법을 전수하였지만, 부처님께서는 진리를 필요로 하는 사람들에게 아낌없이 베풀고, 청법을 거절하지 않았다.

여섯째, 부처님께서는 재가자든 출가자든 간에 그때그때 상황과 법을 듣는 사람의 근기에 맞추어 법을 설하셨으며(對機說法), 대화를 이끌어 제자들을 교육시킨 스승이었다.

일곱째, 부처님께서는 어느 누구나 법 앞에 소중한 사람이며, 모든 중생이 평등하다는 사상을 가진 분이었다. 인도에서는 카스트제도가 엄격해 천민은 출가할 수 없었으나 세존께서는 카스트제도를 부정하며 모든 사람의 평등함을 강조하셨다. 또한 인도의 어떤 교단에서도 여인은 출가할 수 없었으나 부처님께서는 여인에게 출가를 허용하셨던 평등주의자였다.

4장 대반열반경[34]
― 부처님의 마지막 유행

나라가 번성할 수 있는 일곱 가지

부처님께서 마가다국 영취산에 머물고 계실 때의 일이다. 당시 마가다국의 아사세(阿闍世, Ajātasattu)왕은 밧지국Vajji을 정벌하려는 야망에 사로잡혀 있었다. 왕은 신하 밧사까라 바라문을 부처님께 보내 '어떻게 하면 밧지족을 멸할 수 있는지' 방법을 여쭤보라고 하였다.

부처님께서는 바라문에게 직접 답하지 않고, 뒤에 있던 아난에게 물으셨다.

---

34 한글대장경 장아함 2~4권 『유행경遊行經』(동국역경원)을 저본으로 하되, 재편역하였음을 밝혀둔다.

"아난아, 밧지족 사람들은 자주 회의를 열고 회의에 사람들이 많이 참석하는가?"

"예, 세존이시여, 밧지족 사람들은 자주 모임을 갖고 많은 사람들이 회의에 참석한다고 합니다."

"아난아, 그런 밧지족에게는 번영이 있을 뿐 절대 멸하지 않을 것이다."

"아난아, 밧지족 사람들은 함께 모였을 때나 헤어질 때도 뜻이 잘 맞고, 밧지족만의 행사에서도 서로 뜻을 모아 행사를 개최하는가?"

"예, 세존이시여, 밧지족 사람들은 모였을 때나 헤어질 때 뜻이 잘 맞고, 일족一族의 행사에서도 뜻을 모아 잘 거행한다고 합니다."

"아난아, 뜻이 잘 맞는 종족이라면 발전과 번영이 있을 뿐 절대 쇠망하지 않을 것이다."

"아난아, 밧지족 사람들은 새로운 법을 쉽게 정하지 않고, 이미 정해져 있던 것을 쉽게 깨뜨리지 않으며, 이전에 정해져 있던 옛날 관습법에 따라 행동하는가?"

"예, 세존이시여, 밧지족 사람들은 새로운 법을 쉽게 정하지 않고, 이미 정해져 있던 법을 없애지 않으며, 과거 정했던 법에 따라 행동하는 사람들입니다."

"아난아, 그런 밧지족이라면 절대 쇠망하지 않고 발전과 번영이 있을 것이다."

"아난아, 밧지족 사람들은 나이든 어른을 공경하고 그들의 말을 잘 따르는가?"

"예, 세존이시여, 밧지족 사람들은 나이든 노인을 존중하고, 어르신들이 하는 말을 잘 따르고 있습니다."

"아난아, 일족의 어른을 공경하고, 어른의 말을 잘 경청하는 밧지족은 절대 쇠망하지 않을 것이다."

"아난아, 밧지족 남자들은 부인에게 폭력을 가하지 않는다고 들었는데, 그 말이 맞느냐?"

"예, 세존이시여, 밧지족 남자들은 부인을 때리거나 함부로 하지 않는다고 들었습니다."

"아난아, 밧지족 남자들이 부인을 존중한다면 그런 종족은 번영이 있을 뿐 절대 망하지 않을 것이다."

"아난아, 밧지족 사람들은 내외內外의 밧지족 조상의 사당을 존중하고 숭배하며, 조상에게 공양 올리는 일을 아끼지 않는다고 들었는데 맞느냐?"

"예, 세존이시여, 밧지족 사람들은 영지靈地를 존중하고 숭배하며 제사 의식을 통해 공양을 잘 하고 있다고 합니다."

"아난아, 그런 종족이라면 번영만이 있을 뿐 절대 쇠망하지 않을 것이다."

"아난아, 밧지족 사람들은 아라한을 존경하고 성자에게 공양 올리며, 다른 나라의 성자가 자기 나라를 찾아오면 그 성자를 존중하고, 마음 편히 머물 수 있도록 정성을 기울이는가?"

"예, 세존이시여, 밧지족 사람들은 성자를 존중하고 공경하는 종족입니다."

"아난아, 성자를 존중하고 공경할 줄 아는 밧지족이라면, 나라가 번영할 뿐 절대 쇠망하지 않을 것이다."

부처님은 아난 존자와 대화를 마친 다음, 마가다국에서 온 바라문에게 말했다.

"나는 예전에 베살리에 머물 때, 밧지족 사람들에 대해서 들은 적이 있다. 밧지족은 일곱 가지 가르침을 지키고 있어 번영이 있을 뿐 쇠망하지 않을 것이다(칠불퇴법七不退法)."

승가가 영원히 존속할 수 있는 일곱 가지

마가다국의 신하가 물러간 후, 부처님께서 아난에게 말씀하셨다.
"아난아, 마가다국 부근에 머물고 있는 모든 비구에게 전해 이곳에 모이도록 하라."
얼마 후 비구들이 다 모이자 부처님께서 말씀하셨다.
"비구들이여, 승가가 멸망하지 않는 일곱 가지 법(七不退法)을 설하리니, 잘 들어라."
"비구들이 자주 모임을 갖는 승가僧伽는 번영만이 있을 뿐 잘못되는 일은 없을 것이다.
비구들이 함께 모여 서로 뜻이 잘 맞고, 의견이 하나로 통일된다면 그 승가는 번영만이 있을 뿐 그릇되게 나아가지 않을 것이다.
비구들이 이전에 정해진 적이 없는 것을 쉽게 새로이 정하지 않고, 이미 정해진 것을 깨뜨리지 않으며, 계율을 어기지 않는다면 그 승가는 반드시 번영할 뿐 멸하는 일이 없을 것이다.
출가한 지 얼마 되지 않는 신참 승려들이 선배나 장로를 존중하고 공경한다면 그 승가는 번영만이 있을 뿐 절대 깨지는 일은 없을 것이다.
비구들이 욕망이 일어나더라도 그 욕망에 탐닉되지 않으며, 어리석은 행동을 하지 않는다면 그 승가는 번창할 뿐 멸하는 일은 없을 것이다.
비구들이 숲 속에 머물기를 좋아하고 세속에 탐착하지 않는다면, 그 승가는 번영만이 있을 뿐 절대 멸하는 일은 없을 것이다.
또한 비구들이 수행을 잘하고 다른 곳의 수행자가 처소에 찾아오더라도 쾌적한 환경을 만들어주고, 함께 지내는 동안 화합이 잘 된다면 그 승가는 번영이 있을 뿐 절대 쇠퇴하는 일은 없을 것이다."

악행의 과보와 선행의 과보

부처님과 제자들이 파탈리 마을에 도착했다. 이 소식을 들은 신자들은 부처님께 찾아와 이곳에서 며칠간 머물면서 설법해줄 것을 청했다. 부처님께서 재가자들이 모여 있는 곳으로 가 그들에게 말씀하셨다.

"거사들이여, 세상을 살면서 계율을 어기고 그릇된 행동을 하는 사람에게는 다섯 가지 재난이 따른다.

첫째, 인간으로서 그릇된 행동을 하는 사람은 반드시 방탕한 생활을 하게 되고 모든 재산을 탕진하는 재난이 찾아온다.

둘째, 그릇된 행동을 하는 사람은 나쁜 평판이 따른다.

셋째, 계를 범하고 악한 행동을 하는 사람은 왕족이나 바라문, 사문 등 아무리 훌륭한 선지식을 만나더라도 두렵고 부끄러워한다.

넷째, 옳지 못한 행위를 하는 사람은 마음이 미혹되고 어지러운 상태로 죽음을 맞이하게 된다.

다섯째, 악한 행동을 하는 사람은 죽어서 다음 세상에 태어날 때 지옥이나 축생 등 악도에 태어난다.

그런데 반대로 계율을 잘 지키고, 선한 행위를 하는 사람은 재산이 늘어나고 좋은 명예를 얻는다. 또한 바라문과 사문을 만나더라도 부끄러움이 없고 자신감이 충만하며, 죽을 때 평온한 마음으로 죽음을 맞이하고, 다음 생에 하늘에 태어나거나 사람으로 태어난다면 좋은 부모를 만나게 된다."

유녀 암바팔리의 공양

당시 베살리 마을에 암바팔리라고 부르는 유명한 유녀遊女가 살고 있었다. 암바팔리는 부처님께서 베살리에 도착해 망고 동산에 머물러 계신다는 소식을 듣고, 수레를 타고 부처님께 찾아왔다. 암바팔리는 부처님께 인사를 올리고 한쪽에 앉았다.

세존께서 유녀에게도 평등하게 가르침을 설해주자, 그녀는 기쁜 마음으로 부처님께 아뢰었다.

"세존이시여! 내일 여러 비구와 함께 부디 저의 공양을 받아 주소서."

부처님께서는 침묵으로 허락하셨다.

세존께서 수락함으로 받아들이고, 암바팔리는 망고 동산을 급히 떠났다. 마침 그 무렵, 베살리의 명문 귀족인 리차비족 사람들도 부처님이 머물고 있는 망고 동산으로 오고 있었다. 암바팔리가 집으로 돌아가던 중, 리차비 귀족들의 수레와 부딪혀 그들이 탄 수레가 전복되는 일이 발생했다. 리차비족 사람들은 화가 나서 암바팔리를 꾸짖으며 말했다.

"암바팔리여! 왜 그대는 우리 수레를 전복시키는가."

"어르신들! 용서해주십시오. 실은 내일 부처님과 스님들을 공양에 초대하게 되어 마음을 서두른 탓에 이렇게 되었습니다."

"뭐라고? 부처님을 초대했다고? 그렇다면 암바팔리! 우리가 십만금十万金을 줄 테니 부처님께 공양 올리는 일을 우리에게 양보하지 않겠소?"

"안됩니다. 어르신들, 설령 이 풍족한 마을 베살리를 전부 준다고 해도 그것만은 양보할 수 없습니다."

리차비족 사람들은 유감스럽게 여기며, 세존이 계시는 망고 동산으로 향했다. 그들이 자리에 앉자, 부처님께서는 그들에게도 법을 설해주었다. 부처님 법문이 끝나자, 그들은 부처님께 말했다.

"세존이시여! 내일 비구들과 함께 부디 저희의 공양을 받아 주소서."
"여러분의 마음은 고맙지만, 내일은 암바팔리의 공양을 받기로 되어 있으니 여러분의 청을 받아들일 수 없습니다."
세존의 대답에 리차비족 사람들은 땅을 치고 후회하며 망고 동산을 떠났다.
다음날 유녀 암바팔리는 자신의 정원에 여러 가지 음식을 준비하고, 사람을 보내어 부처님과 비구들이 오도록 기별했다.
세존께서는 사시 공양 때가 되어 발우를 들고 비구들과 함께 유녀 암바팔리의 집으로 향하셨다. 부처님과 비구들은 암바팔리 집에 도착해 마련된 자리에 앉아 공양을 마쳤다. 공양을 다 마친 다음 암바팔리는 부처님께 사뢰었다.
"세존이시여! 이 정원을 부처님과 제자들에게 보시하겠습니다. 부디 수락하여 주십시오."
세존께서는 암바팔리 정원을 보시 받고, 그녀에게 진리를 설한 뒤 암바팔리 처소를 떠났다.

자신을 의지처로 하고, 진리를 의지하라

부처님께서 아난에게 말씀하셨다.
"아난아, 비구들은 나에게 무엇을 기대하고 있느냐? 나는 안팎이 다른 것을 설하지 않았느니라. 여래의 가르침에는 비밀스러운 것이 없다. 또 아난아, 만약 어떤 사람이 비구의 모임을 내가 지도하고 있다든가, 혹은 승가는 나의 지시를 따라 움직인다고 생각한다면, 승가에 어떤 지시를 내렸을지도 모른다. 그러나 아난아, 여래는 승가를 지도하고 있다든가, 혹은 비구들이 나의 지시를 따르고 있다고 생각하지 않는다. 그러니 아난아, 여래가 승가에 대해 어떤 지시를 한다는 것은 있을 수 없느니라. 그러나 아난아, 나도 이제 늙었고 나이가 들어 몸이 쇠하였다……. 마치 낡은 수레가 가죽 끈의 도움으로 간신히 움직이듯이 나의 몸도 가죽 끈의 도움을 받아서 유지하고 있는 것과 같다……. 그러니 아난아, 너희 비구들은 자신을 의지처로 하고 자신에게 귀의할 것이며 타인을 귀의처로 삼지 말라. 또 진리를 의지처로 하고 진리에 귀의할 것이며, 다른 것에 귀의하지 말라."

부처님께서 또 말씀하셨다.

"아난아, 비구가 자신을 의지처로 하고 자신에게 귀의하며, 그리고 진리를 의지처로 하고 진리에 귀의하며 다른 것에 귀의하지 않는다는 것은 무엇이라고 생각하느냐? 비구가 몸에 대해 관觀하고, 바르게 의식을 보전하며, 바르게 사념하고 세간에 대한 탐욕심을 내지 않고 근심을 초월해 사는 것이다. 또한 사념처四念處 신수심법身受心法에 대해서도 사띠 sati를 잘 챙기는 것이다."

사랑하고 좋아하는 사람도 이별하는 때가 온다

"아난아, 네가 나에게 '세존께서는 입멸하지 마시고, 이 세상에 머물러 많은 사람의 이익을 위하고, 많은 사람의 안락을 위해 일겁 동안이라도 이 세상에 머물러 달라'고 세 번까지 청했더라면 나는 아마도 너의 뜻을 수락했을지도 모른다……. 이제는 너의 청을 받아들일 수 없다.

어쨌든 아난아, 나는 그대들에게 늘 말하지 않았더냐? 아무리 사랑하고 좋아할지라도 이별하고 헤어지는 때가 있느니라. 이 세상 모든 것은 영원한 것이 하나도 없다(生住異滅). 또한 어떤 물건이든 만들어졌다면 잠시 사용되어지다 언젠가는 없어지게 된다(成住壞空). 머지않아 여래는 열반에 들 것이다. 지금으로부터 삼 개월 후, 여래는 열반에 들 것이다. 이제 와서 생명을 영원토록 하고자 하는 것은 모든 만물의 순리順理를 거스르는 일이다."

비구들이여, 진리를 수지해 수행할지니라

부처님께서 아난에게 말씀하셨다.

"베살리 주변에 있는 모든 비구에게 전해서 전부 이 강당에 모이도록 하라."

얼마 후, 비구들이 강당에 모였을 때 부처님께서 말씀하셨다.

"내가 진리에 대해 너희들에게 설했던 가르침을 잘 수지하고 수행해야 한다. 청정한 수행과 진리가 이 세상에 오래 머물며, 그 결과 많은 사람들의 이익과 안락의 바탕이 되도록 하여라. 내가 설한 진리와 깨달음은 중생에게 이익과 안락을 준다. 즉 사념처 · 사정근 · 사신족 · 오근 · 오력 · 칠각지 · 팔정도인 삼십칠조도품이니라."

부처님께서 이어서 말씀하셨다.

"비구들이여! 명심해서 잘 들어라. 이 세상에 존재하는 모든 것은 결국 사라지게 되어 있다(無常). 그러니 너희들은 게으름 피우지 말고 열심히 정진하여 수행을 완성하도록 하여라. 여래는 삼 개월 후에 열반에 들 것이다."

여래가 베살리 마을을 보는 것도 마지막이 될 것이다

어느 날 세존께서 아침 일찍, 발우를 들고 베살리 마을로 탁발하기 위해 들어가셨다. 베살리 마을을 돌며 탁발 공양을 마치고 마을을 나오면서 발걸음을 멈추었다. 부처님께서 마치 코끼리가 사물을 바라보듯이 지긋

이 베살리 마을을 바라보신 뒤, 아난에게 말씀하셨다.
"아난아, 여래가 베살리 마을을 보는 것도 이것이 마지막이 될 것이다. 우리는 이제부터 반다 마을로 가도록 하자."
세존께서는 여러 비구와 함께 반다 마을로 향하셨다. 반다 마을에서 핫티 마을로, 다음 압바 마을, 잠부 마을을 지나 보가나가라에 머무셨다. 보가나가라 마을에서 며칠을 머물며 비구들에게 법을 설한 뒤, 파바 마을로 향하셨다.

부처님께 마지막 공양 올린 춘다
부처님께서 파바 마을에 도착해 대장장이 춘다의 소유지인 망고 동산에 머물고 계셨다. 대장장이 춘다는 부처님께서 망고 동산에 머물고 계신다는 이야기를 듣고 서둘러 세존의 처소에 찾아와 인사드리고 한쪽에 앉았다.
부처님께서 춘다에게 진리를 설해주니, 춘다는 큰 기쁨을 느끼고 환희로운 마음으로 부처님께 공양청을 올렸다.
"세존이시여! 내일 세존께 공양을 올리고자 하니, 비구들과 함께 저희 집으로 꼭 오십시오."
부처님께서는 침묵으로 수락하셨다.
다음날 춘다가 공양 준비를 마칠 무렵, 부처님께서 발우를 들고 춘다의 집으로 향하셨다. 세존께서 춘다의 집에 도착해 마련된 자리에 앉은 뒤, 음식 가운데 스카라 맛다바(Sūkaramaddava, 북방에서는 '버섯 요리'로, 남방에서는 '돼지고기 요리'로 해석)가 있는 것을 알고, 춘다에게 말씀하셨다.
"춘다여, 이 스카라 맛다바는 모두 내 앞으로 가져오도록 하고, 비구들에게는 다른 것을 공양 올리도록 하여라."

"알았습니다. 세존이시여!"

춘다는 스카라 맛다바를 모두 세존께 드리고, 비구들에게는 다른 갖가지 음식을 올렸다.

공양이 끝나자, 세존께서 춘다에게 말씀하셨다.

"춘다여, 이 남은 스카라 맛다바는 구덩이를 파서 모두 파묻도록 하여라."

대장장이 춘다는 세존의 말씀대로 남은 스카라 맛다바를 구덩이에 묻은 뒤, 다시 부처님 앞에 되돌아와 한쪽에 앉았다. 세존께서는 춘다에게 여러 가르침을 설한 뒤, 그를 격려하고 망고 동산으로 돌아오셨다.

부처님께서는 대장장이 춘다의 공양을 받은 뒤, 피가 섞인 설사를 계속하는 병고를 겪었다. 부처님께서는 병이 심각한데도 바른 사념思念을 갖추고 선정에 들어 병고에 흔들리지 않았다. 병이 조금 차도가 있자, 부처님께서는 아난에게 쿠시나가라로 가자고 하셨다. 부처님과 아난, 몇 비구들이 쿠시나가라로 향해 가는 도중 부처님께서 나무 아래 앉더니 아난에게 말씀하셨다.

"아난아, 너는 가사를 네 겹으로 접어 땅에 깔아라. 나는 너무 피로하다. 좀 쉬고 싶구나."

최후에 올린 공양은 복덕 쌓은 선업

부처님과 제자 일행이 카쿠타 강가에 도착했다. 부처님께서 흐르는 물에 몸을 담가 목욕하고, 물을 드셨다. 목욕을 마친 부처님께서 망고 동산에 자리를 펴고 앉아 아난에게 말씀하셨다.

"아난아, 많은 비구들이 대장장이 춘다에게 이런 비난을 할지도 모른다. '춘다가 올린 공양을 드시고 부처님께서 입멸하셨다. 부처님을 입멸케 하였으니 춘다에게 공덕도 복덕도 없을 것이다.' 아난아, 춘다에게 이런 비난이 쏟아진다면, 춘다는 내게 마지막 공양을 올린 것을 후회할지도 모른다. 아난아, 대장장이 아들 춘다에게 가서 이렇게 위로하여라.

'그대 춘다여, 조금도 후회할 것 없소. 당신이 올린 최후의 공양을 드신 뒤 부처님이 입멸하셨다는 것은 당신에게 경사스럽고 좋은 일이오. 세존께서는 생전에 나에게 이런 말을 자주 하셨습니다. 「음식을 보시하는 데는 두 가지 큰 공덕이 있다. 하나는 여래가 최상의 깨달음을 얻어 부처가 되는 때의 음식 공양이고, 둘째는 여래가 완전한 열반 세계(無餘涅槃)[35]에 들 때의 음식 공양이다. 이 두 가지 음식을 보시한 공덕은 다른 어느 때의 공양보다도 매우 수승한 공덕이 있다. 그 복덕이란 바로 춘다가 장수長壽하며, 좋은 세상에 태어나고, 안락함을 누리며, 명예를 얻고, 천계天界에 태어날 수 있는 복덕이다. 또한 왕족으로 태어날 수 있는 선업善業을 쌓는 것이니 이 얼마나 훌륭한 일이 아니겠는가.」'
아난아, 네가 이렇게 춘다를 위로하고 변호해주어라."

출가자들은 여래의 유해를 모시지 말라

부처님과 비구들은 쿠시나가라에 도착했다. 부처님께서 아난에게 말씀하셨다.

"아난아, 이 한 쌍의 사라 나무 사이에 머리가 북쪽으로 향하도록 침상을 준비하여라. 나는 피로하므로 누워서 쉬고 싶다."
세존께서는 오른쪽 옆구리를 아래로 하고 발을 겹치고, 사자가 누워 있

---

35 부처님의 죽음을 완전한 열반(般涅槃, parinibbāna)이라고 한다. 대체로 석가모니부처님 살아생전의 깨달은 열반을 유여열반有餘涅槃, 육신의 죽음을 무여열반無餘涅槃이라고 한다. 그러나 『아함경』에서는 부처님 이외, 제자들인 경우도 무여열반이라고 한다.

는 듯한 모습으로 누워 선정에 들었다. 이때, 한 쌍의 사라 나무는 아직 꽃필 때도 아닌데 갑작스럽게 온통 꽃을 피우더니, 여래의 법신에 한 잎 한 잎 꽃잎이 흩날리며 떨어졌다. 또 허공에는 천상에서만 피는 만다라바 꽃과 전단분향이 한들한들 흩날리며 법신에 떨어져 여래께 공양하였다. 천상의 악기가 허공에서 울려 퍼졌고, 음악이 울렸다. 이런 중에도 부처님께서는 아난에게 법을 설하셨다. 아난이 물었다.

"세존이시여, 우리는 여래의 유해를 어떻게 모시면 됩니까?"

"내가 입멸한 후, 출가자들은 여래의 유해를 모시겠다고 생각하지 말라. 너희는 단지 출가 본래의 목적을 향해 바른 마음으로 수행에만 전념하라. 게으름 피우지 말고 열심히 정진하라. 여래의 유해는 왕족이나 바라문, 거사들이 모실 것이다."

아난아, 나의 입멸을 한탄하거나 슬퍼하지 말라

아난은 부처님께서 말씀하시는 동안에도 슬픔을 참지 못한 채 구석진 곳에 몸을 숨기고, "아! 나는 배우고 수행할 것이 아직 많은데, 큰 스승께서 나를 두고 가시려 한다니……"라고 하며 문고리를 부여잡고 소리 죽여 울었다. 세존께서는 아난이 곁에 없음을 알고 비구들에게 물으셨다.

"비구들이여, 아난이 보이지 않는구나. 어디 갔느냐?"

어떤 비구가 대답했다.

"세존이시여! 아난은 구석진 곳에 숨어 울고 있습니다."

그러자 세존께서 아난을 데려 오라고 하셨다. 잠시 후 아난이 눈물을 훔치고 부처님 곁으로 다가오자 부처님께서 말씀하셨다.

"아난아, 너는 나의 입멸을 한탄하거나 슬퍼해서는 안 된다. 너에게 항상 말하지 않았느냐? 아무리 사랑하고 마음에 맞는 사람일지라도 마침내 이별할 때가 있고, 마음도 변하는 상태가 찾아오는 것이라고. 이것은 피할 수 없는 일이다. 아난아, 생명을 받아 이 세상에 태어나 존재하고, 점점 늙어가며, 죽음을 아무리 거부한다고 해도 이런 순리는 반드시 오게 되어 있다. 너는 참으로 오랫동안 사려 깊은 행동으로 나를 편하게 해주었고, 게으름 피우지 않고 진심으로 시봉하였느니라. 너는 많은 복덕을 지은 것이다. 더욱더 정진하여 해탈 열반을 얻기 바란다."

부처님의 마지막 제자, 스밧다 비구

이 무렵, 쿠시나가라 마을로 유행온 스밧다가 부처님께서 곧 입멸할 것이라는 소식을 들었다. 스밧다는 예전에 훌륭한 성자가 이 세상에 출현했다는 소문을 들은 적이 있는데, 그 성자가 바로 열반에 들려고 하는 여래라고 생각하고 부처님이 누워 있는 곳으로 찾아왔다.

스밧다는 아난 존자에게 부처님을 꼭 친견하게 해달라고 부탁했다. 아난은 부처님께서 열반에 들려고 하니, 여래를 번거롭게 하면 안 된다고 거절하였다. 부처님께서 두 사람이 한참 동안 실랑이 벌이는 소리를 듣고 아난에게 말했다.

"그만두어라. 아난아, 스밧다를 막지 말라. 스밧다를 안으로 들여보내라. 스밧다가 내게 묻고자 하는 것은 깨달음을 얻으려는 것이지, 나를 번거롭게 하려는 뜻이 아니다. 스밧다는 빨리 진리를 깨달을 것이다."

아난은 할 수 없이 스밧다를 부처님 곁으로 데려갔다. 스밧다는 세존이 누워 계시는 곳으로 와 인사를 하고 앉아 의심나는 것을 여쭈었다.

"부처님, 요즈음 막칼리, 산자야, 니간타 나타풋타 등 훌륭한 성자가 매우 많습니다. 이들은 모두 스스로 진리를 깨달았다고 하는데, 그들 가운데 누가 깨달았고, 누가 깨닫지 못한 사람입니까?"

"스밧다야. 누가 진리를 깨달았는지 깨닫지 못했는지를 알고자 하는데, 그것이 네게 무슨 이익이 있겠는가?"

부처님께서는 스밧다에게 몇 가지 진리를 설해주었다. 스밧다는 부처님 말씀에 감동을 받고 부처님께 말했다.

"부처님 저는 여래와 진리, 승가에 귀의합니다. 저도 이 승단에 출가할 수 있도록 허락해주십시오."

"스밧다야. 이전에 다른 종교에 몸담고 있던 사람이 이 승단에 출가해 구족계를 받고자 할 때는 4개월 동안 비구들의 관찰을 받으며 지내야 한다. 비구들이 4개월 동안 출가코자 하는 구도자의 상태를 판단하고 구족계를 주어 비구가 될 수 있는 것이다."

스밧다는 부처님 말씀에 기꺼이 응하면서 말했다.

"부처님, 저는 4개월이 아니라 4년이 걸릴지라도 꼭 이 교단의 비구가 되고자 합니다."

부처님의 마지막 제자인 스밧다는 후에 열심히 정진해 아라한과를 성취하였다.

가르침과 계율로 스승을 삼을지니라

세존께서 아난에게 말씀하셨다.

"아난아, 내가 입멸한 뒤 너희가 이런 생각을 할지도 모른다. '이제는 스승의 말씀만 남아 있지, 우리의 큰 스승은 이미 이 세상에 계시지 않는다'라고. 그러나 아난아, 너희는 이런 생각을 하지 말라. 내가 입멸한 후에는 너희에게 설해 왔던 가르침과 계율이 너희들의 스승이 될 것이다. 또 아난아, 비구들은 지금까지 서로 〈그대〉라는 단어로 서로를 불렀지만, 내가 입멸한 후에는 그렇게 하지 말라. 장로 비구로서 신참 비구를 부를 때는 이름이나 성, 혹은 그대라는 말을 써도 좋다. 그러나 신참 비구가 장로 비구를 부를 때는 대덕大德이나 존자尊者라는 호칭을 쓰도록 하여라. 또 아난아, 계율 가운데 세세한 작은 항목(小小戒)들은 비구들끼리 의논해 없애도 괜찮다. 또 아난아, 차나車那 비구에 대해서는 내가 입멸한 뒤에 그에게 말을 걸지 않는(범단법梵檀法) 것으로 경책하도록 하라."

"세존이시여! 그에게 말을 걸지 않는 경책이란 어떤 것입니까?"

"차나 비구가 스스로 말하고 싶은 것은 무엇이든지 말하도록 내버려 두되, 다른 비구나 비구니들 쪽에서 절대 말을 걸지도 질책하지도 말라. 더구나 가르치는 일은 더더욱 하지 말라."

다시 세존께서 비구들에게 말씀하셨다.

"비구들이여, 너희 가운데 불법승 삼보에 관해서든, 수행법에 대해서든 의문점이 있다면 지금 물어라. 내가 입멸한 다음에, '아! 세존께서 눈앞에 계셨다면 우리가 직접 물어서 의문을 해결할 수 있었을 텐데……' 라고 후회하는 일이 없도록 하라."

이렇게 몇 번이고, 청중을 보며 말해도 어느 누구도 묻는 이가 없었다. 이에 부처님께서 말씀하셨다.

"비구들이여! 이제 너희에게 마지막으로 말하노라. 이 세상에 존재하는 모든 것은 변하게 되어 있다. 게으름 피우지 말고 열심히 정진하여 꼭 수행을 완성토록 하여라."

부처님의 입멸

부처님께서는 입멸 직전 초선정初禪定 - 이선정二禪定 - 삼선정三禪定 - 사선정四禪定의 경지를 거쳐 공무변처空無邊處 - 식무변처識無邊處 -

무소유처無所有處 – 비상비비상처非想非非想處 경지를 지나 멸진정滅盡定에 머물렀다. 다시 부처님은 거꾸로 멸진정 – 비상비비상처 – 무소유처 – 식무변처 – 공무변처 경지를 지나 사선정 – 삼선정 – 이선정 – 초선정에 머문 뒤, 다시 초선정을 거쳐 사선정을 지날 무렵 열반에 드셨다. 세존께서 열반에 드시니, 그 순간 대지가 진동했고 하늘에서 북소리가 울려 퍼졌다.

말라족의 공양과 제자들의 비통함

쿠시나가라의 말라족 사람들은 쿠시나가라 내에 있는 향과 꽃다발, 모든 악기를 챙겨 부처님의 법체法體가 있는 곳으로 몰려왔다. 사라쌍수 숲에 도착해 음악과 춤, 꽃다발, 향 등으로 경애로우며 존경스럽고 숭배하는 마음으로 부처님께 공양 올렸다. 말라족은 이렇게 공양 올리는 일을 엿새째 지속하였다.

칠일째 되는 날, 말라족은 음악과 춤, 꽃, 향으로 존경스럽게 공양 올리면서 부처님의 법체를 마을 북쪽으로 운반하여 북문北門에서 마을로 들어가 마을 중앙까지 갔다. 마을 중앙에서 그들은 왼쪽으로 돌아 동문東門을 통해 마을 밖으로 나와 마을 동쪽 외곽에 있는 마쿠타 반다나라는 말라족의 영지에 법체를 모셨다.

다비 행사가 한참 진행되고 있을 무렵, 마하가섭 존자는 오백 명의 비구와 함께 쿠시나가라로 오던 중 부처님의 열반 소식을 듣게 되었다. 세존의 입멸을 들은 비구들은 깊은 슬픔에 빠졌다. 어떤 비구는 팔을 뻗어 슬피 울었고, 또 어떤 비구는 땅에 드러누워 뒹굴면서 통곡했다.

그러자 그들 중 한 비구가 말했다.

"그만 울음을 그치시오. 그렇게 울면서 슬퍼할 것 없소. 부처님께서는 살아생전 이것은 해야 한다, 저것은 하지 말라 등 잔소리가 매우 심했소. 이제부터 우리에게 잔소리할 큰 사문이 열반했으니 얼마나 기쁜 일이오."
이 비구의 말을 듣고 가섭 존자는 승단의 앞날을 걱정했다.

부처님을 다비하다
부처님의 법체를 화장하기 위해 다비 준비를 완전히 마치고, 말라족 성자들이 법체 위에 있는 나무에 불을 붙여도 불이 붙지 않았다. 대중 가운데 아나율 존자가 일어나 가섭 존자가 곧 도착할 테니 기다리자고 하였다.
마침내 가섭 존자와 오백 명의 비구가 다비장에 들어와 부처님이 안치된 나무 주위를 세 번 돌고 부처님 발에 머리를 대고 예배하였다. 가섭 존자의 예배 의식이 끝나자, 비로소 나무에 불이 타올랐다. 법체를 다비하고 난 뒤 여덟 말 여덟 섬의 사리가 나왔다.
마가다국, 베살리의 리차비족, 석가족 등 일곱 나라에서 사신을 보내 부처님의 사리 분배를 요청했다.[36] 쿠시나가라의 말라족이 이를 거절하자 험악한 분위기가 감돌았다.
이때 쿠시나가라의 한 바라문이 그들을 화해시키기 위해 각 나라에서 사신들이 왔으니, 사리를 균등하게 나누자고 제의하였다. 결국 부처님의 사리를 여덟 등분하여 여덟 나라에서 사리를 모셔갔다. 늦게 도착한 모리야족은 다비 후 남은 재만 모셔갔다.

---

36 부처님께서 성도하신 이후 45년간을 사바세계에 머물렀는데 코살라국 사위성에서 25번의 안거를 지내셨다. 『아함경』의 설법에도 사위성의 기원정사가 가장 많이 거론된다. 급고독장자가 보시한 기원정사는 물론이요, 파사익왕과 왕비, 장자 등 보시자가 많았던 곳이다. 그런데 부처님 입멸 후 사리를 얻기 위해 코살라국에서 오지 않았던 점으로 미루어 보아 석가족을 멸한 후에 사위성이 분열되고 혼란이 있었던 것으로 추정된다.

『대반열반경』 이야기

■ 『대반열반경』의 의의

『열반경』에는 두 종류가 있는데, 『소승열반경』과 『대승열반경』이다. 대체로 『대승열반경』을 『열반경』으로, 『소승열반경』을 『대반열반경』이라고 부른다. 또한 전·후자 모두 『대반열반경大般涅槃經』으로 칭하기도 한다.

이 경전은 빨리어로 『마하빠리닙바나숫따Mahā-parinibbāna-Suttanta』이다. 닙바나nibbāna는 열반이고, 파리닙바나parinibbāna는 반열반般涅槃으로 완전한 열반이라는 뜻이다. 열반을 멸도滅度라고 하며 '열반에 든다'는 뜻으로 입멸入滅이라고도 하는데, 이때는 부처님의 죽음을 뜻한다.

이 경은 부처님께서 만년에 열반할 때가 되었음을 알고 영축산을 출발하여 코티 마을, 나다카 마을, 상업도시 베살리, 그리고 입멸 장소인 쿠시나가라에 도착하여 편안히 열반할 때까지의 마지막 여로旅路이다. 대장장이 춘다의 최후 공양, 발병發病, 열반에 들기 직전 제자들에게 설한 최후의 말씀, 부처님의 입멸과 제자들의 비탄, 사리 분배 등을 서술하고 있다.

이 경은 빨리 대장경의 『장부경전(Digha-nikāya)』 33경 가운데 하나이고, 한역 대장경에서는 장아함 2권~4권인 『유행경遊行經』에 해당된다. 『불반니원경佛般泥洹經』이라고도 하며, 한역은 원전인 빨리장경을 저본으로 하고 있다. 그 외에 티베트본과 최근에 역경된 영역본과 독일어본도 있다.

◼ 경전의 사상 및 연구

첫째, 역사적 사실을 중심으로 부처가 열반에 들기 몇 개월 동안의 입멸入滅을 전후한 유행遊行이다. 마지막 유행을 하면서 부처님께서는 가는 곳곳마다 아버지가 아들을 타이르듯 제자들에게 수행의 방법이나 취지, 마음가짐 등을 언급하셨다.

오랫동안 옆에서 시자로 살았던 아난에게는 각별한 정을 드러내며 타이르셨다.

"아난아, 너는 나의 입멸을 한탄하거나 슬퍼하지 말라. 아무리 사랑하는 사람일지라도 이별할 때가 있다. 생명을 받아 이 세상에 태어나 존재하고, 늙어가며, 죽음을 아무리 거부한다고 해도 이런 순리는 반드시 오게 되어 있다. 너는 참으로 오랫동안 사려 깊은 행동으로 나를 편하게 해주었다. 너는 복덕을 지은 것이다."

다음은 부처님께서 모든 제자에게 남긴 유훈이다.

"내가 입멸한 후에는 그대들에게 설해 왔던 가르침과 계율이 너희들의 스승이 될 것이다."

"비구들이여! 이 세상 모든 존재는 무상하다. 게으름 피우지 말고 열심히 정진하라."

또 재가신자들과 외도들에게까지 올바른 진리가 무엇이며 인생을 어떻게 살아야 참된 것인지를 설하셨다. 재가신자였던 대장장이 춘다의 공양으로 열반하게 되었을 때, 부처님께서는 아난에게 춘다를 위로하라고 하며 이런 말씀을 하셨다.

"최후의 공양을 드신 뒤 부처님이 입멸하였다는 것은 춘다에게 경사스럽고 좋은 일이다."

둘째, 부처님께서는 쿠시나가라로 가는 와중에 설사병으로 고생하셨다. 병고와 쇠잔해진 몸을 통해 생로병사 사고四苦·삼법인·사성제 등 진리를 설하며 인간 석존의 모습을 보여주었다. 노구의 스승은 젊은 제자들에게 이렇게 말하며 육신의 무상함을 일깨우고 있다.

"나는 이제 늙고 나이가 들어 몸이 쇠하였다. 마치 낡은 수레가 가죽 끈의 도움으로 간신히 움직이듯이 나의 몸도 가죽 끈의 도움을 받아 겨우 유지하고 있는 것과 같다."

셋째, 이 경전은 부처님의 열반 전과 열반 후의 상황을 자세하게 표현하고 있다. 법체法體를 다비한 뒤에는 여덟 말 여덟 섬의 사리가 나왔다고 한다. 이후 인도 여덟 나라 왕들이 부처님 사리를 모셔갔고, 늦게 도착한 모리야족은 다비 후 남은 재만 모셔갔다. 이때 석가모니부처님의 사리를 분배했던 사람은 승려가 아닌 쿠시나가라의 말라족 지도자였다.

그 후 석가모니부처님의 사리탑은 재가신자들이 관리하였고 수행자들은 전혀 관여치 않았으며 설령 부처님의 사리탑전에 공양물이 있어도 승려들의 몫이 아니었다. 초기불교에서는 부처님 사리탑을 숭배하지 않았다. 사찰에서 사리탑을 모시게 된 것은 후대의 일이다.

◘ 경전에 대한 재고

이 경에서는 불교의 본질인 깨달음과 해탈의 문제가 제시되어 있다. 시대를 뛰어넘어 오늘날에도 인간 삶에 대한 교훈적인 내용으로 우리의 가슴에 와 닿는다. 또한 인간미 넘치는 석존의 진솔한 면을 만날 수 있다. 부처님은 대장장이 춘다가 만들어 준 음식을 맛있다며 고마워하셨다. 또한 부처님은 제자들에게 '춘다의 공양으로 인해 여래가 열반에 들었다'고 춘다를 비난하지 말라고 하셨다.

5장
육방예경 [37]
— 불자로서의 올바른 삶

육방에 공양하고 예를 올리는 일

이와 같이 나는 들었다.

부처님께서 왕사성 영축산에서 천이백오십 명의 비구와 함께 계실 때의 일이다. 부처님께서 공양하실 때가 되어 가사를 수하고, 발우를 들고 성 안으로 들어가셨다. 성 안에 선생善生이라는 장자의 아들이 살았는데, 그는 아침마다 성 밖으로 나와 목욕하고, 언덕에 올라가 동·서·남·북·상·하, 여섯 곳을 향해 예배하곤 했다.

---

37 장아함 16권 『선생경善生經=육방예경』을 저본으로 함.

부처님께서 선생에게 물었다.

"너는 무엇 때문에 목욕까지 하고, 육방六方에 예배하느냐?"

"저의 아버지가 임종할 때, '네가 예배하고 싶거든 먼저 동·서·남·북·상·하의 여섯 군데를 향해 예배하라' 고 유언하셨습니다. 저는 아버지의 유언을 받들어 예배하고 있습니다."

부처님께서 선생에게 말씀하셨다.

"거기에는 방위方位의 이름만 있을 뿐이다. 그러나 성현의 법에서는 단지 여섯 방향에 예배함으로써 공경하지 않는다."

선생 거사가 부처님께 여쭈었다.

"그 성현의 법 안에서 육방에 예배하는 방법을 가르쳐 주십시오."

부처님께서 말씀하셨다.

"만약 재가자가 네 가지 결업結業을 알고, 네 가지 악한 행동을 삼가하며, 재물이 손실되는 여섯 가지(六損財業)를 알고 육방에 예를 한다면, 이번 생에서도 행복하고, 내생에서도 좋은 과보를 받을 것이다."

네 가지 악업과 재물이 손실되는 여섯 가지

"선생아, 네 가지 좋지 않은 업이란 살생·도둑질·음행·거짓말이다. 네 가지 악한 행동이란 탐심·진심·어리석음·두려움이다. 만약 재가자가 살아가면서 탐·진·치·두려움이 있다면 자신에게 손실이 따르고 업을 쌓게 된다.

재물이 손실되는 여섯 가지란 지나치게 술을 많이 마시고, 노름하며, 방탕하고, 기악伎樂에 미혹되어 있으며, 좋지 않은 친구를 사귀고, 게으른 것이다.

선생아, 살아가면서 재가자가 탐심·진심·어리석음·두려움이 없다면 재물이 손실되는 것을 막을 수 있다. 바로 이것이 육방(六方, 동·서·남·북·상·하)에 공양하고 예를 올리는 일이다. 이렇게 하여 현재 삶이 좋으면 내생에도 좋은 곳에 태어난다. 또한 현재 삶에서 성인의 칭찬을 받아 다음 세상에 천상에 태어난다."

재물이 손실되는 이유

부처님께서 선생에게 재물이 손실되는 여섯 가지에 대해 말씀하셨다.

"첫째, 술에 빠져 있으면 여섯 가지 손실이 있다. 즉 재물이 점차 없어지고, 다른 사람과 다투게 되며, 병이 들고, 내 이름이 나쁘게 퍼지며, 자주 화를 내게 되고, 지혜가 점차 줄어든다. 만약 재가자가 술 마시는 일을 그치지 않는다면 그 집은 패망하게 될 것이다.

둘째, 노름에 빠져도 여섯 가지 손해가 따른다. 즉, 재산이 점차 없어지고, 이기더라도 노름꾼에게 원한을 사게 되며, 성인의 꾸지람을 듣게 되고, 사람들로부터 신뢰를 얻지 못하며, 사람들이 멀리하고, 도둑질하고 싶은 마음이 생긴다. 선생아, 이것이 노름의 여섯 가지 손해이다. 만약 재가자가 노름을 그치지 않는다면 멀지 않아 그 집은 망하게 된다.

셋째, 방탕이 지나치면 여섯 가지 손해가 있다. 자기 몸을 보호하지 못하고, 재물이 사라지며, 자손을 지키지 못하고, 항상 스스로 놀라 두려워하며, 괴로운 일이 따라다니고, 내기를 좋아한다. 이것이 방탕의 여섯 가지 손실이다. 만약 재가자가 방탕을 멈추지 않는다면 그 집은 망하게 될 것이다.

넷째, 음악에 빠지거나 노는 일에 빠져도 여섯 가지 손실이 따른다. 노래 부르고, 춤추며, 거문고와 비파를 찾고, 손뼉을 치며, 북을 찾고, 잡담하는 것을 일삼게 된다. 만약 재가자가 지나치게 기악에 빠져 있다면 점차 그 집은 기울어질 것이다.
다섯째, 악지식을 가까이 하면 여섯 가지 좋지 않은 일이 생긴다. 수단을 써서 속이고, 어두운 곳을 좋아하며, 남의 집사람을 꾀어내고, 남의 물건을 탐닉하게 되며, 재물의 이익만을 따르고, 남의 허물을 드러낸다.
여섯째, 게으름에도 여섯 가지 손실이 있다. 경제적으로 풍부하면 일하기를 싫어하고, 가난하고 궁하다고 푸념하면서 부지런히 수행하지 않으며, 춥다고 핑계대고 부지런하지 않고, 덥다고 핑계대고 게으름 피우며, 때가 이르다면서 게으름 피우고, 때가 늦다고 하면서 부지런하지 않는다. 만약 재가자가 게으름을 피운다면 점차 재산이 줄게 된다."

착한 척하면서 가까이하는 사람
부처님께서 이어서 말씀하셨다.
"선생아, 착한 척하면서 가까이하려는 자들이 있는데 이들의 행동에 네 종류가 있다.
즉, 두려워하는 척하면서 고개를 숙이는 자, 말을 잘 꾸며서 하는 자, 공경하고 순종하는 척하는 자, 악한 벗이니라.
첫째, 두려워하는 척하면서 엎드리는 유형의 사람이 있다. 주었다가 나중에 빼앗는 사람, 조금 주고 많은 것을 바라는 사람, 두려워하면서도 억지로 친한 척하는 사람, 자신의 이익을 위해 친한 척하는 사람이다.
둘째, 미사여구를 잘 활용하는 사람이 있다. 선과 악을 모두 따르는 사람으로서 자신의 의사가 분명치 않은 사람, 어려움이 있으면 상대방을 내치는 사람, 겉으로 착한 척하면서 몰래 훼방 놓는 사람, 불이익이 생길 것 같으면 태도를 바꾸는 사람이다.
셋째, 공경하고 순종하는 척하는 사람은 속이는 일을 밥 먹듯이 하는 사람, 작은 허물에도 곧 매를 드는 사람이다.
넷째, 악한 벗이니라. 술 마실 때만 친구라고 하는 사람, 도박할 때만 벗이 되는 사람, 음행을 함께 하자고 부추기는 사람, 노래나 춤 등 방탕한 일에만 빠져 있는 사람이다."

육방에 절을 하는 것은 사람을 존경하는 일
부처님께서 선생에게 말씀하셨다.
"마땅히 육방을 알아야 한다. 부모는 동방이고, 스승은 남방이며, 아내는 서방이고, 친척은 북방이며, 아랫사람은 하방이고, 사문·바라문 등 성현은 상방이다.
선생아, 자식으로서 부모를 이렇게 섬기고, 경순해야 한다.
공양에 모자람이 없게 하고, 무릇 할 일이 있으면 먼저 부모에게 아뢰며, 부모의 말씀에 순종하고, 부모의 직업을 이어 가문을 빛내는 일이다.
또한 부모도 그 아들을 이렇게 사랑해야 한다.
자식의 악한 행동을 막고, 훈육하며, 그 사랑이 뼛속까지 스며들게 하고, 자식을 위해 좋은 배필을 구해주며, 꼭 필요한 때에 경제적인 뒷받침이 되어주는 것이다.
선생아, 자식이 부모에게 공손하면 그는 안온하여 걱정이나 두려움이 없을 것이다.
제자가 스승을 공경하고 받드는 방법이다.
제자는 스승이 필요한 물건이 있으면 갖다 주고, 예경하고 공양하며, 존중·존경하고, 스승의 가르침이 있으면 공손해 그릇됨이 없이 행하며, 스승에게 법을 듣고 가르침을 수지해 잊지 않는 일이다.
스승도 제자를 잘 살펴 주어야 한다.

스승은 제자에게 법에 따라 지도하고, 알지 못하는 것이 있으면 친절히 가르쳐 주며, 물음이 있으면 그 뜻을 잘 설명해주고, 착한 벗을 소개해주며, 가르치는 일에 인색하지 않아야 한다.

또한 남편이 아내를 공경하는 데는 이렇게 해야 한다.

예의를 다해 서로 대접하고, 서로 위엄을 지키며, 언제나 먹고 입는 것에 부족함이 없도록 해주고, 때에 따라 장신구를 사주어야 하며, 집안일을 맡기는 것이다.

한편 반대로 아내는 남편보다 먼저 일어나고, 나중에 앉으며, 부드럽게 말하고, 공경하며, 뜻을 먼저 알아 받드는 일이다. 남편이 아내를 공경히 대하면, 그 본인이 더 평온하고 두려움이 없는 법이다.

친족을 대할 때는 친근한 마음을 가지고 공경해야 한다.

어려울 때 베풀어주고, 좋은 말로 건네며, 상대방에게 이롭도록 도와주고, 이익을 베풂에 한결같으며, 속이지 않는 것이다.

주인은 다섯 가지 일로 아랫사람을 가르쳐야 한다.

능력에 따라 일을 맡기고, 음식이 부족하지 않도록 베풀며, 수고한 만큼 위로해주고, 병들면 약을 지어주며, 장기간 쉴 수 있도록 휴가를 주어야 한다.

한편 아랫사람도 주인을 공손히 섬겨야 한다.

주인보다 일찍 일어나고, 일할 때는 열심히 빈틈없이 일을 처리하며, 주지 않는 것을 절대 취하지 말고, 일을 순서 있게 하며, 주인의 명예를 빛내는 것이다.

재가자는 사문과 바라문을 공경하고 공양하되 몸과 말과 뜻이 일치해 정성스럽게 하고, 때에 맞추어 보시하며, 문을 막지 않는 것이다.

또한 사문과 바라문은 재가자들에게 이렇게 가르쳐야 한다.

악한 행위를 하지 않도록 잘 이끌어주고, 선행을 하도록 권장하며, 착한 선업에 대해 가르쳐주고, 선한 마음을 품게 하며, 듣지 못한 것을 듣게 하고, 이미 들은 것이 있다면 잘 알도록 해주며, 좋은 길로 인도해주는 것이다."
부처님께서 게송으로 거듭 말씀하셨다.

"부모는 동방이고, 스승은 남방이며,
아내와 자식은 서방이고, 친척은 북방이며,
아랫사람은 하방이고, 사문·바라문은 상방이다.
장자가 모든 방위에 예경하고 공경하고 순종해
때를 놓치지 않으면 죽어서 천상에 태어나네."

선생이 부처님께 말했다.
"부처님, 부처님의 말씀은 아버지의 교훈보다 더 훌륭하고, 비교될 수 없는 가르침입니다. 넘어진 자를 일으켜 주고, 닫힌 마음을 열어주며, 미혹한 이를 깨닫게 해주셨습니다. 저는 오늘부터 부처님과 가르침, 승단에 귀의하겠습니다. 저는 목숨이 마칠 때까지 살생하지 않고, 도둑질하지 않으며, 사음하지 않고, 거짓말하지 않으며, 술을 마시지 않겠습니다."

『육방예경』 이야기

■ 『육방예경』의 개요

『육방예경六方禮經』은 초기불교 경전 가운데 하나로 재가자가 살아가면서 지켜야 할 예의범절 등 도덕적·윤리적인 문제를 설하고 있다.

바라문교 성전인 마누법전에는 "동쪽을 바라보고 음식을 먹으면 장수하고, 남쪽을 바라보고 먹으면 명예를 얻으며, 서쪽을 바라보고 먹으면 행복을 얻고, 북쪽을 바라보고 먹으면 정의를 얻는다"고 하는 등 부처님 재세 시 인도 사회는 미신적이고 관습적인 풍조가 만연했다. 『육방예경』이 결집된 것도 인도의 이런 풍습이 배경이다. 이 경전에서도 장자의 아들인 선생(시가나월)은 아버지가 죽기 전 유언한 대로 매일 목욕재계를 하고, 동서남북과 위아래 여섯 방향을 향해 예배하였다.

부처님께서 선생의 모습을 보고, 그렇게 절할 것이 아니라 각 방향에 절을 하되 의미를 부여하라고 가르쳐 주셨다. 즉 동쪽은 부모, 남쪽은 스승, 서쪽은 아내와 자식, 북쪽은 친구, 위쪽은 사문이나 바라문, 아래쪽은 하인에게 절을 하면서 서로의 좋은 인간

관계를 염두에 두라고 하셨다. 이렇게 경에서는 각 방향에 절을 하면서 아만심이나 권위 등을 버리고 인간으로서 삶의 도리를 다해야 한다는 교훈적인 내용이 설해져 있다. 즉 어른에 대한 효, 부부 사이 예절, 가족 간의 화목, 스승에 대한 예의, 제자를 지도하는 방법, 고용인과 고용주와의 관계, 부모로서의 역할, 대인 관계와 각각의 윤리성, 친척 간의 도리 등 이천여 년 전에 설해진 내용이지만, 현 시대의 귀감이 될 인간의 도리나 예법이 담겨 있다.

■ 경전의 역경

이 경전은 기원전 3세기경 아쇼카왕 이전에 성립된 것으로 본다. 이 경은 명칭도 많고 다양한 이본異本이 있다. 빨리어로는 장부長部 경전(디가 니까야) 31경에 수록되어 있다. 한역의 원래 명칭은 『불설시가나월육방예경佛說尸迦羅越六方禮經』으로 2세기경 후한의 안세고가 처음 번역하였다.

또한 지법도支法度가 번역한 『불설선생자경佛說善生子經』 1권, 중아함 19경 『선생경』, 장아함 12권 『선생경』이 있다. 일반적으로 이 경을 『육방예경』 혹은 『선생경』이라고 한다. 산스크리트본이나 티베트본은 전하지 않으며, 대승계大乘戒를 소개하여 중국불교에서 중요하게 다루었다.

부파불교 경전

6장 밀린다왕문경 - 서양 그리스인과 동양 비구와의 문답

6장 밀린다왕문경[38]
— 서양 그리스인과 동양 비구와의 문답

당신은 누구십니까?

밀린다왕은 나가세나 존자가 머무는 곳으로 찾아갔다. 대왕이 존자에게 정중히 예를 갖추어 인사하자, 존자도 왕에게 인사를 건넸다. 이때 모인 대중은 밀린다왕과 오백 명의 그리스인, 팔만 명의 비구 스님이 함께 모인 자리였다. 먼저 왕이 존자에게 물었다.

밀린다왕 : 존자께서는 어떻게 세상에 알려졌습니까. 그대의 이름은 무

---

38 남전대장경 빨리어본 『밀린다팡하 Milindapañhā』를 저본으로 함.

엇입니까?

나가세나 : 대왕이여, 저는 '나가세나'라고 합니다. 주위 도반들은 저를 나가세나(龍軍)라고 부릅니다. 하지만 부모님께서는 저를 수우라세나(勇軍), 비이라세나(雄軍), 시이하세나(獅子軍) 등 다양한 이름으로 불렀습니다. 대왕이여, 나가세나라는 이름은 명칭·호칭, 그냥 통칭에 불과합니다. 거기에 인격적 개체(실체적 개아, 인격적 자아)는 존재하지 않습니다.

밀린다왕 : 나가세나 존자님께서는 이름 속에 담긴 인격적 개체는 존재하지 않다고 하셨는데, 그 말은 무슨 뜻입니까? 인격적 개체가 존재하지 않는다면, 비구에게 필요한 네 가지 물품(가사·음식·방석·약품) 등을 스님께 보시하는 자는 누구입니까? 또 그것을 받아서 사용하는 자는 누구입니까? 계행戒行을 지키는 자는 누구입니까? 수행하는 자는 누구입니까? 수행의 결실인 열반에 이르고자 하는 자는 누구입니까? 살생하는 자는 누구입니까? 남의 것을 훔치는 자는 누구입니까? 세속적인 욕망 때문에 그릇된 행동을 하는 사람은 누구입니까? 거짓말을 하는 자는 누구입니까? 술을 마시는 자는 누구입니까? 만약 인격적 개체가 없다고 한다면, 공功도 죄罪도 없으며, 선행과 악행의 과보果報 또한 없을 것입니다. 나가세나 존자님, 인격적 개체가 존재하지 않는다면 설령 그대를 죽이는 자가 있더라도 살생한 죄가 없을 것입니다. 따라서 그대의 승단에는 스승도, 수계사도, 구족계도 없다는 결론이 나옵니다. 그대는 주위 사람들이 그대를 나가세나라고 부른다고 했는데, 그렇다면 나가세나라고 불리는 자는 도대체 누구입니까? 나

가세나 존자님, 머리털이 나가세나입니까?

나가세나 : 대왕이여, 그런 말씀이 아닙니다.

밀린다왕 : 그렇지 않다면, 그대의 몸에 나 있는 털들이 나가세나입니까?

나가세나 : 아닙니다.

밀린다왕 : 그렇지 않다면, 인간의 신체를 이루고 있는 손톱·살갗·살·힘줄·뼈·뼛골·콩팥·염통·간장·늑막·지라·폐·창자·창자막·위·똥·담즙·담·고름·피·땀·굳기름(脂肪)·눈물·기름(膏)·침·콧물·관절액(關節滑液)·오줌·뇌 가운데 어느 (특정한) 것을 나가세나라고 합니까? 아니면, 제가 낱낱이 말한 신체 장기가 나가세나입니까?

나가세나 : 그것도 아닙니다.

밀린다왕 : 그렇다면 나가세나 존자님, 물질적인 형태(色)·감수작용(受)·표상(想)·의도(行)·인식(識)이 나가세나입니까?

나가세나 : 그것도 아닙니다.

밀린다왕 : 그렇다면 이들 색·수·상·행·식, 오온이 나가세나라는 말씀입니까?

나가세나 : 아닙니다.

밀린다왕 : 그러면, 오온 이외에 무엇을 나가세나라고 합니까?

나가세나 : 그것도 아닙니다.

밀린다왕 : 존자님, 나는 그대에게 물을 수 있는 데까지 물었으나 존자는 모두 아니라고 답하는데, 도대체 어떤 것이 나가세나인지 모르겠습니다. 나가세나는 빈 소리(말)에 불과한 것이군요. 그러면 지금 제 앞에 있는 나가세나는 어떤 사람입니까? 존자님, 그대는 제게 허황된 말을 하고 있습니다.

나가세나 : 대왕이여, 그대는 귀족으로 태어나 호화롭게 자랐습니다. 그대가 방금 나를 찾아올 때, 날씨는 덥고 땅바닥은 매우 뜨거운데 맨발로 걸어왔다면 발바닥이 상했을 겁니다. 그리고 몸도 지치고 마음까지 힘들었을 것입니다. 대왕이여, 그대는 이곳에 올 때 걸어왔습니까? 어떤 것을 타고 왔습니까?

밀린다왕 : 걸어오지 않았습니다. 수레를 타고 왔습니다.

나가세나 : 대왕이여! 당신은 이곳까지 수레를 타고 왔는데, 그렇다면 무엇이 수레입니까? 수레의 채(轅)가 수레입니까?

밀린다왕 : 아닙니다.

나가세나 : 그렇다면 굴대(軸)가 수레입니까?

밀린다왕 : 그것도 아닙니다.

나가세나 : 그렇다면 수레바퀴가 수레입니까? 아니면 차체車體 · 차틀車棒 · 밧줄 · 수레바퀴살(輻) · 채찍(鞭)이 수레입니까?

밀린다왕 : 아닙니다. 그 어느 것 하나를 떼어내어 수레라고 할 수 없습니다.

나가세나 : 그렇다면, 이것들을 합한 전체가 수레입니까?

밀린다왕 : 아닙니다. 존자님.

나가세나 : 그렇다면 수레라는 것은 존재하지 않는 것이겠군요. 대왕이여, 나는 그대에게 물을 수 있는 데까지 물었으나 수레라는 존재를 찾을 수 없군요. 수레란 단지 빈 말(단어)에 지나지 않네요. 그렇다면 그대가 여기까지 타고 온 수레는 대체 무엇입니까? 대왕이여, 그대는 수레는 존재하지 않는다고 제게 허황된 말을 하고 있는 것입니다. 대왕이여, 그대는 인도에서 제일 용맹하고 지혜로운 황제로서 어찌 제게 거짓말을 하십니까?

밀린다왕 : 존자님, 저는 거짓말을 한 것이 아닙니다. 수레는 모든 것, 즉 수레채·굴대·바퀴·차체·차틀·밧줄·멍에·바퀴살·채찍 따위를 가지고 있기 때문에 그것들이 모두 서로 반연攀緣하여 '수레'라는 명칭이나 통칭이 붙여진 것입니다.

나가세나 : 그렇습니다. 대왕께서는 수레라고 붙여진 이름을 제대로 파악하셨습니다. 마찬가지로 그대가 제게 질문한 것, 우리 사람도 마찬가지입니다. 인체를 구성하는 33가지 요소인 물질(色)과 정신작용(受·想·行·識)이 서로 반연되어 있는 것입니다. 즉 오온五蘊이 결합해야 〈나〉라는 존재가 있는 법입니다.[39]

밀린다왕 : 매우 훌륭하십니다. 나가세나 존자님, 아마 부처님께서 여기 계신다면 그대의 대답을 입증해주셨을 겁니다.

- 1장 1절

고를 소멸하고 해탈하기 위해 출가한다

나가세나 존자는 밀린다왕의 궁정으로 찾아가 미리 마련된 자리에 앉았다. 승려들이 모두 자리에 앉자, 밀린다왕은 나가세나 존자와 비구 대중에게 가사와 음식을 공양했다. 스님들의 공양이 끝나자, 비구 열 사람만 남기고 다른 비구들은 돌아가도록 하였다. 분위기가 정돈되자, 대왕은 한쪽에 앉아 존자에게 말했다.

---

39 수레 비유는 『밀린다왕문경』 이전인 잡아함 45권, 1202 『시라경』 게송에도 언급되어 있다. "마치 여러 가지 재목과 부품이 모여 수레라고 일컫는 것처럼, 모든 쌓임의 인연이 모인 것을 거짓으로 중생이라고 부른다(如和合衆材 世名之爲車 諸陰因緣合 假名爲衆生)." 이 내용은 초기불교에서 누누이 강조하는 무아(無我, 無自性) 사상에 바탕을 두고 있으며, 대승불교에서는 공空에 해당된다.

밀린다왕 : 나가세나 존자님, 무엇에 관해 대론하시겠습니까?

나가세나 : 우리는 불제자이니, 당연히 진리에 관해 대론하는 것으로 합시다.

밀린다왕 : 존자님, 그대는 출가한 목적이 무엇입니까? 또 그대가 수행으로 얻고자 하는 최고의 목적이 무엇입니까?

나가세나 : 왜 물으십니까? 승려의 출가 목적은 괴로움을 없애고 고뇌를 소멸하는 것을 목적으로 합니다. 세속에 대한 집착이나 고苦가 완전히 사라진 경지(해탈)에 이르는 것을 목적으로 합니다.

밀린다왕 : 존자님이 말씀하신 것처럼 모든 비구들이 이고득락離苦得樂하기 위해 출가하신 겁니까?

나가세나 : 반드시 그렇지만은 않습니다. 어떤 사람은 그런 이유로 출가했지만 어떤 사람은 폭군에 대한 공포 때문에, 또 어떤 사람은 도적들의 공격을 피하기 위하여, 또 어떤 사람은 생활 수단으로 출가한 사람도 있습니다.

밀린다왕 : 존자님, 그대는 무슨 목적으로 출가하셨습니까?

나가세나 : 저는 어려서 출가했기 때문에 지금 제가 말한 궁극적인 목적을 잘 몰랐습니다. 저는 당시 어렸을 때, 이런 생각을 했습니다. '우리 출가자들은 지혜로운 사람들이다. 스승들이 나를 잘 인도해 공부시켜 줄 것이다.' 그리고 나는 그분들에게 배워 성장해서 지금은 출가의 참 목적을 알았고, 수행에 방해되는 것은 하지 않으며, 출가의 기쁨이 무엇인지를 잘 알고 있습니다.

밀린다왕 : 잘 알겠습니다. 나가세나 존자님.

- 1장 5절

생존에 집착이 강한 사람이 다시 윤회한다

밀린다왕 : 나가세나 존자님, 죽은 뒤 다시 태어나지 않는 자가 있습니까?

나가세나 : 어떤 사람은 다시 태어나고, 어떤 사람은 다시 태어나지 않습니다.

밀린다왕 : 그렇다면 어떤 사람이 다시 태어나고, 어떤 사람이 다시 태어나지 않습니까?

나가세나 : 죄업이 많은 사람은 다시 태어나고, 죄업이 없는 사람은 다시 태어나지 않습니다.

밀린다왕 : 존자와 같은 사람도 다시 태어납니까?

나가세나 : 죽을 때 생존에 대한 집착이 강하다면 다시 윤회할 것이요, 생존에 대한 집착이 끊어졌다면 다시 태어나지 않을 것입니다.

밀린다왕 : 잘 알겠습니다. 나가세나 존자님.

- 1장 6절

무아설은 윤회 관념과 모순되지 않는다

밀린다왕 : 나가세나 존자님, 다시 태어난 자와 죽은 사람은 동일합니까, 아니면 다릅니까?

나가세나 : 동일한 것도 아니고, 다르지도 않습니다.

밀린다왕 : 비유를 들어 설명해주십시오.

나가세나 : 대왕이여! 어떻게 생각하십니까? 그대는 어려서 일찍이 갓난아이였고, 나약한 아기였으며 꼬마였을 때가 있었습니다. 그 어릴 적의 그대와 어른이 된 지금의 대왕과는 같습니까? 다릅니까?

밀린다왕 : 어릴 적의 저와 현재의 저는 다릅니다.

나가세나 : 만일, 대왕께서 어린 시절이 없었다면 그대는 부모도 스승도 없었을 겁니다. 성장하면서 학문이나 궁에서 지켜야 할 규칙을 배우거나 지혜도 배울 필요가 없었을 겁니다. 대왕께서 어머니 자궁에 잉태한 지 첫 이레 동안의 어머니와 셋째 이레 동안의 어머니와 넷째 이레 동안의 어머니가 각각 다릅니까? 어린 시절의 어머니와 어른이 된 지금의 어머니가 다릅니까? 소년 시절에 공부했을 때와 공부를 다 마치고 현 성인이 되었을 때, 같은 사람입니까, 다른 사람입니까? 죄를 지은 사람과 죄를 지어 그 벌로 인해 손발이 잘린 사람이 같은 사람입니까, 다른 사람입니까?

밀린다왕 : 그런데 존자님, 무엇 때문에 그런 말씀을 하십니까? 저는 아기였을 때의 나와 어른이 된 지금의 나는 같습니다. 어린 시절과 어른이 된 지금의 육신 형태는 하나이기 때문입니다. 비유를 들어 설명해주십시오.

나가세나 : 여기 등불 하나를 켠다고 합시다. 등불을 끄지 않는다면 밤새도록 어떻게 되겠습니까?

밀린다왕 : 밤새도록 탈 것입니다.

나가세나 : 그런데 대왕이여, 초저녁에 타는 불꽃과 한밤중에 타는 불꽃이 다릅니까?

밀린다왕 : 아니오, 같습니다.

나가세나 : 또, 밤중에 타는 불꽃과 새벽에 타는 불꽃이 같습니까?

밀린다왕 : 예, 같습니다.

나가세나 : 그렇다면, 초저녁의 불꽃과 밤중의 불꽃과 새벽의 불꽃은 각각 다릅니까?

밀린다왕 : 불꽃은 똑같은 등불에서 밤새도록 탈 것입니다.

나가세나 : 대왕이여, 인간이나 사물의 연속도 이 촛불과 같습니다. 생기는 것과 없어지는 것은 별개의 것처럼 보이지만, 앞과 뒤는 서로 섞이지 않으면서 끊임없이 지속됩니다. 이리하여 존재는 동일하지도 않고 서로 다르지도 않으면서 최종 단계의 의식으로 통섭統攝됩니다.

밀린다왕 : 존자시여, 잘 모르겠습니다. 다시 한 번 비유를 들어주십시오.

나가세나 : 대왕이여, 우유가 시간이 지나면 변해서 다른 것으로 되는 것과 같습니다. 짜낸 우유는 얼마 후에 응고되어 버터가 되고, 그 다음엔 버터기름으로 변합니다. 즉 우유 → 응고 → 버터 → 버터기름으로 변화되는데, 원래의 우유와 버터가 똑같은 것이라고 할 수 있겠습니까?

밀린다왕 : 같지 않습니다. 그러나 버터나 버터기름은 원래 우유가 있었기 때문에 존재할 수 있고, 우유로부터 만들어진 것입니다.

나가세나 : 대왕이여, 인간이나 사물의 연속도 이와 마찬가지로 지속되어 끊임없이 순환됩니다. 생겨나는 것과 사멸死滅되는 것은 별개의 것처럼 보이지만, 서로 전후前後로 연속되어 있습니다. 존재는 동일하지도 않고, 서로 다르지도 않으면서 마지막 단계에서는 의식으로 통섭됩니다.

밀린다왕 : 예, 잘 알겠습니다.

- 2장 1절

성자는 어떤 고난에도 마음이 동요되지 않는다

밀린다왕 : 나가세나 존자님, 윤회에서 벗어나 해탈한 사람도 고통이 있습니까?

나가세나 : 어떤 고통은 느끼고, 어떤 고통은 느끼지 않습니다.

밀린다왕 : 어떤 것은 느끼고, 어떤 것은 느끼지 않습니까?

나가세나 : 육체적인 고통은 느끼지만, 정신적인 고뇌는 느끼지 않습니다.

밀린다왕 : 육체적인 고통만 느끼는 겁니까?

나가세나 : 대왕이여, 육체적인 아픔이 생겨나는 인(因, 원인)과 연(緣, 조건)이 소멸하지 않으므로 육체적인 고통을 느끼며, 정신적인 고통이 생성되는 인과 연이 소멸되었기 때문에 정신적인 고뇌를 느끼지 않는 것입니다. 세존께서는 한 가지 괴로움, 즉 육체적인 고통만 있었고, 정신적인 고뇌는 없었습니다.

밀린다왕 : 육체적인 고통만 있고, 정신적인 고뇌가 없는 사람이 왜 완전한 열반에 들지 않습니까?

나가세나 : 대왕이여, 아라한은 사랑하고 좋아하며, 싫어하고 미워하는 등의 극단적인 것에 끌려다니지 않습니다. 깨달은 성자들은 익지 않은 과일(육신)을 흔들어 떨어뜨리지 않고, 과일이 익어 자연적으로 떨어지기를 기다립니다. 대왕이여, 사리불 존자는 이런 게송을 남겼습니다.

"나는 죽음을 환영하지 않지만, 삶도 환영하지 않는다.
품팔이가 품삯을 기다리는 것처럼
나는 자연스럽게 다가올 때를 기다린다.

나는 죽음을 원하지 않으며, 삶도 바라지 않는다.
바르게 알고(正知, 분명한 앎), 끊임없이 알아차림(正念,
sati)하며 때가 오기를 기다린다."

- 2장 4절

윤회하는 주체가 무엇인가

밀린다왕 : 나가세나 존자님, 다음 세상에 무엇이 바뀌어 다시 태어나는 겁니까?

나가세나 : 명(名, 인간의 정신 활동)과 형상(色, 육신을 이루는 요소)을 바꿔 태어납니다.

밀린다왕 : 현재의 명名과 색色이 저 세상에 바뀌 태어납니까?

나가세나 : 아닙니다. 현재의 사람(名色, nāma-rūpa)이 현생에 선업이나 악업을 짓고, 그 업에 의해 또 하나의 새로운 존재(名色)로 다음 세상에 바뀌 태어나는 겁니다.

밀린다왕 : 존자님, 만일 현재 사람이 다음 세상에 태어나지 않는다면, 인간은 악업으로부터 벗어날 수 있지 않겠습니까?

나가세나 : 만약 저 세상에 다시 태어나지 않는다면 인간은 악업으로부터 벗어날 수 있습니다. 그러나 대왕이여, 실은 다음 세상에 태어나는 한, 악업으로부터 벗어나지 못합니다.

밀린다왕 : 비유를 하나 들어 설명해주십시오.

나가세나 : 대왕이여, 어떤 사람이 남의 망고나무 과일을 훔쳤다고 합시다. 망고나무 주인이 그를 붙잡아 왕에게 처벌해 달라고 했을 때, 도적이 '대왕이여, 저는 이 사람의 망고 과일을 따지 않았습니다. 이 사람이 심은 망고나무와 제가 훔친 망고 과

일은 다릅니다. 저는 처벌 받을 수 없습니다' 라고 한다면, 대왕께서는 그 사람을 어떻게 하겠습니까.

밀린다왕 : 존자님, 그 사람은 당연히 처벌 받아야 합니다.

나가세나 : 왜 처벌 받아야 합니까?

밀린다왕 : 주인이 심은 망고는 현재 눈에 보이지 않지만 후에 그 사람이 훔친 망고에 대해서는 죄가 있기 때문입니다.

나가세나 : 대왕이여, 마찬가지로 인간은 현재 존재(名色)하기 때문에 선업과 악업이 있으며, 그 업에 의해 또 하나의 새로운 존재로 다음 세상에 새로 태어나는 겁니다. 그러므로 다시 태어난 인간은 그의 업보에서 벗어나기 힘듭니다.

밀린다왕 : 다시 한 번 비유를 들어주십시오.

나가세나 : 대왕이여, 또 어떤 사람이 춥다고 불을 피워 몸을 녹이고 나서 제대로 끄지 않아 남의 밭을 모두 태웠다고 합시다. 밭 주인이 그 사람을 왕에게 데리고 와서 처벌해 달라고 했을 때, 밭을 태운 사람이 '대왕이여, 저는 이 사람의 밭을 태우지 않았습니다. 제가 실수로 완전히 끄지 않은 불과 이 사람의 밭을 태운 불은 완전히 다릅니다. 저는 죄가 없습니다' 라고 했다면, 대왕께서는 그 사람이 죄가 있다고 생각하십니까?

밀린다왕 : 네, 그 사람은 죄가 있습니다.

나가세나 : 어째서 죄가 있습니까?

밀린다왕 : 그 사람이 실수로 불을 질렀기 때문에 당연히 죄가 있습니다.

나가세나 : 대왕이여, 마찬가지로 인간은 현재 선업과 악업을 짓고, 그 업으로 다음 생에 또 하나의 존재(名色)로 태어납니다. 그러므로 새로 태어난 생명은 그의 과거 전생 업에서 벗어나지

못합니다.

밀린다왕 : 또 비유를 들어주십시오.

나가세나 : 대왕이여, 어떤 사람이 목동에게 우유 한 병을 산 뒤, 다시 목동에게 맡기면서 '내일 가지러 오겠소'라고 했습니다. 그런데 다음 날 우유는 응고되어 버렸습니다. 그 사람이 목동에게 우유를 달라고 했을 때, 목동이 응고된 우유를 주었습니다. 그 사람은 '내가 어제 산 우유가 아니다. 왜 응고된 것을 주느냐? 어제 산 우유를 달라'라고 했습니다. 목동은 억울하게 생각하고, '저는 아무 잘못이 없습니다. 당신의 우유가 변해 응고된 것입니다'라고 할 것입니다. 그들은 결국 재판을 받기로 하고 왕을 찾아갔습니다. 누가 문제이고, 누가 잘못입니까? 대왕이여, 그와 같습니다. 죽음으로 현재의 존재(명색名色)는 다음 세상에 태어나는 존재와 다르지만, 원래의 우유가 변해서 응고되듯이 사람은 업業으로부터 벗어나지 못합니다.

밀린다왕 : 잘 알겠습니다.

-2장 6절

계행은 선정과 지혜의 근본

밀린다왕 : 존자님, 많은 선법善法이 있다고 하셨는데, 그 선법이란 무엇입니까?

나가세나 : 대왕이여, 선법이란 계율과 믿음·정진·염念·선정禪定·지혜입니다.

밀린다왕 : 계행의 특징은 무엇입니까?

나가세나 : 계행은 일체 선법의 근본이 됩니다. 5근五根·5력五力·7각

지七覺支 · 8정도八正道 · 4념처四念處 · 4정근四正勤 · 4신족四神足 · 8해탈八解脫 · 4선정四禪定 · 8등지八等至 등 하나하나가 모두 계행을 근본으로 합니다. 계행이 확립된 사람은 반드시 일체 선법을 갖추게 됩니다.

밀린다왕 : 비유를 들어 설명해주십시오.

나가세나 : 대왕이여, 이 세상의 모든 동물과 식물은 땅에 의존해 자라고, 땅을 근본으로 해서 성장합니다. 마찬가지로 출가자는 계행에 의존하고, 계행을 근거로 하여 정각에 이를 수 있습니다.

밀린다왕 : 존자님, 다른 비유를 들어 말씀해 주십시오.

나가세나 : 대왕이여, 도시 설계자가 도시를 건설하려고 할 때, 먼저 도시의 터를 다지고, 풀이나 가시덤불 등을 베어버린 뒤, 땅을 고르게 하며, 거리 · 광장 · 십자로 · 상가 등을 배열해 도시를 건설합니다. 이와 마찬가지로 출가자는 계율에 의존하고, 계를 실천함으로 5근(五根, 믿음 · 정진 · 정념正念 · 선정禪定 · 지혜)을 계발하는 것입니다. 부처님께서 이런 말씀을 하셨습니다.

"지혜로운 사람은 계행을 근본으로 선정에 들어 지혜를 키운다.
열의에 찬 비구는 모든 번뇌를 항복받을 것이다.
마치 모든 생물이 땅을 의지해 성장하듯이
계행은 선善을 증장시키는 근본이요,
진리에 들어가는 문지방이다."

- 2장 11절

지혜는 번뇌를 끊고 광명을 특징으로 한다

밀린다왕 : 존자님, 지혜의 특징은 무엇입니까?

나가세나 : 지혜의 특징은 (번뇌를) 끊는 것(斷切)입니다. 또한 밝은 빛인 광명을 특징으로 합니다.

밀린다왕 : 지혜의 특징을 어떻게 광명光明이라고 합니까?

나가세나 : 대왕이여, 지혜가 생기면 번뇌의 어두움이 사라지고 밝은 광채가 드러납니다. 또한 지식의 등불을 밝혀주고 성스러운 진리(四聖諦)를 밝혀줍니다. 출가자는 이것은 무상無常, 이것은 고苦, 이것은 무아無我라고 사무쳐 깨달을 수 있습니다.

밀린다왕 : 존자님, 비유를 들어 설명해 주십시오.

나가세나 : 대왕이여, 어떤 사람이 어두운 집 안에 등불을 가지고 들어가면 어두웠던 공간이 밝아지면서 그 빛으로 그곳의 물체를 밝게 볼 수 있습니다. 이처럼 수행자는 지혜가 생길 때, 지혜는 무명을 타파하고 지식의 광명을 나타내어 사성제의 진리를 밝힙니다. 그러므로 선정에 든 수행자는 지혜에 의해 무상·고·무아를 알 수 있습니다. 이와 같이 지혜는 광명을 특징으로 합니다.

밀린다왕 : 잘 알겠습니다. 존자님.

- 2장 16절

시간의 최초 기점은 인식되지 않는다

밀린다왕 : 나가세나 존자님, 지금 당신은 '시간의 최초 기점도 인식되지 않는다' 고 말씀하셨는데, 비유를 들어 설명해주십시오.

나가세나 : 대왕이여, 예를 들면 사람이 작은 종자를 땅에 심으면 씨앗으로부터 싹이 트고 점차 성장해가면서 시간이 흐르면 열매를 맺습니다. 그 열매에서 또 종자를 취하여 다시 땅에 심으

면 종자에서 싹이 생기고 점차 성장하기 시작하면서 또 열매를 맺는 것이 자연의 이치입니다. 대왕께서는 이 개체의 연속에 끝이 있다고 생각하십니까?

밀린다왕 : 끝이 없습니다.

나가세나 : 대왕이여, 그와 마찬가지로 시간의 최초 시작점 또한 인식될 수 없습니다.

밀린다왕 : 다시 비유를 들어 설명해주십시오.

나가세나 : 대왕이여, 예를 들면 닭이 알을 낳고, 알에서 닭이 생기며, 또 닭에서 알이 생기는데, 이 연속하는 가운데 끝이 어디이고, 시작이 어디입니까?

밀린다왕 : 시작도 끝도 없습니다.

나가세나 : 대왕이여, 이와 마찬가지로 시간의 최초 시작점도 또한 인식될 수 없습니다.

밀린다왕 : 다시 비유를 들어 설명해주십시오.

(나가세나 장로는 땅 위에 동그라미를 그려 놓고, 밀린다왕에게 말했다.)

나가세나 : 대왕이여, 이 동그라미가 끝이 있습니까?

밀린다왕 : 끝이 없습니다.

나가세나 : 대왕이여, 이와 마찬가지로 부처님께서는 끝없는 순환에 대해 다음과 같이 말씀하셨습니다.

"눈(眼根)과 여러 가지 사물 대상(色境)에서
눈의 식별 작용(眼識)이 생긴다.
이 세 가지가 합쳐진 상태를 접촉(觸)이라고 한다.
이 접촉을 반연하여 감수작용(受)이 생기고,
감수작용을 반연하여 애착(愛)이 생기며,

애착을 반연하여 업이 생기고, 업에서 다시 눈(眼)이 생긴다."
앞의 부처님의 말씀에서도 알 수 있지만, 시작과 끝이 있습니까?

밀린다왕 : 시작과 끝이 없습니다.

나가세나 : 대왕이여, 부처님께서 말씀하셨던 눈의 비유처럼 귀·코·혀·몸·마음도 마찬가지입니다. 이와 같이 시간의 최초 시작점은 인식할 수 없습니다.

나가세나 : 잘 알겠습니다. 존자님.

- 3장 3절

여러 정신 작용을 세밀히 구별할 수 없다

밀린다왕 : 나가세나 존자님, 이 세상의 모든 존재(諸法)가 혼합되어 있을 때, 그것들을 하나하나 낱낱이 분리해 이것은 접촉(觸), 이것은 감수작용(受), 이것은 표상(想), 이것은 의사意思, 이것은 인식(識), 이것은 일으킨 생각(尋, vitakka), 지속적인 고찰(伺, vicāra)이라고 명백하게 구별할 수 있습니까?

나가세나 : 아닙니다. 따로따로 구별할 수 없습니다.

밀린다왕 : 비유를 들어주십시오.

나가세나 : 대왕이여, 궁정의 요리사가 시럽이나 소스를 만든다고 합시다. 그는 거기에다 굳기름과 소금과 생강과 마늘과 후추와 그 밖의 조미료를 넣습니다. 그때, 왕은 요리사에게 '소스 속에 들어 있는 소금만 따로 주시오, 생강만 따로 주시오, 마늘만 꺼내어 따로 주시오, 후추만 떼어서 따로 주시오, 모든 조미료가 든 맛있는 양념을 갖다 주시오'라고 했다고 합시다.

　　　　　　요리사는 혼합해서 만든 소스를 일일이 분해하여 '이것은 시
　　　　　　고, 이것은 짜고, 이것은 맵고, 이것은 떫고, 이것은 달다'고
　　　　　　양념을 따로따로 분해해서 가져올 수 있겠습니까?

밀린다왕 : 아니오, 가져올 수 없습니다. 합쳐져 만들어진 양념 소스는
　　　　　　하나하나 특징에 의해서 맛을 내고 있는 것입니다.

나가세나 : 대왕이여, 그와 꼭 같습니다. 모든 정신작용이 한데 혼합되
　　　　　　어 있어서 그 하나하나를 낱낱이 떼어 이것은 접촉, 이것은
　　　　　　감수작용, 이것은 표상, 이것은 일으킨 생각, 이것은 인식,
　　　　　　이것은 지속적인 고찰이라고 구별할 수 없습니다. 그러나 모
　　　　　　든 현상(諸法)을 하나하나 특징해서 말할 수 있습니다.

밀린다왕 : 잘 알겠습니다. 나가세나 존자님.

나가세나 : 대왕이여, 소금을 눈으로 식별해서 알 수 있습니까?

밀린다왕 : 그렇습니다. 존자님.

나가세나 : 대왕이여, 주의해주십시오. 눈으로 알 수 있는 것은 소금 성
　　　　　　분이 가진 흰 색깔 때문입니다.

밀린다왕 : 존자님, 모든 종류의 소금은 혀로써만 식별합니까?

나가세나 : 그렇습니다.

밀린다왕 : 존자님, 만일 소금을 혀로만 식별할 수 있다면, 왜 소(牛)가 소금 전
　　　　　　체를 수레에 실어 나릅니까? 짠 맛만 나르면 되지 않겠습니까?

나가세나 : 대왕이여, 그것은 짠 맛만 나를 수 없기 때문입니다. 짠 맛과
　　　　　　흰 색깔의 무게는 두 가지 성질이지만, 실제 소금에서는 하
　　　　　　나입니다. 두 가지가 자기의 영역을 달리하고 있는 것입니
　　　　　　다. 대왕이여, 소금을 저울로 달 수 있습니까?

밀린다왕 : 예, 달 수 있습니다.

나가세나 : 아닙니다. 대왕이여, 소금은 저울로 달 수 없습니다. 그 무게를 저울로 달 수 있을 뿐입니다.
밀린다왕 : 잘 알겠습니다.

- 4장 1절

과거 업식에 의해 현재의 삶을 받아 태어난다

밀린다왕 : 나가세나 존자님, 어찌하여 모든 인간은 평등하지 않습니까? 어떤 사람은 단명하고, 어떤 사람은 장수하며, 어떤 사람은 늘 아프고, 어떤 사람은 건강합니다. 또 어떤 사람은 태어나면서부터 못생겼고, 어떤 사람은 매우 잘생겨서 사람들로부터 귀여움을 받으며, 어떤 사람은 가난하고, 어떤 사람은 부귀한 집에서 자라기도 합니다. 또 어떤 사람은 비천하게 태어나고, 어떤 사람은 고귀하게 태어나며, 어떤 사람은 어리석고, 어떤 사람은 영리하기도 합니다. 왜 이렇게 인간은 불평등한 겁니까?

나가세나 : 대왕이시여, 채소가 왜 다 똑같지 않습니까? 어떤 것은 신 맛이 나고, 어떤 것은 짠 맛이고, 어떤 것은 쓰고, 어떤 것은 맵습니다. 또 어떤 것은 떫은 맛이 나고, 어떤 것은 단맛이 나는데, 왜 그렇게 각각 다른 맛을 가지고 있는 겁니까?

밀린다왕 : 존자님, 그것들은 각각 다른 종자로부터 나왔기 때문입니다.

나가세나 : 대왕이여, 사람들도 마찬가지입니다. 사람들은 각자 전생에 쌓아놓은 업이 다르기 때문입니다. 즉 전생에 어떤 업을 지었느냐에 따라 이번 생에 잘생기기도 하고, 못생기기도 합니다. 또한 과거 전생에 어떤 행위를 했느냐에 따라 이번 생에

가난한 사람이 되기도 하고, 부귀한 사람이 되기도 합니다. 또한 전생에 지혜를 쌓았느냐, 쌓지 못했느냐에 따라 이번 생에 현명한 이가 되기도 하지만, 어리석은 사람이 되기도 합니다. 대왕이여, 세존께서 이런 말씀을 하셨습니다.

"비구들이여, 모든 존재는 각각 자기의 업을 가지고 태어난다. 그 업으로 현재 삶에서 부모와 가족을 만난다.
모든 존재는 업에 의존한다.
과거생의 업으로
현생에서 비천해지기도 하고, 고귀해지기도 한다."

밀린다왕 : 잘 알겠습니다. 존자님.

- 4장 3절

목마를 때를 대비해 미리 우물을 파놓아라

밀린다왕 : 나가세나 존자님, 존자님께서는 수행자들이 출가하는 목적은 고苦를 제거하기 위함이라고 하셨습니다.

나가세나 : 네, 그렇게 말했습니다. 우리는 고를 만드는 원인이 무엇인지를 살펴보고, 고를 제거하기 위해 출가합니다.

밀린다왕 : 그렇다면 출가 수행은 미리부터 노력했기 때문에 일어난 것입니까? 아니면, 때가 왔을 때 노력하면 됩니까?

나가세나 : 때가 왔을 때 노력하면 늦습니다. 미리부터 준비하고 노력해야 합니다.

밀린다왕 : 비유를 들어 설명해주십시오.

나가세나 : 대왕이여, 어떻게 생각하십니까? 대왕은 목이 마를 때, 비로소 우물을 파거나 저수지를 만듭니까?

밀린다왕 : 아닙니다.

나가세나 : 대왕이여, 마찬가지로 때에 닥쳐서 노력하는 것은 게으른 것입니다. 미리부터 준비해 노력하는 일이 중요합니다.

밀린다왕 : 다시 한 번 비유를 들어 말씀해주십시오.

나가세나 : 대왕이여, 어떻게 생각하십니까? 대왕은 배가 고플 때, 밭을 갈고 논에 곡식을 심은 뒤, 가을에 추수합니까?

밀린다왕 : 그렇지 않습니다.

나가세나 : 대왕이여, 이처럼 때에 닥쳐서 노력하면 이미 늦은 겁니다. 미리미리 노력하는 일이 중요합니다. 혹 대왕께서 전쟁이 터졌을 때 비로소 참호를 파고, 성문을 만들며, 조망하는 탑을 세우고, 보루堡壘를 쌓습니까? 또 전쟁이 난 후에 식량을 비축하고, 장병들을 훈련시킵니까?

밀린다왕 : 아닙니다.

나가세나 : 대왕이여, 이처럼 때에 닥쳐서 노력하면 이미 늦은 겁니다. 미리 노력해서 준비하는 일이 중요합니다. 세존께서 말씀하셨습니다.
"자신에게 공덕 되는 일은 미리 준비해 노력해야 한다.
깊이 사유思惟하고, 지혜롭게 정진해야 한다.
좋은 지름길을 버리고 울퉁불퉁한 길을 가다가
마차가 쓰러진 다음에 낙담하는 마부와 같아서는 안 된다.
노름꾼이 재물을 완전히 탕진한 뒤 시름에 잠긴 것처럼
정법正法을 등지고 잘못된 길로 접어들었다가
죽음의 마왕에게 사로잡히어 비탄에 잠긴다."

밀린다왕 : 잘 알겠습니다. 존자님.

- 4장 4절

소멸과 열반

밀린다왕 : 나가세나 존자님, 열반이란 소멸消滅이라는 뜻입니까?

나가세나 : 그렇습니다.

밀린다왕 : 어찌하여 열반을 소멸이라고 합니까?

나가세나 : 대왕이여, 모든 어리석은 중생은 여섯 가지 감각적인 것을 좋아하고, 애착심을 내며, 그런 것에만 관심을 둡니다. 그들은 감각적인 것만을 좋아하는 탐욕에 끌려 있기 때문에 늙고, 병들고, 죽고, 슬퍼하고, 근심·번뇌·절망 등으로부터 벗어나지 못합니다. 즉 고苦에서 해탈하지 못한 것입니다. 그러나 지혜로운 사람들은 감각적인 것을 즐겨하지도 않고, 그런 것에 탐욕심을 내지도 않습니다. 애착하지 않으므로 업이 소멸하고, 업이 소멸되니 생生이 소멸하고, 생이 소멸하므로 늙고·병들고·근심·슬픔·고뇌·번민이 소멸되는 것입니다. 이렇게 모든 고통이 소멸되므로 열반은 소멸을 뜻하는 것입니다.

밀린다왕 : 잘 알겠습니다. 존자님.

- 4장 7절

진리를 보는 사람은 여래를 보는 것

밀린다왕 : 나가세나 존자님, 세상 사람들이 (300여 년 전의) 석가모니부처님이 이 세상에서 가장 뛰어난 분이라는 것을 알 수 있습니까?

나가세나 : 그렇습니다. 모든 사람들이 다 압니다.

밀린다왕 : 어떻게 압니까?

나가세나 : 대왕이여, 옛날에 팃사 장로는 서예가로 유명했습니다. 장로가 열반한 뒤, 장로를 보지 못한 사람들도 그의 글씨를 통해

서예가가 있었다는 것을 압니다. 이와 마찬가지로 진리가 무엇인지를 본 사람은 부처님이 어떤 분이라는 것을 알고 봅니다. 부처님께서 진리를 말씀하셨기 때문입니다.

밀린다왕 : 잘 알겠습니다. 존자님.

- 5장 3절

출가한 자에게 육신은 어떤 의미인가?

밀린다왕 : 존자님, 출가자에게도 육신은 소중합니까?

나가세나 : 아닙니다, 출가자는 육신을 소중히 여기지 않습니다.

밀린다왕 : 그런데 왜 스님들은 육신을 집착하고 소중히 여깁니까?

나가세나 : 대왕께서는 전쟁터에 나가 화살을 맞은 적이 있습니까?

밀린다왕 : 네, 있습니다.

나가세나 : 그때 상처에 연고와 약을 바르고 붕대를 감았습니까?

밀린다왕 : 네.

나가세나 : 그렇다면 연고와 약을 바르고 붕대를 감은 것은 그 상처가 소중해서였습니까?

밀린다왕 : 아닙니다. 상처가 소중해서 바른 것은 아니었습니다. 상처가 부풀어 오르고 곪았기 때문에 치료했을 뿐입니다.

나가세나 : 대왕님, 이와 마찬가지입니다. 출가자는 육신이 소중해서가 아니라 수행을 더 잘하기 위해 유지하고 보존하는 것입니다. 부처님께서는 '육신은 상처와 같다'라고 말씀하셨습니다. 따라서 출가자는 육신이 소중해서가 아니라 수행하기 위해 육신을 보호하는 겁니다.

밀린다왕 : 잘 알았습니다. 존자님.

- 6장 1절

제자들의 과오가 있을 때마다 부처님은 계율을 제정했다

밀린다왕 : 존자님, 부처님은 모든 것을 알고 예견하신 분입니까?

나가세나 : 그렇습니다. 부처님은 모든 것을 알 뿐만 아니라 모든 것을 예견하셨습니다.

밀린다왕 : 부처님께서는 예견자이고, 모든 것을 잘 아는 분인데 어째서 부처님은 제자들에게 비구 승단의 계율을 한꺼번에 제정하지 않고 때때로 말씀하셨습니까?

나가세나 : 대왕이여, 이 세상의 의약품을 모두 알고 있는 의사가 있습니까?

밀린다왕 : 아마 있을 것입니다.

나가세나 : 대왕이여, 그 의사는 사람들이 병이 났을 때 처방약을 내립니까? 병도 나지 않았는데, 약을 줍니까?

밀린다왕 : 대체로 병이 생긴 환자에게 약을 처방하지, 병이 나지도 않았는데 약을 처방하는 의사가 어디 있겠습니까?

나가세나 : 대왕이여, 마찬가지로 부처님은 모든 것을 예견하신 분입니다. 부처님께서는 때 아닌 때에 계율을 미리 제정할 필요가 없었던 겁니다. 수행하는 동안 승려들끼리 혹은 재가자들과 문제가 발생한 그때그때마다 계율을 제정했던 것입니다.

밀린다왕 : 잘 알겠습니다. 존자님.

- 6장 2절

냉정과 열정

밀린다왕 : 나가세나 존자님, 어머니가 돌아가셔서 슬피 우는 사람이 있는가 하면, 진리에 감화를 받아 눈물 흘리는 사람도 있습니다. 이들 두 사람 가운데 어느 쪽이 약이 되고(유익한 것), 어

느 쪽이 약이 되지 않습니까?

나가세나 : 대왕이여, 전자의 눈물은 탐·진·치 삼독으로 인해 청정치 못한 뜨거움이며, 후자의 눈물은 환희로움이 담긴 청정한 냉정함이 있습니다. 대왕이여, 냉정함은 약이 되거니와 뜨거움은 약이 되지 못합니다.

밀린다왕 : 잘 알겠습니다. 나가세나 존자님.

- 6장 6절

욕망이 가득한 자와 욕망을 버린 자

밀린다왕 : 탐욕으로 가득 차 있는 사람과 탐욕을 비운 사람 사이에는 어떤 차별이 있습니까?

나가세나 : 어떤 사람은 탐욕과 집착에 사로잡혀 있고, 어떤 사람은 집착하지 않습니다.

밀린다왕 : 존자님께서 말씀하신 것은 무슨 뜻입니까?

나가세나 : 대왕이여, 한 사람은 욕망에 가득 차 있고, 한 사람은 욕망을 버린 사람입니다.

밀린다왕 : 존자님, 나는 이렇게 생각합니다. 탐욕이 있는 사람이든 없는 사람이든 똑같이 맛있는 음식을 원함이요, 맛없는 음식을 원하지 않습니다.

나가세나 : 대왕이여, 탐욕이 가득한 사람은 맛에 탐착해 음식을 먹지만, 탐욕을 여읜 사람은 음식 맛을 느낄 뿐이지 음식에 탐착하지 않습니다.

밀린다왕 : 잘 알겠습니다. 존자님.

- 6장 7절

바위를 배에 실으면 물 위에 뜬다

밀린다왕 : 나가세나 존자님, 불교에서는 백 년 동안 악한 일만 하다가 죽을 때 한 번만 부처님을 염송하면 그 사람은 천상天上에 태어날 수 있다고 합니다. 저는 이 말을 믿지 못하겠습니다. 또한 불교에서는 한 번 살생했더라도 지옥에 떨어질 것이라고 하는데, 이 말도 믿을 수가 없습니다.

나가세나 : 대왕이여, 아무리 조그만 돌덩이도 물 위에 그냥 놓으면 뜰 수 있습니까?

밀린다왕 : 뜰 수 없습니다.

나가세나 : 대왕이여, 매우 큰 바위를 배에 싣는다면 물 위에 뜰 수 있습니까?

밀린다왕 : 그렇습니다. 물 위에 뜹니다.

나가세나 : 대왕이여, 선업(善業, 임명종시에 부처님을 염송하는 것)은 마치 그 배와 같습니다.

밀린다왕 : 잘 알겠습니다. 존자님.

- 7장 2절

선행의 복덕은 크고, 죄업은 작다

밀린다왕 : 나가세나 존자님, 선행의 과보로 얻는 복덕과 악행의 과보로 얻는 죄업은 어느 쪽이 더 큽니까?

나가세나 : 선행의 복덕이 더 큽니다.

밀린다왕 : 어째서입니까?

나가세나 : 대왕이여, 죄를 지은 사람이 자기의 악행을 알고 후회하는데, 죄과는 더 커지지 않습니다. 그러나 복덕을 짓는 사람은

마음에 기쁨과 평온을 얻습니다. 또한 마음이 편안하면서 행복을 얻습니다. 몸과 마음이 편해지면, 사물을 있는 그대로 보고 아는 여실지견如實知見이 생기기 때문입니다. 따라서 복덕이 점점 더 커지는 것입니다. 그런데 대왕이여, 죄를 짓고 손발이 잘린 사람이라도 한 묶음의 연꽃을 부처님께 바친다면, 이 공덕으로 인해 91겁 동안 지옥에 떨어지지 않습니다. 그래서 복덕은 크고 죄업은 적다라고 말씀드린 겁니다.

밀린다왕 : 잘 알겠습니다. 존자님.

- 7장 7절

알고 짓는 것보다 모르고 짓는 업의 과보가 더 무겁다

밀린다왕 : 나가세나 존자님, 알면서 악행을 짓는 사람과 모르고 악행을 짓는 사람 가운데 누가 더 큰 화를 당합니까?

나가세나 : 대왕이여, 모르고 짓는 악행의 화가 더 큽니다.

밀린다왕 : 존자님, 우리 왕자나 대신들이 모르고 잘못했다면, 앞으로 그들에게 두 배의 벌을 내릴 것입니다.

나가세나 : 대왕이여, 불에 익은 쇳덩이를 어떤 사람은 모르고 붙잡았고, 어떤 사람은 알고 붙잡았다면 어느 쪽이 더 심하게 데겠습니까?

밀린다왕 : 모르고 잡은 사람이 더 심하게 화상을 입습니다.

나가세나 : 마찬가지로, 모르고 짓는 악행의 화가 더 큽니다.

밀린다왕 : 잘 알겠습니다. 존자님.

- 7장 8절

『밀린다왕문경』 이야기

■ 『밀린다왕문경』이 성립된 역사적 배경

기원전 327년 동방원정에 나선 알렉산더 대왕은 힌두쿠시와 카라코람 산맥으로 둘러싸인 인도 북쪽지방(현 파키스탄)인 페샤와르 지역에 침입하였다. 알렉산더가 머물고 간 뒤 인도 북부를 그리스 섭정인이 지배하게 되었다. 곧 그리스왕이 인도에 머물면서 『밀린다왕문경』이 성립되는 역사적 배경이 되었다.

밀린다왕의 재위 연대는 대략 기원전 155~130년경으로 추측한다. 그가 머물렀던 도시는 펀잡의 싸카라(Sakala, 현재 Sialkot)로, 밀린다왕의 세력은 간다라 서부에서 동쪽 라비Ravi강까지 이르렀다. 또한 밀린다왕이 주조한 화폐가 그가 죽은 지 200년까지 통용되었다. 밀린다왕이 통치할 무렵에 봉안된 불사리함이 발견되기도 하였다. 당시 인도인들은 외국인을 카스트제도에 따라 천민으로 여겼기 때문에 그리스인들 중에는 불교신자가 많았다.

그리스인은 기원전 80년부터 기원년에 이르는 사이, 인도에서 물러났다. 그들이 머물다간 자리, 즉 북인도 간다라 지역에서 기원 1세기 무렵(카니슈카왕 쿠샨왕조), 간다라불상이 탄생하였는데, 그리스 헬레니즘의 미술테크닉과 동양(인도)의 불교사상이 어우러진 문화이다.

이 경전이 성립된 시기는 기원전 2세기 후반에서 기원 1세기 전반이다. 이 시기는 『아함경』에서 아비달마불교로 옮겨가는 과도기이다. 아비달마불교는 방대한 교리를 수집해 철학적 인식을 바탕으로 분류, 정리함으로써 논장을 성립시켰다. 이처럼 이 경은 체계적이고 정교한 이론인 아비달마불교를 배경으로 성립되었다.

문화와 종교는 불가분의 관계이며, 종교와 역사 또한 씨줄과 날줄 같은 얽힘과 보완 속에서 형성되고 발전된다. 이 경은 사회와 문화, 종교가 어우러진 속에서 성립된 경전이라고 할 수 있다.

◘ 경전의 의의

이 경전은 빨리 삼장에서는 『밀린다팡하Milind-pañhā』라고 한다. 한역에서는 『밀린다왕문경』이라고 하는데, '밀린다왕의 질문' 이라는 뜻이다.

경이라고 하지만 부처님께서 말씀하신 것이 아니므로 빨리 삼장에서는 삼장 속에 포함시키지 않는다. 반면 미얀마에서는 이 경을 소부 경전(Khuddaka-nikāya) 속에 수록해 소중히 여긴다.

산스크리트어본은 현존하지 않으며, 빨리어본과 한역본은 거의 일치한다. 한역본으로는 두 본이 있는데, 두 본 모두 4세기경인 동진東晉시대 때 번역되었고, 역자는 알려지지 않는다. 하나는 『나선비구경那先比丘經』상·하권, 다른 하나는 『나선비구경』상·중·하권이다.

이 경은 그리스의 밀린다왕이 질문하고 정통학자인 나가세나Nā

gasena 존자가 답을 하는 형식으로 구성되어 있다. 나가세나는 바라문 출신으로 베다Veda를 공부하다가 한계 의식을 느끼고 불교 승려가 된 분이다.

밀린다왕과 나가세나는 인간의 구성 요소인 사대·오온·십이처, 연기·출가의 의미·심신心身의 역할과 조화·무아·윤회·해탈·열반·실천수행·선업과 악업·과보 등 다양한 주제를 논의했고, 그에 맞는 적절한 답변과 비유가 펼쳐진다.

5세기 중엽 인도에서 스리랑카로 이주해 온 붓다고사Buddhaghosa[40]는 이 경전을 중시해 자주 인용하였으며, 위대한 논사인 세친Vasubandhu도 그의 저서 『아비달마구사론』에서 인용하고 있다.

◘ 경전에 대한 현대적 의의

서양 그리스왕과 인도 승려의 대화로 이루어진 이 경전은 동서양의 사유 방식과 특이점을 엿볼 수 있다.

밀린다왕과 나가세나가 실제 인물이라고 하지만, 실제 불법을 가지고 두 분의 대화가 있었는지는 정확히 알 수 없다. 다만 이런 계통의 경전이 결집되었다는 것만으로도 초기불교와 아비달마불교의 정교한 체계를 엿볼 수 있는 좋은 기회이다. 한편 이 경전은 이천여 년 전에 성립되었지만 오늘날에도 충분히 공감되는 내용이다.

한국불교가 한역불교권 경전을 위주로 유통되다 보니 재가자들이

---

40 빨리 삼장의 대주석가로 알려져 있다. 상좌부불교의 교리가 요약되어 있으며, 위빠사나 수행 지침서인 『청정도론淸淨道論』의 저자이다.

불교를 어려워한다. 인도 문화와 한자화된 중국 사상이 내포되어 있기 때문이다.

반면 영어로 번역된 불교 교리가 오히려 이해하기 쉽다고 하는데, 이는 다른 문화 하나가 개입되지 않았기 때문이다. 『밀린다왕문경』 역시 서양인(밀린다왕)의 관점에서 직접 바라보고 대면한 내용이기 때문에 한역경전보다 내용을 이해하기 쉽다고 생각한다.

초기대승불교
반야부 경전

7장 마하반야바라밀다심경 - 지혜 언덕에 이르는 길
8장 금강경 - 견고한 다이아몬드 지혜로 번뇌를 깨뜨리다
9장 유마경 - 재가신자의 청정한 삶

7장 마하반야바라밀다심경[41]

— 지혜 언덕에 이르는 길

해석	『摩訶般若波羅蜜多心經』	구조
관세음보살이 깊은 반야바라밀다를 행할 때, 다섯 가지 쌓임(5온)이 공空이라는 것을 관조해 깨닫고 모든 고통과 고뇌에서 벗어났다.	觀自在菩薩 行深般若波羅蜜多時 照見五蘊皆空 度一切苦厄	반야의 참뜻을 세우는 부분이다. 지혜로 저 언덕에 건너가는 이치를 살펴보니, 일체법이 공이며, 이 공임을 체득하는 경지가 바로 모든 고통에서 해탈하는 것임을 밝히고 있다.

---

41 현장(601~664) 역, 『반야바라밀다심경般若波羅蜜多心經』 소본小本을 저본으로 함. 현장이 번역한 산스크리트어본은 대본大本과 소본小本 두 종류가 있다. 현재 한국에서 독송되고 있는 경전은 소본에 속한다.

해석	『摩訶般若波羅蜜多心經』	구조
사리자여! 물질은 공과 다르지 않고, 공은 물질과 다르지 않다. 물질이 곧 공이요, 공이 곧 물질이다. 수·상·행·식 또한 그러하다.	舍利子 色不異空 空不異色 色卽是空 空卽是色 受想行識 亦復如是	그릇된 견해를 깨뜨리고 반야의 공관으로 비춰보는 부분이다. 모든 물질에 있어, 현상은 공이며, 공 또한 현상이다. 이와 같은 공성空性은 일체에 가득 차 있어서 5온·6근·6진·6식·12연기·4성제까지 텅 비어 공하다는 것을 드러내고 있다. 어떤 실체나 자성이 없으므로 결국 공이라고 할 것도 없고, 얻을 것조차도 없는 무소득無所得의 경지인 것이다.
사리자여! 이 모든 현상은 공의 실상이다. 생겨난 근원이 없으므로 소멸도 없고, 더럽지도 않고 깨끗하지도 않으며, 늘어나지도 않고 줄어드는 것도 아니다.	舍利子 是諸法空相 不生不滅 不垢不淨 不增不減	
그러므로 공에는 물질도 없고, 수·상·행·식도 없다. 6근인 눈·귀·코·혀·몸·생각도 없고, 6경인 형체·소리·냄새·맛·감촉·개념도 없으며, 6식인 안식·이식·비식·설식·신식·의식도 없다. 무명이 없고 또한 무명이 다함도 없으며, 행도 없고 또한 행이 다함도 없으며, 식도 없고 또한 식이 다함도 없으며…… 늙음과 죽음도 없고, 늙음과 죽음이 다함도 없다. 고통과 고의 근원인 집착도 없고, 번뇌의 소멸도 없으며, 닦을 것도 없다. 또한 지혜도 없고, 또한 성취할 지혜도 없다.	是故 空中無色 無受想行識 無眼耳鼻舌身意 無色聲香味觸法 無眼界 乃至 無意識界 無無明 亦無無明盡 乃至 無老死 亦無老死盡 無苦集滅道 無智亦無得	
이처럼 얻을 것이 없으므로 보살은 반야바라밀다를 의지하기에 마음에 걸림이 없다. 마음에 걸림이 없으므로 두려움이 사라지고, 전도된 망상을 여의어 마침내 열반을 성취한다. 과거·현재·미래의 부처님들도 이 반야바라밀다를 의지해 최상의 깨달음을 얻는다.	以無所得故 菩提薩埵 依般若波羅蜜多故 心無罣礙 無罣礙故 無有恐怖 遠離顚倒夢想 究竟涅槃 三世諸佛 依般若波羅蜜多故 得阿耨多羅三藐三菩提	지혜의 공관空觀으로 일체현상을 비춰본 결과로 나타난 것을 설한 부분이다. 모든 현상은 지혜의 눈으로 보면 공인 경지에서 나타나는 세계이다. 그것은 곧 마음에 아무 걸림이 없이 자유로우며, 마침내 열반에 이르러 성불한다는 내용이다.
그러므로 알아라. 반야바라밀다는 신비로운 진언이고, 매우 밝은 진언이며, 최고의 진언이고, 무엇과도 견줄 데 없는 진언이므로 모든 고통과 고뇌를 제거해주고 진실하여 헛되지 아니하다.	故知 般若波羅蜜多 是大神呪 是大明呪 是無上呪 是無等等呪 能除一切苦 眞實不虛	『반야심경』의 전체 결론으로, 지혜로 궁극의 경지에 도달하는 깨달음의 경지를 밝히고 있다.
반야바라밀다의 진언을 설하노니 이 진언은 이러하다. 아제아제 바라아제 바라승아제 모지 사바하	故說 般若婆羅蜜多呪 卽說呪曰 揭諸揭帝 婆羅揭諸 婆羅僧揭諸 菩提 娑婆訶	

경전의 내용 및 해석

이 경전의 중심 사상은 공空이며 반야般若이다. 이것은 곧 불교의 궁극 목표이기도 하다. 반야의 완성, 곧 지혜의 완성을 향한 끊임없는 정진 없이는 깨달음을 성취할 수 없다.

이 경은 현상계에 안주해 어리석은 삶을 영위하는 중생에게 지혜의 가르침을 주기 위한 경전이다. 지혜의 안목으로 인생을 관조하며, 진리를 향한 발걸음을 내딛어 깨달음의 경지에 이르고자 정진해야 한다. 이 경을 이해하기 위해서 공사상에 관해 살펴보고, 『반야심경』의 내용을 구체적으로 살펴보자.

아我와 법法은 고정됨이 없이 항상 변한다. 모든 존재에는 영원히 항상한 실체가 없다는 것이다. 이와 같이 아와 법을 여실히 관찰하면 모든 집착과 번뇌를 여의게 된다. 모든 만물이 고정됨이 없이 변화(無常)하고, 일정한 실체가 없는 것(無我, 無自性)이다. 실체가 있는 것처럼 보이는 모든 것은 무수한 인연이 모여 임시로 합해진 것에 불과하다.

즉 무아설은 연기緣起를 바탕으로 성립된다. 연기란 여러 인因과 연緣이 모여서 이루어지다가 인연이 끝나면 사라진다. 우리의 6식六識(안근+색경=안식, 이근+비경=이식……)도 각각 인연에 의해 거짓으로 화합한 것이다. 이 임시로 합한 〈나〉는 끊임없이 순간순간 생멸변화를 하고 있다.

『반야심경』에 드러난 공사상에 대해 살펴보자.

우리 모든 중생에게는 반드시 부처가 될 수 있는 본성이 있다. 그러기에 우리는 6바라밀을 닦아 가장 높은 최상의 깨달음(아녹다라삼먁삼보리)을 이루어야 할 보살인 것이다. 이 보살이 어떻게 공의 도리를 실천해야 하는가?

관자재보살이 그렇게 했듯이 5온(五蘊, 色·受·想·行·識)이 공하다는 것을 관(觀)해야 한다. 5온 가운데 색은 물질이요, 수상행식은 정신작용이다. 이 물질과 정신작용, 모두 실체가 없음을 관찰할 때, 우리가 현실적으로 겪는 모든 고통에서 벗어날 수 있다.

즉 모든 물질과 정신작용은 실체가 없고, 인연에 따라 생겼을 뿐이다. 이것을 바로 보지 못하고 〈나〉와 법에 어떤 실체가 있다고 생각한다면 고통만 무성할 뿐이다.

따라서 〈나〉와 법은 단지 가화합(假和合·緣起和合·衆緣和合)된 것으로 '공(空)'이라고 표현한다. 그러므로 물질이 곧 공이고, 공이 곧 물질일 수밖에 없다. 이렇게 관하는 그 자리에는 생겨났다 멸했다 하는 것이 있을 수 없고, 늘어났다 줄어들었다고 하는 것조차 있을 수 없다.

따라서 공의 세계에는 5온五蘊·12처十二處·18계十八界도 주체가 있을 수 없다. 생로병사의 원인인 5온·12처·18계의 실다운 모습이 없으므로, 생로병사와 슬픔 고뇌가 있을 수 없고, 5온·12처·18계의 형체가 없으므로, 5온·12처·18계의 원인이 되는 식識이 있을 수 없고, 행行이 있을 수 없으며, 모든 번뇌의 근원인 무명無明이 있을 수도 없고, 무명이 다함도 있을 수 없으며, 늙고 죽음이 다함도 없고, 별도로 고집멸도苦集滅道도 없으며, 얻을 지혜조차도 없고, 또한 얻을 어떤 것도 있을 수 없다.

이렇게 수행을 하여 마음을 안주시키는 것을 반야바라밀다, 즉 지혜의 완성이라고 한다. 이 반야바라밀다에 의지해 삼세 부처님과 수많은 선지식이 최상의 깨달음을 얻었다. 이 반야바라밀다 진언은 최상의 진언으로 모든 고통을 제거해준다. 반야 지혜를 통해 세상을 관조觀照할 때 행복을 얻을 수 있고, 저 언덕에 이를 수 있다.

『마하반야바라밀다심경』 이야기

■ 『반야심경』의 불교사적 의의

불멸 후 대략 400~500년 무렵, '부처님의 근본사상으로 되돌아가자'고 외친 운동이 대승불교大乘佛敎이다. 이 불교는 이론이나 관념으로서가 아니라 보살행의 실천을 강조했던 것으로 공空·반야般若·연기緣起·중도·유심·열반·보살 사상 등을 기반으로 형성되었다. 특히 공사상은 연기설과 반야사상과의 불가분의 관계이며, 연기법은 공사상을 바탕으로 존재의 실상을 올바로 이해할 수 있는 이론이다. 공사상은 『반야경』을 비롯한 대승경전에 공통적으로 깔려 있는 중요한 핵심이다.

『반야경般若經』은 송頌의 수로 말하여 [8천송:소품] → [2만5천송:대품] → [10만송:대반야경]으로 증광 발전되었다. 『금강경』, 『반야심경』, 『수능엄삼매경』, 『유마경』, 『유일마니보경遺日摩尼寶經』·『대집경大集經』 등이 반야부 경전류에 속한다.

■ 경전의 의의

『반야심경』은 산스크리트어로 『프라즈냐 파라미타 흐리다야 수트라Prajñā-pāramitā-hṛdayà-sūtra』이다. 프라즈냐(Prajñā, 般若)는 '지혜'라는 뜻이고, 파라미타(pāramitā, 波羅蜜多)는 저 언덕에 이른다(到彼岸)는 뜻으로 지혜의 완성을 말한다. 흐리다야hṛdayà는 심心으로 심장·정수라는 뜻이며, 수트라sūtra는 경經이라는 의미이다.

이 경전은 진리의 현종玄宗이요, 법신法身의 명칭이다. 그 체體는 불생불멸하고 오는 것도 아니고 가는 것도 아니며, 그 크기가 허공과 같으며 뒤바뀌지 않는다. 인도 사문 제파提婆는 『반야심경』을 이렇게 말하고 있다. '넓기로 말하면 두루 법계를 감싸 안으며, 그 미세하기로 말하면 겨자씨나 티끌로도 그것을 비유할 수 없다.'

따라서 '반야바라밀다'는 우리 각자의 참마음이다. 걸림 없는 마음이며, 두려움 없는 마음이고, 교만하지 않는 마음이며, 쓰지도 달지도 않는 마음이고, 상대성을 두지 않는 절대적인 마음으로서 그 두었다는 것조차 없는 마음을 말한다. 이런 마음을 잘 표현한 이 경전은 제목까지 합하여 270글자밖에 안 되는 짧은 경전이다. 하지만, 불교의 기본 사상인 공空을 표방하는 대표적인 경전이다. 또한 내용을 간결하게 정리해 담고 있다는 점에서 팔만 사천 법문이 요약되어 있다.

■ 경전의 역경

『반야바라밀다심경般若波羅蜜多心經』 1권으로 당나라 현장이 번역(649)했다. 산스크리트어본은 대본大本과 소본小本 두 본이 전하는데, 현재 우리나라에서 독송되고 있는 것은 소본에 속한다.

이 경전은 중국에서 여러 번역자에 의해 한역되었다.

구마라집의 『마하반야바라밀대명주경摩訶般若波羅蜜大名呪經』 1권, 법월의 『보편지장반야바라밀다심경普遍智藏般若波羅蜜多心經』 1권, 반야와 이언이 번역한 『반야바라밀다심경』 1권, 지혜륜의 『반야바라밀다심경』 1권, 법성이 번역한 『반야바라밀다심경』 1권, 시호가 번역한 『불설성불모반야바라밀다심경佛說聖佛母般若波羅蜜多心經』이 있다. 이외 여러 번역이 있으며, 이 경의 주석과 연구도 왕성히 이루어져 있다. 중국은 77부의 주석이 있고, 일본도 45부의 주석이 있으며, 각 종파의 학승들이 종파에 따른 견해를 표방하여 여러 주석과 해석이 전한다.

현재 우리나라에서 유통되고 있는 『반야심경』은 어느 종파를 막론하고 독송하고 있으며, 늘 수지受持하거나 사경하는 대표적인 경전이다.

8장

금강경[42]

― 견고한 다이아몬드 지혜로
번뇌를 깨뜨리다

보리심을 낸 사람은 어떤 마음 자세를 가져야 합니까?

대중 가운데 있던 수보리가 자세를 공경히 갖추고 부처님께 물었다.

"훌륭하십니다. 세존이시여! 여래께서는 모든 보살을 잘 보살펴 주시고, 모든 보살에게 부촉하십니다. 그런데 세존이시여, 가장 높은 최상의 깨달음을 얻고자 하는 마음(아뇩다라삼먁삼보리심)[43]을 일으킨 사람은 어떤 마음을 가져야 하며, 어떻게 번뇌를 다스려야 합니까?"[44]

"매우 기특하구나. 수보리야, 네가 말한 바와 같이 여래는 모든 보살을 잘 보살피고 부촉한다. 깨닫고자 보리심을 일으킨 사람은 반드시 다음과 같이 마음을 다스려야 한다."

- 2품

진정한 행자란?

부처님께서 수보리에게 말씀하셨다.

"보리심을 일으킨 보살은 이와 같이 마음을 가져야 한다.

'이 세상에 존재하는 일체중생의 종류에는 알로 태어난 것, 태로 생기는 것, 습기로 인해 생긴 것, 홀연히 화하여 생긴 것, 혹 형상이 있는 것, 혹 형상이 없는 것, 혹 생각이 있는 것, 혹 생각이 없는 것, 혹 생각이 있기도 하고 없기도 한 것 등이 있다. 내가 이들을 모두 최상의 열반에 들도록 제도하리라. 그러나 수많은 중생을 제도해 열반으로 이끌었으되 실제로는 한 중생도 제도된 자가 없다.'

수보리야, 만약 보살이 아상·인상·중생상·수자상[45]이 있으면 곧 보살이라고 할 수 없다."

- 3품

---

42 구마라집(344~413) 역, 『금강반야바라밀경金剛般若波羅蜜經』을 저본으로 함.

43 阿耨多羅三藐三菩提는 산스크리트어 anuttarā-samyak-saṃbodhi이다. anuttarā(아뇩다라)는 무상無上, samyak(삼먁)은 정등正等, saṃbodhi(삼보리)는 정각正覺으로 번역한다. 편역자는 이 책 전반에 걸쳐 아뇩다라삼먁삼보리를 '가장 높은 최상의 깨달음'이라고 하였다.

44 '어떤 마음을 가져야 하며, 어떻게 번뇌를 다스려야 하는가?'는 응운하주應云何住 운하항복기심 云何降伏其心이다. 『금강경』이 설해지는 동기에 해당될 만큼 중요한 구절이다. 조계종출판사에서 발행된 『조계종 표준 금강반야바라밀경』의 해석을 따르자면 應云何住는 '어떻게 살아야 하는가?' 云何降伏其心은 '어떻게 그 마음을 다스려야 하는가?'로 번역하고 있다.

45 『금강경』에서 사상四相을 아·인·중생·수자상이라고 하였다. 또한 이 경전에서 사상을 사견四見, 즉 아견我見·인견人見·중생견衆生見·수자견壽者見이라고 하였는데, 같은 의미로 보면 된다. 『조계종 표준 금강반야바라밀경』의 해석으로 보면, 아상我相은 자아가 있다는 관념, 인상人相은 개아가 있다는 관념, 중생상衆生相은 중생이 있다는 관념, 수자상壽子相은 영혼이 있다는 관념이다.

집착하지 않고 하는 보시는 복덕이 무량하다

부처님께서 수보리에게 말씀하셨다.

"수보리야, 보살은 현상(法)에 집착 없이 보시해야 한다. 형색(色)에 집착하지 않고 보시하며, 소리·냄새·맛·감촉·마음의 대상에 집착하지 않고 보시해야 한다. 이와 같이 보살은 무주상無住相의 마음으로 보시해야 한다. 만약 보살이 어떤 대상에 집착하지 않고 보시한다면, 생각으로 헤아릴 수 없을 만큼 그 복덕은 광대하고 무량하다."

- 4품

신체적 특징을 신체적 특징 아님으로 볼 줄 알아야 여래를 본다

부처님께서 말씀하셨다.

"수보리야, 신체적 특징을 가지고 여래라고 볼 수 있겠느냐?"

"없습니다. 세존이시여, 신체적 특징을 가지고 여래라고 볼 수 없습니다. 왜냐하면 여래께서 말씀하신 신체적 특징은 바로 신체적 특징이 아니기 때문입니다."

부처님께서 수보리에게 게송으로 말씀하셨다.

"신체적 특징은 모두 헛된 것이니
신체적 특징을 신체적 특징 아닌 것으로 본다면
바로 여래를 볼 수 있으리라."

- 5품

나의 설법을 뗏목과 같이 여길지니라

부처님께서 말씀하셨다.

"수보리야, 중생이 만약 마음에 상相을 가지고 있으면 곧 네 가지 상(아상·인상·중생상·수자상)에 집착하는 것이다. 법상法相을 취할지라도 네 가지 상에 집착하는 것이요, 비법상非法相을 취할지라도 곧 네 가지 상에 집착하는 것이다. (바른) 법을 취하지도 말고, 또한 법 아닌 것도 취하지 말라. 그래서 여래가 항상 이렇게 말했던 것이다.
'너희들 비구들은 나의 설법을 뗏목과 같이 여겨야 한다.'
(바른) 법도 오히려 버려야 하거늘 하물며 법 아닌 것을 취해서 무얼 하겠느냐?"

- 6품

일정한 법이 없는 것이 최상의 깨달음

부처님께서 말씀하셨다.

"수보리야, 여래가 가장 높은 최상의 깨달음을 얻은 바가 있다고 생각하느냐? 또한 여래가 어떤 특정한 진리를 설했다고 생각하느냐?"

"제가 알기로는 부처님께서 '가장 높은 최상의 깨달음이라고 할만한 일정한 법이 없다(無有定法)'라고 말씀하셨으며, '이것만이 진리이다'라고 단정해서 말씀하지 않으셨습니다. 여래가 설한 법은 얻을 수도 없고, 말할 수도 없으며, 또한 법이라고 할 수도 없고, 법이 아니라고도 할 수 없기 때문입니다."

- 7품

집착하지 않고 마음을 내어야 한다

부처님께서 말씀하셨다.

"수보리야, 어떻게 생각하느냐? 보살이 불국토를 장엄하느냐?

"아닙니다. 세존이시여, 불국토를 장엄한다는 것은 곧 장엄이라고 할 수 없습니다. 단지 그 이름만을 가지고 장엄이라고 하기 때문입니다."
"그렇기 때문에 수보리야, 모든 보살은 이와 같이 청정한 마음을 내어야 한다.
형색(色)에 집착하지 않고 마음을 내어야 하고
소리·냄새·맛·감촉·마음의 대상에도
집착하지 않고 마음을 내어야 한다.
마땅히 집착 없이 그 마음을 내어야 한다."46

- 10품

『금강경』이 있는 곳은 부처님이 계시는 곳과 같다

부처님께서 말씀하셨다.
"수보리야, 이 경의 내용이나 혹은 사구게四句偈만이라도 (중생들에게) 설한다면, 그 설해지는 장소는 일체 세간의 천신·사람·아수라가 공양하기를 마치 부처님의 사리탑과 같이 할 것이다. 그런데 하물며 이 경을 수지하고 독송하는 곳이라면 중생들로부터 공경·공양 받음이 어떠하겠는가?
수보리야, 이 사람은 최상의 제일 훌륭한 법을 성취한 것이다. 또한 이 경전이 있는 장소는 부처님과 존경받는 제자들이 있는 곳과 다름없이 공경·공양 받을 것이다."

- 12품

---

46 당나라 때 육조혜능(638~713)은 출가하기 전, 나무꾼이었을 때 주막집에서 한 승려가 『금강경』을 독송하던 중, 응무소주應無所住 이생기심而生其心 연구를 듣고, 출가하는 계기가 되었다. 한국불교 조계종曹溪宗이라는 종명은 육조혜능이 머물던 조계산(廣東省 韶關 南華寺)에서 비롯한다.

부처님께서 말씀하셨다.

"수보리야, 어느 곳이든 간에 이 경전이 있는 곳은 일체 세간의 천신·사람·아수라의 공양을 받게 된다. 곧 부처님의 사리탑이 있는 곳처럼 공경·공양함을 받는다. 모두가 공경하며 예배하고 둘러싸 돌면서 수많은 향과 꽃으로 그 곳에 흩뿌릴 것이다."

- 15품

참기 어려운 일을 참는 것이 수행이다

부처님께서 말씀하셨다.

"수보리야, 여래가 설하기를 인욕바라밀도 인욕바라밀이 아니라 단지 그 이름만을 가지고 인욕바라밀이라고 하였다. 왜냐하면 내가 옛날 가리왕에게 신체가 잘림을 당하면서도 그 당시에 아상·인상·중생상·수자상이 없었기 때문이다. 만약 내가 그 옛날에 신체가 잘리는 고통을 당할 때 아상·인상·중생상·수자상이 있었다면 화를 내고 원망하는 마음이 있었을 것이다."

"수보리야, 또 내가 과거 오백세 인욕선인으로서 수행할 때, 아상·인상·중생상·수자상이 없었느니라. 그러므로 수보리야, 보살은 일체 상을 여의고 가장 높은 최상의 깨닫고자 하는 마음을 일으키되 반드시 어떤 형색(色)에 주하지 말고 그 마음을 낼지니라. 또한 소리·냄새·맛·감촉·마음의 대상에도 주하지 말고 마음을 낼지니, 반드시 집착하지 않고 그 마음을 내야 한다."

- 14품

여래가 얻은 법은 진실하지도 않지만 거짓되지도 않다

부처님께서 말씀하셨다.

"수보리야, 여래는 참된 말을 하는 분이며, 실다운 말을 하는 분이고, 진실된 말을 하는 분이며, 속이는 말을 하지 않는 분이고, 있는 그대로를 설하는 성인이시다."

"수보리야, 여래가 얻은 법은 진실하지도 않지만 거짓되지도 않다."

- 14품

『금강경』에서 제시하는 다섯 가지 수행 방법

부처님께서 말씀하셨다.

"수보리야, 어떤 선남자 선여인이 오전에 갠지스 강가의 모래 수만큼 몸으로 보시하고, 또 정오 무렵 갠지스 강가 모래 수만큼 몸으로 보시하며, 또 저녁에 갠지스 강가 모래수 만큼의 몸으로 보시하기를, 무량백천만억 겁 동안 하는 사람이 있다.

또 어떤 사람은 이 경전을 듣고 마음에 신심이 우러나 기쁨이 넘친다면 이 복은 저 앞의 복보다 매우 뛰어나다.

그런데 하물며 이 경을 베끼고, 수지受持하며 독송해서 남을 위해 설해준다면 그 복덕은 어떠하겠는가. 헤아릴 수 없을 만큼 복덕이 무량할 것이다."(다섯 가지 수행 방법이란 수지·독·송·해설·사경)

- 15품

이 경을 수지·독송한 공덕

부처님께서 말씀하셨다.

"수보리야, 이 경전은 불가사의하고 가히 헤아릴 수 없을 만큼 무량한 공덕이 있다. 이 경전은 여래가 대승심大乘心을 발한 자를 위해 설했으며, 최상승심最上乘心을 발한 자를 위해 설하였다. 그러니 이 경을 수지하고 독송하며 다른 사람을 위해 설해 준다면, 여래가 이 사람을 알고 다 보나니, 그는 무량무변한 공덕을 성취하고 말로 다 표현할 수 없을 만큼의 불가사의한 공덕을 성취하게 될 것이다."

- 15품

이 경전을 독송하면 악업이 소멸된다

부처님께서 말씀하셨다.

"수보리야, 선남자 선여인이 이 경을 수지·독송할 때, 주위 사람들로부터 멸시와 천대를 받을 수도 있다. 만약 그런 역경계를 만나면 이 사람은 전세의 죄업으로 악도에 떨어질 것인데, 『금강경』을 수지·독송한 공덕으로 현세에 주위 사람들로부터 멸시와 천대를 미리 받는 것이다. 따라서 전세의 죄업이 바로 소멸되고, 더 나아가 가장 높은 최상의 깨달음을 얻게 된다."

- 16품

일체 모든 법이 불법이다

부처님께서 말씀하셨다.

"수보리야, 어떤 일정한 법이 있어서 여래가 가장 높은 최상의 깨달음을 얻은 것이 아니다. 수보리야, 만약 어떤 일정한 법이 있어서 여래가 가장 높은 최상의 깨달음을 얻었다고 한다면 과거세에 연등 부처님이 내게 '그대는 내세에 석가모니라는 이름의 부처가 될 것이다'라고 수기하지 않았을 것이다.

실제 어떤 법이 있어서 가장 높은 최상의 깨달음을 얻은 것이 아니기 때문에 연등 부처님께서 내게 수기를 주신 것이다. 여래라고 하는 것은 모든 법에 진실 그대로를 의미하기 때문이다.

혹 어떤 사람은 '여래가 가장 높은 최상의 깨달음을 얻었다' 라고 말하는 이도 있을 것이다. 그러나 수보리야, 실로 어떤 일정한 법이 있어서 여래가 가장 높은 최상의 깨달음을 얻은 것이 아니다. 여래가 얻은 가장 높은 최상의 깨달음은 실다움도 없지만 거짓됨도 없는, 있는 그대로이기 때문이다.

수보리야, 이렇기 때문에 여래가 '일체법이 다 불법佛法'이라고 설하는 것이다. 수보리야, 일체법이라고 하는 것은 곧 일체법이 아니라 단지 그 이름을 일체법이라고 한다."

- 17품

과거 마음도 얻을 수 없고, 현재·미래의 마음도 얻을 수 없다

부처님께서 말씀하셨다.

"수보리야, 저 갠지스 강가의 모래 수만큼 갠지스강이 있고, 그 많은 갠지스 강가에 있는 모래 수만큼 부처님 세계가 있다면, 얼마나 많겠느냐?"

"매우 많습니다. 세존이시여!"

"수보리야, 그 국토에 있는 중생의 다양한 마음을 여래가 다 알고 본다. 왜냐하면 여래가 설한 모든 마음이란 마음이 아니요, 단지 그 이름만을 가지고 마음이라고 하기 때문이다.

수보리야, 과거의 마음도 얻을 수 없고, 현재의 마음도 얻을 수 없으며, 미래의 마음도 얻을 수 없다."

- 18품

법신은 육안으로 볼 수 있는 것이 아니다

부처님께서 말씀하셨다.

"수보리야, 서른두 가지 신체적 특징으로 여래를 볼 수 있겠느냐?"

"그렇습니다. 서른두 가지 신체적 특징으로 여래를 볼 수 있습니다."

"수보리야, 만약 너의 말대로 서른두 가지 신체적 특징으로 여래를 볼 수 있다면, 전륜성왕도 곧 여래라고 할 수 있지 않겠느냐?"

"세존이시여, 제가 부처님께서 말씀하신 뜻을 이해하기로는 서른두 가지 신체적 특징을 가지고 여래를 볼 수 없습니다."

세존께서 거듭 게송으로 말씀하셨다.

"형색으로 나를 보거나 음성으로 나를 찾는다면
삿된 길을 걸을 뿐 여래를 볼 수 없느니라."

- 26품

여래는 오는 것도 아니고, 가는 것도 아니다

부처님께서 말씀하셨다.

"수보리야, 만약 어떤 사람이 '여래가 오기도 하고 가기도 하며, 혹은 앉기도 하고 눕기도 한다' 라고 한다면 이 사람은 내가 설한 뜻을 잘 알지 못하는 것이다. 여래란 어디로부터 오는 것도 아니고, 어디로 가는 것도 아닌, 단지 여래라고 이름할 뿐이다."

- 29품

여여부동한 마음

부처님께서 말씀하셨다.

"수보리야, 혹 어떤 사람이 무량아승지세계의 칠보를 가지고 보시한다. 그런데 또 다른 사람이 가장 높은 최상의 보리심을 일으킨 뒤에 이 경의 내용이나 혹은 사구게만이라도 수지·독송하고, 남을 위해 해설해 준다면 이 복은 저 앞의 복보다 매우 뛰어나다."

"그렇다면 어떻게 남을 위해 연설해주는 것이 참다운 법보시인가? 그에게 베풀어준다는 관념을 가지고 있거나 바라는 마음이 없어야 하며, 여여부동如如不動한 마음으로 설해주어야 한다. 게송을 하나 설하리라."

"일체 모든 유위법은
꿈·허깨비·물거품·그림자와 같으며
이슬과 같고, (순간 번쩍이는) 번개와 같나니
반드시 이렇게 관찰할지니라."

- 32품

재보시보다 법보시를 하면 수승한 복덕이 있다[47]

부처님께서 말씀하셨다.

"수보리야, 만약 어떤 사람이 삼천대천세계의 칠보를 가지고 보시한다면, 이 사람의 보시공덕으로 인해 생긴 복덕이 많겠느냐?"

"매우 많습니다. 세존이시여! 왜냐하면 복덕이 복덕의 본 성품이 아니기 때문에 여래가 복덕이 많다고 설한 것입니다."

---

47 『금강경』32품 중 재보시보다 법보시가 더 소중하다는 것을 강조한 부분이 여덟 곳 정도이다. 재보시보다 법보시가 더 수승하다는 부분을 전부 살펴보면, 품이 전개되어 갈수록 재물의 양과 공양물이 점점 많아지며 커지고 있다. 그만큼 『금강경』에서는 법보시를 강조한다.

부처님께서 말씀하셨다.

"또 만약 어떤 사람이 이 경의 내용이나 혹은 사구게만이라도 수지하여 다른 사람을 위해 설해 준다면 그 복이 저 앞의 것(보시한 복덕)보다 매우 뛰어나다."

-8품

부처님께서 말씀하셨다.

"수보리야, 저 갠지스 강가에 모래가 많이 있는 것처럼 수많은 갠지스강이 있다. 또 그 수많은 갠지스 강가에 모래가 많이 있지 않겠느냐?"

"매우 많습니다. 세존이시여! 갠지스강도 많이 있는데, 하물며 그 갠지스 강가에 있는 모래야 당연히 많습니다."

"수보리야, 만약 어떤 선남자 선여인이 갠지스 강가의 모래로 삼천대천세계를 가득 채울 만큼의 칠보로 보시한다면 그 얻는 복이 얼마나 많겠느냐?"

"매우 많습니다. 세존이시여!"

"그런데 만약 어떤 선남자 선여인이 이 경의 내용이나 혹은 사구게만이라도 다른 사람을 위해 설해준다면 이 복덕은 저 앞의 칠보로 보시한 복덕보다 매우 뛰어나고 수승하다."

-11품

부처님께서 말씀하셨다.

"수보리야, 만약 선남자 선여인이 갠지스 강가의 모래 수만큼의 목숨으로 보시하는 사람이 있다. 또 어떤 사람은 이 경 가운데 사구게만이라도 수지하고 다른 사람을 위해 설해 준다면 이 복덕은 앞의 보시한 복덕보다 매우 위대하고 뛰어나다."

- 13품

부처님께서 말씀하셨다.
"수보리야, 어떤 사람이 삼천대천세계 가운데 있는 모든 수미산왕만큼 칠보 덩어리로 보시하였다. 그런데 또 어떤 사람이 반야바라밀경이나 사구게 등을 수지·독송하여 다른 사람을 위해 설해준다면, 전자의 복덕은 후자의 복덕보다 백분의 일도 되지 않는다. 또한 후자의 복덕은 백천만억분 산수로도 비유할 수 없을 만큼 매우 뛰어난 복덕이다."

- 24품

부처님께서 말씀하셨다.
"수보리야, 어떤 보살이 갠지스 강가의 모래 수만큼 세계의 칠보를 가득 채워서 보시한다. 그런데 또 어떤 사람은 일체법이 무아無我임을 알고 지혜를 얻는다면, 이 보살은 앞의 보살이 얻은 공덕보다 더 큰 공덕을 얻는다."

- 28품

『금강경』 이야기

■ 『금강경』의 의의

『금강경』은 『대반야경』 600권 분량 중 577권에 해당한다. 기원전 1세기부터 기원 3세기 사이에 이루어진 경전으로 사위성 기수급고독원에서 부처님과 해공解空 제일인 수보리 존자의 문답형식으로 구성되어 있다.

『능가경』이 중국 초기 선종의 소의경전이었으나 육조혜능(638~713) 이후부터 『금강경』이 선종의 소의경전으로 바뀌었다. 우리나라에는 삼국시대 때 들어와 고려중기 보조지눌(1158~1210) 국사가 초심자들에게 공부하는 경전으로 독송하도록 권했다. 이 경은 조계종의 소의경전으로 스님들과 많은 신자들이 독송하고 있다.

『금강반야바라밀다경』은 산스크리트어 『바즈라체디카 프라즈냐 파라미타 수트라Vajracchedikā prajñā-pāramitā sūtra』이다. 바즈라체디카(Vajracchedikā, 金剛)는 가장 견고하며, 어떠한 번뇌일지라도 깨뜨릴 수 있는 지혜를 상징한다. 프라즈냐(prajñā, 般若)는 깨달음의 지혜, 파라미타(pāramitā, 波羅蜜)는 '저 언덕에 이른다(到彼岸)'는 뜻으로 지혜의 완성, 수트라sūtra는 경전이다. 따라서 『금강반야바라밀다경』은 '다이아몬드처럼 견고하며 빛나는 깨달음의 지혜로서 번뇌와 고통이 사라져 평화와 행복만이 있는 저 언덕에 도달함'을 설하는 경전이다.

■ 경전의 역경

경전의 명칭은 역자에 따라 조금씩 다르다. 구마라집·보리유지·진제 등은 『금강반야바라밀경』, 달마급다는 『금강능단반야바라밀경金剛能斷般若波羅蜜經』, 현장과 의정은 『능단금강반야바라밀다경能斷金剛般若波羅蜜經』이라고 하였다.

학계에서는 현장·의정의 번역을 따르지만, 일반적으로 독송·강독할 때는 구마라집 역을 따르고 있다. 구마라집 역 『금강경』이 32분分으로 나누어져 있는데, 원래는 이렇지 않았다. 양나라 무제(502~549 재위)의 아들인 소명태자(昭明太子, 501~531)가 32분으로 나눈 뒤 각 분과마다 분목(分目, 제목)을 붙인 것이다.

■ 경전의 중심사상 및 특징

첫째, 일반적으로 다른 경전에서는 사부대중과 팔부신장이 청중으로 등장하는데, 이 경전은 1250명의 비구승으로만 구성되어 있다.
둘째, 이 경은 공사상의 대표적인 경전인데도, '공空'이라는 말이 한 번도 나오지 않는다.
셋째, 집착 없는 마음을 강조하는데, 무주상無住相·응무소주應無所住 등으로 표현하고 있다. 즉 법法조차도 집착하면 법이 아니므로 진리에도 집착하지 말고, 자비를 베풀 때도 중생에게 자비를 베풀되 베푼 자선을 마음에 두지 않아야 진정한 자비이다. 또한 사람을 제도하고 인도하되 인도했다는 생각을 내지 않아야 진정한 제도이다.

넷째, 이 경은 대승경전답게 수행의 완성으로 육바라밀을 강조한다. 육바라밀을 통해 공사상의 실천을 강조하고 있는데, 집착 없는 육바라밀의 실천이다. 즉 무주상보시無住相布施 · 무주상지계無住相持戒 · 무주상인욕無住相忍辱 · 무주상정진無住相精進 · 무주상선정無住相禪定 · 무주상지혜無住相智慧이다. 특히 이 가운데, 법보시(8 · 11 · 13 · 15 · 19 · 24 · 28 · 32품)와 인욕수행(14품)이 강조되어 있다.

다섯째, 이 경에서는 『법화경』과 같은 다섯 가지 수행 방법이 제시되어 있다. 수지受持 · 독독讀 · 송송誦 · 위인해설爲人解說 · 사경으로 이 가운데 특히 수지하고 남을 위해 해설해주는 부분이 강조되어 있다.

여섯째, 역설적 · 부정적인 표현이 많다. 즉 무유정법無有定法 · 불가득不可得 · 무소득無所得과 같은 표현이다.

일곱째, 이 경전을 수지 · 독송할 때 좋지 않은 일이 발생하기도 한다. 즉 경을 수지 · 독송할 때, 타인으로부터 멸시나 천대를 받음으로써 과거 전생에 지었던 악업을 미리 소멸하고 깨달음을 구하는 지름길임을 강조하고 있다.

◘ 즉비논리

즉비논리卽非論理란 'A 卽非 A, 是名 A이다'라는 공식이 성립되는 이치를 말한다. 긍정 → 부정 → 긍정의 세 단계로 설해진다.

> "A는 곧 A가 아니다. 단지 그 이름만을 가지고 A라고 한다."
>   ①   ②   ③
> "불국토를 장엄한다는 것은 곧 장엄이 아니라, 단지 그 이름이 장엄이다."   - 10품
>   ①   ②   ③
> "여래가 설하는 장대하다는 것은 장대한 것이 아니라, 단지 그 이름이 장대한 것이다." - 17품
>   ①   ②   ③

이 논리는 『금강경』에서 30회 정도 언급되어 있다.

즉비논리는 대립과 편견, 아집과 그릇된 견해가 사라진 깨달음의 자리, 궁극적 경지를 마지막의 '시명是名 A'라고 표현한 것이다. 하지만 세 번째 A도 깨달음의 궁극적인 경지가 아니다. 즉 『능가경』에서 언급한 달을 가리키는 손가락(指月)에 불과하며, 『금강경』에서 제시한 강을 건너는 뗏목(筏)과 같은 것이다.

진제眞諦와 속제俗諦 차원에서 보면 앞의 ①·② A는 속제라고 할 수 있고, ③ A는 진제이다. 그러나 이 ③ 진제라고 하는 것조차 단지 이름일 뿐이다. 진리·깨달음은 어떤 형체나 언어문자로 표현할 수 있는 것이 아니며, 가장 높은 최상의 깨달음이라고 할 만한 일정한 법이 없기 때문이다(無有定法 名阿耨多羅三藐三菩提 - 7품).

첫째, 무아無我 사상 차원에서 생각해보자.

〈나〉라고 하는 존재는 오온이 모여 〈나〉를 이루고 있다. - 無我
따라서 〈나〉와 법은 고정됨이 없이 생멸변화한다. - 無常
색·수·상·행·식 각각은 개별적으로 자성, 즉 실체가 없다.
- 無自性

실체가 없이 각각이 모인 것이므로 진정한 〈나〉라고 할 수 없다.

- 非我(無我)

그래서 '오온의 거짓된 〈나〉'라고 이름 붙일 뿐이다. - 是名(我)

둘째, 『중론』에서는 다음과 같은 내용이 전한다.
"연기緣起, 우리들은 이것을 공성空性이라고 한다.
하지만 그것은 서로 의지해 존재하므로
단지 거짓으로 이름 붙였을 뿐이다.
동시에 이것이 중도이다

(衆因緣生法 我說則是無 亦爲是假名 亦是中道義)."

셋째, 선사들의 법거량에서 살펴보자. 당나라 때 남악회양이 스승인 육조혜능(638~713)을 처음 만나 나눈 대화이다.
육조혜능 : 자네는 어디에서 왔는가?(什麼處來)
남악회양 : 숭산에서 왔습니다(嵩山來).
육조혜능 : 어떤 물건이 이렇게 왔는가?(什麼物恁麼來)
남악회양 : 한 물건이라고 해도 맞지 않습니다(說似一物卽不中).

넷째, 당대의 청원유신靑原惟信 선사는 다음과 같이 말씀하셨다.
"이 늙은이가 삼십 년 전, 참선을 하지 않았을 때는
산을 보면 곧 산이고, 물을 보면 곧 물이더라(山是山 水是水).
선리禪理를 깨치고 깨닫고 나니,
산을 보아도 산이 아니고, 물을 보아도 물이 아니더라

(非山是山 非水是水).

이제 불법의 도리를 철저히 깨닫고 나서 보니, 이전과 마찬가지로 산을 보면 산은 산이요, 물을 보면 물이 물이더라
(只山是山 只水是水)."

다섯째, 『대승기신론』에 다음과 같은 내용이 전한다.
"눈앞의 경계가 마음의 헛된 움직임이라는 것을 알고 그것을 점점 초월하라. 눈앞의 사물은 객관적으로 가치가 있는 것이 아니라 주관적으로 (자신의 견해대로) 만들어 낸 것에 불과한 것이다."
이 구절을 통해 편견과 고정관념(相)을 깨야 한다는 교훈을 추론해 볼 수 있다. 고정관념은 그릇된 견해를 낳고, 사견邪見은 집착의 원인이 되기 때문이다.

9장

유마경[48] — 재가신자의 청정한 삶

불국토 건설을 위해 닦는 행

장자의 아들 보적이 부처님께 여쭈었다.

"부처님, 보살이 국토를 청정토록 하기 위해 어떤 행을 닦아야 합니까?"

부처님께서 말씀하셨다.

"보적아, 중생을 위하여 보살이 불국토를 갖는 것이다. 왜냐하면 보살이 교화할 중생을 따라 불국토를 가지며, 조복할 중생을 따라 불국토를 소유하고, 중생이 마땅히 어떤 국토로서 부처님의 지혜에 들어갈 수 있는

48　구마라집(344~413) 역, 『유마힐소설경維摩詰所說經』 3권을 저본으로 함.

가에 따라 불국토를 가지며, 중생이 마땅히 어떤 국토로서 보살의 근기를 일으킬 수 있는가에 따라 불국토를 갖는다.

이와 같이 보살이 청정한 국토를 갖는 것은 다 중생을 이익케 하기 위함이다. 마치 어떤 사람이 땅 위에다 집을 지으면 제대로 된 집을 지을 수 있지만, 허공에 집을 짓는다면 아무리 노력해도 집을 지을 수 없을 것이다. 이와 마찬가지로 보살도 중생을 성취하기 위하여 불국토 갖기를 원하는 것이요, 불국토를 갖고자 하는 것은 허공에 집을 지으려는 것이 아니다.

보적아, 마땅히 알아야 한다.

곧은 마음(直心)이 보살의 정토이니, 보살이 부처될 적에 정직하고 성실한 중생이 그 나라에 와서 태어난다. 깊은 마음(深心)이 보살의 정토이니, 보살이 부처될 적에 깊은 공덕을 갖춘 중생이 그 나라에 와서 태어난다.

보리심이 보살의 정토이니, 보살이 부처될 적에 대승의 중생이 그 나라에 와서 태어난다. 보시하는 것이 보살의 정토이니, 보살이 부처될 적에 모든 것을 보시하는 중생이 그 나라에 와서 태어난다.

계행을 지니는 것이 보살의 정토이니, 보살이 부처될 적에 십선十善을 닦는 중생이 그 나라에 와서 태어난다. 인욕하는 것이 보살의 정토이니, 보살이 부처될 적에 32상으로 장엄된 중생이 그 나라에 와서 태어난다. 정진하는 것이 보살의 정토이니, 보살이 부처될 적에 공덕을 부지런히 닦는 중생이 그 나라에 와서 태어난다. 선정을 닦는 것이 보살의 정토이니, 보살이 부처될 적에 마음이 고요한 삼매에 잘 들어가는 중생이 그 나라에 와서 태어난다.

지혜를 닦는 것이 보살의 정토이니, 보살이 부처될 적에 지혜를 얻은 중생이 그 나라에 와서 태어난다. 사무량심四無量心이 보살의 정토이니 보살이 부처될 적에 자비희사慈悲喜捨를 갖춘 중생이 그 나라에 와서 태어난다.

방편이 보살의 정토이니 보살이 부처될 적에 방편으로 걸림 없는 중생이 그 나라에 와서 태어난다. 회향을 잘 하는 마음이 보살의 정토이니, 보살이 부처될 적에 주변의 모든 중생에게 공덕을 되돌릴 줄 아는 중생이 그 나라에 와서 태어난다.

스스로 계행을 잘 지니어 다른 이의 잘못을 말하지 않는 것이 보살의 정토이니, 보살이 부처될 적에 깨끗한 마음을 지닌 중생이 그 나라에 와서 태어난다.

십선을 닦는 것이 보살의 정토이니 보살이 부처될 때에 단명하지 않고, 경제적으로 생활이 어렵지 않으며, 행실을 깨끗하게 하고, 말할 때 성실하고 부드러운 말을 하여 권속이 흩어지지 아니하며, 다투는 이들을 화해시키고, 남에게 좋은 말을 하며, 남에게 미움 받지 않고, 정견正見을 갖춘 중생이 그 나라에 와서 태어난다."

-제1 불국품

마음이 청정하면 국토가 청정하다

부처님께서 보적에게 거듭 말씀하셨다.

"보적아, 보살은 내가 말한 대로 마음이 곧으므로(直心) 좋은 일을 하게 되고, 좋은 일을 실천하므로 깊은 마음(深心)을 얻으며, 깊은 마음을 따라 망상과 망념이 조복되므로 말하는 대로 실천하고, 언행이 일치하기 때문에 지어놓은 모든 공덕을 훌륭하게 회향(回向心)한다.

회향하는 마음을 따라 방편이 생기고, 방편을 따라 중생이 청정해지며, 중생이 청정하므로 국토가 청정하다.

보적아, 보살이 청정한 국토를 얻으려거든 먼저 마음을 청정하게 해야 한다. 곧, 마음이 청정하면 국토가 청정하다(心淸淨 國土淸淨)."

- 제1 불국품

국토가 청정하지 못함은 중생의 죄업과 허물 때문이다

사리불 존자가 생각하기를, '세존께서 보살행을 하실 때 마음이 청정했을 터인데, 어째서 이 사바세계는 청정하지 못할까?' 라는 의구심을 가졌다. 부처님께서 사리불의 마음을 아시고 말씀하셨다.

"해와 달은 늘 청정하지만 눈먼 장님이 해와 달을 보지 못하는 것처럼, 중생이 지어놓은 무거운 죄업 때문에 여래의 국토가 청정함을 보지 못하는 것이다. 청정한 불국토를 보지 못하는 것은 나의 잘못이 아니라 중생의 허물 때문이다."

이어서 부처님께서 말씀하셨다.

"사리불아, 나의 불국토는 늘 청정하지만 어리석은 사람들을 제도하기 위하여 일부러 나쁜 것이 가득한 부정한 국토를 나타내 보인 것이다. 마치 수많은 하늘의 신들이 한 그릇 밥을 나눠 먹더라도 제각기 그 복덕에 따라 밥의 빛깔이 다른 것과 같다. 사리불아, 마음이 청정하면 이 국토의 공덕 장엄함을 볼 수 있다."

- 제1 불국품

재가자로 살지만, 출가자처럼 청정한 유마

유마 거사는 훌륭한 방편으로 사람을 제도하기 위해 베살리성[49]에 살고 있었다. 유마는 많은 재물을 가난한 사람에게 보시하고, 청정한 계율을 지켜 파계하는 사람들을 교화하며, 인욕행을 실천해 화를 잘 내는 사람이 유마에게 감화를 받고, 꾸준한 정진력으로 게으른 사람들을 잘 교화하며, 선정을 닦음으로써 산란한 사람들이 유마의 삼매력三昧力에 감화를 받고, 지혜를 닦음으로 어리석은 사람들을 교화한다.

그는 비록 출가자가 아닌 재가자로 살지만 사문의 청정한 계행을 지키며, 세속에 살면서도 삼계三界에 애착하지 않는다. 처자를 거느리고 있지만 항상 청정하게 살고, 친족이 있지만 거리를 두고 지내며, 보물로 장식된 옷을 입지만 공덕을 닦아 얻은 상호相好로 몸을 장엄하고, 온갖 맛있는 음식을 먹지만 선열禪悅로 맛을 본다.

- 제2 방편품

육신에 열심히 투자해도 언젠가 나를 배신하고 허망하게 죽어간다

유마 거사가 병이 들자 왕과 대신들, 친척, 친구들이 병문안을 왔다. 유마 거사는 문병 온 사람들에게 무상無常에 관해 법을 설하였다.

"지혜 있는 사람은 이 육신이 견고하며 영원하다고 여기지 않습니다. 이 몸뚱이는 물방울 같아서 잠시도 잡을 수 없으며, 물거품과 같아서 만질 수도 없고, 눈앞에 있다가 사라지는 불꽃처럼 한 순간의 애정으로 인해 생긴 것입니다.

또한 파초와 같아서 그 속이 단단하지 못하고 환상과 같으니, 이는 인간의 미혹에서 생긴 것이며, 꿈속에서 일어난 일처럼 허망한 데서 생겼고,

---

49 베살리Vesāli는 부처님께서 열반에 들기 직전, 지나쳤던 곳이며, 재세시 제자들과 함께 유행遊行하며 자주 머물렀던 장소이다. 리차비Licchavi족이 건설한 상업 도시로 제2차 결집이 이루어진, 진취적이고 자유로운 기풍을 지닌 곳이다. 베살리Vesāli는 빨리어 표기이고, 바이샬리Vesāli는 산스크리트어 표기이다. 『유마경』이 대승경전이므로 산스크리트어 표기를 써야 하지만, 이 책에서는 '베살리'로 통일하기 위해서 빨리어 표기를 썼다.

형체에 따른 그림자와 같아서 업으로 인해 만들어진 것입니다.
또한 메아리와 같이 인연에 의해 생겨났으며, 뜬구름과 같아서 잠시 있다가 사라지고, 순간에 번쩍이고 사라지는 번개처럼 잠시도 머물러 있지 않습니다.
…… 이 육신이 영원하지 않음을 마치 지나치는 바람처럼 생각하고, 어떤 것을 〈나〉라고 할 수 있는지요? 실체가 없다는 것을 알아야 합니다.
단지, 이 육신은 지·수·화·풍 사대로 이루어졌으며, 이 몸은 〈나의 것〉이라고 부를 만한 것이 없으므로 비어 있는 형상(空)일 뿐입니다.
평생 이 육신에 목욕하고 화장하며 옷 입히고 먹여주어도 언젠가는 그대들을 배신하고 허망하게 죽어 마침내 사라지고 맙니다.
이 몸뚱이가 화근이므로 101가지 병이 늘 괴롭히니 원수·도둑놈과 같으며, 오온·십이처·십팔계로 반연攀緣되어 모였을 뿐입니다."

- 제2 방편품

무조건 앉아 있다고 해서 좌선하는 것이 아니다

부처님께서 '제자들에게 유마 거사 병문안을 보내야겠다'고 생각하시고, 사리불에게 병문안을 다녀오라고 하자, 사리불이 부처님께 말했다.
"부처님, 저는 그 사람에게 문병갈 수 없습니다. 제가 오래전 숲 속 나무에 앉아 조용히 좌선을 하고 있을 때 유마 거사가 제게 이런 말을 했습니다."
"사리불 존자님, 무조건 앉아 있는 것만이 좌선坐禪이 아닙니다. 좌선이란 삼계에 있으면서도 몸과 마음의 작용을 나타내지 않을 때를 말하며, 번뇌와 작용이 완전히 사라진 멸진정滅盡定에서 일어나지 않으면서도 온갖 위의를 나타내는 것이 좌선이고, 부처님의 도법을 버리지 않고 범부의 일을 나타내는 것이 좌선입니다.

또한 마음이 안에도 머물지 않고 밖에도 머물지 않는 것이 좌선이고, 외도의 사견에 흔들리지 않으면서도 삼십칠조도품을 닦는 것이 좌선이며, 번뇌를 끊지 않고 열반에 드는 것이 좌선입니다. 이렇게 좌선하는 사람이라야 부처님께서 인가하십니다."

사리불이 예전에 유마에게 겪었던 일을 부처님께 말한 뒤 이어서 말했다.
"부처님, 저는 그때 유마 거사에게 한 마디도 할 수 없었습니다. 저는 병문안을 갈 수 없습니다."

- 제3 제자품

평등한 마음으로 밥을 빌어야 한다

부처님께서 가섭에게 유마 거사 문병을 다녀오라고 하자, 가섭이 말했다.
"부처님, 저는 유마 거사에게 문병갈 수 없습니다. 제가 오래전에 가난한 마을에서 탁발한 적이 있는데,[50] 유마가 제게 와서 이런 말을 했습니다."
"가섭 존자님, 부자 동네는 가지 않고 가난한 집만 찾아다니면서 탁발하는 것을 보니, 존자님은 자비심이 있기는 하지만 완전한 자비라고 할 수 없습니다. 일체가 모두 평등하다는 마음으로 한 집 한 집 차례차례로 탁발해야 합니다.

공空한 마음 상태로 마을에 들어가야 하며, 눈으로 보는 대상에도 걸림이 없고, 귀로 듣는 대상(소리)에도 걸림이 없으며, 냄새 맡는 향에도 분별심을 내지 않고, 몸으로 감촉을 느낄 때도 무심정無心定(멸진정)에 든 것처럼 탁발해야 합니다.

---

50 가난한 사람에게 걸식하는 것은 그들이 과거 전생의 탐욕심으로 현생에 가난하게 되었으므로, 그들에게 '탐욕심을 버리고 베푸는 공덕을 행하라' 는 가섭 존자의 애틋한 마음이라고 생각한다.

한 그릇 밥으로 일체중생에게 보시하며, 부처님께 공양한 뒤에 먹어야 합니다. 그에게 밥을 보시한 사람 또한 복이 큰 것도 아니고, 복이 적은 것도 아니며, 이익될 것도 없고, 손해될 것도 없는 법(空)입니다. 이런 마음으로 밥을 빌어야만 중생이 베푼 음식을 공짜로 먹는 것이 아닙니다."

- 제3 제자품

모든 것은 공이다

부처님께서 수보리에게 유마 거사 문병을 다녀오라고 하자, 수보리도 병문안을 갈 수 없다고 거절하였다. 이어서 수보리는 예전에 유마 거사와 만났던 일을 부처님께 말했다.

"부처님, 제가 예전에 유마 거사의 집에 탁발하러 갔을 때, 유마 거사가 제게 이런 말을 했습니다."

"수보리 존자님, 일체 모든 법에 평등한 마음을 가지고 공양을 받아야 합니다. 제법諸法이 공空한 것처럼 걸식도 공하다는 것을 알아야 합니다. 일체의 모든 모습과 성품이 모두 허깨비와 같은 것이니 조금도 두려워하지 마십시오. 일체의 언설言說도 이와 같습니다. 지혜로운 사람은 말과 문자에 집착하지 않기 때문에 두려워하지 않습니다. 왜냐하면 문자의 본 바탕이 본래 공한 것이므로 문자의 허상을 여읜 것이 곧 해탈이며, 해탈의 모양이 곧 모든 법이기 때문입니다."

- 제3 제자품

중생의 근기를 살핀 뒤에 법을 설하라

부처님께서 부루나에게 유마 거사 문병을 다녀오라고 하자, 부루나는 예전에 유마 거사와 만났던 일을 상기하며, 갈 수 없다고 하였다. 부루나는 유마 거사로부터 들었던 충고를 부처님께 말했다.

"부루나 존자님, 설법하려거든 먼저 선정에 들어 사람들의 마음을 잘 관조해본 뒤에 법을 설해야 합니다. 중생의 근본도 알지 못하면서 소승법 小乘法으로 인도해서는 안 됩니다. 본래 부스럼이 없는 이에게 상처내지 마십시오.

큰길로 가려는 이에게 샛길을 가리키지 말며, 바닷물을 소 발자국같이 작은 데 넣으려고 애쓰지 말고, 햇빛을 가지고 반딧불과 같다고 하지 마십시오. 이 비구들은 오랫동안 대승의 마음을 가졌던 이들로서 잠시 대승의 뜻을 잊었던 이들입니다. 그런데 어찌 소승법을 가지고 이들을 인도하려고 하십니까?"

- 제3 제자품

죄의 성품은 비어 있는 것이요, 죄업이란 두려움으로부터 비롯된다

부처님께서 우바리에게 유마 거사 문병을 다녀오라고 하자, 우바리가 부처님께 아뢰었다.

"세존이시여, 저는 그에게 병문안을 갈 수 없습니다. 오래전에 두 비구가 계율을 범하고 제게 와서 물은 일이 있는데, 저는 법대로 그들에게 말해주었습니다. 이때 유마 거사가 듣고 제게 이런 말을 했습니다."

"우바리 존자님, 이 비구들의 죄를 더하지 마십시오. 죄업에 대한 두려움을 없애주지 못할망정 존자님께서는 그들을 더 힘들게 하고 있군요. 죄의 성품이 안에 있는 것도 아니고, 밖에 있는 것도 아니며, 중간에 있는 것도 아닙니다.

부처님의 말씀대로 '마음이 오염되면 중생도 오염되는 법' 입니다. 그 마음이란 안에 있는 것도 아니고 밖에 있는 것도 아니며 중간에 있는 것도 아닙니다. 이와 같이 모든 것이 그러하며 진여眞如의 바탕에서 벗어나지 않습니다.

자신을 집착하는 것이 번뇌이고, 자신에 집착하지 않는 것이 청정행입니다. 우바리 존자님, 이 세상 모든 것은 잠깐 있다가 사라지는 무상한 것입니다. 모든 법이 서로 의지해서 잠깐 있는 것일 뿐, 어떤 실체가 존재하는 것이 아닙니다. 마치 물속에 비친 달과 같고, 거울 속에 나타난 형상과 같은 것입니다. 모든 것은 허망한 생각에서 비롯됩니다. 이런 진리를 바르게 아는 사람이 계를 잘 지키고, 계율을 제대로 아는 것입니다."

- 제3 제자품

참다운 출가

장자의 아들이 유마 거사에게 물었다

"부처님 말씀에 '부모가 허락하지 않으면 출가할 수 없다'고 하는데, 어떤 것이 참다운 출가입니까?"

유마 거사가 답했다.

"꼭 삭발염의를 해야 출가하는 것이 아닙니다. 만일 아뇩다라삼먁삼보리심을 발한다면 그것이 곧 출가하는 것이고, 그것이 바로 구족계具足戒를 받는 것입니다"

- 제3 제자품

곧은 마음이 도량이다

광엄 동자가 베살리 성문城門을 나가려고 하는데, 마침 그곳으로부터 들어오고 있는 유마 거사를 만났다. 광엄 동자가 유마 거사에게 물었다.

"거사님 어디에서 오십니까?"

"도량道場으로부터 옵니다."
"도량이란 어느 곳입니까?"
"곧은 마음이 도량(直心是道場)이니 거짓이 없는 까닭이며
행을 닦아가는 것이 도량(發行是道場)이니 능히 일을 판단할 수 있기 때문이고
깊은 마음이 도량(深心是道場)이니 공덕을 증진하기 때문이며
보리심이 도량(菩提心是道場)이니 그릇됨이 없기 때문입니다.
보시가 도량이니 (상대로부터) 갚음을 바라지 않기 때문이고
계를 수지하는 것이 도량이니 원하는 것에 만족할 수 있기 때문이며
인욕이 도량이니 모든 중생에게 미워하는 마음이 없기 때문이고
정진이 도량이니 마음을 조복하고 수행하기 때문이며
지혜가 도량이니 모든 법을 분명하게 보기 때문입니다.
사랑스런 마음이 도량이니 중생을 자애롭게 바라보기 때문이고
함께 슬퍼해주는 마음이 도량이니 피로와 괴로움을 견디기 때문이며
기뻐하는 마음이 도량이니 진리를 좋아하기 때문이고
평등한 마음이 도량이니 사랑하고 미워하는 분별심이 모두 사라졌기 때문입니다.
또한 해탈이 도량이니 애욕과 번뇌를 등지고 놓아버렸기 때문이고
방편이 도량이니 갖가지 방편으로 중생을 교화하기 때문이며
사섭법(보시·애어·이행·동사)이 도량이니 중생을 잘 거두기 때문이고
마음을 조복 받는 것이 도량이니 현상계 모든 법을 있는 그대로 관觀하기 때문입니다.
…… 이와 같이 선남자여,
보살이 만약 수많은 바라밀로서 중생을 교화하면

보살의 일거수一擧手 일투족一投足인 행동 하나하나는
모두 도량으로부터 나와 불법佛法에 머뭅니다."

- 제4 보살품

한 개의 등불로 백천 등불을 밝히듯 한 사람의 교화도 마찬가지다

유마 거사가 법락法樂에 대해 대중에게 설하는 중이었다. 이때 회중會衆
에 있던 마왕 파순이 천녀들에게 말했다.
"이제 우리 모두, 빨리 천궁으로 돌아갑시다."
천녀들이 마왕 파순에게 말했다.
"저희가 이제부터는 유마 거사에게 귀의해 법락을 즐길 것이요, 오욕락
을 멀리할 것입니다."
마왕 파순이 천녀들의 말을 듣고 놀라서 유마 거사에게 말했다.
"유마 거사님, 이제 천녀들을 놓아주십시오. 모든 것을 보시하는 것이
보살이라고 하지 않았습니까?"
유마 거사가 말했다.
"나는 그녀들을 이미 놓아주었습니다. 당신은 그들을 데려가되, 그들도
법의 기쁨을 느끼도록 배려해 주어야 합니다."
이때 천녀들이 유마 거사에게 물었다.
"우리가 비록 마魔의 궁전에 살지만 어떤 마음가짐으로 머물러야 합니까?"
"그대들이여, '무진등無盡燈'이라는 법문이 있는데, 그대들이 배워 실천
해야 합니다. 무진등이란 마치 한 개의 등불이 다음 등불에 불을 붙여주
고, 이어서 백천 등에도 똑같이 불을 붙여 어두운 곳을 다 밝혀 온 천지
를 밝게 해줄 수 있습니다. 이처럼 한 보살이 백천 중생을 인도하여 그들
이 아뇩다라삼먁삼보리심을 발發하게 할 수 있지만, 원래의 보리심을 처

음 발한 등불은 꺼지지 않으며 그 설법에 따라 좋은 법을 더할 수 있으니, 이것을 무진등이라고 합니다.
그대들이 비록 마왕 곁에 머물지만 많은 천인天人들로 하여금 보리심을 발하게 한다면, 첫째는 부처님 은혜를 갚는 길이요, 둘째는 일체중생에게 이익되게 하는 일입니다."

- 제4 보살품

참된 보시

유마 거사가 보시에 대해 말했다.
"보시를 할 때는 평등한 마음으로 해야 하나니, 가장 천한 거지에게 보시할 때도 부처님께 공양 올리는 것처럼 해야 한다. 이때 분별심을 내지 말고, 대비심을 가지며, 평등한 마음으로 보시하되 어떤 과보를 바라지 않고 보시하는 것을 법보시法布施라고 한다."

- 제4 보살품

중생이 아프므로 나도 아프다

부처님께서 문수 보살에게 병문안을 다녀오라고 하자, 문수 보살은 여러 보살들과 비구들, 하늘의 신·사람들과 함께 유마 거사가 사는 베살리성으로 들어갔다.
문수 보살이 유마 거사에게 물었다.
"병환이 어떠십니까? 병이 조금 차도가 있습니까?"
유마 거사가 말했다.
"무명無明으로부터 애착이 생겨 병이 난 것입니다. 일체중생이 병이 들었으므로 나도 병이 든 것입니다.

만약 일체중생의 병이 없어지면, 내 병도 없어질 것입니다. 왜냐하면 보살은 중생을 위하여 생사生死에 들어가는 것이요, 생사가 있으므로 병이 있는 것이니, 만약 중생이 병을 여의면 보살의 병도 사라질 것입니다. 비유하면 어떤 장자가 외아들을 두었는데 그 아들이 아프면 부모도 아프고, 아들의 병이 나으면 부모의 병도 낫는 것과 같습니다. 보살도 그와 같아서 중생 사랑하기를 아들같이 하므로 중생이 아프면 보살도 아프고, 중생의 병이 나으면 보살도 병이 낫습니다. '병이 왜 생겼냐?'고 제게 물었는데, 보살의 병은 대비심大悲心 때문입니다."

- 제5 문수사리문질품

누가, 왜 병을 앓고 있는가?

문수 보살이 물었다.
"유마 거사님, 병든 보살은 어떻게 그 마음을 다스려야 합니까?"
"병이 난 보살은 이런 생각을 해야 합니다. '나의 이 병은 지난 세상의 허망한 생각과 잘못된 마음, 번뇌로부터 생긴 것이요, 진실한 법이 아니거늘 누가 이 병을 앓고 있는가?'
왜냐하면 사대四大가 화합해서 이루어진 것을 육신이라고 하는데, 이 사대에는 주인이 없으므로 이 육신에 〈나〉라고 할만한 것이 없습니다. 또한 병이 생긴 것은 〈나〉라는 상相의 집착 때문에 생겨난 것이니, 〈나〉에 대한 집착을 버려야 합니다."

- 제5 문수사리문질품

생사에 대한 애착을 끊어야 병이 낫는다

유마 거사가 문수 보살에게 말했다.

"어떤 것을 병의 근원이라고 하는가? 인연에 연연함이 남아 있는 것이니, 인연에 얽매이면 병의 근원이 됩니다.

인연에 얽매이는 대상이란 무엇인가? 바로 삼계(三界, 욕계 · 색계 · 무색계)입니다.

그렇다면 어떻게 인연을 끊어야 하는가? 구하는 것이 없어야 인연을 끊을 수 있습니다. 즉 구하는 것이 없으면 마음의 작용 또한 사라지기 때문입니다.

어떤 것을 구하는 것이 없어야 된다고 하는가? 그것은 바로 두 가지 견해를 여의는 것입니다.

무엇을 두 가지 견해라고 하는가? 안으로 보는 것과 밖으로 보는 것인데,[51] 이 두 가지 견해를 여의면 구하고자 하는 욕심이 사라집니다.

문수 보살님, 이것이 병을 다스리는 보살의 방법입니다. 늙고 · 병들고 · 죽는 고통을 끊는 것이 보살의 도리이거늘, 만약 그렇지 못한다면 아무리 행을 닦고 번뇌를 없앤다고 해도 지혜가 생기지 못할 것입니다. 마치 원수를 이겨야 용맹하다고 할 수 있는 것처럼 노老 · 병病 · 사死를 끊는 사람을 보살이라고 할 수 있습니다."

- 제5 문수사리문질품

병에 걸린 보살의 마음 다스리는 법

유마 거사가 이어서 문수 보살에게 말했다.

"병에 걸린 보살은 다음과 같이 마음을 다스려야 합니다. 마음을 조복調伏하는 데도 머물지 아니하고, 또 마음을 조복하지 않는 데도 머물지 말

---

51 안으로는 오온으로 구성된 몸(色)과 마음(受 · 想 · 行 · 識)을 보지 않는 것이요, 밖으로는 현상(오온의 대상)을 보지 않는 것으로 주관과 객관을 초월한 경지이다.

아야 합니다.
왜냐하면 마음을 다스리지 않는 데 머물면 어리석은 사람의 법法이요, 혹 마음을 다스리는 데 머물면 이는 성문聲聞의 법이기 때문입니다.
그러므로 보살은 마음을 조복하는 데도 머물지 않고, 마음을 조복하지 않는 데도 머물지 않아야 합니다. 이 두 가지를 초월한 것이 보살의 행입니다."

- 제5 문수사리문질품

진정한 보살행이란 중도행

생사生死에 있으면서도 그릇된 행을 하지 않고, 열반에 머물면서도 영원히 열반에 안주하지 않는 것이 보살행이다.
범부의 생활도 아니요, 성자의 생활도 아닌 것이 진정한 보살행이다. 또한 청정행淸淨行도 하지 않고, 부정不淨한 행도 하지 않는 것을 진정한 보살행이라고 한다.

- 제5 문수사리문질품

땅에서 넘어진 자는 땅을 짚고 일어나라

번뇌를 끊은 다음에 열반을 구하고자 한다면, 이는 쓸데없는 희론戲論이요, 법法을 구하는 것이 아니다.
법을 구하는 이들은 생生에서 구하지도 않고, 멸滅에서 구하지도 않는다. 법은 본래 고요하고 멸했으므로 적멸寂滅이라고 한다. 만약 생멸生滅을 행하면 이것은 생멸을 구함이요, 적멸을 구하는 것이 아니다.
법은 애착이 없는 것이거늘 만약 법이나 열반에 애착한다면 이것은 바로 애착이요, 법을 구하는 것이 아니다.

- 제6 부사의품不思議品

법을 구하는 사람은 무언가 구하는 것이 있어서는 안 된다

유마 거사가 사리불에게 말했다.

"법法은 형상이 없건만 만일 어떤 형상이 있다고 분별심을 낸다면, 이것은 형상을 구하는 것이지 법을 구하는 것이 아닙니다.

법은 머물 수 있는 것이 아닌데 법에 머물러 있다면, 이것은 법에 머무는 것이지 법을 구하는 것이 아닙니다.

법은 보고 듣고 깨닫고 앎(見聞覺知)이 아니건만 만약 보고 듣고 깨닫고 앎이 있다고 한다면, 이것은 단순한 견문각지요, 법을 구하는 것이 아닙니다.

법은 인위적인 조작이 없는 것인데, 만일 조작이 있다고 한다면 이는 세속법인 유위법을 구하는 것이지 진리인 무위법無爲法을 구하는 것이 아닙니다.

그러므로 사리불 존자님, 법法을 구하는 사람은 일체 법에 무언가 구求하는 것이 있어서는 안 됩니다."

- 제6 부사의품

법 앞에는 남녀 구별이 없다

마침 그 회중에 한 천녀天女가 있었는데, 이 천녀는 보살들과 제자들에게 하늘 꽃을 뿌렸다. 보살들에게 뿌려진 꽃은 몸에 붙지 않고 다 흩어졌으나 제자들에게 뿌려진 꽃은 몸에 붙어 있었다. 제자들은 신통력으로 꽃잎을 떼려고 했지만 떼어지지 않았다. 이때 천녀가 사리불에게 물었다.

"어찌해서 꽃잎을 떼려고 하십니까?"

"비구들의 몸에 꽃잎이 붙어 있는 것은 법답지 못하기 때문입니다."

"그 꽃은 분별이 없건만, 존자님께서 분별심을 내기 때문입니다. 출가자가 분별심을 내는 것은 여법如法한 행위가 아닙니다. 꽃잎이 붙지 아니한 저 보살들은 모든 분별심을 끊었기 때문에 꽃잎이 붙지 않았습니다. 마치 사람들이 두려운 생각을 품으면 귀신들이 그 틈에 장난치는 것처럼 스님네들이 생사生死를 두려워하기 때문에 육경인 색·성·향·미·촉·법들이 틈을 내는 것입니다. 두려움이 없는 사람에게는 오욕이 스며들지 않는 법입니다. 번뇌나 두려움이 없는 이에게는 꽃잎이 붙지 않습니다."

사리불이 천녀에게 물었다.

"탐·진·치 삼독에서 벗어나는 것을 해탈이라고 합니까?"

"부처님께서 증상만을 내는 사람들을 교화하기 위해 탐·진·치 삼독에서 벗어나는 것을 해탈이라고 말씀하셨습니다. 만약 증상만을 내는 사람이 없다면 부처님께서는 삼독의 본성이 곧 해탈이라고 했을 것입니다."

사리불이 말했다.

"천녀여, 매우 훌륭하십니다. 그대는 무엇을 얻었으며, 무엇을 깨달았기에 이렇게 변재가 훌륭하십니까?"

"저는 얻은 것도 없고, 증득할 것도 없는 법을 얻었으므로 지혜와 변재가 이러합니다. 그러나 제가 만약 '얻은 것이 있고 증득한 것이 있다'고 생각한다면, 주위에서 저를 '증상만인'이라고 했을 것입니다."

사리불이 천녀에게 물었다.

"당신은 삼승법 가운데서 어느 것을 구하십니까?"

"성문법으로 중생을 교화하기 위해서는 제가 성문이 되고, 십이인연설로 중생을 교화하기 위해서는 제가 연각이 되며, 대자비의 법으로 중생을 교화하기 위해서는 제가 대승이 됩니다."

사리불이 천녀에게 물었다.

"그대는 어찌하여 여인의 몸을 바꾸지 않습니까?"

"저는 12년 동안 여자 모양을 찾으려고 해도 여자 몸을 찾지 못했는데, 무엇하러 굳이 바꿉니까? 모든 법에는 어떤 일정한 상相이 없는 법이거늘 어찌하여 존자님께서는 저에게 '왜 여인의 몸을 바꾸지 않느냐' 라고 묻습니까?"

그때 천녀는 사리불의 어리석음을 깨우치기 위해 신통력으로 사리불의 형상을 천녀로 바꾸고, 자기는 사리불의 몸으로 변화시킨 뒤 사리불에게 물었다.

"사리불 존자님, 어째서 여자 몸을 바꾸지 않습니까?"

"나는 지금 어떻게 남자 몸을 잃었는지 모르겠습니다."

천녀가 다시 말했다.

"그대가 현재 여인의 몸을 남자 몸으로 바꾼다면, 이 세상의 모든 여인들도 남자로 바꿀 수 있습니다. 마치 사리불 존자님이 본래 여인이 아닌데 여인의 몸을 나타내듯이, 모든 여인들도 마찬가지로 여인의 몸을 가졌지만 여인이 아닙니다. 부처님께서 '일체 모든 법(형상)에는 남자도 없고, 여자도 없다' 라고 말씀하셨습니다."

그때 천녀가 신통력으로 다시 사리불의 몸을 예전처럼 바꾸고, 사리불에게 물었다.

"사리불 존자님, 여인의 모양이 지금은 어디 있습니까?"

"나는 여자의 모습을 만들지도 않았고, 변화시키지도 않았습니다."

천녀가 말했다.

"모든 법도 또한 그러하여 있는 것도 아니고, 있지 않은 것도 아닙니다. 이것은 부처님께서 말씀하신 것입니다."

- 제7 관중생품觀衆生品

더러운 진흙탕에서 연꽃이 피어난다

유마가 문수 보살에게 말했다.

"생사生死 가운데 열반을 나타내는 법입니다(열반을 나타내면서도 생사를 끊지 않는 것)." 유마가 다시 문수 보살에게 물었다.

"그렇다면 여래가 될 수 있는 종자種子는 어떤 것입니까"

문수 보살이 다음과 같이 대답했다.

"나고 죽는 이 육신이 여래의 종자이고, 번뇌로 인해 애착을 일으키는 그 자리가 바로 여래의 종자이며, 탐심·진심·치심 삼독심이 여래의 종자이고, 그릇된 생각이 여래의 종자이며, 오개五蓋[52]가 여래의 종자가 되고…… 62견見[53]과 일체 모든 번뇌가 부처가 될 수 있는 종자입니다."

유마 거사가 물었다.

"어찌하여 그렇습니까?"

문수 보살이 대답했다.

"왜냐하면 출세간법出世間法으로는 아뇩다라삼먁삼보리심을 내지 못합니다. 마치 청정한 땅에서는 연꽃이 나지 않고, 낮고 질척한 진흙탕에서만 연꽃이 피어나는 것과 같습니다. 번뇌 속에 있는 중생이라야 불법을 일으킬 수 있으며, 번뇌가 곧 여래의 종자입니다.[54] 마치 큰 바다에 들어가지 않고는 보배와 진주를 구할 수 없는 것처럼 번뇌 바다에 들어가야 지혜 보배를 취할 수 있는 법입니다."

- 제8 불도품佛道品

---

52 오개란 감각적 욕망·악의·게으름과 혼침·들뜸·회의적 의심이다. 이 오개에 대해서는 『아함경』장 사념처四念處 부분에서도 자세히 거론하였다.

53 62견이란 부처님 재세 시 불교의 가르침과 다른 외도의 견해를 총칭한다. 여기서는 62가지 그릇된 견해라기보다는 번뇌의 통칭이라고 보면 옳을 듯하다.

유마의 침묵

유마 거사가 여러 보살에게 물었다.

"어떻게 해서 둘 아닌 법문(不二法門)에 들어가는 것입니까? 각각 생각나는 대로 말해 보십시오."

법자재法自在 보살을 비롯한 31명의 보살이 차례차례로 생生·멸滅, 정淨·예穢, 아我·아소我所, 수수·불수不受, 동動·정靜, 일상一相·무상無相, 보살심菩薩心·성문심聲聞心, 선善·불선不善, 유루有漏·무루無漏, 세간世間·출세간出世間, 유위有爲·무위無爲, 생사生死·열반涅槃, 진盡·무진無盡, 무명無明·명明, 색色·공空, 복福·죄罪, 육바라밀六波羅蜜·회향廻向, 선법善法·불선법不善法, 선행·악행, 자아自我·타자他者, 암暗·명明, 정도正道·사도邪道, 실實·허虛 등 각각 대립되는 개념들을 나열하며 불이不二에 대한 소견을 피력했다. 마지막으로 문수 보살이 다음과 같이 말했다.

"내 생각에는 일체법에 대해 언어도 없고, 말할 것도 없으며, 드러낼 것도 없고, 인식할 것도 없어 일체 모든 문답을 여읜 것이 절대 평등인 불이법문에 들어가는 것입니다."

그리고 유마 거사에게 물었다.

"우리는 제각기 다 말했습니다. 거사님은 어떤 것을 불이법문이라고 생각하는지 말씀해 보십시오."

---

54 번뇌를 끊고 열반을 얻는 것이 아니라, 번뇌를 끊지 않고 그 자리에서 열반을 구하는 것이다. 번뇌와 악을 지닌 인간의 현실이 곧 해탈을 완성하고 성불을 실현하는 기초가 된다는 것이다. 번뇌 자리에 보리가 있고, 생사 속에 열반이 있다고 하여 '번뇌즉보리煩惱卽菩提', '생사즉열반生死卽涅槃'이라고 한다. 이는 고원이 아닌 진흙탕 속에서 아름다운 연꽃이 피어나는 것과 같은 이치이다.

그러나 유마는 묵연히 한마디도 하지 않았다.
이윽고 문수 보살이 유마 거사를 찬탄하며 말했다.
"훌륭하십니다. 거사님, 참으로 훌륭하십니다. 문자도 없고 언어까지도 없는 그 자리가 참된 불이법문에 들어가는 것입니다."
그때 이를 듣고 있던 대중, 오천 명이 무생법인無生法忍을 얻었다.

- 제9 입불이법문품入不二法門品

여덟 바라밀을 닦으면 정토에 태어난다

보살들이 유마 거사에게 물었다.
"보살이 몇 가지 법을 성취하여야 이 세계에서 잘못되지 않고 정토에 태어날 수 있습니까?"
"보살이 여덟 가지 법을 성취하면 이 세계에서 잘못되지 않고 정토에 태어날 수 있습니다.
첫째, 중생에게 베풀되 되갚음을 바라지 않고
둘째, 일체중생을 대신해 고통 받으며, 지은 공덕을 그들에게 회향합니다.
셋째, 평등한 마음으로 중생을 대하고 겸손함을 잃지 않으며
넷째, 모든 보살을 부처님같이 섬기는 것입니다.
다섯째, 듣지 못했던 경전을 들어도 의심하지 아니하고
여섯째, 성문과 더불어 서로 친근하게 지내어 남이 받는 공양을 질투하지 않고, 나의 장점을 자랑하지 않으며, 사람들과 더불어 함께하는 가운데 마음을 잘 다스리는 것입니다.
일곱째, 나의 허물은 조심스럽게 살피고 남의 단점을 드러내지 아니하며
여덟째, 게으르지 않고 한결같은 마음으로 공덕을 구하는 것입니다."

- 제10 향적불품香積佛品

여래는 언어문자로 분별할 수 있는 것이 아니다

부처님이 유마 거사에게 물었다.

"여래如來를 보고자 할 때, 어떻게 여래를 보는가?"

"몸의 실상實相을 보는 것처럼 부처는 감히 어떤 형체가 있어 눈으로 볼 수 있는 것이 아니며, 말로도 표현할 수 없고, 얕은 지혜로도 알지 못하며, 망식妄識으로도 분별할 수 없습니다…….

여래는 진실한 것도 아니고 속이는 것도 아니며, 오는 것도 아니고, 가는 것도 아니며, 출입出入이 있는 것도 아니고, 온갖 언어·문자가 끊어졌습니다…….

진여眞如와 같고, 법法의 성품과 같으며, 말로 할 수도 없고, 헤아려 알 수도 없습니다. 과거에 있었던 것도 아니고, 미래에 있을 것도 아니며, 지금 있는 것도 아닙니다. 어떤 언어·문자로 분별해 볼 수 있는 것이 아닙니다."

- 제12 견아축불품見阿閦佛品

『유마경』 이야기

■ 『유마경』의 의의

『유마경維摩經』의 성립연대는 확실하지 않으나, 반야부 계통으로 『법화경』보다는 경전 성립이 조금 이르다. 대략 1~2세기 무렵에 성립되었을 것으로 학계에서는 추측하고 있다. 이 경은 베살리를 배경으로 재가신자인 유마와 제자들(聲聞)과의 대화를 중심으로 이루어져 있다.

『서역기西域記』에 의하면, 현장법사(602~664)가 인도를 순례할 당시, 유마가 거주했다는 집이 베살리의 망고 밭에서 동북쪽으로 3리쯤 되는 곳에 위치하며, 불이법문으로 화제가 된 병실도 남아 있었다고 전한다. 또 서역에는 도상화圖像化된 유마변상도가 많았다고 한다.

이 경전은 산스크리트어로 『비말라킬티 니르데샤Vimalakīrti-nirdeśa-sūtra』이다. '비말라킬티(Vimalakīrti, 維摩)'는 무구칭無垢稱 혹은 이구칭離垢稱, 정명淨名으로 번역하여 때 묻지 않은, 명성이 자자한의 뜻이고, 니르데샤nirdeśa는 설법, 법문의 뜻이 담겨 있어 『유마경』은 '청정한 유마 거사의 법문'이라고 할 수 있다.

이 경은 3회 14품으로 구성되어 있으며, 서분(서론)은 베살리 부처님 법회로서 1품~4품, 정종분(본문)은 유마 거사 방장에서의 법문인 5품~10품, 유통분(결론)은 다시 베살리 부처님 법회인 11품~14품이다. 이 가운데 제6「부사의품」~제9「입불이법문품」에 설해진 불이법문不二法門이 경의 중심이 된다.

■ 경전의 역경

이 경은 대승불교 전파로 중앙아시아의 여러 나라 말로 번역되었다. 중국에 처음으로 한역된 것이 기원후 188년으로 전해지지만 현재는 전하지 않는다. 이후 일곱 번 정도 한역되었으나 원형인 산스크리트 본은 남아 있지 않다. 일반적으로 유통되고 있는 것은, 지겸 역『유마힐경維摩詰經』2권(223~253), 구마라집 역『유마힐소설경維摩詰所說經』3권(406), 현장의『설무구칭경說無垢稱經』6권(650)인 세 역본이 있으며, 이외 티베트 역도 있다.

여러 본을 비교해보면, 구성에 큰 차이가 없고 장章을 구분하는 방법도 일치하므로 유포 과정에서도 큰 변화가 없었던 것으로 보인다. 한역본 가운데 티베트 역에 가장 일치하는 것은 현장 역이며, 티베트 역은 산스크리트 원문에 가장 가까운 것으로 추정된다.

구마라집 역은 미혹과 깨달음의 동일성 강조, 번뇌에 오염되어 있는 인간적 현실을 긍정하는 내용이 종종 발견되었는데, 티베트 역과 비교해 보면 역자의 의역임을 알 수 있다.

■ 경전의 주요 사상

이 경전은 초기대승의 반야사상을 담고 있는 반야부 경전류에 속한다. 『반야경』이 반야·공사상의 철학적이고 학문적인 체계로 이루어졌다면, 『유마경』은 반야사상의 마지막 완성 단계로 현실적·실천적 측면에서의 공사상을 천명하였다. 다음 언구들이다.

"범부가 살고 있는 생사生死 세계에 있으면서도 그릇된 행을 하지 않고, 성인의 경지인 열반에 안주하지만 영원히 멸도하지 않는 것이 보살행이다. 성자의 생활도 아니라면, 범인의 생활도 아닌 것, 그것이 보살행이다…… 더러움과 깨끗함을 모두 초월한 것이 다름 아닌 보살행이다."
"자각의 세계에 머물러 자락自樂하는 것은 보살의 속박이며, 방편을 가지고 중생세계에 교화를 전개하는 것이 보살의 해탈이다."

- 문수사리문질품

"연꽃은 맑은 고원의 물에서보다는 오히려 진흙 밭에서 꽃을 피운다. 번뇌의 바다에 들어가지 않으면 지혜의 보물을 얻을 수 없다(煩惱卽菩提)……. 불도는 굳이 깊은 산골에 들어가 수행하는 것이 아니라 일상생활을 전개하면서 불법을 버리지 않는 곳에 있다(生死卽涅槃)".

- 불도품

◘ 경전이 후대에 끼친 영향
『유마경』이 불교사에 미친 사상은 크게 세 가지다. 공空사상 실천과 선종의 형성, 재가자들의 수행 참여 의식을 높여 주었다.
첫째, 이 경전은 재가신자 입장에서 '생활의 실제적인 면과 조화를 이루면서 어떻게 실천하느냐' 는 대승불교운동이 지향하는 바를 설정하고 있다. 이런 점으로 이 경이 중국에 전해진 이후 재가자들의 수행 참여가 넓어졌다. 굳이 삭발염의削髮染衣한 출가자가 아닌 재가자라도 보리심을 발하면 그것이 곧 진정한 출가요, 수행자라는 점이다. 다음 「방편품」의 구절이다.
"유마는 비록 재가자로 살지만 사문의 청정한 계행을 지키며, 세속에 살면서도 삼계에 애착하지 않는다. 처자를 거느리고 있지만 항상 청정하게 살고⋯⋯ 온갖 맛있는 음식을 먹지만 선열禪悅로 맛을 본다."
『유마경』의 영향으로 중국 당·송대의 거사들도 수행하는 풍토가 형성되었다. 대표 거사가 당나라 때 왕유(王維, 700~761)와 방거사(740~808)이다. 한편 신라 후기의 부설거사가 있다.
둘째, 이 경이 중국으로 유입된 이후 교종보다 선종과 밀접한 연관이 있었다. 즉 유심정토唯心淨土, 막착언설莫着言說, 불이사상不二思想, 좌선 중심의 수행을 배격하는 등 이 경의 내용이 선사상 확립에 바탕이 되었다. 특히 일상생활에서의 수행으로 발전되는 모태가 되었다. 「보살품」에 "사위의四威儀가 도량이며 삼업三業이 불사佛事"라는 말을 적극 활용하여 좌선과 노동, 인간의 일상생활 모두를 불사로 보고 있는 점에서 새로운 의미를 부여했다는 점이다.
당나라 마조의 '평상심平常心이 도道' 라는 생활 종교로 발전되었고, 백장(720~814)에 의해 '노동하는 것 자체가 수행과 일여一如하다' 는 사상으로 발전되어 청규淸規가 제정되었다. 이 청규 속에는 노동=수행이라는 공식이 성립되어 승려들의 운력이 보편화되었다.

초기대승불교
화엄·정토·법화

10장 화엄경 - 대승불교의 꽃
11장 보현행원품 - 불자의 아름다운 행원
12장 무량수경 - 법장비구의 48대원
13장 법화경 - 중생이 곧 부처

10장

화엄경 [55]
— 대승불교의 꽃

서로 인연으로 얽혀 있을 뿐 자성이 없다

문수 보살이 첫 번째 각수覺首 보살에게 물었다.

"보살님, 어째서 마음의 본성(自性)은 하나인데, 이 세상은 다양하며 차별이 있습니까?[56] 행복한 사람이 있는가 하면, 불행한 사람이 있고, 건강한 사람이 있는가 하면, 장애인이 있으며, 얼굴이 잘생긴 사람이 있는가 하면 못생긴 사람도 있고, 많은 고통을 안고 사는 사람이 있는가 하면

---

55 불타발타라(覺賢, 359~429) 역, 『대방광불화엄경大方廣佛華嚴經』 60권본을 저본으로 함.
56 '마음의 성품은 하나인데, 어째서 중생은 과보가 각기 다른가' 라는 질문이다.

늘 즐겁게 사는 사람도 있습니다. 또 업은 마음을 알 수 없고, 마음은 업을 알지 못합니다…… 왜 인因은 연緣을 알지 못하고, 연은 인을 알지 못합니까?"

각수 보살이 대답했다.

"중생 구제를 위해 잘 물으셨습니다. 나는 이 세계가 있는 그대로의 실상實相을 말하려고 합니다. 세상 모든 것은 자성自性을 갖고 있지 않습니다. 어떤 하나를 물어서 알 수 있는 것이 아닙니다. 또한 그들끼리도 서로 알지 못합니다. 예를 들어 냇물은 끊임없이 흐르고 있지만, 그 물 한 방울, 한 방울은 서로 알 수 없는 것과 같은 이치입니다. 또 큰불이 나서 끊임없이 타고 있지만, 그 속에 있는 불꽃들은 서로 알지 못합니다. 이렇게 모든 것은 서로서로 알지 못합니다. 육근인 눈·귀·코·혀·몸·마음 등은 분명 고통을 받고 있고, 괴로움을 느끼지만 실제로는 아무런 괴로움도 받고 있지 않습니다.

또한 사물 그 자체는 전혀 움직이지 않는 것처럼 보이지만, 실제로는 항상 움직이고 있습니다. 자성이 존재하지 않는 것입니다. 바른 사념을 가지고 관찰하면 모든 것에 자성이 없음을 알 수 있습니다. 마음의 눈은 청정하고 불가사의합니다. 공허한 것이라고 말하고, 참된 것이라고도 말하지만 이 모두는 단순히 꾸며진 언어에 불과할 뿐입니다."

- 제6 보살명난품菩薩明難品

인연의 업은 꿈과 같은 것

문수 보살이 두 번째 재수財首 보살에게 물었다.

"보살님, 여래가 중생을 교화할 때, 중생의 근기에 맞춰 교화합니까?"

재수 보살이 답했다.

"적멸을 좋아하면서 행하는 이들의 경계입니다. 그대에게 이 세계의 있는 그대로의 실상을 말하려고 합니다. 자신의 육신에 어떤 실체가 있는지를 정확하게 관觀하는 사람은 자아自我가 있고 없는지를 잘 압니다. 이처럼 육신의 상태를 있는 그대로 본 사람은 마음 어디에도 집착하지 않습니다. 이와 같이 육신의 있는 그대로의 실상을 깨닫고, 공空을 깨달은 자는 모든 것이 허망하다는 것을 알고, 마음에 집착하지 않습니다.

이와 같이 육신과 정신이 서로 밀접하게 연관되어 있고, 서로 의지하고 관련되어 있으면서 움직이고 있는 모습은 마치 불이 타오르면서 어느 것이 앞이고 어느 것이 뒤인지 식별할 수 없는 것과 같습니다. 또 인연에 의해 일어나는 업은 꿈과 같고, 결과 또한 모두가 적멸한 것입니다.

또 세간의 모든 존재는 오직 마음을 주인으로 삼고 있습니다. 자신의 기호에 따라 판단하고 집착하면 반드시 그릇된 견해에 빠질 것입니다. 생멸生滅이 유전流轉하는 일체 세계는 모두 인연으로부터 일어나 인연으로 소멸되고 있습니다.

지혜로운 사람은 모든 존재가 무상無常하고 공空하여 진실한 자아가 없다고 여실하게 관하여 집착하는 마음을 일으키지 않습니다."

- 제6 보살명난품

자신의 업에 따라 과보를 받는 것

문수 보살이 세 번째 보수寶首 보살에게 물었다.

"보살님, 중생의 몸은 지·수·화·풍인 사대로 이루어져 있습니다. 그 안에 자아自我라고 하는 실체는 없습니다. 또 모든 사물의 본성은 선善도 아니고, 악惡도 아닙니다. 그런데 왜 중생에게는 괴로움과 즐거움이 있고, 선과 악이 있으며, 모습이 단정한 자가 있는가 하면 못생긴 자가 있습니까?"

보수 보살이 대답하였다.

"저마다 자신이 지은 업에 따라 과보를 받지만, 그 (업을) 짓는 실체는 존재하지 않기 때문입니다. 이것은 모든 부처님께서 설하시는 진리입니다. 예를 들면 밝은 거울에 비치고 있는 영상이 다양하듯이 업의 본성도 그렇습니다. 혹은 식물의 종자는 서로 알지 못하는 사이에 싹을 내는 것처럼 업의 본성도 마찬가지입니다.

또 많은 새들이 저마다 각기 다른 소리를 내는 것도 업의 본성에 따른 것입니다. 또 지옥에서 중생들이 온갖 고통을 받고 있지만 그 고통은 오는 곳이 없습니다. 자기 자신의 내부에서 만들어낸 것으로 업의 본성도 마찬가지입니다."[57]

- 제6 보살명난품

진리는 하나이지만, 각자 근기에 따라 받아들인다

문수 보살이 네 번째 덕수德首 보살에게 물었다.

"보살님, 부처님께서 깨달은 진리는 오직 하나입니다. 그런데 어째서 부처님은 여러 가르침을 설하고, 다양한 소리를 내며, 무량한 몸을 나타내십니까? 또 신통력으로 다양한 이변異變을 보여 수많은 중생을 교화하는 것입니까?"

덕수 보살이 대답하였다.

---

57 지옥에 떨어진 중생이 고통을 받지만 그 고통은 외부에서 오는 것이 아니라 자기 자신의 내부에서 만든 것이다. 즉 자신이 지은 죄의 대가로서 생긴 것이다. 업도 그 자체의 자성은 없지만 과보는 반드시 존재한다.

"문수 보살님, 그대의 질문은 실로 의미가 깊습니다. 예를 들면, 땅의 본성은 하나이지만 모든 식물을 성장시키면서 대지大地 자신은 아무런 분별을 하지 않습니다. 또한 불(火)의 본성은 하나이면서도 모든 것을 태워없애지만 불 자신에게는 아무런 분별이 없는 것처럼 모든 부처님의 법도 이와 같습니다.

또 큰 바다에는 무수한 강물이 흘러 들어가지만, 그 맛은 조금도 변함이 없는 것과 같이 모든 부처님의 법도 그와 같습니다. 또 태양은 시방十方의 모든 것을 비추지만 그 빛에 차별이 없습니다. 이와 같이 모든 부처님의 법 또한 차별이 없습니다.

또 하늘의 밝은 달이 지상을 비추지만, 달은 어느 특정한 사람에게 마음을 두지 않는 것과 같이 모든 부처님의 진리는 하나이지만, 중생들이 각각의 근기에 따라 받아들임이 다를 뿐입니다."

- 제6 보살명난품

그릇에 따라 물의 모양이 달라지듯, 중생의 업도 그러하다

문수 보살이 다섯 번째 목수目首 보살에게 물었다.

"보살님, 여래의 복전福田은 하나인데 어찌하여 중생이 받는 과보는 각기 다릅니까? 아름다운 모습을 갖춘 이가 있는가 하면 추한 자가 있고, 귀한 자가 있는가 하면 천한 자도 있으며, 부자가 있는가 하면 가난한 자가 있습니다. 여래는 평등하여 애증愛憎이 없을 터인데, 왜 중생은 이렇게 분별이 있습니까?"

그때 목수 보살이 대답하였다.

"예를 들면, 대지는 하나입니다. 사랑하고 미워함이 없습니다. 그런데 대지가 식물을 싹트게 하는 것처럼 복전도 또한 그와 마찬가지입니다.

같은 물이지만 담기는 그릇에 따라 그 모양이 달라지는 것처럼, 부처님의 복전도 중생의 업에 따라 다릅니다."

- 제6 보살명난품

쉼 없이 정진하라

문수 보살이 여섯 번째 진수進首 보살에게 물었다.
"보살님, 부처님의 가르침은 하나인데, 가르침을 들은 중생들은 왜 똑같이 번뇌를 끊지 못하는 것입니까?"
그때 진수 보살이 대답하였다.
"어떤 중생은 빨리 깨닫는 자가 있는가 하면, 깨달음이 매우 더딘 사람도 있습니다. 만약 번뇌를 제거하고 해탈에 이르고자 한다면, 마음을 굳게 먹고 늘 정진하는 자세를 지녀야 합니다.
예를 들면 젖은 나무에 불이 붙지 못하는 것처럼 불법佛法 안에서 게으른 자도 이와 마찬가지입니다. 또한 불을 피울 때도 자주 쉬게 되면 불길이 약해지고 마침내 꺼져버릴 것입니다. 게으른 자도 이와 같습니다. 게으른 자가 깨달음을 구한다고 하는 것은 눈을 감고 빛을 보려는 것과 같습니다."

- 제6 보살명난품

듣는 것만으로 해탈할 수 없다, 실천이 필요하다

문수 보살이 일곱 번째 법수法首 보살에게 물었다.
"보살님, 불법을 듣는 것만으로는 번뇌를 끊을 수 없습니다. 불법을 들어도 여전히 탐욕을 일으키고, 성내는 마음을 내며 어리석은 생각을 갖고 있습니다. 왜 듣는 것만으로 탐·진·치 삼독이 제거되지 못하는 것일까요?"

그때 법수 보살이 대답하였다.

"문수 보살님, 다만 듣는 것만으로는 불법을 알 수 없기 때문입니다. 예를 들면, 아무리 맛있는 음식이 많이 있어도 입으로 먹지 않으면 굶어 죽는 것과 같고, 온갖 약을 알고 있는 훌륭한 의사일지라도 스스로의 병은 고치지 못하는 것처럼, 진리는 절대 듣는 것만으로 공부되는 것이 아닙니다.

또 가난한 사람이 밤낮으로 남의 돈과 보물을 헤아려도 자신에게 한푼도 없는 것과 같고, 맹인에게 멋있는 그림을 보여주어도 보지 못하는 것과 같으며, 물속에 떠다니면서도 물을 마시지 못해 목말라 죽는 사람처럼, 불법은 듣는 것만으로 공부가 되는 것이 아니라, 스스로의 실천이 필요합니다."

- 제6 보살명난품

부처님은 한 법만으로 정각을 완성한 것이 아니다

문수 보살이 여덟 번째 지수智首 보살에게 물었다.

"보살님, 불교에서 지혜를 제일로 삼는데, 왜 무엇 때문에 부처님께서 사무량심(慈·悲·喜·捨)을 설하는 겁니까. 사무량심으로 최상의 정각을 얻을 수 있습니까?"

그때 지수 보살이 대답하였다.

"과거·현재·미래 삼세 부처님은 한 법(一法)으로 최상의 정각을 완성한 것이 아닙니다. 즉 여래는 중생의 근기에 맞춰 그때마다 적절한 법을 설하셨습니다.

탐욕이 많은 중생에게는 보시를 가르치고, 행동이 무질서한 중생에게는 지계를 가르쳤으며, 화를 잘 내는 중생에게는 인욕을 가르치고, 게으른 중생에게는 정진을 가르치며, 마음이 산란한 중생에게는 선정을 가르치고, 어리석은 중생에게는 지혜를 가르칩니다.

또 사랑이 없는 중생에게는 자애慈愛를 가르치고, 중생을 해치는 자에게는 대비大悲를 가르치며, 고통스러워하는 중생에게는 환희심을 가르치고, 마음에 변동이 심하거나 불안한 사람에게는 평온을 가르칩니다."

- 제6 보살명난품

중생이 정각을 구하는 방법에 따라 여래도 법을 설한다

문수 보살이 아홉 번째 현수賢首 보살에게 물었다.

"보살님, 모든 부처님은 일승一乘에 의해 생사를 초월합니다. 그런데 모든 불국토佛國土를 관찰해보면 그 모습이나 상황이 각각 다릅니다. 즉 세계·중생·설법·수명·광명·위신력 등 모든 조건이 같지 않습니다. 그렇다면 모두 불법을 갖추지 않고서는 최고의 깨달음을 완성할 수 없는 것입니까?"

그때 현수 보살이 다음과 같이 대답하였다.

"문수 보살님, 불법은 변하지 않는 영원한 진리입니다. 오직 하나의 진리이며, 모든 부처님은 한 길(一道)에 의해 생사를 초월하십니다. 모든 부처님의 몸은 다만 하나의 법신法身이며, 마음이나 지혜도 일심一心이며, 하나의 지혜입니다.

그러나 중생이 깨달음을 구하는 방법에 따라 여래는 법을 설하고, 교화하는 방편이 달라질 뿐입니다. 또 모든 부처님의 국토는 평등하게 장엄되어 있지만, 중생이 과거 전생의 업이 각각 다르기 때문에 눈에 비치는 것도 같지 않은 것입니다."

- 제6 보살명난품

부처님 세계는 허공처럼 광대무변하다

열 번째는 모든 보살이 문수 보살을 향하여 물었다.

"문수 보살님, 우리가 알고 있는 것을 저마다 말했습니다. 이번에는 그대가 부처님의 경계에 대해 설해주십시오. 부처님의 세계(佛境界)는 어떠하며, 원인은 무엇이고, 어떻게 하면 그곳에 갈 수 있습니까? 또 어떻게 하면 그 세계를 알 수 있는지 가르쳐 주십시오."

그때 문수 보살이 대답하였다.

"부처님의 세계는 허공처럼 광대무변하기 때문에 중생이 거기에 들어간다 해도 진실로 들어간 것이 아닙니다. 부처님 세계의 원인은 오직 부처님만이 알고 있으며, 설령 부처님이 오랜 세월 동안 법을 설한다고 해도 다 설할 수 없습니다. 부처님께서는 중생을 제도할 때, 그들의 마음이나 근기에 따라 법을 설합니다. 하지만 아무리 설한다고 해도 그 모든 것을 다 설하실 수는 없을 것입니다.

이와 같이 부처님은 중생의 근기에 따라 자유자재하게 설하고, 무수한 중생 세계에 들어가지만 부처님의 지혜는 늘 청정하고 고요합니다. 이것이 부처님만의 세계입니다. 부처님의 지혜는 삼세에 걸림이 없으며, 그 세계는 마치 허공처럼 광대무변합니다.

부처님의 세계는 업業도 아니고, 번뇌도 아니며, 적멸寂滅도 아니고, 의지처가 있는 것도 아닙니다. 그러나 중생의 세계에서 평등하게 중생을 제도하고 있습니다. 일체중생이 과거·현재·미래 삼세에 헤매고 있을지라도 부처님은 한 생각으로 중생의 마음을 낱낱이 알고 보십니다."

- 제6 보살명난품

일상생활에서 불자의 서원과 실천

지수 보살이 문수 보살에게 물었다.

"문수 보살님, 보살이 어떻게 수행해야 청정해지며, 대상 경계(法)에 영향을 받지 않고, 신身·구口·의意 삼업을 청정하게 할 수 있습니까?"

문수 보살이 지수 보살에게 말했다.

"보살님, 수행자가 청정함을 갖추어 대상 경계에 영향을 받지 않고, 삼업三業을 청정하게 하면 보살은 뛰어난 공덕을 성취할 수 있습니다. 즉 보살은 다음과 같은 마음을 지녀야 하고, 마땅히 이렇게 서원을 세워야 합니다.

보살이 집에 있을 때는 집안의 온갖 고난을 버리고, 공空을 체득하고자 노력해야 합니다.

부모를 섬길 때에는 부모가 편안한 마음을 유지할 수 있도록 모셔야 합니다.

처자와 권속이 모였을 때는 자신과 친한 사람이든 원수이든 간에 평등한 마음으로 모든 친척을 대하며, 애욕으로 생긴 탐착을 버려야 합니다.

오욕五慾의 경계가 닥쳤을 때는 탐욕과 미혹한 마음을 버리고, 덕을 갖추도록 노력해야 합니다.

음악이나 춤을 감상할 때는 최상의 진리를 만난 것처럼 기뻐해 '모든 것은 환상에 불과하다'라고 여겨야 합니다.

침실에 있을 때는 애욕을 떠나 맑은 경지에 머물러 있고자 노력하며, 아름다운 옷을 입을 때는 집착하는 마음을 버리고, 진실한 세계에 이르는 것처럼 마음을 지녀야 합니다.

높은 지대에 올라갈 때는 '불법의 높은 곳에 오르는 것'이라고 생각하며, 타인에게 보시할 때는 집착심을 버리고 청정한 마음으로 보시해야 합니다. 재난을 당했을 때는 평정심을 갖도록 노력하고, 마음이 상처받지 않도록 자신을 다독거려야 합니다.

법회에 참석할 때는 깨달음을 성취하고자 노력하며, 마치 부처님 회상에 있는 것처럼 마음을 경건히 해야 합니다.

스스로 부처님께 귀의할 때는 '최상의 도를 체득하기 위해서는 보리심을 내어야겠다' 는 서원을 세워야 합니다.

스스로 부처님의 가르침에 귀의할 때는 '경전을 배우고 독송하며, 지혜 바다에 들어가야겠다' 는 서원을 세워야 합니다.

스스로 스님들께 귀의할 때는 대중을 받들어 화합하고, 일체 모든 일에 장애가 일어나지 않기를 서원해야 합니다.

손에 칫솔을 들었을 때는 '마음에 부처님의 가르침을 얻었으니, 청정하게 될 수 있다' 는 마음을 가져야 합니다. 대소변을 볼 때는 '모든 더러움을 제거하고, 탐·진·치 삼독을 버리는 것' 이라고 생각해야 합니다.

물로 손을 씻을 때는 '깨끗한 손으로 부처님의 가르침을 받들어야지' 라는 생각을 품어야 하고, 말을 할 때는 청정한 가르침을 향해 해탈을 완성하는 방향으로 전진하기를 바라며, 길을 갈 때는 청정한 진리 세계로 나아가 번뇌를 없애는 것이라고 생각해야 합니다.

올라가는 길을 볼 때는 '드높은 경지에 올라 삼계三界를 초월해야겠다' 라는 마음을 가져야 하고, 내려가는 길을 볼 때는 '진리의 매우 깊숙한 곳까지 이르러야겠다' 라는 마음을 지녀야 합니다.

험한 길을 보면, '악도惡道를 버리고 사견邪見을 갖지 않아야겠다' 라는 마음을 지녀야 하며, 바른 길을 볼 때는 마음을 정직하게 하고 거짓됨이 없는 청정심을 갖도록 서원을 세워야 합니다.

커다란 나무를 볼 때는 경쟁심·분노·원한을 버리고 화합하는 마음을 갖도록 노력해야 하며, 높은 산을 볼 때는 '최상의 진리를 향해 불법의 근원을 찾아야겠다' 라고 굳게 다짐해야 합니다.

가시밭길을 볼 때는 탐·진·치 삼독의 가시를 빼내어 상처 입은 마음을 갖지 않으며, 부드러운 과일을 볼 때는 '정도正道를 닦아 최고의 결과를 이루어야겠다' 는 서원을 세워야 합니다.

흐르는 물을 볼 때는 정법正法의 흐름을 타고 부처님 세계에 들어가며, 우물을 볼 때는 '무량한 가르침(法水)을 마셔 최상의 가르침을 완성해야 겠다' 는 서원을 세워야 합니다.

골짜기에 흐르는 물을 볼 때는 먼지와 때를 씻어 청정한 마음을 갖고, 다리를 볼 때는 불법의 다리를 만들어 '중생을 깨달음의 저 언덕(彼岸)으로 건너가게 해야겠다' 는 서원을 세워야 합니다.

즐거운 사람을 볼 때는 청정한 가르침 얻기를 발원하고, 부처님의 가르침에 따라 환희심 갖는 서원을 세워야 합니다.

건강한 사람을 볼 때는 금강金剛같은 법신法身에 이르고, 병든 사람을 볼 때는 몸이 본래 공空한 것임을 깨닫고 괴로움으로부터 해탈하는 서원을 세워야 합니다.

은혜를 잊지 않고 갚는 사람을 볼 때는 불보살의 은덕을 생각하며, 출가한 사람을 볼 때는 청정한 진리를 얻어 모든 악을 버리려고 노력하고, 고행하는 사람을 볼 때는 '몸과 마음을 굳게 지니고 정진해야겠다' 는 서원을 세워야 합니다."

- 제7 정행품淨行品

삼보를 믿고, 중생을 구제하는 발원으로 보리심을 내어라
욕망을 추구하지 아니하고

재물을 탐하지 않으며
세간의 명예를 바라지 아니하고
오로지 중생이 괴로움을 제거해 고통에서 벗어나기를
바라는 마음으로 보리심을 일으켜야 한다.
부처님과 가르침과 스님들께 청정한 믿음을 내어
삼보를 의지하고 공경함으로 보리심을 일으켜야 한다.

- 제8 현수보살품

신심은 도의 근본, 공덕의 어머니

믿음은 바로 도의 시작이요, 공덕의 어머니다.
모든 선법善法을 증장시키고, 일체 의혹을 제거하여
최상의 도를 드러내고, 불도를 열어준다.

신심은 온갖 집착을 버리고, 깊은 법을 알게 하며
점차 수승한 선善을 행하게 하는 원동력으로서
마침내 부처님 계신 곳에 이르게 한다.

신심은 매우 견고하여 부서지는 일이 없고
모든 악을 영원히 소멸하며
악마의 경계를 뛰어넘어 위없는 해탈의 길을 얻게 한다.
신심은 썩지 않는 공덕의 종자이며, 보리수를 성장케 하고
수승한 지혜를 증장케 하며, 수많은 부처님을 친견하게 한다.
만약 신심이 견고부동해 결코 동요되는 일이 없으면
몸과 마음이 함께 밝아지고, 모든 것이 청정하게 된다.

모든 것이 청정하게 되면, 악지식을 여의고 선지식과 친하게 된다.
선지식과 가까이 지내면, 수많은 공덕을 닦고
공덕을 닦으면, 인과因果의 진리를 깨닫게 된다.
인과의 도리를 깨달으면, 제불이 수호해주어 보리심을 발發하게 된다.

보리심을 일으키면, 제불의 진리에 머물러 옳지 못한 집착과 멀어진다.
그릇된 집착을 여의면, 청정한 마음을 얻을 수 있고
보살행을 실천하며 대승의 진리를 갖추게 된다.
대승의 진리를 얻게 되면, 부처님께 공양하고 염불삼매가 끊이지 않는다.
염불삼매를 체득하면, 시방 부처님을 친견하고 부처님 세계에 안주한다.
부처님의 세계에 머물면
스스로 불법을 체득해 뛰어난 변재辯才를 얻어 진리를 설한다.

중생을 위해 법을 설하면 대비심이 확립되고
이 대비심으로 인해 교만하지 않으며, 부지런히 정진한다.
정진으로 신통력을 얻어 중생의 생활을 알고
중생에게 베풀며(布施), 좋은 말을 해주고(愛語)
중생에게 이로운 행(利行)을 하며, 그들과 더불어 함께 한다(同事).

이런 공덕으로 마구니의 침해를 받지 않아
마침내 부동지不動地[58]에 도달해 불생불멸의 진리를 깨닫는다.

---

[58] 십지十地 가운데 여덟째 수행 단계인 무생법인無生法忍을 얻었으므로 다시는 흔들리지 않는 경계이다.

진리를 체득하면 미래세에 부처가 될 수 있는 수기를 얻고
부처님으로부터 수호를 받는다.

- 제8 현수보살품

어떻게 중생을 교화합니까?

정진혜 보살이 법혜 보살에게 물었다.
"중생을 어떻게 교화합니까?"
법혜 보살이 말했다.
"보살은 중생의 근기에 맞는 적합한 방편을 알고, 중생의 전생 숙업과 인연을 알며, 중생이 어떻게 번뇌를 극복할 수 있는지를 알고 가르쳐 줍니다.
즉, 탐욕이 많은 자에게는 육신의 부정관不淨觀을 가르치고, 화를 잘 내는 사람에게는 자비관慈悲觀을 가르치며, 어리석은 사람에게는 '모든 것이 인연으로 연관되어 있다'는 인연관因緣觀을 가르치고, 집착심이 많은 자에게는 '일체가 공空하다'는 것을 가르치며, 게으른 자에게는 정진을 권하고, 아만심이 강한 자에게는 '모든 만물이 평등하다'는 것을 인식케 하며, 아첨이 심한 자에게는 마음이 고요하여 집착할 것이 없음을 가르쳐 줍니다."

- 제14 명법품明法品

진정한 수행자로 거듭나기 위한 십바라밀

법혜 보살의 설법이 계속 이어졌다.
"보살은 이와 같이 중생을 교화해 마음이 평온해진 뒤, 다음 열 가지 십바라밀十波羅蜜을 완성해야 합니다.

첫째, 일체중생을 위하여 물질적으로나 정신적으로 베풀되, 그 베푼 것에 집착하지 않는 '보시 바라밀'을 완성해야 합니다.

둘째, 계율을 잘 지키면서도 지녔다고 하는 의식이나 집착심이 없는 '지계 바라밀'을 완성해야 합니다.

셋째, 참기 어려운 고통을 이겨내고, 칭찬과 비방에도 흔들리지 않는 '인욕 바라밀'을 완성해야 합니다.

넷째, 꾸준히 정진함으로써 게으르지 않고, 흔들림 없는 마음을 지녀 결코 물러섬이 없는 '정진 바라밀'을 완성해야 합니다.

다섯째, 욕망과 집착심을 버리고, 고요한 삼매에 들어 한 삼매에서 무량삼매에 자유자재롭게 드나들며, 모든 삼매의 경지를 알아 부처님의 선정을 갖춘 '선정 바라밀'을 완성해야 합니다.

여섯째, 진리 듣는 것을 좋아하고, 모든 선지식을 공경해 공양하며, 게으르지 않고, 모든 사물을 있는 그대로 관찰해 삼매에 들며, 편견을 여의어 평등함을 얻고, 공덕을 행하되 과보를 바라지 않으며, 여래의 길을 요지了知해 반야를 갖춘 '반야 바라밀'을 완성해야 합니다.

일곱째, 세간의 여러 가지 모습을 가르쳐 중생을 교화하고, 중생의 원하는 바에 따라 시현示現합니다. 즉 범부의 몸이 되기도 하고, 성인의 몸이 되기도 하며, 생사를 나타내기도 하고, 혹은 열반을 보이는 등 여러 경지에 들어가 중생을 제도하는 '방편 바라밀'을 완성해야 합니다.

여덟째, 모든 중생을 만족시키고, 모든 세계를 장엄하며, 수많은 부처님께 공양하고, 사물을 있는 그대로 관찰하며, 법계法界의 지혜를 갖추고, 제불諸佛의 세계를 알리며, 제불의 지혜를 체득하기 바라는 '원願 바라밀'을 완성해야 합니다.

아홉째, 진리를 추구하는 오롯한 마음으로 번뇌를 여의고, 진리 추구에 대한 믿음을 지녀 어떤 고난이 닥쳐도 물러서지 않으며, 타인의 고통을 연민히 여기고, 즐거움을 주고자 노력하며, 모든 이를 평등하게 대하고, 신통력으로 모든 중생을 수호코자 하는 '역力 바라밀'을 완성해야 합니다.

열째, 탐·진·치 삼독을 알고, 한 생각 짧은 동안에도 중생의 마음을 알며, 모든 사물을 있는 그대로 관觀하고, 제불의 깊은 지혜에 도달하는 '지智 바라밀'을 완성해야 합니다.

- 제14 명법품

삼보가 끊어지지 않도록 공경하고 받들어야 한다

법혜 보살의 가르침은 계속 이어졌다.

"십바라밀을 완성한 보살은 삼보를 공경히 받들고, 삼보가 영원히 번성해 끊어지지 않도록 해야 합니다.

보살은 중생을 교화해 보리를 구하는 자의 마음을 기쁘게 하기 때문에 불보佛寶가 끊어지지 않습니다.

보살은 뛰어난 가르침을 열어 보여주기 때문에 부처님의 법보法寶가 끊어지지 않습니다.

보살은 항상 규범과 법도를 지키며 가르침을 수지하기 때문에 승보僧寶가 끊어지는 일이 없습니다.

---

59 ①신화경身和敬은 대중이 예불을 함께하거나 몸으로 서로 도와주고 화합하는 것 ②구화경口和敬은 입으로 서로 다투는 일 없이 화합하는 것 ③의화경意和敬은 서로 뜻이 맞도록 마음가짐을 갖는 것 ④계화경戒和敬은 계율을 동일하게 수지하는 것 ⑤견화경見和敬은 올바른 견해를 가지고 화합하는 것 ⑥이화경利和敬은 의복이나 음식 등 공양물을 평등하게 소유하는 것이다.

또한 보살은 큰 서원(大願)을 찬탄함으로 불보가 끊어지는 일이 없고, 십이연기의 도리를 알고 설함으로 법보가 끊어지는 일이 없으며, 보살은 여섯 가지 화합하는 길(六和敬)59을 행하기 때문에 승보가 끊어지는 일이 없습니다.

또한 보살은 중생이라는 밭에 부처가 될 종자種子를 뿌려 보리菩提 종자를 싹트게 하기 때문에 불보가 끊어지는 일이 없고, 보살은 신명身命을 바쳐 진리를 지키기 때문에 부처님의 가르침이 끊어지는 일이 없으며, 보살은 대중을 다스리는 데 싫증 내지 않기 때문에 승보가 끊어지는 일이 없습니다."

- 제14 명법품

마음과 부처와 중생은 차별이 없다

마음은 화가와 같아서 모든 세간을 그려낸다.
오온五蘊이 마음을 따라 생겨나는 것이니
이 세상 모든 것은 이렇게 만들어지지 않는 것이 없다.
마음과 같이 부처도 또한 그러하고
부처와 같이 중생도 또한 그러하다.
마음과 부처, 중생 이 셋은 차별이 없다.

과거·현재·미래 삼세의 부처를 알고자 한다면
반드시 법계의 성품을 관하라.
오직 이 마음이 모든 것을 만든다는 것을.

- 제16 야마천궁게찬품

지혜를 얻기 위한 십지

금강장 보살이 삼매에서 일어나 여러 보살에게 말했다.

"보리심을 발한 보살이 과거 수많은 부처님의 지혜 경지에 들어갔고, 또 현재 제불諸佛의 지혜 경지에 들어가며, 미래 제불의 지혜 경지에 들어갈 것입니다. 이 지혜의 경지를 십지十地라고 하는데, 환희지·이구지·발광지·염혜지·난승지·현전지·원행지·부동지·선혜지·법운지입니다. 십지는 과거·현재·미래 부처님이 말씀하신 교리이며, 보살이 수행하는 최상의 진리이고, 밝고 청정한 법문입니다. 또한 법의 근본으로서 보살이 이 십지를 갖추어 행해 나가면 능히 모든 지혜를 얻을 수 있습니다."

이어서 금강장 보살이 십지의 각 경지에 대해 자세히 설했다.

- 제22 십지품十地品

환희심으로 서원을 세움 - 초지 환희지

"초지初地인 환희지歡喜地에 들어가면, 보살은 범부 단계를 지나 깨달음의 단계에 들어간 것이며, 여래의 집에 태어난 것입니다. 환희지에 들어간 보살은 환희심이 생겨 이런 서원을 세웁니다.

'모든 부처님을 공경·공양하며, 제불이 설하신 가르침을 수지受持하고, 그 가르침을 지켜가며, 바라밀의 첫 번째인 보시바라밀에 의해 보리심을 발發할 것이다. 모든 국토가 한 국토에 들어가고, 한 국토가 모든 국토에 두루 들어가, 무량한 불국토 광명으로 장식하며, 모든 번뇌를 떠나 청정한 도에 도달하고, 헤아릴 수 없는 지혜로 중생을 성숙시킬 것이다. 또한 어떤 대가나 이익을 바라지 않고, 선근善根을 닦기 위해 늘 불보살 곁에 머물며, 대승의 진리를 갖추고, 퇴보하지 않는 보살행을 닦기 위해 삼업을 청정히 하며, 게으름을 피우지 않을 것이다. 이렇게 나 자신을 위해

수행도 하지만, 중생의 원하는 바에 따라 시기에 맞춰 알맞은 법을 설해주고, 평온하게 해줄 것이다.'
그는 사섭법 가운데, 중생에게 베푸는 보시섭布施攝이 가장 뛰어났고, 십바라밀 가운데 보시 바라밀이 가장 뛰어납니다."

- 제22 십지품

번뇌를 여의고 선업을 닦음 - 제2 이구지

환희지에서 수행한 보살이 제2지인 이구지離垢地를 원하게 됩니다. 이때 보살은 열 가지 깊은 마음을 일으킵니다. 즉 바른 마음(直心)·부드러운 마음·인욕하는 마음·조복시키는 마음·고요함·진실한 마음·순일하고 잡스럽지 않은 마음·탐욕과 인색함이 없는 마음·뛰어난 마음·일체중생을 저버리지 않는 연민심(大心)입니다.

번뇌와 번잡함을 여의었다고 해서 이구離垢라는 제2 보살지에 들어간 것입니다. 이구지에 든 보살은 열 가지 계율을 잘 지키는 구도자입니다. 살아 있는 목숨을 해치지 않고, 주지 않는 것을 훔치지 않으며, 사음하지 않고, 거짓말하지 않으며, 말이 늘 한결같습니다. 또한 욕설을 삼가고, 타인에게 야유하는 말을 하지 않으며, 욕심내지 않고, 성내지 않으며, 바른 견해를 가진 자가 됩니다.

또한 그는 중생의 모습을 관觀하고, 이런 염려를 합니다.

'중생은 삿된 견해에 떨어져 있고, 지혜가 약하구나. 중생은 사이좋게 지내지 못하고 서로 배반하며 증오심을 갖는구나. 그들은 만족할 줄 모르고, 탐·진·치 삼독에 사로잡혀 있구나. 중생은 어리석어서 지혜를 구할 줄 모르는구나. 그들은 탐욕과 무지로 인해 윤회의 물결에 표류하는구나. 중생은 자아 관념에 빠져 있고, 소유물에 사로잡혀 있구나. 중생은

대승에 귀의하려 들지 않는구나.'

보살은 이렇게 중생의 어리석음을 관한 뒤 중생에 대한 연민심으로 이런 서원을 합니다. '내가 이제 일체중생을 위해서 그들의 길잡이가 되고, 가장 뛰어난 자가 되며, 일체중생의 의지자依支者가 되리라.'

그는 사섭법 가운데, 중생을 칭찬하고 사랑스런 말을 하는 애어섭愛語攝이 가장 뛰어났으며, 십바라밀 가운데 지계 바라밀이 가장 뛰어납니다.

- 제22 십지품

실상을 관찰하고, 중생구제를 위해 법문 듣기를 서원 - 제3 발광지

제2지인 이구지에서 마음이 청정해진 보살은 제3지인 발광지發光地로 들어가기를 원합니다. 발광지에 머문 보살은 열 가지 마음을 갖습니다. 청정한 마음 · 씩씩하고 용맹스런 마음 · 선善을 추구하는 마음 · 욕심없는 마음 · 물러남이 없는 마음 · 견고한 마음 · 밝고 기운찬 마음 · 늘 좋은 일을 추구하는 마음 · 뛰어난 마음 · 일체중생을 저버리지 않는 연민의 마음(大心)입니다.

보살이 발광지에 머물면서 모든 존재의 무상無常 · 고苦 · 부정不淨한 모습을 관찰하고, 중생에 대해 이런 염원을 합니다.

'내가 중생의 길잡이가 되고, 앞에서 이끌어 그들을 구제해야 한다. 고통에 빠진 중생을 어떤 방편으로 구제해야 하는가?'

보살은 중생을 열반에 안주시키기 위해 지혜를 얻어야 하므로, 진리를 추구하며 열심히 법문 듣기(聞法)를 서원합니다. 이렇게 진리를 추구하고 중생 구제의 서원을 세운 보살은 보물이나 전륜성왕의 지위와도 바꾸지 않습니다. 그는 사섭법四攝法 가운데 중생에게 도움 되는 일(利行)을 하며, 십바라밀 가운데 인욕 바라밀이 가장 뛰어납니다.

-제22 십지품

깨달음을 향한 정진 - 제4 염혜지

제3지인 발광지에서 광명을 얻은 보살은 제4지인 염혜지焰慧地에 도달합니다. 염혜지에 머문 보살은 진리를 얻기 위해 지혜를 성숙케 하는 열 가지로 여래의 집에서 성장합니다. 즉 퇴전하지 않는 마음·삼보에 귀의·존재의 생멸을 관찰·모든 존재의 자성이 불생不生임을 관찰·세계의 생성과 소멸을 관찰하는 지혜·업에 의해 생존이 일어남을 관찰하는 지혜·생사와 열반을 관찰하는 지혜·중생의 국토와 업을 관찰하는 지혜·지나간 세월과 미래를 관찰하는 지혜·아무것도 다할 것이 없음을 관찰하는 지혜입니다. 염혜지에 머문 보살은 도를 깨닫기 위해 팔정도 등 삼십칠조도품 수행을 통해 마음은 윤택해지고, 부드러워지며, 순수해집니다. 그는 사섭법 가운데, 중생과 더불어 함께하는 동사섭同事攝이 가장 뛰어났고, 십바라밀 가운데 정진 바라밀이 가장 뛰어납니다.

-제22 십지품

사성제를 관하고, 중생을 연민히 여김 - 제5 난승지

제4지인 염혜지에서 지혜가 발양된 보살은 제5지인 난승지難勝地에 들어갑니다. 난승지에 이른 보살은 사제四諦·제일의제第一義諦 등 진리를 체득하게 됩니다. 그리고 자비심으로 중생을 보듬으며 복덕과 지혜를 닦아 점점 수행의 계위로 나아갑니다.

그는 '이것은 고성제苦聖諦이다', '이것은 고의 원인인 집성제集聖諦이다', '이것은 고가 완전하게 소멸된 멸성제滅聖諦이다,' '이것은 고의 소멸로 이끄는 길인 도성제道聖諦이다' 라고 있는 그대로 봅니다.

그는 불법의 진리에도 눈 밝은 사람이지만 세속적 진리에서도 뛰어난 자가 됩니다. 또한 그는 '모든 존재는 무상하고 허망한 것'이라고 있는 그대로 봅니다. 이렇게 있는 그대로 볼 줄 아는 깨달음을 얻은 뒤, 중생에 대한 연민심을 갖습니다.

또 그는 선근을 쌓는 것은 중생을 구제하기 위함이고, 중생의 안락을 위해서이며, 일체중생을 열반에 들게 하기 위해 선한 행위를 합니다. 그는 보시·애어愛語·이행利行·동사同事 등 여러 선행으로 중생을 교화합니다. 한편 중생 구제를 위해 세속의 취미나 여러 가지 일을 배웁니다. 그는 십바라밀 가운데 선정 바라밀이 가장 뛰어납니다.

- 제22 십지품

연기(공)를 관해서 지혜를 얻음 - 제6 현전지

제5지인 난승지에서 도가 충만해진 보살은 제6지인 현전지現前地에 들어갑니다. 5지에서 6지로 들기 위해서는 열 가지 진리의 평등성을 얻어야 합니다.

첫째, 모든 것이 무상無相으로 일체법이 평등하다.
둘째, 모든 것이 무성無性으로 일체법이 평등하다.
셋째, 모든 것이 생겨남이 없으므로(無生) 일체법이 평등하다.
넷째, 모든 것이 사라짐이 없으므로(無滅) 일체법이 평등하다.
다섯째, 모든 것이 원래 청정하므로 일체법이 평등하다.
여섯째, 희론戱論이 있을 수 없으므로 일체법이 평등하다.
일곱째, 모든 것을 취하지도 버리지도 않으므로(不取不捨) 일체법이 평등하다.

여덟째, 모든 것을 여의었으므로 일체법이 평등하다.

아홉째, 모든 것이 환상·꿈·그림자·메아리·물속의 달과 같으므로 일체법이 평등하다.

열째, 유有·무無가 둘이 아니므로 일체법이 평등하다.

그는 이 모든 만물의 생멸을 관찰할 때, 이렇게 생각합니다.

'마음으로 삼계가 생긴 것이요, 마음이 삼계를 만든 것이다. 십이인연十二因緣도 다 마음을 의지해 생겨난 것이다. 마음으로 생사生死가 만들어진 것이므로, 마음이 다한다면 생사도 없다. 세간의 작용이 발생하는 것은 모두 아집(我見·我愛) 때문에 생긴 것이다. 아집만 없다면 작용도 발생하지 않는다. 십이인연에 모이는 것이 있을 수 없고, 흩어지는 것 또한 있을 수 없다. 인연이 합하면 존재하고, 인연이 흩어지면 사라질 것이다.'

이렇게 십이연기를 차례로 관찰하면서[60] 〈나〉도 없고, 중생도 없으며, 모든 것이 원래 공空이라고 관찰할 때, 모든 존재는 자성조차도 없는 공해탈문空解脫門이 열리게 됩니다. 또 궁극적인 깨달음에 안주할 때, 어떤 형체도 존재할 수 없는 무상해탈문無相解脫門에 들 수 있습니다. 공해탈문과 무상해탈문에 들어갔을 때, 그에게는 중생에 대한 자비 이외에는

---

60 무명無明 → 행(行, 잠재적인 형성력) → 형성된 업에 의해 식식이 생겨남 → 명색(名色, 명칭과 형태: 오온) 형성 → 육근인 감각기관(육입)이 갖추어짐 → 촉(觸:根+境+識) → 수(受, 감수작용) → 애愛 → 취(取, 집착) → 유(有, 업業·생존) → 생노사生老死. "무명으로 인해 행이 생기고……" 즉 앞의 것에 의해 뒤의 것이 생겨나는 것을 '유전연기流轉緣起'라고 하고, "무명이 없으면 행이 멸하고……" 즉 앞의 것이 사라지면 뒤의 것도 사라지는 것을 '환멸연기還滅緣起'라고 한다. 이에 대해 『아함경』 '연기설'에서 자세히 다루었다.(본문 pp. 108~112 참조)

어떤 원願도 없는 무원해탈문無願解脫門이 열리게 됩니다. 그는 십바라밀 가운데 지혜 바라밀이 가장 뛰어납니다.

- 제22 십지품

십바라밀 공덕을 쌓음 - 제7 원행지

제6지인 현전지에서 공空·무상無相·무원無願의 삼삼매三三昧를 닦으면서 제7지인 원행지遠行地에 들어갑니다. 제6지에서 제7지로 들기 위해서는 열 가지 묘한 행을 실천해야 합니다.

첫째, 공空을 닦으면서도 자비심을 내어 중생 있는 곳에 머문다.
둘째, 부처님의 평등한 가르침을 얻었지만 부처님께 꼭 공양 올린다.
셋째, 공지문空智門을 사유思惟하면서도 복덕을 짓는다.
넷째, 삼계를 멀리 떠나 있으면서도 삼계를 장엄한다.
다섯째, 모든 번뇌를 소멸했지만, 중생을 위해 탐·진·치 삼독이 소멸되는 법을 나타내 보인다.
여섯째, 모든 것이 환상·꿈·그림자·메아리·물속의 달과 같다는 사실을 받아들이면서도 마음에 따라 차별된 업을 짓는다.
일곱째, 일체의 불국토는 허공처럼 공空하고, 무상無相임을 알면서도 국토를 장엄한다.
여덟째, 부처님의 법신法身은 육신상으로 볼 수 없지만, 삼십이상三十二相·팔십종호八十種好를 나타내어 스스로 장엄한다.
아홉째, 부처님의 음성은 성품이 적멸한 것임을 알면서도 어떤 상황에 따라 가지가지 장엄한 음성을 낸다.
열째, 부처님을 따라서 삼세가 오직 일념一念인 줄은 알지만 중생의 이해하는 분별심에 따라 수많은 형태·수많은 시간·여러 겁에 걸쳐 두루

행을 닦는다. 이런 수행을 통해 무생법인無生法忍[61]을 얻고, 십바라밀 수행을 합니다. 먼저 그는 이런 생각을 합니다.

'여래의 경계는 수만 겁을 지내도 헤아릴 수 없다. 여래의 경계는 우리가 완성해야 하면서, 분별심이 없이 충족되어야 한다.'

부처님의 지혜를 구하면서, 공덕을 중생에게 회향하는 것이 보시 바라밀이고, 번뇌의 불꽃을 제거하는 일이 지계 바라밀이며, 자비한 마음으로 중생의 그릇됨을 보고도 참는 일이 인욕 바라밀이고, 선행을 쉬지 않고 꾸준히 닦는 일이 정진 바라밀이며, 지혜를 계발하기 위해 삼매를 유지하는 일이 선정 바라밀이고, 본래 불생不生임을 아는 일이 보살의 지혜 바라밀입니다. 또한 수많은 지혜를 완성하는 일이 그의 방편 바라밀이고, 훌륭한 지혜를 얻고자 서원을 세우는 일이 그의 원願 바라밀이며, 외도의 논설이나 악마에 의해 도가 끊어지지 않도록 힘쓰는 것이 그의 역力 바라밀이고, 있는 그대로 지혜를 발현하는 일이 그의 지智 바라밀입니다.

그는 십바라밀 가운데 방편 바라밀이 가장 뛰어납니다.

- 제22 십지품

---

61 일체 모든 법의 불생不生・불멸不滅한 법성法性의 실상實相을 관하고 깨달은 상태를 말하는데, 대립이 없는 경지를 말한다. 무생법인은 『유마경』의 「입불이법문품」에서도 "입불이법문入不二法門"이 설해질 때 모여 있던 대중 가운데 오천 명 보살이 불이법문에 들어가 무생법인을 얻었다"는 구절이 전한다. 한편 중국의 마조(709~788)선사는 "마음과 경계를 깨달으면 망상이 일어나지 않으니 망상이 일어나지 않으면 그것이 무생법인이다"라고 표현하였다. 또 황벽・위산 등 많은 선사가 깨달음의 경지를 무생법인이라고 표현하였다.

번뇌를 소멸한 뒤의 흔들림 없는 경지 - 제8 부동지

제7지인 원행지에서 제8지인 부동지不動地에 들면 심心·의意·식識으로 분별하는 생각을 여의었고, 집착심이 없으며, 허공과 같고, 일체법에 들어가 허공의 성품과 같은 본성에 머물게 됩니다. 이 부동지에 머물러 있는 보살은 이 경지에서 무생법인을 닦으며, 구원과 지혜의 방편을 완성하고, 스스로 깨달은 경지에서 세계의 생성과 소멸을 잘 관찰합니다. 그는 모든 번뇌를 여의었으므로 더 이상 흔들림이 없는 경지에 안주해 마음이 평온합니다.[62] 늘 도道와 함께하며, 중생의 이익을 위해 자비심을 갖추었고, 다라니의 힘이 안정되며, 불법을 잘 분별하므로 변재辯才의 힘이 안정되고, 보살행을 버리지 않으므로 원력이 안정되며, 바라밀의 힘이 안정되고, 온갖 형태로 부처님의 지혜를 실현하므로 여래의 가지력加持力이 있습니다. 또한 그의 원하는 바에 따라 걸림 없이 자유롭게 일념一念에 수많은 부처님 세계에 들어가고, 수많은 중생을 제도할 수 있습니다.

- 제22 십지품

지혜가 수승하고, 법을 설함이 뛰어남 - 제9 선혜지

제8지에서 제9지인 선혜지善慧地에 들면 선·악·무기無記의 법, 세간·출세간의 법, 보살행의 법, 여래지如來地의 법이 현재에 나타남을 있는 그대로 보고 압니다.

---

[62] 초지~8지에 이르기까지(무생법인을 완성하기까지) 보살이 몸소 보살행을 하여 왔으며, 이후(9지·10지)부터는 무량무변한 신체에 의해 무애자재하게 보살행을 완성시켜 간다. 즉 지금까지 힘들게 바다에서 노를 저어왔다면 여기서부터 어떤 노고도 없이 바람을 타고 항해하는 것과 같다고 보면 된다.

그는 온갖 중생의 마음을 있는 그대로 압니다. 즉 마음이 다양한데, 때에 따라 마음이 변하기도 하고 변하지 않기도 하며, 마음에는 근본이 없고, 미혹한 세계를 따라 현존한다는 것을 압니다. 또한 중생의 근기가 뛰어남·모자람·뛰어나지도 모자라지도 않는 중간을 알고, 미혹된 습성이 마음에서 생겨나는 것임을 있는 그대로 압니다.

이 보살지에 들어간 보살은 진리를 설하는 자가 되고, 여래의 진리 창고를 지킵니다. 그는 사무애지四無碍智로서 중생에게 법을 설하는데, 사무애지란 법무애지法無碍智·의무애지義無碍智·사무애지辭無碍智·요설무애지樂說無碍智입니다.

첫째, 그는 법의 본성에 입각해 걸림 없는 법무애지로 모든 존재의 모습(相)을 알고

둘째, 뜻에 걸림 없는 의무애지로 모든 존재의 차별을 알며

셋째, 언어를 구사함에 막힘이 없는 사무애지로 모든 존재를 잘 분별해 설하고

넷째, 자유자재로 법을 설하는 요설무애지로 모든 존재가 연속해 끊어지지 않음을 압니다.

이렇게 보살이 위대한 설법자가 되고, 여래의 진리 창고를 지킬 때, 그는 무수한 다라니를 얻게 됩니다. 다라니를 얻어 부처님에게 진리를 듣고, 그는 법의 진수眞髓를 잊지 않습니다.

이와 같이 다라니를 얻고 변재를 얻어, 설법하기 위해 한 곳에 앉아 있으면서도 동시에 온갖 삼천대천세계에 충만하여 모든 중생을 위해 진리를 설합니다.

제9지인 선혜지를 얻은 사람은 부처님의 세계에 들어가, 여래와 함께 있으면서 깨달음을 얻은 보살이 됩니다. 제9지에 머문 보살이 대상을 잘

관찰한 각지覺智에 의해서 힘(力)·무외無畏·불공법不共法[63]을 바르게 관찰함으로써 법운지를 얻게 됩니다.

- 제22 십지품

부처님이 내리는 법비를 맞다 - 제10 법운지

제10지인 법운지法雲地에 이르면 삼매三昧가 나타납니다. 즉, 수많은 종류의 삼매를 얻고 수용하게 됩니다. (일체지자一切知者[64]의 '지知'를 얻는 수기를 받는) 삼매에 들어가면 수많은 보배로 장식된 연꽃이 나타나는데, 그는 이 연꽃에 앉게 됩니다. 보살이 연꽃 위에 앉으면 무수한 보살이 시방세계로부터 와서 보살을 둘러싸 연꽃 위에 앉고, 그들이 모두 이 보살을 우러러보면서 삼매에 들어갑니다. 이 법운지에 안주한 보살은 삼계(欲界·色界·無色界)를 있는 그대로 봅니다.

그는 중생신의 변화를 있는 그대로 알고, 부처님의 가지加持를 있는 그대로 알며, 여래가 티끌 속으로 들어가는 지혜를 알고, 여래의 모든 비밀, 신·구·의 삼업 등의 비밀스러움을 있는 그대로 압니다.

법운지에 머물면 한 부처님이 내리는 큰 법비를 맞으며, 두 부처님·세 부처님…… 무수한 부처님이 일으키는 큰 법의 구름비를 맞습니다. 그러므로 이 경지에 머문 것을 법운지라고 합니다.

이렇게 제10지를 얻은 보살은 불가사의함과 걸림이 없는 무애無碍라고 하는 깨달음을 얻습니다. 그리하여 모든 보살이 감히 생각할 수 없는 법

---

[63] 불공不共이란 이승(二乘, 성문·연각)이나 보살과는 공통되지 않는 부처님만 구족하고 있는 정신적인 수승함이다.

[64] 일체지자란 '모든 것을 다 안다고 하는 분'으로 부처님을 뜻한다.

운지의 경지에 안주하는 것입니다.

이곳에 안주한 보살은 대자재천왕大自在天王이 되며, 일체중생에게 바라밀을 가르치는데 뛰어난 변재를 갖추어 어떤 질문에도 막히는 일이 없습니다. 또한 부처님 지혜를 잃지 않으면서 보시·애어愛語·이행利行·동사섭同事攝으로 중생을 제도합니다. 그는 이런 생각을 합니다. '내가 이

차제	십지十地	이름의 유래	수행 덕목	십바라밀	사섭법
초지	환희지 歡喜地	기쁨으로 가득해서 지어진 이름	열 가지 서원을 세움	보시	보시
제2지	이구지 離垢地	번뇌를 여의었다고 해서 지어진 이름	열 가지 선업을 닦음	지계	애어 愛語
제3지	발광지 發光地	광명으로 밝다고 해서 지어진 이름	삼법인 등 일체법을 관찰 / 문법聞法을 서원	인욕	이행 利行
제4지	염혜지 燄慧地	번뇌를 태운 지혜의 불꽃이 빛난다고 해서 지어진 이름	삼십칠조도품을 닦음	정진	동사 同事
제5지	난승지 難勝地	극복하는 것을 넘어 앞으로 나아가기 어렵다는데서 지어진 이름	사성제를 닦고, 중생 제도하는 이타심 강조	선정	
제6지	현전지 現前地	지혜의 빛이 현전하다고 해서 지어진 이름	십이연기를 관함과 동시에 공사상 체득	지혜	
제7지	원행지 遠行地	아주 먼 곳에 이른다고 해서 붙여진 이름	십바라밀 수행	방편方便	
제8지	부동지 不動地	흔들림이 없다고 해서 지어진 이름	무생법인을 닦음	원願	
제9지	선혜지 善慧地	바른 지혜를 갖추었다고 해서 지어진 이름	지혜가 뛰어나 어떤 곳에 머물더라도 사무애지四無碍智로 법을 설함	력力	
제10지	법운지 法雲地	한없는 법의 구름과 같다고 해서 지어진 이름	부처님이 내리는 큰 법비를 맞음	지智	

제 일체중생을 위해서 그들의 길잡이가 되고, 훌륭한 지도자가 되며, 일체중생의 의지자依支者가 되리라.

- 제22 십지품

선근을 닦은 열 가지 인연으로 부처가 세상에 출현한다

여래성기묘덕如來性起妙德 보살이 보현 보살에게 물었다.

"보살님, 어떻게 하면 여래의 성품이 일어나는 법(性起)[65]을 알 수 있습니까?"

보현 보살이 말했다.

"여래의 성품을 일어나게 하는 법은 작은 인연으로 깨달아 세상에 출현하는 것이 아닙니다. 오랜 겁을 지내면서 수많은 인연이 있어야 정각을 이루어 세상에 출현하는 것입니다. 그 인연의 예로 열 가지가 있습니다.

첫째, 무량한 보리심을 내어 일체중생에 대한 연민심을 버리지 않는 것.

둘째, 오랜 겁 동안 선근善根을 닦은 올바른 신심.

셋째, 자비로운 마음으로 중생을 구제하는 것.

넷째, 서원을 세운 대로 수행하며, 그 서원에서 물러서지 않는 것.

다섯째, 싫증내지 않고 무량한 공덕을 쌓는 것.

여섯째, 수많은 부처님을 공경하고, 중생을 교화하는 것.

일곱째, 방편과 지혜를 계발하는 것.

---

65 성기性起란 여래의 지혜인 여래의 성품性品이 그대로 드러난 것이며, 본유(本有, 중생에게는 누구나 깨달음의 본성이 갖추어져 있음)인 체體가 중생심衆生心에 나타나 있는 것을 말한다. 즉 번뇌가 전혀 없는 부처가 중생에 현재하는 것이다. 수행에 의해 부처가 되는 것이 아니라, 중생이 본래 부처를 이루고 있다는 뜻이다.

여덟째, 모든 공덕장功德藏을 성취하는 것.

아홉째, 무량한 장엄 지혜를 갖추는 것.

열째, 모든 법의 진실한 뜻을 분별해 진리를 설하는 것.

이와 같이 열 가지 인연이 있어야 합니다. 이렇게 열 가지 인연을 갖추고 성취한 자만이 등정각을 이룬 부처로서 세상에 출현할 수 있는 것입니다."

- 제32 여래성기품

여래는 차별이 없건만, 중생은 자신의 근기에 따라 받아들인다

보현 보살이 말했다.

"보살님, 여래의 성품이 일어나는 것(性起)은 공덕이 무량해야 합니다. 여래를 알거나 친견한 보살은 수많은 공덕을 얻습니다. 왜냐하면, 여래는 한 가지 법·한 가지 행·하나의 몸으로 오직 한 세계의 중생을 교화하지 않고, 수많은 법·한량없는 행·다양한 몸·무한한 세계를 갖춰 일체중생을 평등하게 교화하기 때문입니다.

비유하면, 허공은 빛이 있는 곳이든, 없는 곳이든 어느 곳에나 존재합니다. 허공은 가는 것도 아니고, 오는 것도 아닙니다. 어떤 형상과 빛을 갖고 있는 것이 아니기 때문입니다.

이와 같이 여래의 법신도 수많은 장소·일체 세계·모든 법·일체중생 등 어떤 곳에라도 출현해 나타나지만 실로 가는 곳이 없습니다. 그것은 바로 여래의 몸은 일정한 몸이 아니기 때문이고, 교화할 곳에 따라 그 몸을 나타내기 때문입니다.

또 비유하면 허공이 넓고 충만해 일체중생을 다 수용하면서도 집착하지 않는 것처럼, 여래의 법신도 그와 같아서 수많은 중생과 세계를 비추면서도 '그 비춘다는 것'에 집착하지 않습니다. 여래의 법신은 일체의 집착을 여의었기 때문입니다.

또 태양이 세상에 나오면 수많은 일체중생을 성장시킵니다. 즉 어두움을 없애고 일체 산림·약초·곡식·풀·나무 등을 성장시키고, 춥고 습한 기운을 없애며, 허공에 떠서 모든 중생을 이롭게 하고, 연못을 비추어 연꽃을 피게 하며, 세상을 두루두루 비추어 일체 빛깔과 형상을 나타내며 세간의 일을 다 성취시킵니다. 태양은 어느 곳이나 두루두루 광명을 비추기 때문입니다.

여래의 지혜도 마찬가지로 일체중생을 두루두루 성장시키고, 살아가도록 만듭니다. 마치 태양이 떠오르면 먼저 큰 산을 비추고 점차 산 아래 대지를 두루 비추지만, 태양은 '나는 큰 산을 먼저 비추고 나서 낮은 대지를 비출 것이다' 라고 생각하지 않습니다. 태양이 차별하는 것이 아니라 산과 대지의 높고 낮음이 있기 때문에 먼저 비추고 나중에 비춰질 뿐입니다.

또한 보살님들, 저 태양이 세상을 비추더라도 태어날 적부터 맹인은 그것을 보지 못합니다. 왜냐하면 육안이 없기 때문입니다. 그러나 그 맹인이 비록 태양을 보지 못하더라도 그에게 햇빛의 이익은 있습니다. 즉 그 햇빛으로 음식이나 필요한 물품을 얻고, 춥고 습한 기운이 없어 몸이 따뜻해지며, 풍병이나 한기로 인해 걸린 종기·질병 등을 치료할 수 있습니다. 부처님의 지혜 광명도 이 태양과 같습니다. 어리석은 중생은 그릇된 견해·편견과 산란심·청정치 못한 업으로 부처님의 지혜 광명을 보지 못하는 것입니다. 그러나 설령 어리석은 중생이 여래의 지혜를 알지 못할지라도 그에게 지혜 광명의 이익은 있습니다. 즉 육신의 고통이 사라지고, 평온함을 얻으며, 번뇌가 제거될 수 있습니다."

- 제32 여래성기품

일체중생이 모두 여래의 지혜를 가지고 있다

보현 보살이 계속 설하였다.

"또 보살님들, 부처님은 한 가지 음성으로 중생에게 설합니다. 그런데 여래는 한 가지 음성으로 중생에게 법을 설하지만, 중생은 자신의 근기에 따라 받아들여 차별이 있는 겁니다.

부처님의 지혜는 한량이 없습니다. 부처님 지혜는 어느 곳에나 두루 가득 차 있지만, 중생이 어리석어 부처님의 지혜를 알지 못하는 것입니다. 부처님의 지혜·형상이 없는 지혜·걸림 없는 지혜가 모두 중생의 몸속에 갖추어져 있지만, 어리석은 중생은 알지 못하고, 보지 못해 믿음을 내지 못하는 것입니다."

이때 부처님께서 천안天眼으로 일체중생을 관찰하시고, 이런 말씀을 하셨다.

"기이하고 기이하다. 모든 중생이 '여래의 지혜'를 갖추고 있으면서도 어리석고 미혹하여 알지 못하고 보지 못하고 있구나. 내가 마땅히 중생의 허망한 생각과 집착을 벗어나게 하고, 자신에게 내재되어 있는 '여래의 광대한 지혜가 부처와 다름이 없음'을 가르쳐 주리라."[66]

- 제32 여래성기품

중생은 여래의 참 아들로서 여래의 집에 태어난다

그때 여러 보살이 보현 보살에게 물었다.

---

[66] 이 내용은 성기性起 사상의 대표적인 언구로 알려져 있다. 부처님께서 중생에게 '중생과 부처가 다르지 않음'을 알려주는 내용이다. 60권본 『화엄경』에서는 「여래성기품」이라고 하는데, 80권본은 「여래출현품如來出現品」이라고 한다.

"이 경을 무엇이라 이름하며, 또 어떻게 받들어 지녀야 합니까?"

보현 보살이 말했다.

"이 경의 이름은 '모든 부처님의 비밀스런 창고' 입니다. 세간 사람들의 얕은 지식으로 헤아려 알 수 없고, 여래만이 알고 있는 큰 지혜 광명으로서 여래의 종성種姓을 개발하고, 일체 보살의 공덕을 성장하며, 제불의 경계에 따르고, 일체중생을 다 청정하게 하며, 제불의 최고 진리를 분별해 연설하기 때문입니다. 이 경전은 진리를 의지해 보리를 구하고자 하는 보살들을 위해 연설한 것이지, 다른 사람을 위해 설한 것이 아닙니다. 이 경전은 전륜성왕의 첫째 부인이 낳은 왕자와 같습니다. 만약 전륜성왕에게 왕자가 없다면, 왕이 죽은 뒤 보배가 저절로 사라지게 됩니다. 이런 것처럼 이 경도 그러합니다. 보살들도 여래의 참 아들로서 모두 '여래 종성의 집'에 태어날 것입니다.

보살들이 이 경을 수지受持하고 독송하며 사경하고, 이 경 이름을 듣고 기뻐해 공경한다면 반드시 최상의 정각을 얻을 수 있습니다. 보살이 이 경 이름을 듣고, 수지한다면 그는 참 불자로서 '부처님 집에 태어난 자'라고 할 수 있습니다. 그리하여 제불의 경계에 머물 수 있고, 일체 보살의 바른 법을 갖추어 일체종지一切種智의 경계에 편히 머물며, 세간의 삿된 법을 멀리 하게 됩니다."

- 제32 여래성기품

부처의 경계

만약 부처의 경계를 알고자 한다면
그 마음을 허공처럼 맑게 하여라.
모든 망상과 삿된 견해를 멀리 여의고

마음 가는 곳마다 걸림이 없게 하여라.

- 제32 여래성기품

손에 손잡고 함께 가자, 열반 세계로

보살에게는 열 가지 바라는 마음이 있어야 합니다.

첫째, 자신도 보리심에 머물고, 중생도 보리심에 머물기를 바라는 마음.

둘째, 자신도 화를 내거나 투쟁하는 것을 삼가하고, 중생도 성내거나 다투지 않기를 바라는 마음.

셋째, 자신도 어리석지 않고 진리에 편히 머물며, 중생도 어리석지 않고 진리에 편히 머물기를 바라는 마음.

넷째, 자신도 선근을 닦아 바른 법을 구하고, 중생도 선근을 닦아 오로지 바른 법을 구하기를 바라는 마음.

다섯째, 자신도 모든 바라밀을 성취하여 저 언덕에 이르고, 중생도 모든 바라밀을 성취하여 저 언덕에 이르기를 바라는 마음.

여섯째, 자신도 여래의 집에 태어나고, 중생도 여래의 집에 태어나기를 바라는 마음.

일곱째, 자신도 일체 법을 관觀해서 참된 성품의 본성에 깊이 들어가고, 중생도 일체 법을 관하여 참된 성품의 본성에 깊게 들어가기를 바라는 마음.

여덟째, 자신도 부처님의 소중한 법을 소홀히 여기지 않고, 중생도 부처님의 법을 소중히 여기기를 바라는 마음.

아홉째, 자신도 수많은 지혜를 얻고 꼭 원하는 바를 얻으며, 중생도 수많은 지혜와 원하는 바를 성취하기를 바라는 마음.

열째, 자신도 제불의 무한한 지혜의 보장寶藏에 들어가고, 중생도 제불의 무한한 지혜 보장에 들어가기를 바라는 마음입니다.

- 제33 이세간품

하나가 곧 일체요, 일체가 곧 하나이다

보살에게는 해탈을 얻음으로써 한 세계에서 일체 세계까지 깊이 들어가는 열 가지가 있습니다.

첫째, 일체 세계를 한 세계에 넣고
둘째, 한 세계를 일체 세계에 넣으며
셋째, 한 부처님의 몸이 일체 세계에 충만하고
넷째, 일체 세계가 모두 허공임을 나타내 보이며
다섯째, 모든 부처님의 장엄으로 일체 세계를 장엄하는 것입니다.
여섯째, 한 보살의 몸이 일체 세계에 충만하며
일곱째, 한 털구멍 속에 일체 세계를 넣어 두고
여덟째, 일체 세계를 한 중생의 몸속에 넣으며
아홉째, 한 부처님 도량의 보리수 한 그루가 일체 세계에 충만하고
열째, 한 묘한 음성이 일체 세계에 충만하되 그 응함에 따라 듣지 못하는 이가 없으며, 모두 다 기뻐합니다.
이와 같은 열 가지가 해탈을 통해 세계에 들어가는 것이니, 보살이 이 법에 편히 머물면 그는 최상의 해탈을 얻을 것입니다.

- 제33 이세간품

선재 동자의 구법 여행

선재善財 동자는 문수 보살이 설법한다는 말을 듣고 문수 보살을 찾아갔다. 그곳에서 선재는 문수 보살의 법문을 듣고 자신이 탐·진·치 삼독과

교만한 마음으로 생사生死의 바다에서 헤매고 있음을 깨닫고, 해탈의 길인 보살도를 걷기로 결심하였다. 선재 동자가 문수 보살에게 청했다.

"원컨대 저에게 해탈의 문을 열어 주시고
그릇되고 뒤바뀐 헛된 꿈을 멀리 여의게 해주소서."
願開解脫門　遠離諸顚倒

문수 보살이 선재 동자의 견고부동한 신심을 보고 말했다.

"보리심을 내어 선지식을 구하고
보현의 행원을 갖추어라."
發菩提心　求善知識　具足普賢行願"

문수 보살은 선재에게 지혜를 얻기 위해서는 보리심을 내어 선지식을 두루 찾아다니며 가르침을 받아 수행을 완성해보라고 권유하였다. 동자는 문수 보살의 가르침대로 첫 번째 선지식인 덕운 비구를 만나러 남쪽으로 길을 떠나 보현 보살에 이르기까지 모두 53선지식을 만나 해탈법문을 듣게 된다. 선재는 보현 보살에게 보현행원을 실천하기로 서원하고 법계法界에 드는 여정이 끝난다.

문수 보살에 의해 인도된 선재는 문수의 상징인 지혜의 힘으로 도를 증득하지만 53선지식 모두는 보현의 행과 덕을 내재하고 있다. 문수 보살에서 시작되어 보현 보살로 끝나는 「입법계품入法界品」은 문수의 지혜와 보현의 행·덕을 상징하는 불교의 진수라고 할 수 있다. 선재는 동자童子라고 하지만, 보리심을 일으킨 이상적인 보살의 표상이다.

53 선지식				
보살 5명	문수 · 관음 · 정취 · 미륵 · 보현			
비구 5명	덕운 · 해운 · 선주 · 해당 · 선견	비구니 1명	사자빈신	
동자 3명	자재주 · 선지중예 · 덕생	동녀 2명	자행 · 유덕	
동자의 선생 1명	변우 동자의 스승			
장자 8명	해탈 · 법보계 · 보안 · 우발라화향 · 무상승 · 견고해탈 · 묘월 · 무승군	여신 10명	안주 · 바산바연 · 보덕정광 · 희목관찰 · 보구중생묘덕 · 적정음해 · 수호일체 · 개부수화 · 대원정진력구호 · 묘덕원만림	
의사 1명	미가			
거사 2명	명지 · 비슬지라			
천신 1명	대천	천녀 1명	천주광	
바라문 2명	승열 · 최적정	우바이 4명	휴사 · 구족 · 부동 · 현승	
외도 1명	변행			
선인仙人 1명	비목구사	유녀遊女 1명	바수밀다	
뱃사공 1명	바시라	태자모 1명	마야부인	
왕 2명	무염족 · 대광	태자비 1명	구바녀	
남자 28명		보살 5명	여인 21명	

 선재가 만난 53선지식은 문수 보살을 두 번 만나고, 한 곳에서 두 선지식을 함께 만나기 때문에 54선지식 또는 55선지식이라고 한다. 선재가 만난 선지식은 계층이 다양하다.(도표 참조)

선재 동자, 구도의 길을 떠나다

선재 동자는 문수 보살이 설하는 불법의 여러 공덕을 듣고, 문수 보살에게 물었다.

"문수 보살님, 발심發心한 보살은 어떻게 보살의 행을 배우고, 어떻게 보살의 행을 닦으며, 어떻게 보살의 행에 나아가고, 어떻게 보살행을 실천하며, 어떻게 보살행을 청정하게 하고, 어떻게 보살행에 들어가며, 어떻게 보살의 행을 성취하고, 어떻게 보살행을 따르며, 어떻게 보살행을 기억하고, 어떻게 보살의 행을 넓히며, 어떻게 보현의 행을 성취할 수 있습니까?"

문수 보살이 선재 동자에게 말했다.

"기특하구나. 선남자여, 그대는 최상의 보리심을 발發하고, 보살행을 찾는구나. 중생이 최상의 보리심을 발하는 것도 어려운 일이건만 발심해서 보살행을 닦고자 하는 일은 더더욱 어려운 일이다.

선남자여, 일체지一切智를 성취하려면 반드시 훌륭한 선지식을 만나야 한다. 선지식을 찾아다니는 일에 싫증내거나 게으르지 말고, 선지식이 일러준 가르침대로 따르며, 선지식의 방편에 허물을 보지 말아야 한다.

이곳으로부터 남쪽으로 가면 승락勝樂이라는 나라가 있다. 그 나라 묘봉산妙峰山에 덕운德雲 비구가 있다. 그에게 가서 '보살은 어떻게 보살행을 배우고, 어떻게 보살행을 닦으며, 어떻게 수행해야 빨리 보현의 행을 성취합니까?'라고 물어라."

선재 동자는 문수 보살의 말을 듣고 매우 기뻐했다. 눈물을 흘리며 문수 보살께 하직인사하고 남쪽으로 구도 역정을 떠났다.

- 제34 입법계품

광대무변함과 포용력 갖춘 바다를 수행대상으로 삼다 (세 번째 선지식, 해운 비구)

선재 동자는 일심으로 선지식의 가르침을 생각하며, 정념正念으로 지혜 광명의 문을 관찰하면서 점점 남쪽으로 향해 가다 해문국에 이르렀다. 해운海雲 비구 처소에 가서 엎드려 절하고 오른쪽으로 돌고 나서 합장하고 물었다.

"성자시여, 저는 이미 최상의 보리심을 발했고, 최상의 지혜 바다에 들어가기를 소원합니다. 저는 보살이 어떻게 수행해야 세속의 집을 버리고, 여래의 집에 태어날 수 있는지 모르겠습니다. 어떻게 해야 생사 바다를 건너 지혜 바다에 들어가며, 어떻게 해야 범부세계를 떠나 여래의 경지에 들어가고, 어떻게 해야 생사의 흐름을 끊고 보살행의 흐름에 들어가며, 어떻게 해야 생사의 바퀴를 깨뜨리고 보살의 원력 바퀴를 굴릴 수 있습니까?

또 어떻게 해야 마魔의 경계를 없애고 부처님의 경계를 나타내며, 어떻게 해야 애욕의 바다를 말리고 큰 자비의 바다를 채우며, 어떻게 해야 고난과 나쁜 길의 문을 닫고 큰 열반의 문을 열며, 어떻게 해야 삼계三界의 성에서 나와 온갖 지혜의 성에 들어가며, 어떻게 해야 모든 중생을 이롭게 할 수 있습니까?"

해운 비구가 선재에게 말했다.

"선남자여, 그대는 최상의 보리심을 발했는가?"

"네, 저는 이미 최상의 보리심을 발했습니다."

"선남자여, 중생이 선근善根을 심지 않으면 최상의 보리심을 낼 수 없으니 보문普門의 선근 광명을 얻어야 한다. 또 진실한 도인 삼매의 광명을 갖추어야 하고, 청정한 법을 자라게 하는 데 게으름이 없어야 하며, 선지식을 섬기는 일에 고달픈 생각을 내서는 안 된다. 또한 몸과 목숨을 돌보지 않고 정진하며, 인색한 마음으로 물건을 쌓아두지 말고, 평등한 마음을 대지大地처럼 하여 높고 낮음이 없어야 한다. 또 모든 중생을 사랑하고 가엾이 여겨야 하고, 생멸의 길이 싫다고 생멸을 버리지 말며, 항상 여래의 경계를 관찰하는 것을 좋아해야 보리심을 발할 수 있다.

보리심을 발한다는 것은 대비심大悲心을 발하는 것이니, 모든 중생을 널리 구제하려는 마음이기 때문이다. 자비심을 내어 모든 세간을 복되게 해야 하고, 안락한 마음을 내어 모든 중생의 괴로움을 없애주어야 하며, 이롭게 하는 마음을 내어 모든 중생이 나쁜 법을 버리도록 하고, 애민심을 내어 두려워하는 이들을 수호해야 한다.

걸림 없는 마음을 내어 모든 장애를 없애고, 광대한 마음을 내어 모든 법계에 가득 차게 하며, 무량한 마음을 내어 허공계처럼 가지 않는 데가 없고, 간절한 신심을 내어 모든 여래를 다 친견토록 하며, 청정심을 내어 삼세의 법에 지혜가 어그러지지 않도록 하고, 지혜의 마음을 내어 온갖 지혜 바다에 두루 들어가도록 해야 한다.

선남자여, 내가 이 해문국에 머문 지가 12년인데 항상 큰 바다로 수행의 대상(念)을 삼았다. 이른바 큰 바다의 광대무변함을 염念하고, 큰 바다가 매우 깊어 헤아리기 어려움을 염하며, 큰 바다가 점점 깊고 넓어짐을 염하고, 큰 바다에 한량없는 보물들이 기묘하게 장엄함을 염하며, 큰 바다에 한량없는 물이 가득차 있음을 수행의 대상으로 삼았다.

또한 큰 바다의 물빛이 같지 않아 헤아릴 수 없음을 염(念, 수행의 대상)하고, 큰 바다에 한량없는 중생이 사는 곳임을 염하며, 큰 바다는 몸집이 큰 중생을 수용할 수 있음을 염하고, 큰 바다는 구름에서 내리는 비를 모두 받아들임을 염하며, 큰 바다는 물이 불지도 줄지도 않는다는 것을 수행의 대상으로 삼았다.

나는 또 이런 생각도 하였다. '이 세상에는 이 바다보다 더 넓은 곳이 있지 않을까? 이 바다보다 더 끝없는 곳이 있지 않을까? 이 바다보다 더 깊은 곳이 있지 않을까? 이 바다보다 더 특수한 곳이 있지 않을까?'

선남자여, 내가 이런 생각을 할 때, 연꽃이 솟아 나와 연꽃 위에 부처님이 앉아 계셨다. 부처님께서 내 머리를 쓰다듬으며 보안법문普眼法門을 말씀하시고 여래의 경계를 열어 보이셨다. 나는 다만 이 보안법문을 알 뿐이다. 저 보살은 모든 보살행의 바다에 깊이 들어가 원력에 따라 수행하기 때문이다.

선남자여, 여기서 남쪽으로 60유순을 가면 해안海岸이라는 마을에 선주 비구가 있으니, 그대는 그에게 가서 '보살이 어떻게 하여야 보살행을 청정하게 하느냐?'고 물어라."

- 제34 입법계품

걸림 없는 경계는 마음이 만들어낸다 (여섯 번째 선지식, 해탈 장자)

선재 동자는 12년을 다니다가 주림성에 이르러 해탈解脫 장자를 만났다. 동자는 그에게 엎드려 절하고 일어나 합장한 자세로 말했다.

"성자시여, 제가 오늘에서야 선지식 회상會上에 함께 하였으니, 저는 매우 좋은 공덕을 얻을 것입니다. 왜냐하면 선지식은 만나기 어렵고, 선지식이 있다는 소리도 듣기 어려우며, 선지식이 출현하기 어렵고, 선지식을 받들어 섬기기 어려우며, 가까이에서 함께 모시는 일도 어렵기 때문입니다. 이렇게 어려운 일인데 바로 이제서야 제가 선지식을 만났으니, 어찌 좋은 공덕이 아니겠습니까? 선지식께서는 길을 보이고, 나루터를 일러주며, 법을 설해준다고 들었습니다. 보살이 어떻게 보살행을 배우며, 보살도를 닦고, 어떻게 해야 보살의 청정행을 얻을 수 있습니까?"

해탈 장자가 삼매에서 일어나 선재 동자에게 말했다.

"선남자여, 보살이 불법을 닦아 부처님 세계를 장엄하고, 미묘한 행으로 중생을 조복하며, 큰 서원을 세워 온갖 지혜에 들어가 자유자재롭게 유희遊戲하고, 불가사의한 해탈문을 얻으며, 신통력을 나타내어 시방 법계에 두루 다니고, 미세한 지혜로 여러 겁에 들어가는 이러한 일들은 다 자기 마음이 만들어내는 것이요, 마음으로 인한 것이다.

따라서 선남자여, 반드시 선법善法으로 자기 마음을 다스리고, 법의 물로 마음을 적시어라. 수행하는 보살은 어느 경지에 처하든 자기 마음을 청정하게 하고, 자기 마음을 견고하게 해야 한다. 인욕으로 마음을 평안케 하고, 지혜를 증득해 마음을 청정하게 하며, 지혜로 자기 마음을 밝게 하고, 부처님의 자재함으로 자기 마음을 개발하며, 부처님의 평등으로 자기 마음을 너그럽게 하고, 부처님의 열 가지 힘으로 자기 마음을 비추고 살펴야 한다."

- 제34 입법계품

중생을 구제하기 위해 보리심을 발한다 (여덟 번째 선지식, 휴사 우바이)

그때 선재 동자는 휴사休捨 우바이가 자리에 앉아 있는 것을 보고, 우바이 발에 절하고 물었다.

"성자시여, 보살이 어떻게 보살행을 배우며, 어떻게 보살도를 닦아야 합니까?"

휴사 우바이가 답했다.

"선남자여, 나는 오로지 보살의 한 해탈문을 얻었을 뿐이다. 나를 보거나 듣거나 생각하거나 혹은 나와 함께 있거나 내게 공양하는 사람은 그 공덕이 헛되지 않을 것이다. 만약 중생이 선근을 심지 않는다면 선지식의 보살핌을 받지 못하고, 부처님의 보호를 받지 못하며, 이런 사람은 끝내 나를 볼 수 없다. 중생이 나를 보게 되면 퇴전하지 않고, 모두 최상의 보리를 얻게 될 것이다.

나는 다만 이 한 가지 해탈문을 알 뿐이지만, 저 보살들은 마음이 바다와 같아서 제불諸佛의 법을 모두 다 받아들인다. 수미산과 같이 의지가 견고하여 흔들리지 않으며, 선견약善見藥과 같아서 중생의 무거운 번뇌 병을 치료하고, 밝은 해와 같아서 중생의 무명 업장을 깨뜨리며, 대지大地와 같아서 모든 중생의 의지처가 된다.

시원한 바람과 같아서 중생에게 이익을 주며, 밝은 등불과 같아서 중생에게 지혜 광명을 밝히며, 큰 구름과 같아서 중생에게 적멸법寂滅法을 내리고, 밝은 달과 같아서 모든 중생을 원만하게 수호해준다."

- 제34 입법계품

선지식의 방편을 의심하지 말라 (열 번째 선지식, 승열 바라문)

승열勝熱 바라문이 선재 동자에게 말했다.

"선남자여, 만약 그대가 이 칼산 위에 올라가서 몸을 불구덩이에 던지면 모든 보살행이 청정해질 것이다."

선재 동자가 바라문의 말을 듣고 생각하였다.

'사람 몸 받기 어렵고, 고난을 여의기 어려우며

깨끗한 법을 얻기 어렵고, 부처님 세상 만나기 어려우며

육신의 온전한 감각기관을 갖추어 태어나기 어렵다.

부처님 법 듣기 어렵고, 선지식 만나기 어려우며

선지식과 함께 살기 어렵고, 올바른 가르침을 따르기 어려우며

바른 생활을 하기 어렵고, 바른 법을 따르기 어렵다.

혹시 마왕魔王이 시키는 것이 아닐까? 마의 험악한 무리가 보살인 것처럼 선지식의 모양을 꾸며 나의 선근과 정진을 방해하려고 하는 것이 아닌가?'

바라문은 동자가 자신의 정체에 대해 잠시 의심하는 것을 알고, 가르침

을 설해준 뒤 게송을 읊었다.

> 발심한 보살이 선지식의 가르침을 순종하면
> 모든 의심과 두려움이 사라지고
> 마음이 평온하여 흔들리지 않는다.
> 마땅히 알라. 이런 사람들은 광대한 이익을 얻으리니
> 보리수 아래 앉아서 최상의 깨달음을 이루리라.

바라문의 게송을 들은 선재 동자가 몸을 불구덩이에 던지기 위해 칼산에 올라갔다. 동자가 떨어지는 중간에 선주삼매(善住三昧, 보살이 잘 머무는 삼매)를 얻었고, 몸이 불꽃에 닿자마자, 고요하고 즐거운 신통삼매를 얻었다.

- 제34 입법계품

내 모습을 보면 기쁨이 넘치고 행복해진다(열네 번째 선지식, 구족 우바이)

선재 동자는 남쪽의 해주성海住城에 있는 구족具足 우바이를 찾아갔다. 집에 들어가니, 우바이가 보배 자리에 앉아 있었다. 한창 젊은 나이의 우바이는 살결이 곱고 아름다웠다. 소복단장에 머리카락을 길게 드리웠고, 몸에 장신구를 하지 않았지만, 그 모습과 광명이 불보살에 미칠 만큼 고귀해 보였다. 집 안에는 보살의 업으로 이루어진 훌륭한 자리(座)가 마련되어 있고, 의복이나 음식·살림살이 도구는 없었으며 조그만 그릇 하나만 놓여 있었다.
또 구족 우바이 주위에 일만 동녀가 시중을 들고 있었다. 모두 아름답고 단정한 모습이었다. 그 동녀들의 몸에서 묘한 향기가 주위 곳곳에 풍기

니 중생이 이 향기를 맡기만 해도 퇴보하는 일이 없고, 성내지 않으며, 탐욕·아첨하는 마음·그릇된 마음·교만한 마음이 일어나지 않았다. 또한 사랑하지도 미워하지도 않는 마음·평등하고 자비스런 마음·계율을 잘 지키는 마음을 간직하였다. 이 우바이의 모습을 보거나 소리를 들은 중생은 모두 환희심이 가득하고 탐욕이 사라졌다.

그때 선재 동자가 구족 우바이에게 예배드리고, 보살이 어떻게 보살행을 배우며, 어떻게 보살도를 닦아야 하는지를 물었다. 구족 우바이가 말했다.

"선남자여, 나는 보살의 다함이 없는 복덕장福德藏 해탈문을 얻었으므로 이렇게 작은 그릇 하나를 가지고도 중생의 다양한 욕망에 따라 갖가지 맛있는 음식으로 그들을 배부르게 해준다. 시방세계 모든 중생의 욕망에 따라 그들 모두를 배부르게 하여도 결코 음식은 줄어들지도 사라지지도 않는다. 또한 자리·의복·와구·수레·꽃·향·보배·영락·번기·살림 가구들도 음식과 마찬가지로 모두를 만족케 한다.

선남자여, 시방세계의 모든 성문과 연각이 나의 음식을 먹으면 그들 모두가 성문이나 벽지불과를 얻고, 시방세계에 있는 일생보처一生補處 보살이 나의 음식을 먹으면, 보리수 도량에 앉아 마군을 항복받고 최상의 깨달음을 얻는다."

- 제34 입법계품

육신의 병이란 마음에 의해 생겨난다 (열일곱 번째 선지식, 보안 장자)

그때 선재 동자는 보안普眼 장자 앞에 나아가 예배드리고 합장한 후 물었다.

"성자시여, 보살이 어떻게 보살행을 배우며, 어떻게 보살도를 닦아야 합니까?"

장자가 말했다.

"기특하구나, 선남자여, 그대가 최상의 보리심을 발發했구나. 나는 중생의 병에 따른 증세를 잘 알고 있다. 풍병·황달·해소·열병·독충, 귀신의 장난, 수재·화재로 인해 발생하는 수많은 전염병을 방편으로 치료한다. 어느 누구든지 병든 이가 내게 찾아오면 그를 치료해 낫게 하고, 향탕에서 목욕시키며, 향·꽃·영락과 좋은 옷으로 갈아입히고, 음식과 재물로 보시한 뒤, 그들에게 알맞은 법을 설해준다.

탐욕이 많은 이에게는 부정관不淨觀을 가르치고, 남을 미워하고 성을 잘 내는 사람에게는 자비관慈悲觀을 권하며, 어리석은 이에게는 제법諸法의 분류나 연기를 설해주고, 세 가지를 다 갖춘 이에게는 법을 설해준다. 그들에게 부처님의 거룩한 모습을 갖추게 하려고 보시 바라밀을 찬탄하고, 부처님의 청정한 몸을 얻어 어느 곳이든 원하기만 하면 이르게 하려고 지계 바라밀을 찬탄하며, 부처님의 불가사의한 몸을 얻게 하려고 인욕 바라밀을 찬탄하고, 여래처럼 장엄한 모습을 얻게 하려고 정진 바라밀을 찬탄하며, 청정하고 견줄 데 없는 몸을 얻게 하려고 선정 바라밀을 찬탄하고, 여래의 청정한 법신을 드러내게 하려고 반야 바라밀을 찬탄한다."

- 제34 입법계품

대자大慈는 대지와 같아서 중생을 성장시킨다 (열아홉 번째 선지식, 대광왕)

그때 선재 동자는 대광왕大光王의 발에 예배드리고 말했다.

"성자시여, 보살이 어떻게 보살행을 배우며, 어떻게 보살도를 닦아야 합니까?"

왕이 말했다.

"선남자여, 나는 보살의 대자당행大慈幢行을 닦았다. 나는 부처님 도량에서 이 법을 듣고(聞), 사유思惟하며, 관찰해 수행하였다. 나는 왕이 되어서 이 법으로 중생을 가르치고 다스린다. 대자행大慈行으로 세상을 따르고 중생을 인도하며 중생에게 대자大慈로 수행하도록 권유한다.

이 법으로 중생을 제도하는 방편을 삼고, 중생에게 대자大慈로 (수행) 근본을 삼으라고 하며, 이행利行으로 중생이 법성法性에 머물러 사유하도록 가르친다. 또 중생들이 사랑스런 마음에 머물러 대자로 근본을 삼고, 대자력大慈力을 갖추게 한다.

나는 이 법으로서 모든 중생이 즐겁고 환희로우며, 몸에 고통이 없고, 마음에 청량함을 얻게 해준다. 또한 이 법으로 생사의 애착을 끊고, 정법正法의 법희法喜를 향유토록 해주며, 번뇌의 때를 씻고, 악업의 장애를 막아준다.

또 생사의 흐름을 끊고, 진실한 법해法海에 들어가며, 윤회의 길을 끊고, 온갖 지혜를 갖추며, 마음 바다를 깨끗이 하여 견고한 믿음을 내게 한다. 나는 이와 같이 대자행에 안주해 있고, 이 법으로 세상을 교화한다.

보살들은 사랑스런 마음으로 일체중생을 두루 보호하고, 설령 중생에게 상·중·하 근기가 있을지언정 중생을 평등하게 관찰한다. 대자는 대지大地와 같아서 중생을 성장시킨다."

- 제34 입법계품

나를 가까이 하기만 해도 탐욕이 사라진다 (스물여섯 번째 선지식, 바수밀다 여인)

그때 선재 동자는 바수밀다 여인 앞에 나아가 예배드리고 합장한 후 물었다.

"성자시여, 보살이 어떻게 보살행을 배우며, 어떻게 보살도를 닦아야 합니까?"

여인이 말했다.

"선남자여, 나는 탐욕의 굴레를 벗어난 경지(離貪慾際)의 해탈을 얻었다. 나는 중생이 원하는 대로 그 앞에 나타난다. 곧 천신이 나를 볼 때 나는 천녀가 되고, 남자가 나를 볼 때 나는 아리따운 여인이 되며, 인비인人非人이 나를 볼 때 내가 인비인人非人의 여인이 되어 그들의 욕망대로 나를 보게 한다.

어떤 중생이 애욕에 얽매여 내게 가까이 다가오면, 나는 그에게 법을 설해 탐욕이 사라지고, 보살의 집착 없는 경지의 삼매를 얻게 해준다.

어떤 중생이 잠깐만 나를 보아도 탐욕이 사라지고, 보살의 환희 삼매를 얻게 해준다. 또 어떤 중생이 잠깐만 나와 이야기해도 탐욕이 사라지고, 보살의 걸림 없는 음성 삼매를 얻게 된다. 어떤 중생은 잠깐만 내 손목을 잡아도 탐욕이 사라지고 보살의 모든 부처 세계를 두루 다니는 삼매를 얻는다.

어떤 중생이 잠깐만 나를 관觀해도 탐욕이 사라지고, 보살의 장엄한 삼매를 얻는다. 또 어떤 중생이 내가 팔을 펴는 것을 잠깐 흘긋 보아도 탐욕이 사라져 탐욕의 마군을 굴복시키는 삼매를 얻으며, 어떤 중생은 내 눈이 깜빡이는 것을 보기만 해도 탐욕이 사라지고, 부처님의 광명 삼매를 얻는다. 또 어떤 중생이 나를 끌어안으면 탐욕이 사라지고 삼매(보살이 모든 중생을 거두어 주고 수호해주는)를 얻으며, 어떤 중생은 내 입술을 한 번만 맞추어도 탐욕이 사라지고, 복덕을 늘리는 삼매를 얻는다.

이와 같이 중생이 나를 가까이하면 그들 모두 탐욕을 여의고, 보살의 온갖 지혜가 앞에 나타나는 무장애 해탈문에 들어간다."

- 제34 입법계품

모든 중생이 고통 없이 행복하기를 (스물여덟 번째 선지식, 관세음 보살)

그때 선재 동자는 관세음 보살의 발에 예배드리고 오른쪽으로 돌은 뒤, 합장하고 서서 물었다.

"성자시여, 보살이 어떻게 보살행을 배우며, 어떻게 보살도를 닦아야 합니까?"

보살이 말했다.

"기특하구나. 선남자여, 그대는 이미 최상의 보리심을 내었구나. 나는 보살의 대비행大悲行 해탈문을 성취했다. 나는 끊임없이 대비행의 문으로 모든 중생을 평등하게 구제한다. 대비행문에 머물러 여래의 처소에 상주하면서 모든 중생 앞에 나타난다. 보시·사랑스런 말(愛語)·이롭게 하는 행(利行)·함께 상주함(同事)으로 중생을 거두기도 한다.

또 응현應現해서 중생을 거두기도 하고, 온갖 불가사의한 빛과 광명을 나타내어 중생을 거두기도 하며, 음성과 위의와 설법으로 거두기도 하고, 신통 변화를 나타내기도 하며, 마음을 깨닫게 해 성숙시키기도 하고, 그 중생과 똑같은 모습으로 현신해 함께 살면서 그를 성숙시키기도 한다.

선남자여, 나는 이 대비행문을 수행하여 모든 중생을 구제한다. 모든 중생이 험난한 길에서 벗어나기를 원하며, 번뇌의 두려움에서 벗어나고, 미혹의 두려움에서 벗어나며, 속박의 두려움에서 벗어나고, 살생의 두려움에서 벗어나며, 가난에서 벗어나기를 원한다.

또한 악명의 두려움에서 벗어나고, 죽음의 두려움에서 벗어나며, 대중의 두려움에서 벗어나고, 나쁜 길의 두려움에서 벗어나며, 암흑의 두려움에서 벗어나기를 원한다.

또 중생이 사랑하는 이와 헤어지는 두려움에서 벗어나고, 원수를 만나는 두려움에서 벗어나며, 몸을 핍박하는 두려움에서 벗어나고, 마음을 핍박하는 두려움에서 벗어나며, 걱정과 슬픔의 두려움에서 벗어나기를 원한다. 또 중생이 나를 생각하거나 내 이름을 부르거나 내 모습을 보게 되면, 모든 두려움에서 벗어나 행복하기를 서원한다."

- 제34 입법계품

모든 중생이 기쁨으로 가득하기를 (서른여섯 번째 선지식, 적정음해 주야신)

그때 선재 동자는 적정음해寂靜音海 주야신主夜神의 발에 예배하고, 오른쪽으로 돌며 합장한 후 물었다.
"성자시여, 보살이 어떻게 보살행을 배우며, 어떻게 보살도를 닦아야 합니까?"
주야신이 말했다.
"기특하구나. 선남자여, 그대가 선지식을 의지하여 보살행을 구하는구나. 나는 보살의 생각생각마다 환희심을 내어 장엄 해탈문을 얻었다."
선재 동자가 말했다.
"성자시여, 그 해탈문은 무슨 일을 행하며, 어떤 경계이고, 어떤 방편을 일으키며, 어떻게 관찰합니까?"
주야신이 대답했다.
"선남자여, 나는 청정하고 평등을 좋아하는 마음을 내었다. 나는 집착하지 않는 마음(無住心)을 내고, 모든 중생에 대해 자비스런 마음을 내며, 모든 부처님 바다를 보고도 만족할 줄 모르는 마음을 내고, 보살의 청정한 원력 구하는 마음을 내며, 큰 지혜 광명 바다에 머무는 마음을 내었다. 어떤 중생이 탐욕이 많으면 그에게 부정관문不淨觀門을 설해서 생사의 애착심이 어리석은 것임을 가르치고, 어떤 중생이 화내는 일이 많으면 그에게 대자관문大慈觀門을 설해서 부지런히 정진하라고 권하며, 어리석은 중생에게는 그에게 진리를 설해주어 밝은 지혜를 얻도록 해준다. 어떤 중생이 생사의 낙樂을 지나치게 애착하면 법을 설해 생사를 싫어해 사바세계를 떠나게 해주고, 어떤 중생이 생사의 고苦를 싫어하는데 여래의 교화를 받을 만하면 법을 설해 방편으로 일부러 태어나게 하며, 어떤 중생이 오온五蘊에 애착하면 법을 설해 오온이 인연으로 화합된 것임을 알려준다.

또 어떤 중생이 마음이 옹졸하면 나는 그에게 훌륭하고 장엄한 도를 보여주고, 어떤 중생이 마음이 교만하면 그에게 평등한 법의 지혜를 말해주며, 어떤 중생이 마음이 바르지 못하면 나는 그에게 보살의 올곧은 마음에 대해 설해준다."

- 제34 입법계품

모든 중생은 인연으로 화합된 허망한 존재요,
생로병사 · 슬픔 · 고뇌는 허망한 분별에서 생긴 것

(쉰한 번째 덕생 동자와 쉰두 번째 유덕 동녀)

선재 동자는 점점 남쪽으로 가다가 묘의화문성妙意華門城에 이르러 덕생德生 동자와 유덕有德 동녀를 만났다. 동자는 예배드리고 합장한 후 말했다.

"성자들이여, 저는 이미 보리심을 발했지만, 보살이 어떻게 보살행을 배우며, 어떻게 보살도를 닦아야 합니까? 원컨대 자비를 베풀어 말씀해 주소서."

동자와 동녀가 선재에게 말했다.

"선남자여, 우리는 보살의 해탈을 증득했는데, 해탈 이름이 환주幻住입니다. 우리가 머물고 있는 이 세상은 환상으로서, 허깨비와 같은 우리가 머물고 있는 세계입니다. 모든 세계가 다 인연으로 생겨났기 때문입니다. 일체중생이 다 허깨비와 같나니 업과 번뇌로 일어나기 때문이며, 일체 세간이 다 환상과 같으니 무명·존재·욕망 등이 서로 인연이 되어 생기기 때문이고, 모든 법이 다 허깨비와 같나니 〈나〉에 대한 집착으로 인해 생기기 때문이며, 일체중생의 태어남·늙고 병듦·근심과 슬픔·고뇌가 모두 허깨비와 같나니, 이는 모두 허망한 분별에서 생기기 때문입니다.

선남자여, 우리 두 사람은 다만 이 환주해탈을 얻었을 뿐입니다. 선남자여, 당신은 한 가지 선정을 닦고, 한 가지 법을 추구하며, 한 가지 행만 닦고, 한 가지 서원을 발하며, 한 수기授記를 받고, 한 가지 지혜에 안주하는 것 등을 구경究竟이라고 생각하지 마십시오. 또한 한정된 마음(限量心)으로 육바라밀을 행하거나 십지十地에만 머물러 불국토를 장엄하지 말고, 한 선지식만을 섬기려고 하지 마십시오. 왜냐하면 보살은 무수한 선근을 심어야 하고, 무한한 보리심을 내어야 하며, 한량없는 보리의 인因을 닦아야 하고, 수많은 중생계를 교화하며, 교묘한 회향廻向을 배워야 하기 때문입니다.

수많은 중생의 마음을 알아야 하고, 중생을 이해하며, 중생을 조복시켜야 합니다. 무수한 번뇌를 끊어야 하고, 수많은 업장을 녹여야 하며, 수많은 사견邪見을 제거하고, 번뇌로 물든 마음을 제거하며, 청정한 마음을 내어야 하고, 수많은 고통의 독화살을 뽑아야 하며, 무한한 애욕의 바다를 말려야 하고, 무한한 무명의 어둠을 깨뜨려야 하며, 높은 교만의 산을 허물고, 생사生死의 결박을 끊어야 하며, 무한한 존재의 흐름을 건너야 합니다.

또한 오욕에 빠져 있는 중생을 욕망에서 벗어나게 해주고, 삼계의 감옥에 갇힌 중생을 탈출케 해주며, 중생을 성스러운 길로 인도해야 합니다."

- 제34 입법계품

보리심은 불법을 성장시키는 종자이다 (쉰세 번째 선지식, 미륵 보살)

선재 동자는 합장 공경하며 미륵 보살에게 물었다.

"성자시여, 보살이 어떻게 보살행을 배우며, 어떻게 보살도를 닦아야 합니까? 제가 알고 있기로는 보살님께서는 제불에게 수기를 얻었으며, '한 생에 최상승의 보리를 얻으리라'는 말씀을 들었습니다.

미륵 보살님, 어떻게 해야 빨리 불법을 얻어서 모든 중생을 제도할 수 있으며, 삼보가 끊어지지 않게 하고, 제불의 종자를 헛되지 않게 하며, 법안法眼을 얻을 수 있습니까?"

미륵 보살은 선재 동자의 선지식 구하는 구도심을 칭찬하고, 뭇 중생에게 '선재를 본받아 도를 구하는 마음을 가지라'고 설한 뒤, 동자에게 말했다.

"기특하구나. 선남자여, 그대는 중생을 이롭게 하고, 부처님 법을 구하기 위해 최상의 보리심을 내었구나. 그대가 문수 보살과 여러 선지식을 친견할 수 있었던 것은 그대에게 보리심이 있었기 때문이다. 그대는 근기가 뛰어나므로 모든 선근을 갖추었고, 선법善法을 유지하기 때문에 청정함을 얻었으며, 여러 부처님께서 보호하고 염려해주며, 여러 선지식들도 그대를 보살핀 것이다.

왜냐하면 보리심은 모든 불법을 성장하게 하는 종자와 같으며, 모든 중생의 밝고 깨끗한 법을 잘 성장시키기 때문에 좋은 밭이고, 모든 세간을 지탱해주는 대지이며, 모든 번뇌의 때를 씻어 주는 청정한 물이고, 모든 세간에 있는 장애를 제거해주는 태풍과 같기 때문이다.

또한 보리심은 그릇된 소견을 소각하는 불이요, 세간을 두루 비추는 밝은 해이고, 원만한 보름달이며, 갖가지 법의 광명을 밝혀주는 등불이다. 보리심은 부처님의 탑과 같아서 모든 중생이 의지하고 공양할 바이다.

이 보리심으로 모든 보살들의 행이 완전해지고, 보리심으로 과거·현재·미래의 모든 부처님이 세상에 출현하신다. 선남자여, 보리심은 이와 같이 한량없는 공덕을 성취하게 한다.

선남자여, 그대가 '보살이 어떻게 보살행을 배우며, 보살도를 닦느냐?'고 물었는데, 그대는 이 비로자나 장엄장 큰 누각에 들어가 두루 살펴보아라. 곧 보살행 배우는 것을 알게 되고, 한량없는 공덕을 성취하게 될 것이다."

이때 선재 동자는 미륵 보살을 공경하며 오른쪽으로 돌고 나서 여쭈었다. "이 누각 문을 열어서 제가 들어갈 수 있게 해주십시오."

미륵 보살이 누각 앞에서 손가락을 튕기니, 문이 열렸다. 선재가 기뻐하며 들어가자마자 문이 닫혔다. 선재가 누각 안을 살펴보니, 넓고 크기가 무한하여 허공과 같고 칠보로 장식되어 있었다. 또 그 가운데 누각이 있는데, 크고 넓고 화려하기가 허공과 같아 서로 장애되지 않고 뒤섞이지도 않았다. 각각이면서도 전체와 조화되고, 개체로서의 존재를 유지하고 있었다. 하나의 누각이 다른 전체와 개별적 또는 전체적으로 융화하는데 혼란스럽지 않았다. 서로서로 혼융 상태에 있으면서도 질서가 있으며 혼잡스럽지 않았다.[67]

선재 동자는 비로자나 장엄장 누각의 무애 자재함을 보고 기뻤으며, 몸과 마음이 유연해져서 모든 의혹이 사라졌다. 보고 들은 것을 잊지 않고, 마음이 고요해 걸림 없는 해탈문에 들어갔다. 마음을 두루 움직이며, 모든 것을 두루 보고 널리 예경하였다.

---

[67] 세계는 그물과 같으며, 그 속의 모든 존재는 시간과 공간, 전체와 부분, 현상과 본질의 측면에서 상호의존적이라는 것이다. 하나가 일체가 되고, 일체가 하나가 되는 현상의 합일성과 상호연관성을 강조하는 것이다.

동자가 잠깐 머리를 숙이는 사이에 미륵 보살의 위신력으로 자신의 몸이 누각마다 수천 명이 있음을 발견하고, 신이하고 불가사의한 경지를 체험했다. 또한 동자는 미륵 보살께서 처음 보리심을 내었을 때의 이름과 종족, 선지식으로부터 가르침을 받은 일, 선근을 심었던 일들을 보았다. 또 미륵 보살이 처음 자심慈心 삼매를 증득하고 '자씨慈氏'라고 불렸던 일을 보았고, 미륵 보살이 묘행妙行을 닦으며 모든 바라밀을 성취하는 일들을 보았고, 국토를 청정하게 장엄하는 모습을 보았으며, 불법을 보호하고, 큰 법사가 되어 무생인無生忍을 얻어 부처님께 수기 받는 일 등을 보았다.

이때 선재 동자는 잊어버리지 않는 기억력을 얻었고, 시방十方을 두루 보는 청정한 눈을 얻었으며, 보살들의 자재한 지혜를 얻었기 때문에 여러 누각에서 벌어지는 불가사의하고 자재한 경계와 여러 장엄된 일들을 볼 수 있었다. 마치 사람이 꿈속에서 여러 가지 일을 보는 것과 같았다.

선재 동자가 미륵 보살에게 물었다.

"이 불가사의함을 드러내 보인 법문과 보살은 어디에서 온 것이며, 보살이 태어나는 곳은 어디입니까?"

미륵 보살이 말했다.

"보살이 태어난 곳이란 보리심·정직한 마음·모든 경지에서 평온하게 머무는 것·큰 서원을 세우는 것·대자비·진실하게 법을 관觀하는 것·대승심·중생을 교화하는 마음·지혜와 방편·모든 법을 따르고 수순하는 마음이다."

그때 미륵 보살이 신통력을 거두고 누각 안으로 들어와 손가락을 튕겨 소리를 내고 선재 동자에게 말했다.

"선남자여, 일어나라. 법의 바탕이 이와 같으니, 인연으로 나타난 현상이다. 이러한 모든 것들은 그 자성自性이 모두 환상과 같고, 꿈과 같으며, 그림자처럼 헛된 것이므로 영원한 것도 없고, 완전한 것도 없다."
이때 선재 동자는 손가락 튕기는 소리를 듣고 삼매에서 깨어났다. 미륵 보살이 선재에게 말했다.
"문수 보살을 다시 찾아가서 가르침을 구하라."
문수 보살은 보살의 서원과 수행을 완성한 분이고, 모든 부처님의 어머니이며, 보살들의 스승이고, 중생을 교화하는 훌륭한 보살이기 때문에 미륵 보살이 문수 보살에게 가서 가르침을 구하라고 권한 것이다.

- 제34 입법계품

신심이 견고해야 보살행을 실천하고, 최상의 진리를 깨닫는다

(쉰네 번째 선지식, 문수 보살)

선재 동자는 111개 성을 지나 마지막으로 보문성普門城에 도착했다. 이곳에서 선재 동자는 간절한 마음으로 문수 보살의 자애로운 모습을 친견하기를 서원했다. 이때 문수 보살이 멀리서 오른손을 펴 백십유순을 지나 선재 동자의 정수리를 만지면서 말했다.

"기특하구나. 선남자여, 확고부동한 신심이 없었다면 공덕을 갖추지 못하고, 행과 서원도 만족시키지 못하며, 선지식의 가르침이나 수호함도 받을 수 없었을 것이다. 또한 견고한 신심이 없었다면 마음이 근심에 빠지고, 정진할 마음도 내지 못하며, 보살행을 실천할 수 없고, 가장 높은 최상의 깨달음을 구할 수 없었을 것이다."

문수 보살은 선재 동자로 하여금 아승지 법문을 성취하고, 지혜 광명을 구족하여 다라니·서원·삼매·신통·지혜를 얻게 한 뒤 보현 보살 도량에 들게 하고는 모습을 감추었다.

- 제34 입법계품

마침내 지혜를 완성하다 (쉰다섯 번째, 선지식 보현 보살)

선재 동자는 이렇게 생각하였다.

'나는 반드시 보현 보살을 뵙고 선근을 더욱 증장시킬 것이며, 모든 부처님을 뵙고 보살의 광대한 경계에 대해 궁극적인 이해를 내어 반드시 지혜를 얻을 것이다.'

선재 동자는 보현 보살을 친견코자 하는 간절한 마음으로 정진하며 물러서지 않았다. 동자는 시방의 부처님과 보살들을 관찰하면서 눈에 보이는 것마다 보현 보살을 뵙고자 하는 마음이 간절했다.

이때 보현 보살이 부처님과 수많은 대중 속에서 보련화寶蓮華 사자좌에 앉아 있었다. 보현 보살이 여러 보살에 둘러싸여 있는데 세간에서 가장 아름다운 모습이었고, 지혜의 경지는 무한한 경지였으며, 그 위의가 부처님의 모습과 같았다.

또한 보현 보살 몸에서 모든 세계의 미진수 광명구름이 나와 법계와 허공계 등 모든 세계에 두루하였고, 일체중생의 고통과 근심이 사라져 보살들이 매우 기뻐하였다. 선재 동자는 보현 보살의 이와 같은 신이한 모습을 보고, 열 가지 지혜 바라밀을 성취하였다.

그 열 가지란, 잠깐 동안에 모든 국토에 몸을 두루 나타내는 것·모든 부처님을 공양하는 것·바른 법을 듣고 수지하는 것·부처님의 법륜을 염念하는 것·자유자재한 지혜 바라밀·한량없는 변재의 지혜 법문·반야 바라밀로 모든 법을 관찰하는 법문·일체 법계의 큰 방편 바라밀 법문·중생의 마음을 아는 지혜 바라밀 법문·보현 보살의 지혜와 행이었다. 즉 부처님의 가르침을 받아 지혜와 방편 바라밀을 얻은 것이다.

그때 보현 보살이 오른손을 펴서 선재 동자의 머리를 쓰다듬자, 동자는 한량없는 삼매문三昧門을 얻었다. 보현 보살이 부처님의 공덕 바다가 한량없음을 게송으로 찬탄하였다.

　　세계의 티끌 수 같이 많은 마음을 다 헤아려 알고
　　큰 바다 물을 다 마시며
　　허공을 측량하고 바람을 얽어맬 수는 있어도
　　부처님의 공덕은 말로 다할 수 없네.

　　이러한 공덕 바다를 듣고
　　환희하여 마음에 믿음을 일으켜 의심이 없는 자는
　　앞에서 말한 공덕을 얻게 된다.

- 제34 입법계품

『화엄경』 이야기

■ 『화엄경』의 의의

『대방광불화엄경大方廣佛華嚴經』은 산스크리트어 『마하 바이플라 붓다 아바탐사카 수트라Mahā-vaipulya-buddha-avataṃsaka-sūtra』이다. 마하(mahā, 大)는 어떤 상대성이 아닌 절대적인 '대'를 의미하며, 바이플라(vaipulya, 方廣)는 방등方等과 마찬가지로 대승경전의 별칭이다. 곧 마하바이플라mahāvaipulya란 크고 바르며 넓은 방대함을 뜻하는데, 광대한 부처님을 형용하는 말이다. 이에 '부처의 화엄이라고 부르는 대방광의 경'이라는 뜻이다.

아바탐사카(avataṃsaka, 華嚴)는 다양한 의미를 포괄한다. 첫째, 화華는 잡화雜華로서, 아름다운 화환을 의미하며 우주 질서를 나타내는 것으로 수많은 꽃을 말한다. 잡화를 가지고 장엄하게 꾸며진 세계가 바로 불국토임을 말한다. 둘째, '아름다운 꽃으로 장식한다'라는 비유로서 보살이 만행萬行의 꽃을 가지고 부처의 세계를 장식한다는 의미이다. 셋째, 불화엄(佛華嚴, Buddhā-avataṃsaka)이라고도 할 수 있는데, 불화佛華를 가지고 국토와 중생 모두를 장엄함을 뜻하기도 한다.

이 경의 세계관은 무한한 시간 속에서 무한한 공간이 서로 관계하며 끝없이 펼쳐진 장엄 세계가 전개된다. 60권본 『화엄경』인 경우, 1품부터 33품까지는 성불할 수 있는 이론적인 배경이라면, 34품 「입법계품」은 그 이론에 따라 선재라는 한 중생이 실제로 성불하는 것을 보여준다.

이 경전(60권본)이 설해진 곳은 7처處 8회會로 긴밀하게 짜여진 방대한 경전이다. 설법장소로는 ①적멸도량, ②보광법당, ③도리천궁, ④야마천궁, ⑤도솔천궁, ⑥타화자재천궁, ⑦보광법당, ⑧중각강당 순서이다.

①적멸도량회는 믿음(信)을 강조했고, 다음의 5회(②보광법당~⑥타화자재천궁)는 해解를 설했으며, ⑦보광법당회는 행行을 말하고, ⑧ 중각강당회 「입법계품」은 증證을 설한다.

■ 경전의 역경

이 경전은 대승 초기경전으로 2세기 초부터 시작해 4세기 중엽 이전에 완성되었다. 예부터 형성되어 오던 여러 경전이 화엄사상이라는 중심 기점을 두고 『화엄경』이라는 이름 아래 모아졌고, 시대를 흘러오며 여러 내용이 첨가되었다. 즉 「십지품」은 『십지경』이라고도 하며, 「보왕여래성기품寶王如來性起品」도 『여래성기경』으로 독립된 경전이었다.

이 경이 중국에 전해진 것은 5세기 초 무렵이다. 한역에 3본이 있으며, 권에 따라 40화엄 · 60화엄 · 80화엄으로 나뉜다. 60권본 『대방광불화엄경』은 서기 418~420년에 동진의 불타발타라(覺賢)가 번역하였으며, 34품으로 구성되어 있다. 60권본은 현장법사

이전에 번역되었으므로 '구역'이라고 한다. 80권본 『대방광불화엄경』은 서기 695~699년에 실차난타(喜學)가 번역하였다. 39품으로 구성되어 있고, 신역이라고 한다.[68] 40권본 『대방광불화엄경』은 80권본이 번역된 후 100년 무렵인 795~798년에 반야(Prajñā) 삼장이 번역하였다. 이 40권 『화엄경』은 구역과 신역에 모두 있는 「입법계품」만을 말한다. 티베트본 『대방광경大方廣經』은 45품으로 구성되어 있다. 산스크리트 원본은 산실되어 현재 전하지 않는다.

■ 경전의 중심사상 및 특징

첫째, 이 경은 불타의 깨달은 내용을 그대로 밝힌 경전이다. 이것을 '해인삼매海印三昧 일시병현一時炳現'의 법문이라고 한다. 이 때문에 듣지 못하는 귀머거리처럼 성문들은 알아듣지 못했다고 한다. 불타의 깨달음의 세계는 비로자나불(Vairocana, 光明遍照)의 세계를 상징적으로 표현하고 있다. 이 부처는 무량한 공덕을 완성하고, 일체의 부처에게 공양하며, 수많은 중생을 교화해 정각을 이루어 전신의 모공에서 화신의 구름을 나투어 중생을 개화開化한다고 하는 웅대한 부처이다. 부처의 지혜의 대해大海는 광명이 골고루 비추고 있으며 무한하다.

둘째, 『화엄경』의 특이한 점은 다른 경전에서는 부처가 설하고 있는 불설佛說인데 반해 이 경은 보살이 부처를 설하는, 즉 설불說佛이다. 그러므로 이 경전의 각회의 설주說主는 모두 보살이다.

셋째, 이 경은 깨달음을 목표로 하여 보살이 수행해 깨달음의 단계를 순차적으로 올라가는 경과를 설한다. 즉 10신信 · 10주住 · 10행

行·10회향廻向·10지地라는 보살의 수행 단계와 얻는 지혜이다.

넷째, 이 경은 일심一心과 성기性起 사상을 강조하고 있다. 우리의 경험은 모두 인식을 통해 성립하고 있으며 인식과 경험은 일심으로 귀착되는 것을 말한다. 이 일심은 대승경전에서 주로 설하고 있는 자성청정심自性淸淨心이나 심성본정心性本淨 등의 설과 같다. 범부도 자성이 청정하므로 중생이 보리심을 일으켜 문득 정각을 이룬다고 하여 초발심시변정각初發心是便正覺이라고 한다. 성기 사상은 「여래출현품」에 설해져 있는 내용으로서 깨달음이란 법계法界가 여래로 되어 출현하는 것, 즉 중생심衆生心 가운데 현재 현기現起해 있는 그대로가 바로 여래의 성기라는 것이다.[69]

다섯째, 이 경의 주요 내용 가운데 「입법계품」은 『화엄경』 전체의 3분의 1에 해당될 만큼 방대한 양이다. 선재 동자가 문수 보살에 의해 보리심을 발하고 53선지식을 방문하여 마침내 보현 보살에게 이르러 깨달음을 얻는 것으로 구성되어 있다. 「십지품」에서 '10지十地'는 보살의 독자적인 수행 단계인데, 10지를 순차적으로 닦아 정각을 이루는 것을 상세히 설하고 있다.

68　일반적으로 현장(601~664)을 기준으로 이전 번역은 구역舊譯, 현장 이후 번역은 신역新譯이라고 한다.

69　『화엄경』의 성기性起 사상 → 중기 대승의 여래장如來藏 사상 → 밀교의 대일여래(大日如來, 변법계신遍法界身으로서의 비로자나)로 발전되었다.

■ 경전이 후대에 끼친 영향

중국 종파 가운데 하나인 화엄종은 법상종·천태종과 함께 중국의 대표적인 종파이다. 부처의 깨달은 세계와 화장세계를 표현한 『화엄경』은 화엄종의 소의경전이다.

화엄종의 4조 징관(?~839)은 선종을 오교五敎70 중 돈교頓敎에 해당하며, 선사상은 사법계四法界 가운데 이사무애법계理事無礙法界에 해당된다고 하였다. 한편 『화엄경』을 사사무애법계事事無礙法界라고 하였다. 화엄종 5조 규봉종밀(780~841)은 선의 삼종과 교의 삼교를 배대하면서 세 번째 교에는 『화엄경』을, 세 번째 선종에는 홍주종·하택종을 두면서 선교일치를 주장하였다. 여기서 발전하여 화엄華嚴과 선禪이 결합하는 화엄선이 등장하였다.

한편 경전에 담긴 유심唯心과 성기性起 사상이 『열반경』의 불성사상과 더불어 중국 선종의 근간이 된다. 황벽·임제·영명연수 등 수많은 선사가 이 경전을 토대로 선사상을 구축하였다.

---

70 모든 경전의 설해진 형식이나 순서, 의미, 내용 등에 의해 교설을 5종류로 분류한 체계이다. 소승교小乘敎·대승시교大乘始敎·대승종교大乘終敎·돈교頓敎·원교圓敎이다. 화엄종의 3조인 법장(643~712)이 체계를 만든 뒤, 『화엄경』을 최고의 원만한 가르침이라고 하며 이 경전을 원교에 두었다.

11장 보현행원품[71]
― 불자의 아름다운 행원

보현 보살의 열 가지 행원

보현 보살이 부처님의 수승한 공덕을 찬탄하고 모든 보살과 선재 동자에게 말했다.

"선남자여, 여래의 공덕은 시방十方에 계시는 수많은 부처님께서 오랜 겁을 지내며 말해도 다 말하지 못할 만큼 광대무변합니다. 만약 이런 공덕문功德門을 성취하고자 한다면, 반드시 열 가지 큰 서원을 세우고 실천하겠다는 행원을 닦아야 합니다.

---

71 불타발타라(覺賢, 359~429) 역, 『대방광불화엄경大方廣佛華嚴經』 60권본, 31품을 저본으로 함.

첫째, 모든 부처님께 예배하고 공경하겠다는 서원 (禮敬諸佛願).
둘째, 모든 부처님을 찬탄하겠다는 서원 (稱讚如來願).
셋째, 널리 두루두루 공양 올리겠다는 서원 (廣修供養願).
넷째, 모든 업장을 참회하겠다는 서원 (懺悔業障願).
다섯째, 남이 짓는 공덕이 있으면, 함께 기뻐하는 서원 (隨喜功德願).
여섯째, 설법하여 주시기를 청하는 서원 (請轉法輪願).
일곱째, 부처님께서 이 세상에 오래 계시기를 청하는 서원 (請佛住世願).
여덟째, 항상 부처님의 수행력을 따라 배우는 서원 (常隨佛學願).
아홉째, 항상 중생의 뜻에 따라 수순하는 서원 (恒順衆生願).
열째, 지은 바 모든 공덕을 널리 모든 중생에게 회향하는 서원(普皆廻向願)입니다."

첫째, 모든 부처님께 예배·공경하겠습니다

선재 동자가 물었다.

"거룩하신 성인이시여, 어떻게 예배하고 공경하며, 어떻게 회향해야 합니까?"

보현 보살이 선재 동자에게 말했다.

"선남자여, 첫째 모든 부처님께 예배·공경한다는 것은 보현 보살의 원력으로 시방삼세의 수많은 부처님을 눈앞에서 친견하는 것처럼 깊은 믿음을 내고, 청정한 신·구·의 삼업으로 예배·공경하는 것이다. 부처님이 계시는 곳이면 어느 곳에나 몸을 나투어 수많은 부처님께 두루두루 예배·공경하겠다는 서원이다. 허공계가 다하면 나의 예배·공경함도 다하지만, 허공계가 다할 수 없으므로 나의 예배·공경함도 다할 수 없다.

이와 같이 중생계가 다하고, 중생의 업이 다하며, 중생의 번뇌가 다하면 나의 예배·공경함도 다하지만, 중생계·중생의 업·중생의 번뇌가 다함이 없으므로 나의 예배·공경함도 다함이 없다. 예배·공경하겠다는 서원을 생각 생각 이어져 끊어지지 않게 하며, 몸과 말과 뜻으로 짓는 일에 지치거나 싫어하는 마음이 없다."

둘째, 모든 부처님을 찬탄하겠습니다

"선남자여, 또한 모든 부처님을 찬탄하는 것은 바로 이런 것이다. 시방삼세의 무수한 티끌 티끌마다 부처님이 계시고, 그 낱낱 부처님이 계시는 곳에 수많은 보살들이 둘러 계신다. 내가 깊고 뛰어난 이해와 지견으로 변재 천녀의 혀보다 뛰어난 혀를 내며, 낱낱 혀마다 한량없는 음성을 내고, 낱낱 음성마다 한량없는 말을 해서 일체 부처님의 공덕을 찬탄하여 미래세가 다하도록 계속해 끊어지지 않게 하며, 무한한 법계에 두루두루 찬탄하는 것이다.

이와 같이 허공계가 다하고, 중생계가 다하며, 중생의 업이 다하고, 중생의 번뇌가 다하면 나의 찬탄도 다하지만, 허공계·중생계·중생의 업·중생의 번뇌가 다함이 없으므로 나의 찬탄도 다함이 없다. 찬탄하겠다는 서원을 생각 생각 이어져 끊어지지 않게 하며, 몸과 말과 뜻으로 짓는 일에 지치거나 싫어하는 마음이 없다."

셋째, 널리 두루두루 공양 올리겠습니다

"선남자여, 널리 두루두루 공양 올린다는 것은 바로 이런 것이다. 시방삼세의 무수한 티끌 티끌마다 부처님이 계시고, 그 낱낱 부처님이 계시는 곳에 수많은 보살이 둘러 계신다. 내가 보현행원의 원력으로 깊은 믿음과 분명한 지견을 내어 여러 가지 으뜸가는 공양구로 공양하되, 수많은 꽃과 음악·일산·향·의복·기름 등 갖가지 공양구로 공양 올리는 일이다.

그런데 선남자여, 모든 공양 가운데 법공양이 가장 으뜸이다. 즉 부처님의 말씀대로 수행하는 공양이며, 중생을 이롭게 하는 공양이고, 중생의 뜻을 따르는 공양이며, 중생의 고통을 대신 받는 공양이고, 부지런히 선근을 닦는 공양이며, 보살의 업을 버리지 않는 공양이고, 보리심을 여의지 않는 공양이다.

선남자여, 앞에 말한 공양으로 얻는 공덕은 일념 동안 닦는 법공양의 공덕에 비한다면 백분의 일, 천분의 일, 백천 만억 분에도 미치지 못한다. 왜냐하면 모든 부처님께서 법을 존중하고 소중히 여기기 때문이며, 말씀대로 행하면 수많은 부처님이 출생하기 때문이고, 또한 보살들이 법공양을 행하며 여래께 공양하기 때문이다. 바로 이런 수행이 참된 공양이다. 이와 같이 수승한 공양을 허공계가 다하고, 중생계가 다하며, 중생의 업이 다하고, 중생의 번뇌가 다하면 나의 공양도 다하지만, 허공계·중생계·중생의 업·중생의 번뇌가 다함이 없으므로 나의 공양도 다함이 없다. 공양 올리는 서원을 생각 생각 이어져 끊어지지 않게 하며, 몸과 말과 뜻으로 짓는 일에 지치거나 싫어하는 마음이 없다."

넷째, 모든 업장을 참회하겠습니다

"선남자여, 업장을 참회한다는 것은 바로 이런 것이다. 보살이 스스로 이런 생각을 해야 한다. '내가 오랜 과거세부터 지금까지 탐·진·치 삼독으로 인해 신·구·의 삼업으로 지은 악업이 헤아릴 수 없을 만큼 매우 많다. 혹 이 악업이 어떤 형체가 있다면 끝없는 허공으로도 다 담을 수 없을 정도이다. 내 이제 청정한 신·구·의 삼업으로 법계에 계시는 수많은 불보살전에 지극한 마음으로 참회하되, 다시는 악업을 짓지 않고, 청

정 계행戒行의 공덕에 머물러 있겠습니다.'

이와 같이 허공계가 다하고, 중생계가 다하며, 중생의 업이 다하고, 중생의 번뇌가 다하면 나의 참회도 다하지만, 허공계·중생계·중생의 업·중생의 번뇌가 다함이 없으므로 나의 참회도 다함이 없다. 참회하겠다는 서원을 생각 생각 이어져 끊어지지 않게 하며, 몸과 말과 뜻으로 짓는 일에 지치거나 싫어하는 마음이 없다."

다섯째, 남이 짓는 공덕이 있으면 함께 기뻐하겠습니다

"선남자여, 남이 짓는 공덕을 함께 기뻐한다는 것은 바로 이런 것이다. 시방삼세의 모든 부처님께서 처음 발심했을 때부터 일체지를 위해 부지런히 복덕을 닦으며 오랜 겁을 지내면서 몸과 목숨을 돌보지 않고 수행하신다. 부처님께서는 과거 전생에 수행하신 겁마다 목숨과 신체가 잘리는 어려운 고행을 하며, 바라밀문波羅蜜門을 원만히 하고, 깨달음을 얻고 열반한 뒤 사리를 분배할 때까지의 모든 선근善根을 내가 함께 기뻐한다.

또한 시방 일체 세계의 수많은 중생이 짓는 작은 공덕도 함께 기뻐한다. 또 시방삼세의 일체 성문과 연각이 지은 모든 공덕을 내가 함께 기뻐하며, 일체 보살이 수행한 뒤, 깨달음을 구하는 공덕을 내가 함께 기뻐하는 것이다.

이와 같이 허공계가 다하고, 중생계가 다하며, 중생의 업이 다하고, 중생의 번뇌가 다하면 내가 함께 기뻐하는 것도 다함이 있지만, 허공계·중생계·중생의 업·중생의 번뇌가 다함이 없으므로 내가 함께 기뻐하는 것도 다함이 없다. 함께 기뻐하는 서원을 생각 생각 이어져 끊어지지 않게 하며, 몸과 말과 뜻으로 짓는 일에 지치거나 싫어하는 마음이 없다."

여섯째, 설법하여 주시기를 청하겠습니다

"선남자여, 설법하여 주시기를 청하는 것은 바로 이런 것이다. 시방삼세 무수한 티끌 티끌마다 수많은 부처님 세계가 있다. 이 낱낱 부처님 세계에 무수한 부처님이 계시는데, 이 부처님들은 깨달음을 성취하였고, 수많은 보살에 둘러싸여 있다. 내가 그 모든 부처님께 신·구·의 삼업으로 가지가지 방편을 지어 설법해 주시기를 은근히 권청하는 것이다.

이와 같이 허공계가 다하고, 중생계가 다하며, 중생의 업이 다하고, 중생의 번뇌가 다해도 부처님께 법을 청하는 일은 다함이 없다. 설법해 주기를 청하는 서원을 생각 생각 이어져 끊어지지 않게 하며, 몸과 말과 뜻으로 짓는 일에 지치거나 싫어하는 마음이 없다."

일곱째, 부처님께서 이 세상에 오래 계시기를 청하겠습니다

"선남자여, 부처님께서 이 세상에 오래 계시기를 청하는 것은 바로 이런 것이다. 시방삼세의 무수한 티끌마다 계시는 모든 부처님께서 장차 열반에 들려고 할 때, 그리고 모든 보살·성문·연각과 모든 선지식에게 이렇게 권청한다. '부처님·모든 선지식들이여, 열반에 들지 말고, 오래오래 영원히 일체중생을 이롭게 하여 주소서.'

이와 같이 허공계가 다하고, 중생계가 다하며, 중생의 업이 다하고, 중생의 번뇌가 다할지라도 나의 이 권청은 다함이 없다. 부처께서 세상에 오래 머무시기를 청하는 서원을 생각 생각 이어져 끊어지지 않게 하며, 몸과 말과 뜻으로 짓는 일에 지치거나 싫어하는 마음이 없다."

여덟째, 게으름 피우지 않고 부처님의 수행력을 따라 배우겠습니다

"선남자여, 부처님의 수행력을 따라 배우는 것은 바로 이런 것이다. 이 사바세계의 비로자나불께서 처음 발심하면서부터 퇴전하지 않고 정진할 때, 몸과 목숨을 보시했던 일을 따라 배우는 것이다. 즉 부처님께서 살가죽을 벗기어 종이로 삼고, 뼈를 쪼개어 붓으로 삼으며, 피를 뽑아 먹물로 삼아 쓴 경전을 수미산만큼 쌓은 것은 바로 법을 존중하였기 때문에 신명身命을 아끼지 않았다.

그런데 어찌 하물며 왕위나 성읍, 궁전, 산림 등에 집착하였겠는가. 부처님께서 보리수 아래서 깨달음을 성취하던 일이나 갖가지 신통력으로 다양한 변화를 보였던 일을 다 따라 배우는 것이다.

또한 부처님께서 여러 중회衆會에 몸을 나투었는데, 성문과 벽지불 중회 혹은 전륜성왕과 권속들의 중회, 혹은 바라문·장자·거사 중회, 천룡팔부와 중생의 중회 도량에서 우렛소리 같은 원만한 음성으로 그들의 좋아함을 따라서 중생을 교화했던 일이나 열반에 든 수많은 행을 내가 다 따라서 배우는 것이다.

지금의 세존이신 비로자나불의 행을 똑같이 따라 배우며, 시방삼세의 무수한 티끌마다 계시는 부처님의 행을 내가 다 따라 배우는 것이다.

이와 같이 허공계가 다하고, 중생계가 다하며, 중생의 업이 다하고, 중생의 번뇌가 다할지라도 나의 이 따라서 배우고자 하는 서원은 다함이 없다. 나의 이 따라 배우고자 하는 서원을 생각 생각 이어져 끊어지지 않게 하며, 몸과 말과 뜻으로 짓는 일에 지치거나 싫어하는 마음이 없다."

아홉째, 항상 중생의 뜻에 따라 수순하겠습니다

"선남자여, 항상 중생의 뜻에 따라 수순하는 일은 바로 이런 것이다. 시방세계에 있는 중생은 가지 가지 차별이 있는데, 태로 태어나는 것, 알로 태어나는 것, 습기로 태어나는 것, 화化해서 태어나는 사생四生이다. 이들은 지·수·화·풍 사대四大를 의지해 살기도 하고, 혹은 허공이나 초목에 의지해 살기도 한다.

이 수많은 형태의 중생과 다양한 중생 세계의 존재를 내가 다 수순해 섬기며, 여러 공양구로 공양하기를 부모와 같이 공경하고, 스승이나 부처님과 같이 조금도 다름없이 받들 것이다.

병든 이에게는 어진 의원이 되고, 길 잃은 이에게는 바른 길을 가르쳐주며, 어두운 밤중에는 광명이 되고, 가난한 이에게는 보배를 얻게 함으로써 일체중생이 평등하게 이익되도록 하는 것이다.

만약 보살이 일체중생을 수순하면 모든 부처님을 수순하고 공양하는 것이며, 중생을 받들어 섬기면 여래를 받들어 섬기는 것이고, 중생을 환희심 나게 하면 곧 모든 부처님을 기쁘게 하는 것과 같다.

왜냐하면 모든 부처님께서는 자비심慈悲心을 본체로 삼기 때문에 중생으로 인해 자비심을 일으키고, 자비심으로 보리심을 발하며, 보리심으로 등정각을 이루기 때문이다.

비유하면 넓은 벌판 모래밭 한가운데 있는 나무의 뿌리가 물을 빨아들여 줄기나 꽃, 열매를 무성하게 하는 것처럼 생사 광야의 보리수왕菩提樹王도 역시 그러하다. 일체중생을 나무 뿌리로 삼고, 여러 불보살을 꽃과 열매로 삼으며, 자비의 물로 중생을 이익되게 하면 여러 불보살의 지혜의 꽃과 열매를 성취할 수 있게 된다. 보살들이 자비의 물로 중생을 이익되게 하면 곧 아뇩다라삼먁삼보리(가장 높은 최상의 깨달음)를 성취하기 때문이다. 따라서 보리菩提는 중생에 속하는 것이니, 만약 중생이 없으면 일체 보살도 깨달음을 이루지 못한다.

선남자여, 그대들은 이 뜻을 이렇게 알지니 중생에게 마음이 평등하기 때문에 원만한 자비를 성취하고, 자비심으로 중생을 수순하기 때문에 곧 부처님에 대한 공양을 성취하는 것이다.

보살이 이와 같이 중생의 뜻에 따라 수순함이니 허공계가 다하고, 중생계가 다하며, 중생의 업이 다하고, 중생의 번뇌가 다할지라도 나의 수순하고자 하는 것은 다함이 없다. 나의 수순하고자 하는 서원을 생각 생각 이어져 끊어지지 않게 하며, 신·구·의 삼업으로 짓는 일에 지치거나 싫어하는 마음이 없다.

열째, 지은 바 모든 공덕을 중생에게 회향하겠습니다

"선남자여, 지은 바 모든 공덕을 널리 모든 중생에게 회향하는 일은 바로 이런 것이다. 처음에 부처님께 예배·공경하는 것으로부터 중생의 뜻에 따라 수순하는 것까지의 모든 공덕을 일체중생에게 남김없이 회향하는 것이다. 중생에게 회향해서 중생이 항상 안락하고, 수많은 병고를 겪지 않으며, 악의惡意가 일어날지라도 그 악업이 뜻대로 되지 않고, 선업을 닦고자 하면 모든 일이 빨리 이루어져 장애가 생기지 않으며, 중생에게 열반을 성취하는 바른 길을 열어 보이고, 모든 중생이 악업 때문에 받는 고통을 내가 대신 받아 중생으로 하여금 해탈케 하는 것이다.

이와 같이 보살이 그 닦은 공덕을 회향하나니 허공계가 다하고, 중생계가 다하며, 중생의 업이 다하고, 중생의 번뇌가 다할지라도 나의 회향은 다함이 없다. 나의 회향하는 서원을 생각 생각 이어져 끊어지지 않게 하며, 몸과 말과 뜻으로 짓는 일에 지치거나 싫어하는 마음이 없다."

「보현행원품」을 수지·독송한 공덕

선남자여, 앞에서 말한 보살의 열 가지 서원을 갖추고 원만하게 할지니라. 만약 보살이 열 가지 행원을 지침삼아 정진하면 일체중생을 성숙시킬 수 있으며, 아뇩다라삼먁삼보리에 수순하는 것이고, 보현 보살의 모든 행원을 원만히 성취하기 때문이다.

만약 어떤 선남자 선여인이 시방세계의 수많은 칠보와 인간과 천상세계에서 가장 안락한 평온으로 모든 세계에 있는 중생에게 보시하며 모든 세계에 계시는 불보살께 공양하기를, 오랜 겁 동안 끊이지 않고 계속하여 수많은 공덕을 얻은 이가 있다.

그런데 어떤 사람이 이 열 가지 행원을 잠깐 듣고 공덕을 얻었다고 한다면, 먼저 말한 공덕은 행원을 들은 공덕에 비해 백분의 일, 천분의 일, 만분의 일에도 미치지 못한다.

또 어떤 사람이 깊은 신심으로 이 행원을 수지하고, 독송하며, 한 구절만이라도 사경한다면 무간지옥에 떨어질 죄업이 소멸되고, 세간에 있는 모든 병과 모든 고뇌·악업이 소멸되며, 수많은 악귀신과 마구니들이 멀리 달아나거나 혹 발심하여 가까이 와서 친근히 대하며 수호해준다. 이 열 가지 행원을 외우는 사람은 세상을 살아감에 수많은 장애가 사라질 것이다.

그러므로 모든 불보살이 칭찬하고, 하늘의 천신과 인간이 예경하며, 일체중생이 마땅히 공양할 것이다. 또 이 선남자는 사람 몸을 받아 보현 보살의 모든 공덕을 원만히 성취하고, 보현 보살과 같은 32상三十二相을 갖추게 된다.

또한 인간이나 천상에 태어나면 훌륭한 가문에 태어나고, 일체 악취가 모두 사라지며, 악한 벗이 가까이하지 않고, 모든 외도를 조복받아 번뇌에서 해탈하게 된다. 마치 사자왕이 뭇짐승을 굴복시키는 것처럼 능히 일체중생의 공양을 받게 될 것이다.

또 이 사람이 임종할 무렵, 찰나에 육근六根이 모두 흩어지고, 친족들이 떠나며, 평생에 누렸던 위엄과 세력이 다 사라지고, 평생 지녔던 보물과 재물 등은 하나도 따라오는 것이 없다. 그러나 오직 행원만은 사라지지 아니하고, 언제 어느 때나 앞길을 인도해 한 찰나에 극락세계로 왕생토록 해준다. 왕생한 뒤에는 곧 아미타불·문수 보살·보현 보살·관자재 보살·미륵 보살 등을 친견하고, 이 모든 보살의 몸매가 단정하고 공덕으로 장엄된 모습을 보게 된다. 그곳에서 그 사람 스스로 연꽃 속에 태어남을 보게 되고, 부처님의 수기를 받은 뒤 백천만억 나유타 겁을 지내도록 시방 세계에 두루 다니게 된다.

또한 지혜의 힘으로 중생의 원하는 바에 따라 중생을 이익되게 하며, 보리도량에 앉아서 마구니들을 항복받고, 깨달음을 성취한다.

또 진리를 설하여 수많은 세계의 중생에게 보리심을 내게 하고, 중생의 근기에 따라 교화하여 성숙시키는 등 미래 무수겁이 다하도록 널리 일체 중생을 이롭게 할 것이다.

선남자여, 모든 중생이 이 행원을 믿든 믿지 않든 간에 수지·독송·사경寫經하고, 남을 위해 설해준다면 이 사람은 (부처님을 제외하고 알 수 없을 정도로) 매우 크고 무량한 공덕을 얻을 것이다.

그러므로 그대들은 이 서원을 듣고 의심하지 말라. 지극한 마음으로 수지·독송·사경하고, 남을 위해 설해준다면 모든 사람이 일념一念 사이에 모든 행원을 다 성취하고, 그 얻은 복이 한량없이 많아서 고해 중에 빠진 중생을 제도하여 마침내 생사에서 벗어나 아미타불 극락세계에 왕생하게 될 것이다.

내가 닦은 수승한 보현행원의 광대무변한 좋은 복을 회향하오니 바라건대 고해에 빠진 모든 중생이 어서 빨리 아미타불 극락세계에 왕생하기를 서원합니다.

- 제31 보현행원품

「보현행원품」 이야기

북방 불교권에서는 민족성 때문인지 나라마다 좋아하는 경전이 다르다. 『원각경』은 중국인들이 좋아하는 경전이고, 『화엄경』은 우리나라 사람들이, 『법화경』은 일본인들이 애독하는 경전이다. 더불어 『원각경』의 「보안보살장」, 『법화경』의 「관세음보살보문품」, 『화엄경』의 「보현행원품」은 개별 독립된 경전으로 어느 나라에서나 모두 애독하는 경전이다.

「보현행원품普賢行願品」은 60권본 『화엄경』의 31품이다. 이 품은 『화엄경』의 일부가 아니라 『화엄경』의 실천 체계와 해탈을 총체적으로 함축하고 있다. 이 품에서는 보리심을 일으켜 수행해 나가는 가운데 자리自利와 함께 이타利他의 서원이 드러나 있다.

아무리 뛰어난 교학과 진리라고 할지라도 그에 수반된 행이 받쳐주지 못한다면 공허한 경구에 불과하다. 부처님께서 설한 모든 가르침은 '행行' 자 하나로 모아질 수 있으며, 역대 조사들은 한결같이 행을 강조하셨다. 불법이 영원히 지속되기 위해서는 수행과 이타가 겸비된 행을 실천하는 이들이 많아야 한다. 이것이 곧 불교의 미래이다. 행이 없다면 불교는 죽은 종교나 다름없다. 「보현행원품」은 이 시대 진정으로 필요한 불자의 표본을 설하고 있다.

12장 무량수경[72] — 법장 비구의 48대원

법장 비구의 선정과 수행 원력

과거 무량겁 전에 세자재왕世自在王 여래如來께서 출현해 중생을 교화하실 때였다. 그 나라의 국왕이 부처님의 설법을 듣고 환희심을 느껴 왕위를 버리고 출가해 법장法藏 비구(아미타불의 전신)가 되었다. 그는 세자재왕 부처님 처소에 찾아가 세존을 칭송하는 게송을 읊고 부처님께 여쭈었다.

"세존이시여, 저는 최상의 진리를 깨달아야겠다고 결심했습니다. 원하옵

---

[72] 252년 강승개가 낙양 백마사에서 번역한 『무량수경無量壽經』 2권을 저본으로 함

건대 부처님께서 저를 인도해주십시오. 저는 부처님께서 말씀하신 가르침대로 수행해 불국토를 만들고, 청정 미묘한 국토로 장엄코자 하오니 제가 금생에 빨리 깨달음을 성취하고 모든 고통을 뛰어넘도록 해주십시오."
세자재왕 여래께서 법장 비구에게 말씀하셨다.
"법장 비구여, 부처가 되고자 하는 수행과 훌륭한 불국토를 장엄하는 일은 그대 본인이 잘 알고 있지 않은가?"
"세존이시여, 그런 일은 너무 크고 깊어서 제 능력으로는 미치지 못합니다. 부처님께서 제불諸佛의 불국토 장엄하는 수행법을 상세하게 말씀해 주십시오. 저는 부처님의 가르침대로 수행해 원만하게 성취되기를 바랄 뿐입니다."
세자재왕 여래가 법장 비구의 원력이 위대함을 알고, 법장에게 이백십억 여러 불국토에 대해 말해준 뒤, 불국토의 모습을 낱낱이 보여주었다. 법장은 세자재왕 여래가 보여준 불국토를 다 보고 나서 홀로 수행에 들어갔다. 법장은 불국토를 건설하고 장엄하기 위한 선정禪定 닦기를 5겁 동안 하였다. 법장은 선정에서 나와 다시 세자재왕 부처님 처소로 나아갔다.
법장 비구가 부처님께 예를 올리고, 부처님께 아뢰었다.
"부처님, 저는 이미 불국토를 장엄할 수행을 닦았습니다."
"법장 비구여, 그렇다면 지금 그대의 서원과 수행의 결과를 여기 대중에게 말해 보아라. 너의 서원과 수행담이 널리 알려져서 대중이 그 소리를 듣고, 보리심을 일으키며 환희심을 낼 것이다. 현재와 미래 사람들도 너의 불국토 장엄에 관한 서원을 듣고, 너를 본받아 원력을 세우리라."

법장 비구의 48대원

법장 비구는 부처님과 대중 앞에서 말했다.

"세존이시여, 제가 세운 48가지 서원에 대해 말씀 올리겠습니다. 저의 48대원이 성취되지 않는다면 저는 결코 부처가 되지 않을 것입니다."

01 제가 부처가 될 적에 그 나라에 삼악도(三惡道, 지옥·아귀·축생)가 있다면 저는 부처가 되지 않겠습니다.
02 제가 부처가 될 적에 그 나라에 태어나는 중생이 다시 삼악도의 고통을 받는다면 저는 부처가 되지 않겠습니다.
03 제가 부처가 될 적에 그 나라의 모든 중생의 몸에서 황금빛이 나지 않는다면 저는 부처가 되지 않겠습니다.
04 제가 부처가 될 적에 그 나라의 모든 중생이 훌륭한 모습 지니기를 서원합니다. 혹 잘나고 못생긴 사람이 따로 있다면 저는 부처가 되지 않겠습니다.
05 제가 부처가 될 적에 그 나라의 모든 중생이 백천억 나유타 겁 이전의 과거 일까지 알 수 있는 숙명통을 얻지 못한다면 저는 부처가 되지 않겠습니다.
06 제가 부처가 될 적에 그 나라의 모든 중생이 백천억 나유타 세계를 볼 수 있는 천안통을 얻지 못한다면 저는 부처가 되지 않겠습니다.
07 제가 부처가 될 적에 그 나라의 모든 중생이 백천억 나유타 제불(諸佛)의 설법을 들을 수 있는 천이통을 얻지 못한다면 저는 부처가 되지 않겠습니다.
08 제가 부처가 될 적에 그 나라의 모든 중생이 백천억 나유타 세계에 있는 중생의 마음을 알 수 있는 타심통을 얻지 못한다면 저는 부처가 되지 않겠습니다.
09 제가 부처가 될 적에 그 나라의 모든 중생이 백천억 나유타 세계를

순식간에 통과할 수 있는 신족통을 얻지 못한다면 저는 부처가 되지 않겠습니다.

10 제가 부처가 될 적에 그 나라의 모든 중생이 망상을 일으키거나 아상我相만을 내세워 번뇌가 완전히 사라진 누진통을 얻지 못한다면 저는 부처가 되지 않겠습니다.

11 제가 부처가 될 적에 그 나라의 모든 중생이 삼매를 얻어 열반의 경지에 들지 못한다면 저는 부처가 되지 않겠습니다.

12 제가 부처가 될 적에 저의 광명이 한계가 있어서 백천억 나유타 불국토까지 비추지 못한다면 저는 부처가 되지 않겠습니다.

13 제가 부처가 될 적에 저의 수명이 한정되어 있어 백천억 나유타 겁을 살지 못한다면 저는 부처가 되지 않겠습니다.

14 제가 부처가 될 적에 그 나라에 성문·연각승들이 적어 출가 승려가 없다면 저는 부처가 되지 않겠습니다.

15 제가 부처가 될 적에 그 나라 모든 중생의 수명이 길게 되기를 서원합니다.
그러나 그들이 중생을 제도하기 위해 방편으로 자유자재롭게 수명을 길게도 하고 짧게도 할 수 없다면 저는 부처가 되지 않겠습니다.

16 제가 부처가 될 적에 그 나라의 모든 중생이 나쁜 일에 대해 듣거나 좋지 않은 이름이나 악한 말을 듣게 된다면 저는 부처가 되지 않겠습니다.

17 제가 부처가 될 적에 시방세계 제불이 제 이름(아미타불)과 공덕을 찬탄하지 않는다면 저는 부처가 되지 않겠습니다.

18 제가 부처가 될 적에 어떤 중생이든지 지극한 마음으로 저의 불국토를 믿고 좋아해 제 국토에 태어나고자 한 사람이 제 이름을 열 번 불

렀는데도 그들이 모두 제 국토에 태어날 수 없다면 저는 부처가 되지 않겠습니다.[73]

19 제가 부처가 될 적에 보리심을 발하고 여러 가지 공덕을 닦아 제 국토에 태어나고자 서원을 세운 중생이 있어 그가 임종할 무렵에 대중과 함께 그를 마중할 수 없다면 저는 부처가 되지 않겠습니다.[74]

20 제가 부처가 될 적에 시방세계 중생이 제 이름을 듣고 저의 불국토에 오고자 하는 바람으로 많은 공덕을 쌓고 제 국토에 태어나기를 원했는데, 그 중생이 목적한 바가 이뤄지지 못한다면 저는 부처가 되지 않겠습니다.

21 제가 부처가 될 적에 그 나라의 모든 중생이 32상의 훌륭한 몸매를 갖추지 못한다면 저는 부처가 되지 않겠습니다.

22 제가 부처가 될 적에 다른 세계의 중생으로서 제 국토에 태어나는 중생은 반드시 한 생만 지나면 부처가 되는 '일생보처一生補處[75]'의 경지에 이르기를 서원합니다.

그는 서원을 세우고 선근 공덕을 쌓아 일체중생을 제도할 것입니다. 또한 그는 여러 부처님 세계에 두루 다니면서 보살행을 닦고 시방세계 부처님께 공양하고 중생을 교화하면서 보현 보살 공덕을 닦고자 한다면 그들의 뜻대로 할 수 있기를 서원합니다.

---

73 이 내용은 임명종시에 아미타불 명호를 열 번만 부른다면 왕생극락한다는 것으로 『아미타경』의 대표적 언구이다.

74 이 내용을 묘사해 고대로부터 근래까지 아미타 부처님이 극락세계에서 중생을 영접하는 극락도極樂圖가 많이 있다. 또한 아미타불이 모셔진 당우를 중국에서는 접인전接引殿이라고도 한다.

75 이번 한 생을 지나 다음 생에 부처가 되는 것.

23 제가 부처가 될 적에 그 나라의 모든 중생이 부처님의 신통력으로 밥 한 그릇 먹는 사이에 수많은 불국토를 다니면서 수많은 부처님께 공양 올리지 못한다면 저는 부처가 되지 않겠습니다.

24 제가 부처가 될 적에 그 나라의 모든 중생이 부처님께 공양 올리려고 준비할 때 자신이 원하는 공양물을 구하는 데 어려움이 있다면 저는 부처가 되지 않겠습니다.

25 제가 부처가 될 적에 그 나라의 모든 중생이 부처님의 온갖 지혜를 얻어 다른 사람에게 말하고자 할 때, 잘 해설해줄 수 없다면 저는 부처가 되지 않겠습니다.

26 제가 부처가 될 적에 그 나라의 모든 중생이 금강역사金剛力士처럼 건강한 신체를 갖지 못한다면 저는 부처가 되지 않겠습니다.

27 제가 부처가 될 적에 그 나라의 모든 중생이 쓰는 물건들이 아름답고 좋은 물건이 아니거나 혹은 천안통으로 헤아릴 수 없을 만큼 훌륭한 물건이 아니라면 저는 부처가 되지 않겠습니다.

28 제가 부처가 될 적에 그 나라의 모든 중생이 비록 공덕이 적을지라도 도량수(道場樹, 높이가 사백만 리)의 한량없는 빛을 볼 수 없다면 저는 부처가 되지 않겠습니다.

29 제가 부처가 될 적에 그 나라의 모든 중생이 경전을 독송하고 남에게 해설해줄 수 있는 재주와 지혜를 갖추지 못한다면 저는 부처가 되지 않겠습니다.

30 제가 부처가 될 적에 그 나라의 모든 중생이 지혜를 얻지 못하거나 언변이 뛰어나지 못한다면 저는 부처가 되지 않겠습니다.

31 제가 부처가 될 적에 그 나라가 밝고 청정하여 수많은 부처님 세계를 낱낱이 비춰봄이 마치 맑은 거울에 얼굴을 비춰보는 것과 같기를

서원합니다.

32 제가 부처가 될 적에 그 나라의 궁전이나 누각·시냇물·연못·화초·나무 등 온갖 것이 아름다운 보석과 향으로 이루어져 있기를 서원합니다.
또한 그 모습은 장엄하고 향기는 시방세계에 두루 퍼져 향기를 맡고 장엄함을 보는 사람들이 열심히 수행할 수 없다면 저는 부처가 되지 않겠습니다.

33 제가 부처가 될 적에 시방세계 많은 중생이 저의 광명에 비치기만 해도 그 몸과 마음이 부드럽고 청정하여 하늘과 인간 세계에서 가장 뛰어난 이들이 되지 못한다면 저는 부처가 되지 않겠습니다.

34 제가 부처가 될 적에 시방세계의 어떤 중생이라도 제 이름(아미타불)을 듣기만 해도 보살의 무생법인과 지혜 얻기를 서원합니다.

35 제가 부처가 될 적에 시방세계의 어떤 여인이든지 제 이름을 듣고 환희심을 내며, 보리심 발하기를 서원합니다.
그런데 혹 여인들 가운데 목숨이 마친 뒤 다시 여인으로 태어나기 싫은데, 다음 생에 또 여인의 몸을 받는다면 저는 부처가 되지 않겠습니다.

36 제가 부처가 될 적에 시방세계의 수많은 중생이 제 이름을 듣고 명을 마친 뒤 다음 세상에 태어나서도 청정하게 수행하여 성불하지 못한다면 저는 부처가 되지 않겠습니다.

37 제가 부처가 될 적에 시방세계의 많은 중생이 제 이름을 듣고 귀의해 예배한 뒤 즐거운 마음으로 보살행을 닦음으로써 모든 천인과 중생에게 공경받기를 서원합니다.

38 제가 부처가 될 적에 마치 비구들이 가사를 수하고자 할 때 가사가

자연스럽게 몸에 걸쳐져 있는 것처럼 그 국토의 중생이 옷 입을 생각만 해도 아름다운 옷이 저절로 입혀지기를 서원합니다.

또한 중생이 굳이 바느질이나 빨래할 필요가 있다면 저는 부처가 되지 않겠습니다.

39 제가 부처가 될 적에 그 국토의 모든 중생이 누리는 즐거움이 번뇌를 모두 여읜 비구처럼 되지 못한다면 저는 부처가 되지 않겠습니다.

40 제가 부처가 될 적에 그 국토의 모든 중생이 시방세계 부처님을 친견코자 한다면 마치 얼굴이 거울에 비치는 것처럼 보석 나무에 부처님 형상이 나타나기를 서원합니다.

41 제가 부처가 될 적에 다른 세계의 중생이 제 이름을 듣고 성불할 때까지 육근이 청정하지 못하고 혹 장애인이 된다면 저는 부처가 되지 않겠습니다.

42 제가 부처가 될 적에 다른 세계의 중생이 제 이름을 들으면 모두 청정한 해탈삼매를 얻고 이 삼매를 얻은 이는 한량없는 부처님께 공양 올리면서도 삼매의 힘을 잃지 않기를 서원합니다.

43 제가 부처가 될 적에 다른 세계의 중생이 제 이름을 듣고 죽은 뒤 다음 세상에 부귀한 가정에 태어나지 못한다면 저는 부처가 되지 않겠습니다.

44 제가 부처가 될 적에 다른 세계의 중생으로서 제 이름을 들은 이가 즐거운 마음으로 보살행을 닦아 선근 공덕을 갖추지 못한다면 저는 부처가 되지 않겠습니다.

45 제가 부처가 될 적에 다른 세계의 중생이 제 이름을 들으면 제불을 친견하는 삼매를 얻으며 이 삼매에 머물러 성불할 때까지 수많은 부처님을 친견할 수 있기를 서원합니다.

46 제가 부처가 될 적에 그 국토의 모든 중생이 듣고 싶은 법문이 있는데 법문이 저절로 귀에 들리지 않는다면 저는 부처가 되지 않겠습니다.

47 제가 부처가 될 적에 다른 세계의 중생이 제 이름을 들은 뒤 공덕이 사라지지 않고 퇴보함이 없이 정진할 수 있기를 서원합니다.

48 제가 부처가 될 적에 다른 세계의 중생이 제 이름을 들은 뒤 법을 듣고 깨달으며, 진리에 수순하고, 생사를 뛰어넘는 무생법인을 성취하지 못한다면 저는 부처가 되지 않겠습니다.

대원을 이루지 못한다면, 저는 부처가 되지 않겠습니다

법장 비구는 세자재왕 부처님께 이와 같은 서원을 세우고, 다시 게송으로 거듭 서원을 밝혔다.

> 제가 세운 이 서원을 이루지 못한다면
> 저는 부처가 되지 않겠습니다.
> 무량겁을 지내면서 가난하고 괴로운 중생을
> 제도하지 못한다면
> 저는 부처가 되지 않겠습니다.
> 제가 만약 이 다음에 부처가 되어
> 제 이름을 듣지 못한 이가 있다면
> 저는 부처가 되지 않겠습니다.
>
> 욕심 부리지 않고, 바른 마음을 지니며
> 청정한 지혜로 중도를 닦아
> 천상과 인간의 스승이 될 것입니다.

신통력으로 밝고 큰 광명을 여러 세계에 비추어
탐·진·치 삼독을 녹이고
중생의 고난이 소멸되기를 기원합니다.
시방세계 모든 부처님께 공양 올리며
여러 가지 공덕을 두루 갖추고 지혜를 얻어
삼계에서 거룩한 부처가 되기를 서원합니다.

저의 이 서원이 이루어지면
삼천대천세계가 감동을 하고 허공에 있는 천인들
아름다운 꽃비 뿌려 주리라.

법장 비구가 이 게송을 읊고 나자, 대지가 진동하고 허공에서 아름다운 꽃잎이 흩날리며 아름다운 음악이 울려 퍼지면서 법장 비구를 칭송하는 소리가 들렸다.
"법장 비구여, 그대는 반드시 부처가 되리라."

『무량수경』 이야기

■ 『무량수경』의 의의

『반야경』 성립 이후 모든 대승경전이 공사상을 받아들이면서 동시에 아미타불 신앙이 보편화되었다. 특정 집단(대략 북인도로 추정)에 퍼져 있던 아미타불 신앙이 대승불교의 믿음으로 자리를 굳혔다. 즉, 『무량수경』은 대승불교를 근거로 일체중생을 구제하는 방법으로 아미타 신앙이 도입되었다.

아미타불阿彌陀佛을 무량수불無量壽佛 혹은 무량광불無量光佛이라고 하는데, 이는 한역『무량수경』의 명칭에서 유래한다. 이 경은 산스크리트어로 『수카바티 브유화Sukhāvatī-vyūha』이다. 수카바티Sukhāvatī는 극락, 브유화vyūha는 장엄으로 이 경은 '극락세계의 장엄'이라는 뜻이다.

영축산에서 부처님이 아난과 여러 제자에게 아미타불 극락세계의 장엄을 설하고, 아미타불이 과거세에 법장 비구로서 수행할 때 세운 마흔여덟 가지 본원本願을 말씀하셨다.

상권에서는 옛날 세자재왕世自在王 여래如來가 출현했을 때 그 나라의 국왕이 보리심을 내어 나라를 버리고 출가해 법장 비구가 되었다. 이 법장 비구가 아미타불의 과거 전신이다. 법장 비구는 일체중생을 제도하겠다는 48가지 서원을 세우고, 5겁 동안 수행해 10겁 전에 아미타불이 되어 서방 정토 세계를 건설하였다. 모든 중생은 아미타불이 세운 서원력을 의지해 나무아미타불 육자 명호를 진심으로 부르면 극락세계에 왕생할 수 있다는 내용이다.

하권에서는 중생이 서방정토에 왕생하는 데는 염불念佛 왕생과 제행諸行 왕생이 있음을 설하고, 왕생한 뒤에 받는 여러 가지 공덕을 설하고 있다.

◘ 경전의 역경

한역은 여러 차례 되었으나, 현존하는 경전은 다음 다섯 가지이다. 후한 147~186년 지루가참이 번역한 『무량청정평등각경無量淸淨平等覺經』 2권, 오나라 223~238년 지겸이 번역한 『아미타경』 2권, 252년 강승개가 낙양 백마사에서 번역한 『무량수경』 2권, 당나라 706~713년 보리유지가 번역한 『대보적경』 가운데 제5 「무량수여래회」 2권, 송나라 980년 법현이 번역한 『무량수장엄경』 3권 등이다.

이 경전은 역대 이래로 신라 원측의 『무량수경소』 3권, 원효의 『무량수경종요』 1권 등 수많은 주석서가 전한다.

◘ 경전이 후대에 끼친 영향

『무량수경(大經)』은 『아미타경(小經)』, 『관무량수경(觀經)』과 함께 정토삼부경 가운데 하나이며, 『무량수경』은 정토종의 대표적인 소의경전이다.

중국의 정토 수행자인 여산 혜원(慧遠, 334~416)이 정토왕생 염불 수행 실천에 앞장섰고, 6~7세기경 담란과 제자 도작이 정토 경전을 의지해 수행하였다. 이런 흐름 속에 7세기 초, 선도(善導, 613~681)화상이 중국 정토종을 성립하였다. 선도는 어려서 출가해 간절히 정토왕생을 기원하며 정토경전을 독송하고, 극락정토가 그려진 그림을 그려 사람들에게 보시하였다.

정토종은 당나라 때, 8대 종파 가운데 하나로서 현재 중국 최대의 종파이다. 출·재가자가 대부분 아미타불을 염한다. 한편 송나라 초기부터 현재까지 선과 정토의 일치를 주장하는 선정일치禪淨一致 수행이 널리 행해지고 있다.

우리나라에서는 정토종이 성립되지 않았지만 원효·의적·경흥 등 신라 학승들이 정토신앙을 교학적으로 연구한 자료가 많이 남아 있다. 현재 대한불교 조계종은 선종이지만, 재가신자를 위한 포교나 신앙 면에서 정토신앙이 많은 부분을 차지한다.

13장 법화경[76]
— 중생이 곧 부처

처음과 중간, 마지막이 여일한 가르침

부처님께서는 항상 정법正法을 설하신다. 부처님의 가르침은 처음이나 중간이나 마지막이 모두 훌륭하고 여일如一하며 수승하다(初善·中善·後善). 그 뜻이 매우 심오하고, 말씀은 미묘하며, 순일하여 조금도 잡되지 아니하다(純一無雜). 또한 부처님은 청정행을 두루 갖추신 분이다.

- 제1 서품

---

76 구마라집(344~413) 역, 『묘법연화경妙法蓮華經』 7권본을 저본으로 함.

있는 그대로의 모습

부처님께서 말씀하셨다.

"사리불아, 요점을 말하자면 이러하다.

부처는 한량없고 무한한 최상승의 법을 모두 성취했다. 부처님께서 성취하신 것은 희유하며 이해하기 어려워 오직 부처님과 부처님만이 모든 존재의 있는 그대로의 모습(諸法實相)을 알기 때문이다.

즉 모든 존재의 이와 같은 상相, 이와 같은 성性, 이와 같은 체体, 이와 같은 힘(力), 이와 같은 작용(作), 이와 같은 직접적 원인(因), 이와 같은 간접적 원인(緣), 이와 같은 일차적 과보(果), 이와 같은 이차적 과보(報), 이와 같은 본말本末을 궁극적으로 갖추었다."77

- 제2 방편품

삼승을 설하는 것은 일승으로 이끌기 위해서이다

그대들은 세존이 설하신 법에 마땅히 믿음을 내어야 한다. 부처님께서는 반드시 진실한 법(궁극적 진리)만을 설하신다. 성문법을 구하는 대중과 연각승은 분명히 알아야 한다.

부처님께서 고苦를 벗어나 열반에 이르도록 그대들을 지도하는 것은 방편으로 삼승三乘의 교법을 설한 것이다. 중생이 곳곳마다 집착하므로 이끌어 나오게 하기 위해 여러 교법(삼승)을 설한 것이다.

- 제2 방편품

---

77 이 열 가지를 '십여시十如是'라고 한다. 십여시는 현 존재의 실상과 모습을 있는 그대로 표현한 것이다.

부처님은 일대사인연으로 세상에 출현하셨다

부처님께서 법을 설하기 직전, 증상만이 가득한 오천 명이 부처님의 가르침을 거부하고 자리를 떠나자, 부처님께서 말씀하셨다.

"심심미묘한 최상의 진리는 불보살께서 시절인연時節因緣이 되어야 설하신다. 마치 우담바라 꽃이 때가 되어야 한 번 피는 것과 같다. 부처의 설법은 허망하지 않으며, 생각이나 분별로는 이해할 수 없다. 그것은 내가 수많은 방편과 갖가지 인연과 비유와 여러 가지 언어로 설하기 때문에 (제불의 설법을) 이해하기 어려운 것이다. 왜냐하면 부처님은 오직 일대사인연一大事因緣으로 이 세상에 출현하기 때문이다. 그 위대한 목적이자, 위대한 일이란 다음과 같다.

부처님께서는 불지견佛知見을 열어서(開) 중생을 청정케 하기 위해 세상에 출현하셨으며, 중생에게 불지견을 보여주기(示) 위해 세상에 출현하였다.

또한 불지견을 깨닫도록(悟) 하기 위해 세상에 출현하였으며, 중생이 불지견의 길에 들어가게(入) 하기 위해 세상에 출현하였다.

이와 같이 네 가지(開示悟入) 일대사인연으로 중생을 제도하기 위해 여래가 이 세상에 출현한 것이다."

- 제2 방편품

아이들이 장난으로 탑을 쌓아도 불도를 이룬다 (만선성불萬善成佛 사상)

아이들이 장난으로 모래를 쌓아 불탑을 만들지라도 그 아이들은 모두 불도를 성취할 것이다. 혹은 어떤 사람이 부처님을 위하여 여러 형상을 만들고 많은 불상을 조각해 만든다면 이 사람들 역시 불도를 이룬다. 불상을 조성하거나 옷감에 탱화를 장식해 그린다면 이 사람들도 마찬가지로 불도를 성취한다.

혹 아이들이 장난으로 나뭇가지·붓·손가락·손톱을 사용하여 불상을 그릴지라도 이 아이들 모두 공덕을 쌓은 것이며, 대비심을 완전히 갖추어 이미 불도를 성취해 모든 보살을 교화하고 중생을 제도할 것이다.

또한 기쁜 마음으로 단 한 소절이라도 부처님 공덕을 칭송해 노래 부른다면 이들도 전부 불도를 이룬다. 만약 어떤 사람이 산란한 마음으로 단 한 송이 꽃을 부처님 전에 공양 올렸다면, 이 사람은 수많은 부처님을 친견한 것과 같은 것이다.

혹은 어떤 사람이 불상과 탱화를 향해 절하거나 합장하고, 혹 한 손만을 들거나 머리를 약간 숙이기만 하여도 그 사람은 부처님을 친견하고 곧 불도를 성취하게 된다.

만약 누군가 산란한 마음으로 부처님 탑묘에 들어가 한 번이라도 '나무불' 하고 부른다면 이 사람은 이미 불도를 성취한 것이다.

- 제2 방편품

부처님은 근기에 따라 법을 설한다

부처님께서는 중생을 교화하기 위해 이승二乘이나 삼승三乘 같은 가르침으로 설하신다. 그러나 오직 일불승一佛乘이요, 이승·삼승은 없다. 성문을 구하는 사람에게는 사성제 법문을 설하여 나고 늙으며 병들고 죽는 사고四苦를 뛰어넘어 열반을 얻도록 해준다. 또 연각을 구하는 사람에게는 십이인연법十二因緣法을 설해주며, 보살승을 위해서는 육바라밀을 설해주어 (성문·연각·보살이) 최상의 바른 깨달음을 얻어 일체종지一切種智를 이루도록 해준다.

수많은 부처님이 오탁악세五濁惡世에 출현한다. 즉 겁탁劫濁·번뇌탁煩

惱濁 · 중생탁衆生濁 · 견탁見濁 · 명탁命濁[78]이다. 이처럼 사리불아, 겁탁 · 번뇌탁 등 혼란한 시대에 사는 중생은 허물이 많으면서 욕심내고, 질투하며 악업만 쌓는다. 그래서 부처님께서 방편력으로 일불승一佛乘을 분별해서 삼승을 설하신 것이다.

- 제2 방편품

방편품에 담긴 보물 같은 진리

부처님의 가르침을 들으면 한 사람도 성불하지 않는 자가 없다(一切皆成佛).

시방의 불토 가운데 오직 일승법만 있을 뿐, 둘도 없고 셋도 없다(唯有一乘法 無二亦無三).

사리불아, 마땅히 알라.
내가 본래 세운 서원은 중생들에게 '나와 다름없이 평등하다(一切衆生與我等無二)'는 것을 알려서 그들이 불도에 들도록 하기 위함이다.
오직 방편으로 갖가지 길을 보이지만, 실제로는 일불승뿐이다.
모든 법의 실상은 본래부터 적멸寂滅한 상이다.
불자가 이와 같이 도를 행한다면 내세에 반드시 부처를 이루리라.

- 제2 방편품

---

78 오탁악세五濁惡世란 타락한 세상에 나타나는 청정치 못한 다섯 가지를 말한다. 겁탁劫濁은 시대가 청정치 못하여 전쟁이나 기아, 질병이 만연한 세상이다. 번뇌탁煩惱濁은 탐 · 진 · 치 삼독심으로 중생이 번뇌가 가득한 것을 말한다. 중생탁衆生濁은 중생의 근기가 하열하고 마음이 청정치 못한 세상이다. 견탁見濁은 사상적으로 혼란해 그릇되고 잘못된 사상이 판치는 세상이다. 명탁命濁은 중생의 수명이 차츰 짧아지는 것을 말한다.

얘들아, 집이 불타고 있으니 빨리 집 밖으로 나오거라(① 비유 : 삼계화택)

부처님께서 사리불에게 말씀하셨다.

"세존이 갖가지 인연과 비유 등 방편으로 법을 설하는 것은 모든 중생이 아뇩다라삼먁삼보리심을 구하도록 하기 위함이다. 비유를 들어 설하리니 잘 들어라."

어느 장자가 살았는데, 그 장자는 많은 재산을 소유했으며 여러 하인들을 거느린 부호였다. 그 집은 매우 크고 넓었으나 대문은 오직 하나뿐이었다. 게다가 오래되어 낡았고 기둥은 썩고 대들보가 기울어져 있었다. 어느 날 이 고택에 불이 나 순식간에 집 전체에 번져가기 시작했다. 장자는 엉겁결에 대문 밖으로 겨우 피신했으나 아이들은 집 안에서 놀고 있었다. 장자는 애들에게 '나오라'고 소리쳤다. 그러나 아이들은 노는 데 정신 팔려 불타는 집에서 빠져 나올 생각을 하지 않았다. 장자는 다시 집 안으로 들어가 아이들에게 외쳤다.

"얘들아, 지금 집이 불타고 있다. 위험하니, 빨리 집 밖으로 나가자."

이렇게 타일렀으나 아이들은 밖으로 나가려고 하지 않았다. 할 수 없이 방편을 쓰기로 하고 크게 외쳤다.

"얘들아, 대문 밖에 너희가 좋아하는 양거羊車·녹거鹿車·우거牛車 장난감이 있다. 이것들을 너희에게 모두 줄 터이니, 어서 나가자."

아이들은 아버지의 말을 듣고, 그제야 밖으로 뛰쳐나왔다. 장자는 아이들에게 양거·녹거·우거가 아닌 그보다 더 좋은 백우거(大車)를 주었다.

여기서 아이들은 모두 나의 아들들이다. 저택은 삼계에 비유한 것이다. 세상 사람들이 탐·진·치 삼독의 불타는 집에 거주하면서 항상 생로병사 우환이 있고, 그런 불길은 끊임없이 타오른다. 장자는 부처님이요, 아이들은 어리석은 중생이다. 부처님은 탐욕의 불 속에서 빠져나오지 못한 중생에게 방편으로 삼거(三車, 三乘)를 설하였다. 즉 양거는 성문, 녹거는 연각, 우거는 보살을 말한다. 그리고 백우거는 일불승一佛乘을 뜻한다. 부처님께서 거듭 게송으로 말씀하셨다.

> 삼계三界는 편안치 못해 마치 불난 집과 같이
> 온갖 괴로움이 가득해 매우 무서울 뿐이다.
> 항상 생로병사의 근심·걱정이
> 불길처럼 타올라 멈출 줄 모른다.
> 여래는 이미 삼계화택에서 벗어나
> 고요한 곳에서 한가로이 머문다.
> 지금 이 삼계는 모두 나의 것이며
> 그 안에 있는 중생은 모두 나의 자식들이다.
> 그런데 지금 이곳은 많은 고통과 환란이 있으니
> 오직 나 한 사람만이 그들을 구제할 수 있다.

- 제3 비유품

보배를 거지 아들에게 물려주다(② 비유 : 장자와 궁자)
수보리·가전연·가섭·목련은 부처님께서 '성문과 연각승도 모두 성불할 수 있다'는 수기를 받은 것에 기쁨을 느꼈다. 이들은 환희로운 마음으로 부처님께 말했다.
"저희들도 성불할 수 있다는 희유한 법을 듣고 보니, 매우 다행스런 일이며 큰 이익을 얻어 한량없는 보배를 얻은 기분입니다. 저절로 얻은 보배와 같은 것으로서 저희들이 이러한 내용을 비유로 말해보겠습니다."
"한 장자가 자식을 잃어버린 지 50년이 되었습니다. 장자는 자신이 죽으면 재산을 물려줄 아들이 없어 걱정하였습니다. 그러던 어느 날 아들이 거지가 되어 유랑하던 중 장자의 집 앞을 지나갔습니다. 장자는 바로 그 거지가 자신의 아들임을 한눈에 알아보았습니다. 장자는 당장 뛰쳐나가 '네가 나의 아들이다' 라고 외치고 싶었지만, 아들이 그 소리를 듣고 놀라서 달아날까 염려되어 멀리서 기웃거리며 바라보았습니다.
장자는 하인을 유랑자의 모습으로 변장시켜 아들을 잘 타일러 집에 데려오도록 했습니다. 장자는 아들에게 거름치는 허름한 일을 시키면서 차츰차츰 아들과 친해지게 되었습니다. 장자는 아들을 양자로 삼고 재산을 주었지만, 아들은 '저는 천생이 거지입니다. 받을 수 없습니다' 라고 하며 자신을 천하게만 여겼습니다.
세월이 흘러 장자가 죽을 때가 되었음을 알고 친척·국왕·식구들을 모아놓고 그간의 사정을 말한 뒤, 자신의 모든 재산을 아들에게 물려주었습니다. 아들은 비로소 장자가 자신의 친아버지이며, 재산이 바로 자신의 것임을 받아들이고 기뻐하였습니다.
여기서 장자는 바로 여래이고, 거지 아들은 저희를 비롯한 모든 중생이며, 모든 재산이란 부처가 될 수 있다는 수기를 말합니다. 또한 부처님께서는 항상 중생을 '나의 아들' 이라고 부르고 계십니다."

- 제4 신해품

비가 내리면 모든 초목이 똑같이 비를 맞는다(③비유:약초藥草)
부처님께서 가섭에게 말씀하셨다.
"여래는 법의 왕으로서 진리를 설함이 참되고 진실하다. 일체 법을 지혜의 방편으로 말하나니, 여래의 설법은 중생으로 하여금 지혜의 경지에 들어가게 한다.

여래는 모든 법을 잘 알며, 일체중생의 마음속 행하는 바를 잘 알고 통찰하여 걸림이 없다. 부처님께서는 모든 것을 통달하여 중생에게 온갖 지혜를 보여준다. 가섭아, 이것을 비유해보면 이러하다."

삼천대천세계의 산과 들에 자라는 초목草木과 숲속의 약초는 종류가 다양하고, 모양과 이름도 각각 다르다. 즉 초목은 크기가 작거나, 중간이거나, 매우 큰 나무가 있다. 또한 뿌리도 작거나, 중간이거나, 매우 큰 뿌리가 있다. 가지도 짧거나 중간이거나 매우 긴 가지가 있으며, 이파리도 매우 작거나, 중간이거나, 매우 큰 이파리가 있다.

이와 같이 나무와 풀은 상·중·하가 있지만, 비가 내리면 모든 초목이 똑같이 비를 맞아 초목의 종류와 크기, 성질에 따라 줄기가 성장하고, 꽃이 피며 열매를 맺는다. 비가 내려 모든 초목이 똑같이 비를 맞지만, 숲속의 풀과 초목이 자양분을 받아들이는 데는 각각 차별이 있다.

여래가 세상에 출현함은 큰 구름이 일어난 것과 같고, 큰 음성으로서 하늘의 천신과 인간 세계와 아수라에게 똑같이 법을 설함이 저 큰 구름이 삼천대천세계를 가득 덮는 것과 같다. 수많은 중생이 부처님 처소에 와서 법을 들으면, 여래는 이때 사람들의 근기를 살펴보고 그의 능력에 따라 진리를 설해준다. 여래가 설하는 법은 일상一相·일미一味79의 법이다.

- 제5 약초유품

모든 이들이 성불할 것이다

비유하면 큰 비가 대지에 내려
일미의 비로 사람인 꽃을 윤택케 하여
각각 사람들이 결실을 맺게 하는 것과 같다.
가섭아, 갖가지 인연과 비유로 불도를 보인 것이다.

너희가 행한 것은 바로 보살도이다.
점차 수행하고 닦으면 반드시 모두 성불할 것이다.
汝等所行 是菩薩道 漸漸修學 悉當成佛

- 제5 약초유품

모든 이들에게 공덕을 돌리는 것이 참다운 회향

내가 이제까지 (기도·참선·간경·주력)한 공덕이
모든 중생에게 두루두루 미치어
나와 모든 사람이 다 함께 성불하기를 원합니다.[80]

- 제7 화성유품

조금만 더 가면 보물이 있으니, 힘을 내십시오 (④ 비유 : 화성化城)

부처님께서 말씀하셨다.
"비구들이여, 잘 들어라. 여래가 방편으로 중생의 마음을 살펴보니, 중생은 소승법을 좋아하고 오욕락에 쉽게 빠진다는 것을 알았다. 그래서 그들을 경각시키기 위해 열반을 설했는데, 어리석은 중생은 거짓으로 설한 열반을 진짜 열반으로 믿고 받아들인다. 이것을 비유로 설하면 다음과 같다."
오백 유순쯤 되는 지점에 진귀한 보물이 있다. 그곳까지 가려면 매우 험

---

79 부처님의 법法은 모든 중생에게 평등하게 설한 가르침이다. 법을 음식으로 말하면 똑같은 음식이지만 먹는 사람에 따라 달리 평가된다. 부처님께서 설한 진리도 모든 이들에게 차별없이 평등하지만 받아들이는 중생의 근기에 따라 다르다. 곧 법法이 문제가 아니라 사람이 문제인 것이다.

80 『법화경』의 주요 게송으로서 불자들이 독송이나 주력 등 기도를 끝내고 마지막으로 염하는 대표적인 염불 게송이다.

난한 길을 통과해야 하는데, 많은 사람이 보물을 구하고자 함께 길을 떠났다. 마침 그들 가운데 길을 잘 아는 지혜로운 길잡이가 한 명 있었다. 그런데 가는 도중 길이 험하고 점점 어려운 일이 닥치자, 사람들은 '너무 힘들고 지쳐 집으로 돌아가고 싶다'는 생각을 하였다. 길잡이는 '조금만 더 가면 보물이 있는데, 어찌하여 이 사람들은 중간에 포기하려는 걸까?'라고 생각하고, 삼백 유순쯤 되는 곳에 환상의 성을 지어 놓고 사람들에게 '잠깐 쉬어 가자'고 하였다. 사람들이 성에 들어가 편안히 쉬고, 어느 정도 휴식을 취했을 무렵, 길잡이는 환상의 성(化城)을 없애고 사람들에게 말했다.

"여러분, 다시 길을 떠납시다. 보물 있는 곳이 얼마 남지 않았습니다. 방금 전의 도성은 우리의 목적지가 아닙니다. 내가 신통력으로 지쳐 있는 여러분이 잠시 쉬어가도록 만든 것입니다."

이와 같이 여래는 중생의 길잡이다. 여래는 생사生死에서 번뇌의 길이 참으로 멀고 험난하며, 갈 수 있는 길과 꼭 건너야 하는 길을 잘 알고 있다. 그런데 중생들이 일불승을 들으면, 부처님을 친근히 하지 않고 성불하는 길이 멀고 힘들다고 중간에 포기하는 이들이 있다.

부처님께서는 중생의 마음이 나약하고 하열함을 알고, 방편으로 중도에 쉬도록 하기 위해 일부러 성문·연각의 경지를 설했느니라. 중생이 이승二乘의 경지에 오르게 되면 여래는 그때 또 이렇게 말한다.

"여기가 너희의 최종 목적지가 아니다. 그대들이 이전에 머물렀던 곳은 이승의 경지이다. 즉 여래가 방편으로 일불승에서 분별해 삼승을 설한 것이다. 앞에서 비유로 들었던 화성은 바로 이승의 경지와 같다."

- 제7 화성유품

옷 속에 보배를 두고 거지생활을 하다 ⑤ 비유 : 계주繫珠

오백 명의 아라한이 부처님께 수기를 받고 기뻐하면서 자리에서 일어나 부처님께 경례하고 스스로 책망하며 말했다.

"세존이시여, 저희는 최고 열반의 경지를 얻었다고 생각하고 있었습니다. 지금 세존께 수기를 받고 보니, 저희도 부처님처럼 될 수 있건만 지금까지 작은 지혜에 만족하고 있었습니다. 아마도 이것은 다음 비유와 같다고 생각합니다. 어떤 사람이 친구를 찾아갔다가 술에 취해 깊은 잠에 들었습니다. 주인 친구는 아침 일찍 먼 길을 가게 되어 자고 있는 친구의 옷에 보배 구슬을 매어주고 떠났습니다. 그 사람은 잠에서 깨어난 뒤, 자신의 옷에 보배구슬이 있는 줄도 모르고 거지 생활을 하며 유랑하였습니다.

그러던 어느 날 거지는 구슬을 넣어준 친구를 만나게 되었습니다. 친구는 자신의 벗이 거지가 되어 돌아다니는 것을 보고 안타까워 '네 옷 속에 꿰매준 구슬을 팔아 생활하면 거지 생활은 하지 않을 텐데, 왜 이렇게 거지꼴로 사는가. 옷을 한번 살펴보라'고 하였습니다. 친구의 말을 듣고, 거지가 자신의 옷 속을 살펴보니, 값비싼 보배가 있음을 알게 되었다는 이야기가 있습니다.

부처님도 그와 같아서 저희에게 일찍이 지혜를 구하는 마음을 내게 하였으나 우리는 곧 잊어버리고 알지 못한 채 아라한과에 만족하고 있었습니다. 부처님, 이제 저희에게 일체지혜를 얻는 서원이 남아 있으니, 앞으로는 절대 잃지 않겠습니다."

- 제8 오백제자수기품

법화행자의 다섯 가지 수행 방법

부처님께서 약왕 보살에게 말씀하셨다.

"여래가 열반한 후에 『법화경』의 한 구절을 들은 사람이나 경 구절을 들고 한순간이라도 함께 기뻐하는 사람에게 깨달음의 수기를 주리라.
또 어떤 사람이 『법화경』 내지 한 구절만이라도 받아 지니고(受持), 읽으며(讀) 외우고(誦), 남에게 해설解說해 주며, 경전 내용을 그대로 베껴 쓰거나(書寫) 부처님께 여러 공양물로 공양한다면 이 사람은 부처님께 수기를 받으리라."

- 제10 법사품

『법화경』이 있는 곳이면 부처님이 계시는 곳

부처님께서 약왕 보살에게 말씀하셨다.
"약왕이여, 어느 곳이든 간에 이 경을 말하거나 읽고, 외우며, 경전을 베껴 쓰는 곳이라면 마땅히 칠보로 탑을 쌓되 지극히 높고 넓으며 장엄하게 꾸밀 것이요, 다시 사리를 봉안할 필요가 없느니라. 왜냐하면 이 가운데는 이미 여래의 법신法身이 있는 것과 똑같기 때문이다."

- 제10 법사품

법화행자의 세 가지 마음가짐

여래가 입멸한 후에, 선남자 선여인이 최상의 진리가 담긴 『법화경』을 중생에게 전하고자 할 때는 다음과 같은 세 가지 마음가짐이 있어야 한다. 즉 여래의 방에 들어가 여래의 옷을 입고, 여래의 자리에 앉아 중생에게 『법화경』의 가르침을 설하는 일이다.

첫째, 여래의 방이란 선남자 선여인이 중생을 대할 때 자비로운 마음으로 중생을 어여삐 여기는 마음이다(大慈悲心).

둘째, 여래의 옷이란 선남자 선여인이 부드럽고 고요하며 평화로운 마음으로 중생을 살피되 간혹 자신을 욕되게 하는 자가 있을지라도 인욕으로 그 중생을 제도하는 것이다(柔和忍辱心).
셋째, 여래의 자리란 선남자 선여인이 공空사상을 터득하고 공사상에 입각한 마음자리에 머물러 편안한 마음으로 중생을 보살피고, 최고 진리가 담긴 『법화경』을 설하는 것이다(一切法空을 깨닫는 지혜로움).

-제10 법사품

나를 해친 악인일지라도 내세에 반드시 성불할 수 있다

부처님께서 제자들에게 말씀하셨다.
"내가 지난 옛적 전생에 한 나라의 왕이었던 적이 있었다. 그때 나는 대승불교의 근본수행인 육바라밀을 실천하였고, 진리를 구하는 데 게으르지 않았다. 어느 날 나는 아들에게 왕권을 물려주고, 이런 서원을 세웠다. '누가 나에게 최고의 가르침을 설해준다면, 나는 그를 위해 종신토록 시중을 들리라.'
마침 한 선인仙人이 있어 나는 그의 제자로 출가해 평생토록 그를 섬기며 법을 구하였다. 그때 국왕으로서 출가했던 사람은 바로 지금의 〈나〉이고, 나의 스승이었던 선인은 제바달다이다. 나는 전생의 스승인 제바달다의 가르침으로 현세에 깨달음을 얻어 부처가 되었다. 그러므로 지금 현세에 제바달다가 아무리 나를 해친 악인이라고 할지라도 전세에 나를 이끌어준 스승으로서 미래세에 꼭 부처가 될 것을 수기授記한다."

-제12 제바달다품

여덟 살 용녀(축생이면서 여인)의 성불

문수 보살이 말했다.
"나는 바다에서 항상 『법화경』을 연설하였다."

지적 보살이 문수 보살에게 물었다.

"이 경은 매우 깊고 미묘해 여러 경전 가운데 보배이며, 세상에 존재하기 어려운 경전으로 중생이 이 경전을 의지해 독송하고 수행하면 부처님이 될 수 있습니까?"

문수 보살이 말했다.

"사갈라 용왕에게 딸이 있는데, 나이가 여덟 살이다. 그녀는 지혜롭고 총명하며, 중생의 마음도 잘 살필 줄 알고, 부지런히 수행하며, 부처님의 말씀을 수지하였다. 선정에 들어 모든 법을 통찰해 지혜를 얻었으며, 한 찰나에 보리심을 내어 해탈 열반을 얻었다. 또한 그녀는 변재(辯才, 언설)가 뛰어나고 중생을 어여삐 생각하기를 갓난아이를 돌보듯이 자비스럽다. 마음으로 생각하고 입으로 연설함이 미묘하고 광대하며, 인자하고 어질며 겸양함을 갖추어 마음이 평온하여 마침내 깨달음을 얻을 것이다."

지적 보살이 말했다.

"제가 생각하건대 석가모니부처님께서는 보리도를 구하실 때, 한량없는 무수겁 동안 어려운 고행을 하시어 공덕 쌓기를 잠시도 쉬지 않았습니다. 또 부처님께서는 삼천대천세계 어느 곳에서나 겨자씨만 한 곳에서도 몸과 생명을 보시하면서 수행하셨는데, 이것은 다 중생을 위해서였습니다. 그런 연후에 보리도를 성취했는데, 8세 용녀가 잠깐 동안에 정각을 이룬다고 하니 믿을 수가 없습니다."

말을 마치기도 전에 용녀가 문득 나타나 예경하고, 한쪽에 앉아 부처님의 복덕을 게송으로 찬탄하였다.

> 죄복상罪福相을 통달하여
> 시방세계 두루 비추시며

미묘한 청정 법신, 32상三十二相

80종호八十種好로서 법신을 장엄하시니

하늘의 천신과 사람들이 우러러 받들고

용과 귀신들도 모두 공경하며

일체 모든 중생이 공경하지 않는 자가 없습니다.

또 법을 듣고 정각을 이룸은 오직 부처님만이 아십니다.

저도 또한 대승의 가르침을 열어

고통 받는 중생을 제도할 것을 서원합니다.

이때 사리불이 용녀에게 말했다.

"그대가 앞으로 머지않아 깨달음을 얻는다고 하는 것은 믿기 어려운 일이다. 왜냐하면 여자의 몸은 깨끗한 존재가 아니므로 법의 그릇이 되지 못하거늘, 네가 어찌 최상의 깨달음을 얻겠느냐? 부처님 되는 길이 까마득히 멀어 한량없는 겁을 지내면서 부지런히 수행하고, 여러 바라밀다를 구족해야 보리도를 이룰 수 있는 것이다. 또 여자는 다섯 가지 장애(女人五障)가 있다. 즉 범천왕이 되지 못하고, 제석천왕이 되지 못하며, 마왕이 되지 못하고, 전륜성왕이 되지 못하며, 부처님이 되지 못하는 것이거늘 어떻게 여자의 몸으로 빨리 성불할 수 있겠느냐?"

그때 용녀가 한 보배 구슬을 가지고 부처님께 공양 올리니, 부처님께서 받으셨다. 용녀가 지적 보살과 사리불에게 말했다.

"내가 세존께 보배 구슬을 공양했는데 이 일은 잠깐 동안이었습니다. 그런데 내가 성불하는 것은 저 일보다 빠릅니다."

그때 용녀가 잠깐 사이에 남자로 변하여(變性成佛) 보살의 행을 갖추고, 곧 남방의 무구세계無垢世界에 가서 보배로운 연꽃에 앉아 등정각을 이루는데, 삼십이상과 팔십종호를 갖추고 시방의 모든 중생을 위하여 미묘한 법을 연설하였다. 이때 사바세계 보살과 성문·천·용·사람들은 용녀가 성불하고, 중생에게 법 설하는 것을 보고, 매우 기뻐서 용녀에게 예를 올렸다.

- 제12 제바달다품

네 가지 안락행

부처님께서 문수 보살에게 말씀하셨다.

"혼탁한 세상에서 이 경을 설하고자 할 때는 네 가지 안락安樂한 데 머물러야 한다. 네 가지란 바로 신·구·의·서원의 안락이다.

첫째, 몸의 안락(身安樂行)으로, 보살이 반드시 지키고 행해야 하는 일이다. 보살은 능히 참기 어려운 일을 참아내고, 부드럽고 편안하며 포악해서는 안 된다. 또한 법의 실상實相을 관觀하되, 관한다는 집착을 갖지 않고 관하며, 어떤 행을 할지라도 행한다는 분별심을 내지 말고 행해야 한다. 또한 계율을 잘 지키며, 보살이 당연히 친근할 곳에 친근하고, 친근하지 말아야 할 곳에서는 몸가짐을 조심해야 한다.[81]

둘째, 말의 안락(口安樂行)이다. 말세 세상에서는 사람들에게 경전의 허물을 말하지 말고, 다른 법사들을 경솔하게 대하지 말며, 사람들의 옳고 그름을 논하지 말아야 한다.

셋째, 뜻의 안락(意安樂行)이다. 말세에 이 경전을 수지하고 독송하는 사람은 질투심을 내거나 남을 속이지 말고 진실해야 한다. 처음 불교를 배우는 사람을 업신여기거나 꾸짖지 말고, 시비를 일삼지 말라. 모든 중생에게 자비심을 갖고, 부처님을 아버지처럼 모시며, 모든 보살을 선지식으로 받들어 간절한 마음으로 공경하고 예배해야 한다. 중생에게 법을 설할 때는 평등하되 너무 많이 설하지 말고, 너무 적게도 하지 말라. 이 안락행을 성취한 사람은 사람들로부터 존경을 받고, 좋은 도반을 만나 함께 공부한다. 또 많은 대중이 찾아와 법을 듣고자 하며, 법을 들은 대중이 이 경전을 수지受持・독송讀誦・해설解說・서사書寫하도록 이끌어야 한다.

넷째, 서원을 세워야 한다(誓願安樂行). 말세에 이 경전을 지닌 사람은 인자한 마음을 내어 '법을 잘 알지 못한 사람이 비록 이 경을 묻지 않더라도 내가 먼저 보리심을 증득하면 어디에 있더라도 신통력과 지혜의 힘으로 이끌어서 중생을 이 법 가운데 머물게 하리라' 라고 서원을 세울지니라. 이 서원 안락행을 성취한 사람은 법을 연설할 때 허물이 없고, 많은 이들로부터 존경받으며, 중생이 가르침을 듣고자 따라다닐 것이다."

- 제14 안락행품

황제의 상투 속에 있는 소중한 보배 구슬 ⑥ 비유 : 명주明珠

부처님께서 말씀하셨다.

"이 경전을 수지하고, 독송하며, 남을 위해 설해주는 사람은 모든 이들로부터 존경을 받는다. 이 경전은 삼세 부처님들이 위신력으로 수호하기 때문이다. 비유를 들어 설하면 이러하다."

---

81 『법화경』에 드러난 계율적 요소이다. 즉 수행자는 국왕・대신・외도・천민・도살업자・사냥꾼・성문승단・부녀자・5종불남五種不男 등과 친근하지 말아야 한다. 또 나이 어린 제자・사미승과 함께 살거나 키우지 말아야 하며, 사람들에게 치아나 가슴 등을 보이지 말아야 한다. 또한 남의 집에 혼자 들어가지 말며, 부득이한 경우 여인과 함께 있을 때는 일심으로 염불해야 한다.

"전륜성왕이 많은 나라를 정복한 뒤, 전투에서 공을 세운 병사들에게 골고루 포상을 한다. 논밭을 주기도 하고, 노비와 백성, 의복이나 장신구, 보물 등 갖가지 물건으로 포상을 내린다. 그러나 황제는 자신이 쓰고 있는 상투 속에 간직한 구슬만은 절대 주지 않는다. 이 구슬은 전륜성왕의 정수리에 있는 것으로, 황제의 상징이기 때문이다.

여래도 또한 그와 같아서 선정과 지혜의 힘으로, 법의 국토를 얻어 삼계의 왕이 되었다. 악의 상징인 마왕들이 순종하지 않으면 여래의 호위하는 장수들, 즉 현자賢者와 성인聖人들이 마왕들과 싸운다. 이 싸움에 공로가 있는 자에게는 여래도 마음으로 기뻐하고 여러 경전을 설해 그들의 마음을 기쁘게 해준다. 그래서 선정과 해탈, 무루無漏의 오근五根과 오력五力 등 많은 법의 재물을 나누어 준다. 또한 열반의 성읍을 주며 열반에 대해 설해주어 그들을 인도해 기쁘게 해준다. 그러나 이『법화경』만은 쉽사리 설해주지 않는다.

그런데 전륜성왕이 군사 가운데 탁월한 공로자가 있다면 마음속으로 기뻐하며, 상투 속에 있던 소중한 보배구슬을 꺼내어 그때서야 포상한다. 이 전륜성왕처럼 여래도 현자와 성인 군사들이 오음마五陰魔・번뇌마・사마死魔 등과 싸워서 큰 공훈을 세우고, 삼독을 제거해 삼계에서 벗어나 마왕으로부터 승리하면, 크게 기뻐한다. 그때 비로소 부처님은 그들에게 이『법화경』을 설해준다.

문수 보살이여, 이『법화경』은 바로 여래의 최상승 설법이요, 비밀한 법장 가운데 가장 최고이므로 모든 설법 가운데 가장 최후에 설한다. 마치 저 전륜성왕이 상투 속에 있던 귀중한 보배 구슬을 가장 최후에 신하에게 주는 것과 같다."

- 제14 안락행품

『법화경』을 수지 · 독송한 공덕

『법화경』을 독송하는 사람은 근심 걱정이 없고, 몸에 병이 생기지 않으며, 얼굴이 깨끗하고, 다음 세상에 빈궁하거나 천한 곳에 태어나지 않는다. 또한 많은 사람이 마치 성인을 사모하듯 좋아하며, 천상의 동자들이 따라다니면서 시중들고, 다른 사람들로부터 칼이나 작대기로 해를 당하지 않으며, 독약으로 해함을 당하지 않는다. 혹 어떤 사람이 욕을 하면 그 입이 막히고, 여러 곳을 다녀도 두려움이 없으며, 사자처럼 두려움을 느끼지 않는다. 마치 해와 달처럼 지혜의 밝은 광명이 법화행자를 비출 것이다.

- 제14 안락행품

중생을 제도하기 위해 경전이 존재한다

여래가 설한 모든 경전은 수많은 중생을 제도하고, 그들을 해탈시키기 위해 존재한다. 또한 부처님께서 설한 진리는 미묘한 법法이고, 수행자와 중생을 가르치는 진리이며, 제불이 호념護念하는 법이다.

- 제16 여래수량품

부처님은 방편으로 열반을 보인 것 (⑦ 비유 : 의사醫師)

부처님께서 말씀하셨다.

"내가 성불한 지는 오래전으로 백천만억 나야타 아승지겁이 되었다. 그때부터 나는 이 사바세계에 항상 머물면서 법을 설해 교화하였다. 즉 나는 구원실성久遠實成의 영원한 부처님이다. 이런 사이에 '나는 연등불에게 법을 얻었다'고 말하기도 했고, 또 거기서 '열반에 들었다'고 말하기도 했는데, 이것은 다 중생에게 방편으로 보이기 위해서이다.

여러 가지 방편으로 미묘한 법을 설해 중생이 환희심을 발하도록 하였다. 소승법을 좋아하는 사람에게는 '출가해서 아뇩다라삼먁삼보리를 얻었다'라고 하셨는데, 이는 방편으로 중생을 교화하여 불도에 들도록 하기 위해 이런 말을 한 것이다.

선남자여, 내가 연설한 경전들은 모두 중생을 제도하기 위해서이다. 즉 어떤 사람에게는 부처의 과거 인연담을 설하기도 하고, 어떤 이에게는 부처의 분신을 보여주기도 하였으며, 어떤 중생에게는 다른 부처의 화신을 보여주기도 하였다. 이렇게 오래전에 성불한 (무량한 수명을 가진) 여래께서 열반하는 모습을 보인 것은 다 중생을 불도에 들도록 하기 위한 것이다. 이것을 비유로 들어 설하면 이러하다.

훌륭한 의사가 있는데, 그 의사에게는 여러 아들이 있었다. 어느 날 의사가 출타했다가 돌아와 보니, 아들들이 독약을 먹고 정신이 혼미하여 땅에 뒹굴고 있었다. 아들들은 아버지가 돌아오자, 반가워하며 아버지께 독약을 먹었으니, 좋은 약을 달라고 하였다. 아버지는 자식들의 고통스러움을 알고 약을 처방해주었다.

그런데 어떤 아들은 아버지가 처방한 약을 먹고 병이 나은 아들도 있으나 어떤 아들은 약을 먹으려 하지 않았다. 독약에 너무 취해 본심을 잃어버려 아버지가 지어준 양약良藥을 나쁜 것이라고 생각하였다. 아버지는 약을 먹지 않은 몇 아들을 걱정하며 '아버지가 늙어 죽을 때가 되었다. 약을 두고 갈 테니 약이 효과가 없다고 하지 말고 가져다 먹어라' 하고 먼 길을 떠났다.

아버지는 하인을 시켜 '아버지가 타향에서 죽었다'고 자식들에게 알렸다. 자식들은 아버지가 죽었다는 말을 듣고 상심하여 '이제 우리는 고아다. 아버지가 우리를 위해 약 처방을 해주며 자비를 베풀었는데, 잘 몰랐었다'고 한탄하며 아버지가 처방해 두었던 약을 먹었다. 자식들은 그 약을 먹고 건강이 차츰 회복하여 병이 나았다.

선남자여, 그 아버지는 자식들이 병이 나았음을 알고 다시 집으로 되돌아왔다. 나도 이와 같아서 성불한 지 오래되었지만, 중생을 위해 방편으로 열반을 보인 것이다."

- 제16 여래수량품

저는 당신을 공경합니다, 당신은 곧 부처님이 되기 때문입니다

위음왕불이라고 하는 부처님이 계셨다. 위음왕불이 열반한 뒤, 정법이 없어지고 상법시대에 그 나라의 비구들은 아만심과 증상만이 많으며 세력을 가진 비구들이 있었다. 그들 가운데 상불경常不輕이라는 비구가 있었다. 상불경 비구는 비구든 비구니든, 우바새든 우바이든 어느 누구를 만날지라도 상대방에게 예배하고 찬탄하면서 이렇게 말했다.

"저는 당신을 공경합니다. 당신을 경멸하지 않나니, 그대는 보살도를 닦아 반드시 부처님이 되기(成佛) 때문입니다."

상불경 비구는 경전을 읽지도 외우지도 아니하며 다만 예배만 하였다. 어떤 사람들은 상불경 비구의 이런 행동을 보면서 화를 내거나 경멸하였다.

"이 어리석고 무지한 비구야, 감히 너 따위가 우리에게 성불한다고 수기를 주느냐? 우리는 그런 허망한 수기를 받지 않는다."

상불경 비구는 여러 해 동안 두루 돌아다니며 사람들로부터 심한 욕설과 비방·모욕을 들을지라도 진심을 내지 않고, '그대들은 마땅히 성불하실 겁니다' 라고 하며 사람들에게 예배 공경하였다. 간혹 어떤 이가 막대기로 치거나 돌을 던지면 상불경 비구는 멀리 피해 달아나며 오히려 큰 소리로 외쳤다.

"당신이 나를 꾸짖어도 저는 당신을 경멸하지 않습니다. 그대는 반드시 성불하기 때문입니다."

이후부터 사람들은 이 비구를 '상불경 보살'이라고 불렀다. 이 상불경 보살이 목숨을 마치려는 무렵, 『법화경』을 듣고 수지하여 육근이 청정해졌으며, 신통력으로 수명이 무량하였다. 상불경은 당시 증상만이 가득한 비구들을 교화하여 그들 모두 불도에 머물도록 하였다.

- 제20 상불경보살품

법을 위하여 신명을 바치다(爲法忘軀)

부처님께서 말씀하셨다.

"오랜 옛적에 일월정명덕日月淨明德 부처님께서 일체중생희견一切衆生喜見 보살을 비롯한 여러 보살과 성문 대중을 위하여 『법화경』을 설해주셨다.

일체중생희견 보살은 힘든 역경에도 즐거운 마음으로 수행하고 일심으로 정진하여 현일체색신삼매現一切色身三昧를 얻었다. 보살은 삼매를 얻은 뒤, 이런 서원을 세웠다.

'내가 이렇게 뛰어난 삼매를 얻은 것은 일월정명덕부처님과 『법화경』 때문이다. 나는 마땅히 부처님과 『법화경』에 공양해야겠다.'

보살은 먼저 삼매의 힘으로 온갖 꽃과 향으로 공양을 한 뒤, 이런 생각을 하였다.

'내가 아무리 신통력으로 좋은 공양을 올린다고 하여도 육신으로 공양함만 못할 것이다.'

보살은 소신공양燒身供養 서원을 세우고 여러 가지 향을 먹고, 몸에 바르기를 천이백 년 동안 한 뒤 좋은 옷감으로 몸을 감싸고 향유를 몸에 붓고 스스로 몸을 불태웠다. 그 광명은 팔십억 항하의 모래만큼 무량한 세계를 두루두루 환하게 비추었다.
그때 모든 부처님께서 동시에 칭찬하며 말씀하셨다.
'기특하고, 매우 기특하다. 이것이 참된 정진이며, 참다운 방법으로 부처님께 공양하는 것이다. 아무리 꽃과 향·영락으로 공양하고 갖가지 비단으로 된 번기와 일산·수미산 부근에서 나는 전단향 등으로 보시한다고 해도 소신공양에는 미칠 수 없다. 설령 나라와 처자를 보시한다고 해도 이에 미치지 못한다. 선남자여, 이것이 제일 뛰어난 보시이며, 보시 가운데 가장 존귀하고 뛰어난 공양이다. 법으로서 모든 여래께 공양하기 때문이다.'"

- 제23 약왕보살본사품

관세음 보살을 염하는 공덕

부처님께서 무진의 보살에게 말씀하셨다.
"많은 중생이 어려움에 처했을 때, 정성 들여 일심으로 관세음 보살을 부른다면, 관세음 보살이 즉시 그 음성을 관觀하고 그들을 모두 고뇌에서 벗어나게 해주리라.
관세음 보살 명호를 마음에 간직하고 있는 사람은 불에 들어가더라도 불에 타지 않으며, 태풍으로 배가 난파되더라도 물살에 떠내려가지 않는다. 이렇게 '세상의 소리를 관하는 분'이라고 하여 '관세음 보살'이라 부르게 되었다.
또한 어떤 사람이 칼에 찔리게 된 경우라도 관세음 보살 명호를 염하면 칼이나 막대기가 산산조각 부서진다.
만약 여러 상인들을 데리고 수많은 보배를 가득 싣고 떠나는 배가 있는데, 도적들에게 둘러싸여 있을 때, 그 가운데 한 사람이라도 일심으로 관세음 보살 명호를 염하면 위험에서 벗어날 수 있다.

또 어떤 중생이 음욕이 많을지라도 항상 관세음 보살을 생각하고 명호를 염한다면 곧 음욕이 사라지게 된다. 혹 성내는 마음이 나더라도 항상 관세음 보살 명호를 염하면 성내는 마음이 사라지며, 어리석은 중생이 항상 관세음 보살을 생각하고 공경한다면 지혜가 증장한다.

혹은 어떤 여인이 자식을 낳고자 간절하게 관세음 보살을 염한다면 곧 훌륭한 자식을 얻을 수 있다. 이와 같이 관세음 보살 명호를 늘 염하면, 한량없고 그지없는 복덕을 얻게 된다.

관세음 보살은 각 중생의 원하는 바에 따라 방편력으로 여러 몸을 나투어 제도한다. 즉 왕을 제도할 때는 왕의 몸으로 나타나고, 장자를 제도할 때는 장자의 몸으로 나타나며, 여인을 제도할 때는 여인의 몸으로 나타나는 등 관세음 보살을 염하는 사람 앞에 화신이 되어 나타난다.

무진의야, 관세음 보살은 이와 같이 큰 공덕을 성취하여, 다양한 형상으로 여러 국토를 다니면서 중생을 제도해 해탈시킨다.

그러므로 너희는 일심으로 관세음 보살에게 공양을 하여라. 관세음 보살은 두렵고 위급한 환난 속에서도 능히 두려움을 없애주나니, 사바세계에서는 관세음 보살을 '두려움을 없애고 행복을 주시는 분(施無畏者)' 이라고 한다."

- 제25 관세음보살보문품

『법화경』이야기

■ 『법화경』의 의의 및 역경

『법화경』은 『반야경』보다 2세기 늦게 성립되었다. 부처님에 대한 숭배를 강조하는 점에서 대승불교의 출발점에 가깝고, 찬불승讚佛乘의 근본 경전이라고 볼 수 있다.

『법화경』의 완전한 명칭은 『묘법연화경妙法蓮華經』이다. 산스크리트어로는 『삿다르마 푼다리카Saddharma-puṇḍarīka』이다. 삿다르마Saddharma는 미묘한 가르침(妙法), 푼다리카puṇḍarīka는 연화蓮華를 뜻한다. 곧 '연꽃처럼 심심미묘甚深微妙한 가르침'이라는 뜻이다.

한역으로는 축법호 역 10권 『정법화경正法華經』(286년), 구마라집 역 7권 『묘법연화경』(406년), 사나굴다와 달마굴다 공역 7권 『첨품묘법연화경添品妙法蓮華經』(601년)이 있다. 이 경과 관련된 수많은 해설서와 논문이 있다. 한국에서 유통되는 『법화경』은 구마라집 역으로 불자들이 독송하고 사경하는 대표적인 경전 가운데 하나이다.

■ 경전의 구성 및 특징

첫째, 『법화경』(구마라집 역)은 두 곳에서 3회三會에 걸쳐 설해진 경전이다.

처음은 '영산회'라고 하는데, 세존께서 『법화경』을 설하기 시작한 서품부터 10품까지를 말한다. 다음은 '허공회'라고 하며, 영축산으로부터 상공으로 솟아올라 허공에서 설하는데, 11품에서 22품까지를 말한다. 마지막으로 허공에서 다시 영축산 회상으로 내려와 법을 설하여 '영산회'라고 한다. 23품부터 28품까지이다.

둘째, 『법화경』은 적문迹門과 본문本門으로 구성되어 있다.

이 경은 7권 28품으로 이루어져 있다. 일반적으로 14품까지를 적문, 15품부터 28품까지를 본문이라고 한다. 적문·본문으로 나누는 것은 천태지의(538~597)로부터 비롯되었다. 이후 적문·본문설은 『법화경』의 일반화된 이론으로 구축되었다.

「여래수량품」을 중심으로 하는 본문의 '본本'이란 세존께서 이미 오래전에 성불했다고 하여 본지本地·본체本體인 부처를 가리킨다. 그 본불本佛이 설한 법이므로 본문이라고 한다. 「방편품」을 중심으로 하는 적문의 '적迹'은, 본문을 설한 부처님이 중생을 제도하기 위해 본지에서 이 세상에 오시어 석가모니라는 역사적인 인물로 출현한 흔적의 부처라는 뜻이 담겨 있다.

셋째, 『법화경』의 큰 특징은 일곱 가지 비유(法華七喩)로 경전의 사상을 설하고 있다.

제2「비유품」의 화택火宅, 제3「신해품」의 궁자窮子, 제5「약초유품」의 약초藥草, 제7「화성유품」의 화성化城, 제8「오백제자수기품」의 의리계주衣裏繫珠, 제14「안락행품」의 명주明珠, 제16「여래수량품」의 의사醫師 비유이다.

◘ 경전의 주요 사상

첫째, 「여래수량품」에 언제나 영축산에 머물고 있는 구원실성久遠實成의 영원한 부처님에 관한 내용이 있다. 오래전에 깨달은 뒤 영원한 부처로 머물고 있지만, 중생을 제도하기 위해 방편으로 열반을 보인 것이다(方便現涅槃).

둘째, 일곱 가지 비유 중 의리계주와 명주 비유는 삼승방편三乘方便 일불승一佛乘을 밝힌 것이다. 이 경전은 철저한 일불승 사상으로 회삼귀일會三歸一이다. 「방편품」의 "모든 중생이 나와 다름없이 평등하다", 「비유품」의 "삼계 중생은 모두 나의 자식들이다"라고 하는 일승사상은 『화엄경』의 "일체중생이 모두 여래의 지혜덕상智慧德相을 갖추고 있다"는 구절과 같은 사상이다. 일불승은 중기 대승경전인 『열반경』의 불성佛性과 『승만경』의 여래장如來藏 사상으로 발전하였다. 이어서 『원각경』의 '중생본래성불' 사상으로 이어졌다.

◘ 경전이 후대에 끼친 영향

첫째, 「약왕보살본사품」의 영향을 받아 고래로부터 근래에 이르기까지 불자와 승려들의 소지공양燒指供養 · 소신공양燒身供養이 행해지고 있다. 출가의 굳은 신념과 부처님의 덕성을 새기기 위해 승려들의 소지공양이 꾸준히 이어지고 있다. 한편 베트남, 티베트, 한국 승려들의 자국민에 대한 자비정신으로 소신공양이 행해지고 있다.

둘째, 「제바달다품」에 악인인 제바달다와 여덟 살 먹은 여자아이가 성불하는 이야기가 전한다. 또한 「상불경보살품」에 등장하는 '상불경常不輕'이라는 보살이 어느 누구에게나 부처님이라며 받들고 존경한 공덕으로 부처님께 수기를 받았다. 이처럼 『법화경』은 축생과 여자도 성불할 수 있다는 평등(一乘)사상을 내포하면서 일체중생이 모두 성불할 수 있음을 시사하고 있다. 이 경에 드러난 제법실상諸法實相과 순일무잡純一無雜은 중국 선종에서 부처님과 조사가 깨달은 세계를 표현하는 문구로 인용되었다.[82]

셋째, 이 경을 소의경전으로 중국·한국·일본에 천태종이 성립되었다. 천태지의(天台智顗, 538~597)가 강의한 『법화경』의 해설서인 『법화문구』와 『법화현의』, 선수행 지침서인 『마하지관』[83]은 '천태 3대부'라고 부른다. 천태가 열반한 후 『법화경』을 중심으로 천태종이 개산되었다.[84] 일본의 최징(最澄, 사이초, 766~822)이 중국 유학 후, 일본으로 돌아가 천태종을 개창했고, 이후 13세기 일련日蓮이 『법화경』을 중심으로 일련종日蓮宗을 성립했다. 우리나라는 고려 때 대각국사 의천(義天, 1055~1101)이 천태종을 개창하였다.

---

82 '불세존의 설법은 의미가 심원하며, 말씀은 교묘하고 순일무잡純一無雜하여 청정한 행(梵行)의 상을 구족하고 있다.' 「서품」

83 『마하지관』은 중국에 선종이 확립되기 이전, 선禪에 관련된 저술이다. '수행자는 교학과 더불어 선을 병행해야 하는데, 어느 한쪽에 치우쳐서는 안 된다'고 하는 관심문觀心門을 논한 것이다.

84 이 저서들은 지의의 제자 관정(灌頂, 561~632)이 필록하였을 뿐만 아니라, 천태종을 창건하여 천태 지의의 가르침이 이어지는 역할을 하였다.

경전 중기대승불교

14장 열반경 - 중생 곁에 늘 함께하는 부처님, 불성사상의 정수
15장 승만경 - 여인 성불과 그녀의 설법

14장

열반경 [85]

— 중생 곁에 늘 함께하는 부처님

불성사상의 정수

열반 4덕인 상락아정

중생은 번뇌와 무명에 가리어져 뒤바뀐 마음을 낸다. 즉 〈아我〉에 대하여 〈나〉가 없다고 생각하고, 항상한 것(常)을 무상無常하다고 생각하며, 깨끗한 것(淨)을 더럽다고 생각하고, 즐거운 것(樂)을 괴롭다고 생각한다. 이는 번뇌에 가려져 그러한 생각을 내는 것이다. 마치 술에 취한 사람이 '세상이 돈다'고 생각하는 것과 같은 것이다.

---

85 혜엄(慧嚴, 363~443)과 혜관慧觀이, 담무참이 번역한 것과 법현의 것을 대조하고 수정한 『대반니원경大般泥洹經』36권본, 송나라 남본南本을 저본으로 함.

〈나〉란 것은 곧 부처란 뜻이고
항상하다는 것은 법신法身이란 뜻이며
즐겁다는 것은 열반이란 뜻이고
깨끗하다는 것은 법이란 뜻이다.

비구들이 물었다.
"부처님께서 진정한 상락아정을 누리고 계신데, 세상에 더 오래 머물러 중생을 제도해주시지 왜 빨리 열반에 들려고 하십니까?"
부처님께서 말씀하셨다.
"비구들은 무상無常·고苦·무아無我·부정不淨하다는 것을 참된 이치라고 생각한다. 이것은 마치 어떤 사람이 돌이나 기왓장·나무·자갈을 진짜 보배라고 생각하는 것과 같다. 마땅히 그대들은 좋은 방편을 배우되, 가는 곳마다 〈나我〉란 생각, 항상(常)하다는 생각, 즐겁다(樂)는 생각, 깨끗하다(淨)는 생각을 염두(→상락아정)에 두고 수행할지니라. 또 먼저 익힌 사성제는 모두 뒤바뀐 것임을 알아야 한다."
비구들이 다시 물었다.
"세존이시여, 부처님께서 예전에 법을 설하실 때, '모든 법은 실체적인 〈나〉가 없으니 이것을 배워 〈나〉에 대한 관념을 버려라. 〈나〉라는 생각을 버리면 교만심이 없어지고, 교만심이 없어지면 곧 열반에 들 것이다'라고 말씀하셨습니다. 그런데 지금 부처님께서 다시 상락아정을 말씀하시는데, 이 이치를 저희가 어떻게 받아들여야 합니까?"
"비구들이여, 매우 훌륭하구나. 중요한 것을 물었다. 비유를 들어 너희에게 말하리라. 어느 나라에 한 엉터리 의사가 있는데, 그는 약에 대해 잘 알지 못했다. 의사는 누가 아프다고 하면 병에 대해 알지 못하니, 무조건 우유로 만든 약을 주었다. 그 나라의 황제도 의사의 약 처방에 관심을 보이지 않았다.

이 무렵 지혜로운 한 의사가 나타났다. 지혜로운 의사는 모든 병에 우유로 처방하는 것은 옳지 않다고 주장했다. 황제가 그 말을 듣고, 엉터리 의사를 그만두게 하고, 새 의사를 옆에 두면서 이전의 우유로 제조된 약을 모두 버리도록 명령했다. 새 의사는 여러 가지 좋은 약을 조제해서 사람들의 병을 고쳤다.

그러던 어느 날 황제가 병이 났다. 의사는 황제에게 우유로 만든 약을 써야 한다고 말했다. 황제는 예전에 이 의사가 '우유로 처방한 약은 모두 잘못된 것이라고 해놓고 지금 내게 우유약을 먹으라고 하는구나' 라고 생각하면서 당황스러워했다. 황제는 의사에게 화를 내며 이해할 수 없다고 하자 의사가 말했다.

'국왕이시여, 벌레가 나뭇잎을 파먹다가 글자의 형상을 이루기도 하는데, 벌레는 그것이 글자인 줄 모릅니다. 황제시여, 그전 의사 또한 마찬가지입니다. 여러 병의 원인을 알지 못하고 우유로만 약을 처방하면서 약이 효과가 있는지 모르는 것과 같습니다. 우유로 제조된 약을 어떻게 쓰느냐에 따라 독이 되기도 하지만, 좋은 약이 되기도 합니다. 지금 황제의 병에는 우유로 된 약을 써야 합니다.'

황제는 새 의사의 말대로 우유로 조제한 약을 먹고 병이 완치되었다. 외도들이 〈나〉라고 말하는 것은 벌레가 나뭇잎을 갉아먹고 글자를 이룬 것과 같다. 비구들이여, 나는 지혜로운 의사처럼 우유가 독이 될지, 좋은 약이 될지 잘 알고 우유를 처방약으로 쓴다. 〈나〉가 해가 될 때와 이익이 될 때를 알아서 〈나〉를 설하는 것이다. 범부 중생과 외도들은 〈나〉라고 하는 것을 어떤 실체적인 것으로 알기 때문에 내가 무아無我라고 했던 것이다. 모든 법에 〈나〉가 없다고 하지만 진실로 〈나〉가 없는 것이 아니다. 어떤 것이 참된 〈나〉인지, 어떤 법이 진실하고 참되며 항상하고 즐거운 것인지를 잘 알아야 한다."

- 제3 애탄품哀歎品

중생을 아들처럼 여긴다

가섭 보살이 부처님께 여쭈었다.

"세존이시여, 보살이 중생 보기를 아들처럼 여겨야 한다고 하였는데, 그 뜻이 매우 깊어 저는 잘 이해되지 않습니다. 세존이시여, 여래께서는 보살들이 모든 중생을 아들처럼 대하는 평등한 마음을 닦아야 한다고 말씀하지 마십시오. 불법 중에는 계행을 파하는 이들도 있고, 오역죄를 짓는 사람도 있으며, 불법을 훼방하는 사람도 있는데 어떻게 이런 사람들까지 아들처럼 여기라고 하십니까?"

"가섭아, 나는 모든 중생을 아들처럼 생각하여 라훌라같이 여긴다. 정법을 훼방하거나 일천제一闡提[86]이거나 혹은 살생하고, 그릇된 소견을 가졌으며, 일부러 계율을 어기는 사람일지라도 나는 자비로운 마음으로 그들을 아들처럼 생각한다.

---

86 일천제(icchantika)는 '단선근斷善根'이라고 번역한다. icchant(一闡)은 믿음·방편·정진·생각하다·선정·무상한·지혜의 의미를 함축하고 있으며, ika(提)는 '갖추지 못함'이라는 의미이다. 즉 일천제는 "믿음을 갖추지 못함"이나, "좋은 방편을 갖추지 못함", "정진하지 않음" 등으로 번역할 수 있다. 『열반경』에서 제시하는 일천제는 불법승 삼보를 믿지 않는 자, 선근善根이 없어 고해에 빠져 깨달음을 이룰 근원이 없는 자, 파계하거나 정법正法을 비방하는 자 등 다양한 의미로 제시되어 있다.

"수행하는 보살은 모든 중생을 아들처럼 보호하며, 중생을 대할 때 사랑스런 마음(大慈)을 내고, 그들이 고통스러워할 때 함께 슬퍼하며(大悲), 그들과 함께 즐기면서 기뻐하고(大喜), 모든 이들을 평등한 마음(大捨)으로 대하여라. 또한 살생하지 않는 계율을 일러주고, 착하게 살아가는 방법을 가르쳐 주어라. 그리하여 중생이 5계五戒를 지키고, 10선十善에 머물도록 잘 일러주어라."

- 제4 장수품長壽品

여래는 금강신이다

여래는 늘 상주하는 몸이며, 깨뜨릴 수 없는 몸이고, 금강金剛 같은 몸이며, 잡식雜食하지 않는 몸으로 곧 법신法身이다. 즉 항상 머물러 계시는 법신이며, 금강 같은 몸이다.

여래가 일부러 질병의 고통[87]을 나타내는 것은 중생을 조복하기 위함이다. 선남자여, 그대는 이런 줄을 알라. 여래의 몸은 금강 같은 몸이니, 그대는 오늘부터 이 이치를 생각하고 잡식하는 몸이라고 (여래를) 생각하지 말고, 남들을 위해서도 여래의 몸은 곧 법신이라고 연설하여라.

- 제5 금강신품金剛身品

고기를 먹는 것은 자비 종자를 끊는 것과 같다

부처님께서 말씀하셨다.

---

87 석가모니부처님은 여든에 파바마을의 대장장이 춘다에게 스카라 맛다바라는 음식을 공양받고, 피가 섞인 설사를 계속하는 병고를 겪었다. 본문에서 부처님이 병에 걸렸다는 것은 이 사실을 바탕으로 한다.

"법을 수호하는 보살은 고기를 먹지 말아야 한다. 만약 시주자가 고기를 보시하거든 그 음식을 볼 적에 아들의 살과 같다고 생각해야 한다."
가섭 보살이 부처님의 말씀을 듣고 물었다.
"세존이시여, 예전에는 부처님께서 고기 먹는 것을 허락하지 않으셨습니까? 그런데 어찌하여 지금은 이렇게 말씀하십니까?"
"고기를 먹는 것은 자비 종자를 끊는 것과 같기 때문이다."
"부처님께서 예전에 저희에게 삼정육三淨肉[88]을 허용하지 않으셨습니까?"
"가섭아, 세 가지 깨끗한 고기는 당시 형편에 따라 제정했던 것이다."
"부처님, 그러면 앞으로는 우유·타락·생소·숙소·호마유 같은 것을 공양받지 말아야 하고, 명주옷·구슬·자개·가죽·금은 재질의 그릇을 사용하지 말아야 합니까?"
"가섭아, 자이나교도들과 같은 견해로 말하지 말라. 내가 예전에 정한 계율에는 그때 그때마다 의도가 있었느니라. 오늘부터 고기 먹는 것을 제한한다.

고기를 먹으면 모든 중생이 고기 냄새를 맡고는 (자신들이) 죽는 줄 알고 두려워하며, 바다·육지·허공에 사는 중생이 모두 달아나면서 '저 사람은 우리의 원수다' 라고 할 것이다. 보살은 고기를 먹지 않도록 하며 중생을 제도하기 위하여 일부러 고기를 먹기도 하지만 보기에는 먹는 것 같되 실제로는 먹지 말아야 한다. 가섭아, 보살은 깨끗한 음식도 먹을 때

---

[88] 삼정육이란 ①불견不見, 눈으로 직접 잡는 것을 보지 않은 고기 ②불문不聞, 나를 위해 잡았다는 말을 듣지 않은 고기 ③불의不疑, 나를 위해 잡았을 것이라는 의심이 없는 고기이다. 또한 병든 비구에게는 병을 고치기 위해 육식을 허용했다. (본문 p. 182 참고)

조심해야 하거늘 하물며 육식을 해서야 되겠는가."

- 제7 사상품四相品

계율과 참회

선남자여, 만일 비구가 계율을 범하고도 교만한 생각으로 죄를 덮어두고 참회하지 않는다면, 이 사람은 참으로 계를 파한 사람이다.

그런데 어떤 비구가 법法을 보호하기 위해 계를 범한 후 참회했다면 이는 파계라고 할 수 없다. 왜냐하면 교만한 마음이 없이 죄를 밖으로 드러내어 참회했기 때문이다.

선남자여, 본래 받은 계는 그대로 있어 잃은 것이 아니요, 설사 범했다고 하더라도 반드시 참회해야 하며, 참회하면 청정해진다.

선남자여, 낡은 제방에 구멍이 뚫려 물이 새는 일이 발생하면, 이것은 사람이 미리 예방하지 못한 것이다. 예방만 잘 했더라면 제방이 새지 않는 것과 같은 이치이다.

- 제8 사의품四依品

진아眞我는 여래장이다

범부와 외도들은 〈나〉가 있다고 주장하면서 그 크기가 엄지손가락만 하다고 말하기도 하며, 어떤 외도는 〈나〉가 쌀알만 하다고 말하기도 하고, 어떤 이는 쌀의 피알 정도 된다고 하며, 어떤 이는 〈나〉라는 존재는 심장 속에 있어 해처럼 뚜렷하다고 주장하기도 한다.

그런데 그들은 〈나〉의 참 모습을 알지 못하고 하는 소리이다. 모르면서 갖가지 모양으로 〈나〉를 분별하여 망령되이 아상我相을 논하고 있는 것이다. 비구들이여, 내가 설하는 진아眞我는 바로 불성佛性이다.

〈나〉란 곧 여래장如來藏의 뜻이며, 일체중생에게 불성이 있다는 것은 바로 〈참된 아我〉를 뜻한다. 다만 이 〈나〉는 많은 번뇌에 둘러싸여 있어 자신이 보지 못하는 것이다. 마치 가난한 여인이 자기 집 창고에 황금 보배가 있음을 알지 못하는 것과 같은 이치이다.

〈나〉라고 하는 것은 여래장(불성)의 뜻이니, 모든 중생이 모두 부처 성품을 가진 자, 곧 〈나〉이다…… 마음으로 지은 가지각색의 업으로 사람 몸을 받았더라도 귀 먹고, 눈 멀며, 벙어리 되어 온갖 과보를 받으며, 탐·진·치 삼독에 뒤덮여 있어 자신에게 부처 성품이 있는 줄을 알지 못하는 것이다.

- 제12 여래성품如來性品

이마에 파묻힌 보배 구슬

얼굴 미간에 금강주金剛珠가 있는 장사가 있었다. 어느 날 다른 장사와 씨름을 하다가 그만 구슬이 살을 뚫고 들어가 버렸다. 장사는 이마에 상처가 났다고 생각하고, 의사를 찾아갔다. 의사는 상처가 미간에 있던 구슬 때문에 생겼으며, 그 구슬이 피부 속에 파묻힌 것을 보고 장사에게 물었다.

"그대의 양미간에 있던 구슬은 어디에 있습니까?"

장사가 놀라 말했다.

"의사 선생님, 구슬을 잃어버린 것 같습니다. 도대체 구슬이 어디로 사라졌을까요?"

장사는 구슬을 잃어버렸다고 단정 짓고 울기 시작했다. 이때 의사가 장사를 위로하며 말했다.

"지금 구슬이 그대의 살 속에 박혀 있으니 걱정하지 마십시오. 당신이 너무 격렬하게 싸우다가 피부 속에 박힌 줄 몰랐던 겁니다. 지금 미간 속에 구슬이 있는 것이 보입니다."

장사는 의사가 자신을 속이는 줄 알고 처음에는 믿지 않았다. 의사가 거울로 장사의 얼굴을 비추자, 거울 속에서 구슬이 찬란한 모습으로 나타났다. 그제야 장사는 안심하였다.

선남자여, 모든 중생도 바로 이와 같다. 훌륭한 선지식을 가까이 하지 않기 때문에 자신에게 불성이 있어도 스스로 보지 못하는 것이다. 게다가 탐·진·치 삼독에 가려져 늘 미혹한 상태로 살아가는 것이다.

선남자여, 여래가 중생에게 불성이 있다고 말하는 것은 저 의사가 장사에게 금강구슬이 있음을 알려주는 것과 같다.

- 제12 여래성품

『열반경』에서 제시하는 계율론

계戒란 자신이 소유한 것에 만족하고, 일체 부정한 물건을 받거나 소유하지 않는 것이다. 율律이란 계戒의 위에 있어 일체 부정한 물건이나 좋지 못한 인연을 잘 선택해 아는 것을 말한다.

- 제12 여래성품

달의 성품이 영원히 만월인 것처럼 여래도 마찬가지다

보름달일 적에도 다른 곳에서는 반달로 보이고, 여기서 반달로 보일 적에는 다른 곳에서 보름달로 보여, 모두 보름날(15일)이라고 한다. 달의 성품은 이지러지거나 둥글어지는 일이 없건만 수미산으로 인해 크기가 늘었다 줄었다 하는 것이다.

여래도 그와 같아서 사바세계에 태어나 출가하고, 수행해 깨달음을 이루었으며, 중생을 제도하고 열반에 들었던 것은 달이 초승달·반달·보름달이라고 하는 것과 같다. 중생이 보는 것이 한결같지 아니하여 혹은 반달로 보고, 혹은 초승달로 보며, 혹은 보름달로 보고, 혹은 월식이라고 하지만 달의 성품은 늘거나 줄어드는 것이 아니다.

달의 성품은 영원히 만월滿月인 것처럼, 여래는 세상에 수순하고자 상황에 따라 방편으로 몸을 나타낸 것이다. 여래의 성품은 생멸生滅이 없는데, 단지 중생을 교화하기 위해 세상에 출현했다가 열반한다.

여래의 성품은 만월과 같아서 법신法身이며, 생이 없는 몸이건만 방편으로 세상을 따르느라고 업의 인연을 보여 가는 데마다 태어나는 것이 저 달과 같은 이치이다. 그러므로 여래는 항상 그 모습 그대로 머물러 있는 것이요, 어떤 변화가 있는 것이 아니다.

- 제15 월유품月喩品

성자는 성스러운 행동을 한다

무엇을 성행聖行이라고 하는가. 성행이란 바로 부처나 보살 같은 성자의 행위를 통칭해서 말한다. 어째서 부처님과 보살을 성자라고 하는가? 이분들은 성스러운 법을 갖추고 있으며, 모든 법이 공空함을 관하고, 계를 청정히 지키며, 선정禪定과 지혜를 갖추었기 때문이다.

또한 성자는 일곱 가지 성스러운 재물 즉, 믿음과 계율을 소중히 여기며, 남에게 참회를 하고, 자신에게 부끄러워해 스스로 성찰하며, 다양한 지식을 쌓고, 지혜를 갖추며, 늘 평온한 마음을 지녀 고귀한 행동을 한다. 바로 이런 사람을 성자라고 한다.

- 제19 성행품聖行品

행복과 불행은 함께하는 법

한 장자의 집에 아리따운 여인이 찾아와 대문을 두드렸다. 문을 열어보니, 여인은 몸매가 아름답고 단정하며, 흰 드레스를 입고 어여쁜 장신구를 하고 있었다. 장자는 그녀에게 '누구냐?'고 물었다. 여인이 답했다.

"저는 공덕천功德天입니다."

장자가 다시 물었다.

"당신은 무슨 일을 하는 사람입니까?"

"저는 가는 곳마다 금은·산호·호박·진주·말·수레·코끼리·하인들을 가져다줍니다. 즉 저는 당신에게 행복과 행운, 재물을 가져다주는 사람입니다."

장자는 여인의 말을 듣고 기뻐 하며 말했다.

"내가 복덕이 많아서 그대가 내 집에 찾아온 것 같습니다. 어서 들어오십시오."

그녀가 집 안에 들어서는 순간부터 장자는 그녀에게 꽃을 뿌리고 절을 하며 좋아했다.

그런데 또 문밖에 한 여인이 서 있었다. 형상이 누추하고 의복도 지저분한 데다 피부도 검고[89] 인상이 좋지 않았다. 장자는 내키지 않았지만 그녀에게 물었다.

---

89 인도 성전 베다Veda에는 "흰 피부색의 아리아인 정복자, 피부가 검고 코가 납작한 피정복자"라는 언급이 있다. 옛날에는 카스트를 나타내는 이마의 표식도 브라만은 흰색, 수드라는 검은색이었다. 곧 상층 카스트인 바라문 계급은 '얼굴이 희다'라고 표현하고, 천민 계급은 '얼굴이 검다'라고 하였다. 이렇듯 인도 문화에서 '희다(白)'는 것은 상서로운 상징이나 좋은 가문을 나타내고, 반대로 상서롭지 못한 것을 '검다(黑)'고 표현하였다. 여기서 흑암녀의 의미도 인도 문화적인 차원에서 이해하면 좋을 듯하다.

"그대는 누구이며, 무슨 일을 합니까?"
"저는 흑암녀黑暗女라고 하는데, 가는 곳마다 재물을 잃게 하거나 좋지 못한 재난, 사람이 아프거나 죽는 등 불행한 일만 가져다줍니다."
장자가 그 말을 듣고 그녀에게 칼을 들이대며 말했다.
"빨리 가지 않으면 당신 목숨을 끊어버리겠다."
태연한 얼굴로 흑암녀가 말했다.
"당신은 참 어리석군요. 방금 전 찾아 온 공덕천 언니와 나는 늘 붙어다니는 자매로 잠시도 떨어질 수 없는 사이입니다. 그대가 나를 쫓아내려면, 나의 언니도 함께 쫓아내야 합니다."

- 제19 성행품

사랑은 이별의 고통을 만드는 근원
사랑하는 것은 이별하는 고통의 근원이다.
사랑으로 말미암아 근심이 생기고
사랑 때문에 두려움과 공포가 생긴다.
사랑의 근원인 집착을 제거하면
근심이 어디에 생길 것이며, 두려움이 어디서 생기겠는가.
사랑하는 인연으로 근심이 있고
근심하는 고통으로 중생이 늙고 병든다.

- 제19 성행품

『열반경』은 가장 훌륭한 경전
대승의 여러 경전이 비록 한량없는 공덕을 성취하지만, 『열반경』과는 비교될 수 없다. 소(牛)에서 우유가 나오고, 우유에서 낙酪이 나오며, 낙에서 생소生穌가 생기고, 생소에서 숙소熟穌가 나오며, 숙소에서 제호醍醐가 생겨난다. 이 제호는 가장 훌륭하여서 먹기만 하면, 모든 병이 소멸되고 모든 악이 소멸된다.

이처럼 부처님께서 말씀하신 12부경에서 수다라修多羅가 나오고, 수다라에서 『방등경方等經』이 나오며, 『방등경』에서 반야바라밀般若波羅蜜이 나오고, 반야바라밀에서 『열반경』이 나오나니, 『열반경』은 마치 제호와 같다. 이 제호를 불성佛性에 비유한 것이며, 불성은 곧 여래이다.

어떤 경전보다도 『열반경』은 가장 수승하고, 궁극적인 경전으로 『열반경』의 주요 사상인 불성을 제호 맛에 비유한다.

-제19 성행품

진리를 구하고자 육신을 보시하다

도리천忉利天의 제석천인帝釋天人이 나찰로 변신하여 설산동자의 구도 정신을 실험하기로 했다. 천인이 설산으로 내려가 고행하고 있던 동자 옆에서 다음 게송을 읊었다.

> "모든 것이 무상한데, 이는 생멸의 법이다."
> 諸行無常　是生滅法

동자는 그 소리를 듣고 목마른 사람이 물을 만난 듯, 원수에 쫓기다가 벗어난 듯, 오랜 가뭄에 비를 만난 듯 기뻤다. 동자는 누가 이렇게 좋은 구절을 말하는가 싶어 둘러보니, 험상궂게 생긴 나찰이 서 있었다. 동자가 나찰에게 말했다.

"당신이 말씀하신 구절은 매우 훌륭한 진리입니다. 제게 다음 구절을 알려 주십시오."

나찰이 말했다.

"나는 배가 너무 고파 말을 할 수 없을 지경이다."

"다음 구절을 알려주면, 내 육신을 보시하겠습니다."

"그대가 몇 구절의 법을 구하고자, 육신을 버린다고 하는데, 그걸 누가 믿겠는가."

"제석천인과 불보살이 증명할 것입니다."

"그렇다면 알려주겠다."

나찰이 다음 구절을 읊었다.

"생멸이 멸해 마치면, 바로 열반의 즐거움이다."
生滅滅已　寂滅爲樂

동자가 이 게송을 듣고, 돌·나무·벽에 새겨 놓고, 높은 언덕 위로 올라가 몸을 던지려는 순간, 나찰이 제석천인으로 변해 동자의 몸을 받으면서 말했다.

"장하십니다. 동자시여, 동자가 법을 구하고자 하는 정신이 어떤지를 실험하려고 했습니다. 그대는 참된 보살이며 앞으로 무량한 중생을 구제할 것입니다. 그때 저도 구제해주십시오."

- 제19 성행품

보살의 행원

모든 중생이 공空을 깨닫고, 걸림 없는 무애無碍를 얻어 허공같이 되기를 기원합니다.

모든 중생이 무상無常을 얻고, 번뇌의 목마름을 끊으며, 생사의 집착을 떠나 대승의 열반 언덕에 오르고, 청정 법신을 갖추며, 온갖 삼매를 얻어 바다와 같은 지혜 얻기를 기원합니다.

모든 중생이 무량한 법미法味를 갖추어 불성을 볼 수 있고, 불성을 보고 나서 능히 법비(法雨)를 내리고 법비가 내린 뒤, 불성이 널리 뒤덮어 허공과 같이 되기를 기원합니다.

모든 중생의 용모가 단정하고, 아름다우며, 향기는 시방에 퍼져 훌륭하고 장엄한 모습이 되기를 기원합니다.

모든 중생의 육안肉眼이 청정하여 시방세계를 관하고, 부처 광명을 얻어 널리 시방을 비추어 대지의 등불로 어둠을 밝히기를 기원합니다.

- 제19 성행품

4무량심 - 자비희사

여래는 자비가 두루두루 미치어, 모든 사람을 평등하게 사랑한다. 정법正法이 널리 퍼져 참된 진리가 세상에 퍼져 있다. 원수를 두지도 않았고, 미워하고 사랑하는 마음이 없다.

수행자가 갖춰야 할 청정행에 네 가지가 있는데, 사랑하고(慈), 함께 슬퍼해주어 가엾이 여기며(悲), 함께 기뻐하고(喜), 모든 중생을 평등하게 대하는 것(捨)이다. 부처는 방편으로 중생이 가장 높은 최상의 깨달음(아뇩다라삼먁삼보리)에 머물도록 해준다. 아무리 혼탁한 세상에 머물지라도 연꽃이 더러움에 물들지 않는 것처럼 중생을 제도하는데 사무량심을 지녀야 한다.

사랑하는 마음(慈心)을 닦는 사람은 탐욕(貪)이 끊어지고, 가엾이 여기고 함께 슬퍼해주는 마음(悲心)을 닦는 사람은 성냄(嗔心)이 끊어지며, 기뻐하는 마음(喜心)을 닦는 사람은 어리석음(痴)이 끊어지고, 평등심(捨心)을 닦는 사람은 탐·진·치 삼독이 모두 끊어진다. 이 네 가지 무량한 마음은 선근의 근원이 된다.

선남자여, 만약 보살이 가난한 중생을 보지 못하면 사랑하는 마음을 낼 인연이 없고, 사랑하는 마음을 내지 못하면 보시할 마음을 일으키지 못한다. 보시하는 인연으로 중생을 기쁘게 해야 한다.

선남자여, 보살이 보시할 적에는 사랑스런 마음으로 중생을 아들처럼 생각해야 하고, 보시할 때는 중생을 불쌍히 여기는 마음으로 마치 부모가 병든 자식을 돌보듯 해야 하며, 보시를 행할 적에는 기쁘기가 아들의 병이 완쾌되어 기뻐하는 부모 같아야 하고, 장성한 자식을 바라보는 부모 마음처럼 보시한 뒤에는 집착하지 않고 평온한 마음을 가져야 한다.

- 제20 범행품 梵行品

아무리 어리석은 중생일지라도 성불할 수 있다

불보살은 중생을 대할 때, 평등하게 자식을 키우는 마음과 같아야 한다. 그러나 일곱 자식 중 어느 하나가 병에 걸렸을 때, 부모는 마음이 평등하지 않고 병든 자식에게 마음이 더 쏠리게 된다. 이런 것처럼 여래도 모든 중생을 대하는 마음이 평등하지 않은 것은 아니지만 죄를 지은 죄인, 불쌍하고 어리석은 중생인 일천제一闡提에게 마음이 더 쏠린다.

일천제는 결정적인 것이 아니다. 만약 구제 받을 수 없는 존재라고 한다면 일천제는 결코 최고의 깨달음을 얻을 수 없다. 그러나 그들도 결정적인 것이 아니므로 얼마든지 깨달을 수 있다.

즉, 네 가지 계율을 범한 자, 대승경전을 비방하는 자, 오역죄를 지은 자일지라도 이들은 모두 불성佛性을 지녔으므로 성불할 수 있다. 이 일천제는 단지 현재에 선법善法이 없을지라도 미래에 얼마든지 악업이 선업으로 전환될 수 있으며, 성불할 수 있는 가능성이 있기 때문이다.

- 제20 범행품

참된 선지식이란 어떤 존재인가?

부처와 보살은 진실한 선지식이다. 불보살은 항상 세 가지 방법으로 중생을 제도하기 때문이다. 세 가지 방법은 필경연어畢竟軟語・필경가책畢竟呵責・연어가책軟語呵責이다.

첫째, 필경연어로 처음부터 끝까지 늘 부드러운 말을 사용하는 것이다.

둘째, 필경가책은 꾸짖어야 할 때 반드시 꾸짖는 것이다.

셋째, 연어가책은 부드럽게 말해야 할 때와 꾸짖어야 할 때를 잘 구별하여 그때그때 시기에 맞춰 중생을 대하는 것이다.

불・보살을 의사라고도 하는데, 병을 알고 그에 맞추어 약을 처방해주기 때문이다. 용한 의사가 의술을 잘 알아서 먼저 병의 증세를 보고, 그것에 맞추어 약을 준다. 불보살도 그와 같아서 범부에게 세 가지 병이 있음을 아는데 바로 탐・진・치 삼독이다.

탐욕의 병이 있는 사람에게는 백골관이나 부정관不淨觀 수행을 하게 하고, 성내는 병이 있은 사람에게는 자비관慈悲觀 수행을 하게 한다. 또 어리석은 병이 있는 사람에게는 12연기를 관觀하게 한다.

또한 불・보살을 뱃사공이라고도 한다. 뱃사공이 험난한 바다를 건너게 해주는 길잡이인 것처럼, 불・보살은 생사生死의 바다에서 중생을 건네주고, 선법善法의 근본을 알게 한 뒤, 수행하도록 이끌기 때문이다. 이리하여 불보살을 참다운 선지식이라고 한다.

- 제22 광명변조고귀덕왕보살품

중생을 향한 보살의 염원

첫째, 많은 중생이 장수하고, 살아가는 데 장애가 없기를.

둘째, 아름다운 국토에서 중생이 풍족하게 살아가기를.

셋째, 중생이 탐·진·치 삼독이 없으며, 배고픈 고통이 없기를.

넷째, 국토 내에 존재하는 나무와 꽃, 벌레, 동물 등 수많은 중생의 목소리가 아름답기를.

다섯째, 중생이 서로서로 화합하며, 정법正法을 제대로 알고 남에게 해설해주기를.

여섯째, 땅이 평평하고, 온갖 중생이 평등하게 살아가기를.

일곱째, 많은 중생이 정신적으로 고뇌 없이 살아가기를.

여덟째, 많은 중생이 자비심을 닦아 질투하거나 남을 해치지 아니하고, 그릇된 견해를 갖지 않기를.

아홉째, 수많은 중생이 자비심을 갖춰 일자지一子地[90]를 얻게 되기를.

열째, 중생이 큰 지혜를 얻어 정각을 성취할 수 있기를 기원합니다.

- 제22 광명변조고귀덕왕보살품

불성의 정의

소금은 짠(鹹) 성질이 있다. 어떤 음식에 소금을 넣더라도 그 음식은 짜게 된다. 또한 꿀은 달다(甘)고 하는 본성이 있어, 어떤 음식에 넣더라도 그 음식을 달게 한다. 또 물의 본성은 습濕하여, 어떤 것과 섞이더라도 그 물질을 습하게 한다.

---

90 중생을 외아들처럼 평등하게 사랑할 수 있을 만큼 마음이 닦여진 경지.

이와 같이 소금·꿀·물이 어디에 섞여도 본래의 성품이 변하지 않고 살아 있는 것처럼, 지혜 불성이 어떤 번뇌에 뒤섞일지라도 그 본성이 존재한다.

- 제23 사자후보살품

중생은 자신의 이익을 위해 고행하지만, 보살은 남을 위해 고행한다

보살로서 실천하는 행(방편)에 몇 가지가 있다.

첫째, 보살은 삶과 죽음의 고통스러운 길이 있는 반면 열반의 공덕이 있음을 잘 관찰해야 한다. 한편 중생을 위해 사바세계에서 가지가지 고통을 받으면서도 퇴굴심을 갖거나 물러섬이 없어야 한다. 이를 보살의 불가사의라고 한다.

둘째, 보살은 인연 없는 중생에게도 연민심을 가져야 한다. 즉 상대방에게 배려를 받지 못했을지라도 은혜를 베풀고, 그러면서도 대가를 바라지 않아야 한다. 이 또한 불가사의한 일이다.

셋째, 중생은 자신의 이익을 위해 고행하지만 보살은 남을 이롭게 하기 위해 고행한다. 보살은 이타利他를 하면서 자리自利인 것처럼 받아들인다. 이 또한 불가사의하다.

넷째, 보살은 나쁜 행동을 하는 중생을 보고 어떤 때는 꾸짖고, 어떤 때는 온화하게 타이르며, 어느 때는 멀리 내쫓고, 어느 때는 악인의 마음으로 중생을 제도한다. 또 오만한 사람이 있거든 자신도 상대방에게 오만하게 보임으로써 그 중생을 제도한다. 그러면서도 내심으로는 조금도 오만한 마음이 없어야 한다. 이것을 보살의 불가사의한 방편이라고 한다.

- 제23 사자후보살품

일부분을 가지고 전부인 양 주장하는 어리석은 이들

옛날 인도의 어떤 왕이 신하들과 진리에 대해 말하던 중, 대신을 시켜 코끼리 한 마리를 몰고 오도록 하였다. 그런 뒤 왕은 여섯 명의 맹인을 불러 손으로 코끼리를 만져 보고, 각각 소견을 말해보라고 하였다. 제일 먼저 코끼리의 이빨(상아)을 만진 맹인이 말했다.

"폐하, 코끼리는 무같이 생긴 동물입니다."

그러자 이번에는 코끼리의 귀를 만졌던 맹인이 말했다.

"아닙니다. 폐하, 저 사람이 말한 것은 틀렸습니다. 코끼리는 곡식을 까불 때 사용하는 키같이 생겼습니다."

옆에서 코끼리의 다리를 만진 맹인이 나서며 큰소리로 말했다.

"둘 다 틀렸습니다. 제가 보기에 코끼리는 마치 커다란 절굿공이같이 생긴 동물입니다."

또 코끼리 등을 만진 맹인이 말했다.

"코끼리는 평상같이 생겼습니다. 저 사람들이 모두 틀렸습니다."

배를 만진 이는 코끼리가 '장독같이 생겼다'고 주장하고, 꼬리를 만진 이는 '코끼리는 굵은 밧줄같이 생겼다' 고 우기면서 서로 자신이 옳다며 다투었다. 왕은 그들을 모두 물러가게 하고 신하들에게 말했다.

"보아라. 코끼리는 하나이거늘, 저 여섯 맹인은 제각기 자기가 보고 느낀 것만을 가지고 '코끼리는 바로 이것이다' 라고 주장하고 있다. 그러면서 그들은 남의 의견은 전혀 받아들이지 않고, 자신의 과오는 조금도 부끄러워하지 않는다. 진리를 아는 것도 또한 이와 같다."[91]

- 제23 사자후보살품

---

91 이 비유를 '군맹모상群盲摸象' 혹은 '군맹평상群盲評象' 이라고 한다.

불성이 내재되어 있음을 모르다

모든 중생은 다 불성佛性을 가지고 있다. 불성이란 마치 가난하고 초라한 여인의 집 지하에 보물창고가 있는 것과 같다. 또 어떤 장사가 씨름을 하다가 미간에 달려 있던 구슬이 살갗 속으로 박혀 들어간 것을 모르고 잃어버렸다고 착각했다가 나중에 의사가 이 사실을 알려주어 소중한 보배 구슬이 자신에게 있음을 알게 된 것과 같다.

이런 비유처럼 모든 중생은 자신에게 불성이 내재內在되어 있는데도 불성을 갖추었다는 것을 모르는 것과 같은 이치이다.

- 제24 가섭품

업은 반드시 정해진 것이 아니다

수발타라고 하는 외도가 부처님께 찾아와 말했다.

"사람 중에는 평소에 악한 행동만을 하는데도 경제적으로 풍부하게 잘 사는 사람이 있는 반면 늘 착한 마음으로 사는데도 가난하게 사는 사람이 있습니다.

또 자신이 무언가 구하려고 열심히 노력하는데도 구하지 못하는 사람이 있는가 하면, 구하려고 노력하지 않는데도 저절로 필요한 것을 얻는 사람도 있습니다.

그리고 또 매우 자비스러워 전혀 살생하지 않는데도 일찍 죽는 사람이 있는 반면, 살생만 하고도 장수하는 사람이 있습니다.

또한 청정한 행을 닦고 노력 정진해 빨리 깨달음을 이룬 사람들이 있는 반면, 아무리 노력해도 깨달음이 더딘 사람이 있습니다.

따라서 일체중생이 괴로움을 받는 과보나 즐거운 과보를 받는 것은 모두 과거 전생의 업 때문이라고 생각합니다. 부처님의 의견을 듣고 싶습니다."

부처님께서 말씀하셨다.

"그대의 말을 들어보니, 그대는 업에 대해서 알고 있는 것 같지만 잘 알지 못하고 있습니다. 우리 불법에서는 인因으로 말미암아 과果를 알 수도 있고, 과로 인해 인을 알 수도 있습니다. 그대의 의견을 들으니, 오직 과거 업(因)만 있을 뿐 현재의 업(果)은 없는 것 같고, 그대의 말에는 현재 수행 방편으로 과거의 악업을 제거할 수 있는 길이 없는 것 같군요. 그러나 불법에서는 현재 방편을 다하여 정진하고 참회하면 얼마든지 (과거의) 악업을 끊을 수 있습니다. 그대는 과거의 업이 저절로 다하기를 기다리면 괴로움이 멸해진다고 생각하는군요. 나는 그렇게 생각하지 않습니다. 번뇌가 없어지면 업業과 고苦가 다 함께 멸합니다. 그러므로 그대가 과거 업만 있다고 하는 것은 그릇된 견해입니다."

- 제25 교진여품

함께 받는 업(共業)

중생이 괴로움을 받고, 즐거움을 받는 과보가 반드시 과거의 업연業緣으로부터 생기는 것은 아니다.

가령 어떤 사람이 황제를 위하여 원수를 없애주고 황제로부터 재물을 많이 받아 행복하게 사는 사람이 있다고 가정해보자. 이 사람은 현재에 인因을 짓고, 현재에 즐거운 과보를 받는 것이다.

또 어떤 사람이 황제의 아들을 죽이고, 그 과보로 죽임을 당했다면, 이 사람은 현재에 인을 만들고 현재에 괴로운 과보를 받은 것이다.

그러나 각 개인에게 사적인 업만이 아닌 공업共業의 업보라는 것이 있다. 일체중생은 현재 살면서 사대四大[92]·시절時節[93]·토지[94]·인민[95]에 의해 함께 괴로움을 받기도 하고, 함께 즐거움을 받기도 한다. 따라서 일체중생은 반드시 과거에 지은 개인의 업에 의해서만 (현재) 고와 낙을 받는 것은 아니다.

- 제25 교진여품

92 사대란 지·수·화·풍을 말한다. 여기서는 자연의 이상 기온 현상에서 생긴 지진·홍수·화재·태풍으로 인한 피해이다.

93 시대적인 요인이라고 본다. 즉 그 나라가 처한 시대적 시기로 평화로운 시기, 전쟁이 일어난 시기 등이다.

94 크게는 국가, 작게는 지역, 더 구체적이라면 작은 공동체 마을이 될 수도 있다.

95 한 나라의 같은 민족이나 혹 한 지역에 함께 사는 사람일 수도 있고, 회사, 학교, 가족 등 다양한 집단으로 볼 수 있다.

『열반경』 이야기

■ 『열반경』의 의의

앞에서 『대반열반경大般涅槃經』을 언급하였지만, 여기서 『열반경』은 대승불교에서 편집한 『열반경』이다. 장아함 가운데 하나인 『유행경=열반경』은 역사적 사실을 중심으로 부처가 열반에 들기 몇 개월 동안의 행적을 서술한 것이다. 대승불교의 『열반경』은 부처님께서 쿠시나가라 사라쌍수 아래서 열반에 들기 직전, 만 하루 만에 설하신 최후의 설법이다. 이 경은 철학적·종교적인 의미가 강조되어 있는데, 당시 불교사상이 체계적이고 조직적인 논리로 전개되었음을 알 수 있다.

『열반경』에서 '열반' 이란 산스크리트어 니르바나nirvāṇa, 빨리어 닙바나nibbāna, 빠리니르바나(般涅槃, parinirvana)로 멸도滅度·입멸入滅을 뜻한다. 육신의 완전한 죽음을 뜻하기도 한다. 그러나 이 경에서 말하는 열반은 단순히 죽음을 뜻하는 것이 아니라, '불어 끈다(吹滅)' 는 뜻으로 번뇌의 뜨거운 불길이 꺼진 고요한 상태, 즉 궁극적인 최고의 경지를 말한다. 또한 열반을 불멸不滅이라고 풀이하여 욕망이 소멸되는 의미를 뛰어넘어 법신·반야·해탈 세

가지를 동시에 지닌 깨달음 자체를 의미하기도 한다.

■ 경전의 역경

최초로 한역된 경전은 동진 법현의 『대반니원경大般泥洹經』 6권(418년)이 있다. 이어서 담무참이 『대반열반경』 40권(414~421년)을 한역하였다. 『대반열반경』 40권 중 전반부 10권은 앞의 법현이 번역한 『대반니원경』이 포함되며, 이를 북본北本이라고 칭한다.

당시 5호 16국 시대에서 위진남북조시대로 접어드는 혼란한 시기에 이 경을 연구하는 학자들이 남쪽으로 옮겨갔다. 남방에 머물고 있던 혜엄(慧嚴, 363~443)과 혜관慧觀은 법현이 번역한 『대반니원경』과 담무참이 번역한 『대반열반경』을 대조하고 수정해서 『대반니원경』 36권을 펴냈는데, 이것을 남본南本이라고 한다. 후대 『열반경』에 대한 연구는 보편적으로 남본을 기초로 한다.

■ 경전의 중심 사상

첫째, 여래의 색신色身은 생멸生滅이 있지만, 법신法身은 늘 상주하여 변함이 없으며 단지 중생을 교화하기 위한 방편으로 열반을 보였다.

둘째, 모든 중생은 성불할 수 있는 본성·자성, 즉 불성이 있다. 대열반과 불성을 제호의 맛에 비유하며 『열반경』을 앞의 어떤 경전보다도 가장 수승하고 궁극적이며 여러 대승경전의 사상을 종합한 경전으로 보고 있다. 「성행품」에서는 『열반경』이 뛰어난 경전임을 다음과 같이 설하고 있다.

"마치 소(牛)로부터 우유가 나오고, 우유에서 낙酪이 나오며, 낙에서 생소生穌가 생기고, 생소에서 숙소熟穌가 나오며, 숙소에서 제호醍醐가 생겨난다. 이 제호는 가장 훌륭하여 만약 먹기만 하면 모든 병이 소멸되고 모든 악惡이 다 그 속에 빨려 들어가는 것과 같다. 마치 이런 것처럼 부처님께서 말씀하신 12부경에서 수다라修多羅가 나오고, 수다라에서 방등경方等經이 나오며, 방등경에서 반야바라밀이 나오고 반야바라밀에서 대열반이 나오나니 마치 제호와 같다. 제호는 불성에 비유한 것이며, 불성은 곧 여래이다."

셋째, 아무리 사악하고 구제불능인 일천제一闡提일지라도 성불할 수 있다는 사상이 전개되어 있다. 이는 모든 중생의 평등사상을 내포한 것이다.

넷째, 삶의 참 교훈, 구도하는 마음가짐과 자세, 보살행 실천 등이 담겨 있다.

■ 경전이 후대에 끼친 영향 - 불성사상을 중심으로

『열반경』의 불성사상을 중심으로 중국에서는 이 경전을 소의경전으로 하는 열반종이 존재했다가 단멸했다.

이 경의 불성사상은 중국 선종 성립의 토대가 되었으며, 선사상의 근간을 이룬다. 불성佛性은 돈오頓悟 사상과 결부되어 깨달음의 본성을 대표하는 대명사로서 선종에서 중요시한다. 육조혜능이 처음으로 오조홍인을 만났을 때도 홍인은 혜능에게 "너는 영남 오랑캐 땅의 사람인데, 어떻게 부처가 될 수 있겠는가?"라고 말했을 때, 혜능은 "사람에게는 남북이 있을지언정 불성에 어찌 남북이 있겠습니까?"라고 응수하였다.

한편 혜능의 『육조단경』에서 자성自性의 청정함을 일관되게 설하고 있는데, 바로 이 불성을 말한다.

선사들의 선문답에도 불성은 자주 등장한다. 선종의 대표적인 화두 가운데 '개에게 불성이 없다(狗子無佛性)'라는 화두가 있다. 이 화두는 개에게 불성이 있느냐 없느냐를 떠나 불성의 유·무에 집착하는 마음을 없애고, 자신의 본래면목을 자각하는 화두이다. 다음은 불성 사상을 토대로 『열반경』과 『법화경』을 비교하면 다음과 같다.

법화경	열반경
오래전에 성불한 영원한 부처님(久遠實成)	석존의 색신은 열반에 들지라도 법신은 영원히 상주한다(法身常住)
일불승—佛乘(모든 중생이 차별 없이 깨닫는다) 모든 중생이 다 성불할 수 있다. (一切衆生 皆可佛性)	모든 중생이 다 불성을 가지고 있다. (一切衆生 悉有佛性)
삼계의 중생은 모두 나의 자손들이다.	부처님은 일체중생을 아들처럼 여긴다.
악인도 성불하고, 성불하지 않는 자가 없다. (惡人成佛 無一不成佛)	구제불능인 일천제—闡提까지도 성불한다.

15장 승만경[96] - 여인 성불과 그녀의 설법

승만부인, 미래에 부처가 될 수기를 얻다

부처님께서 승만부인에게 말씀하셨다.

"그대는 여래의 진실한 공덕을 찬탄하였다. 이런 선근으로 그대는 반드시 무량한 아승지겁을 지낸 뒤 하늘의 천신과 사람들 가운데 자유자재로운 왕이 될 것이다. 태어나는 곳마다 반드시 나를 만나고, 바로 이 자리에서 찬탄하는 것과 같이 할 것이다. 다시 수많은 부처님께 공양하고, 2

---

96 436년 구나발타라(394~468)가 번역한 『승만사자후일승대방광방편경勝鬘獅子吼一乘大方廣方便經』을 저본으로 함.

만 아승지겁을 지나서 부처가 될 것이니, 이름을 보광여래普光如來·응공·정변지라고 할 것이다."

승만부인이 수기를 얻을 때, 함께 있던 수많은 하늘의 천신과 사람들이 그 나라에 왕생하기를 기원하였다. 부처님께서 승만부인과 함께 모인 대중에게 후세에 반드시 왕생할 것이라고 예언하셨다.

- 제1 여래진실의공덕장如來眞實義功德章

깨달음에 이를 때까지 늘 불법을 수지하겠습니다

그때 승만부인이 부처님의 수기에 감사한 마음으로 합장 공경하며, 열 가지 서원을 세웠다(十大受).

첫째, 부처님, 저는 오늘부터 깨달음에 이를 때까지 계율을 범하지 않겠습니다.

둘째, 부처님, 저는 오늘부터 깨달음에 이를 때까지 저보다 선배인 어른들께 교만한 마음을 내지 않고 공경하겠습니다.

셋째, 부처님, 저는 오늘부터 깨달음에 이를 때까지 모든 중생에게 성내는 마음을 내지 않겠습니다.

넷째, 부처님, 저는 오늘부터 깨달음에 이를 때까지 다른 사람의 형상이나 위의를 보고 질투하거나 다른 이의 소유물을 탐하지 않겠습니다.

다섯째, 부처님, 저는 오늘부터 깨달음에 이를 때까지 어떠한 일에나 물건에 있어 인색한 마음을 내지 않겠습니다.

여섯째, 부처님, 저는 오늘부터 깨달음에 이를 때까지 제 자신을 위해 재물을 모으지 않고, 제가 가지고 있는 물건을 가난하고 불쌍한 중생을 위해 보시하겠습니다.

일곱째, 부처님, 저는 오늘부터 깨달음에 이를 때까지 제 자신만을 위해 살지 않고, 중생을 위해 사섭법四攝法을 실천하겠습니다. 즉 중생에게 늘 베풀고(布施), 자비로운 말을 하며(愛語), 그들에게 이로운 일이 있도록 도와주고(利行), 그들과 함께하며(同事) 중생을 교화하겠습니다.

여덟째, 부처님, 저는 오늘부터 깨달음에 이를 때까지 고독한 사람·환자·자식이 없는 사람 등 고통 받고 재난당한 이들을 만나면 외면하지 않고 그들을 보살펴서 그들이 온갖 고난에서 벗어나도록 도울 것입니다.

아홉째, 부처님, 저는 오늘부터 깨달음에 이를 때까지 물고기를 잡거나, 사냥, 목축 등 살생하는 생업에 종사하는 사람을 만나면 그들을 결코 외면하지 않겠습니다. 책망해야 할 사람이라면 크게 꾸짖어 잘못을 깨우쳐 주고, 부드럽게 설득해 알아듣는 사람에게는 부드럽게 말해서 그들을 바른 길로 인도하겠습니다. 이렇게 그들을 제도해 불법이 세상에 오래 머물도록 하여 하늘의 천신이나 사람들은 점차 늘어나고, 악도에 떨어지는 중생은 적게 하겠습니다. 그리하여 이들이 부처님의 가르침을 따르고, 불법에 머물도록 하겠습니다.

열째, 부처님, 저는 오늘부터 깨달음에 이를 때까지 불법을 수지해 늘 잊지 않겠습니다. 불법을 잊어버리는 행위는 곧 대승大乘을 잊는 것이요, 대승을 잊는 것은 바라밀을 잊는 것이며, 바라밀을 잊는 것은 대승을 원하지 않기 때문입니다. 만약 보살이 대승을 결코 원하지 않는다면 그는 정법을 수지하지 못하고, 환희로운 마음이어도 영원히 범부의 경지에 머물러 있는 것입니다. 저는 이렇게 몇몇 보살이 잘못되는 것을 보았습니다. 이에 미래에 보살들이 가르침을 올바르게 받아들여 복과 공덕이 충만해지도록 열 가지 큰 서원을 세웁니다.

- 제2 십대수장十大受章

세 가지 큰 서원

승만부인이 다시 부처님 앞에서 세 가지 큰 서원을 세웠다.

"부처님, 저는 진실한 서원으로 수많은 중생이 편안하고 안온하도록 힘쓸 것입니다. 이 선근으로 어떤 세상에 태어나든지 정법의 지혜 얻기를 발원합니다. 이것이 첫 번째 서원입니다."

"제가 정법의 지혜를 얻은 후에 싫증내지 않고 중생을 위해 법을 설할 것입니다. 이것이 두 번째 서원입니다."

"제가 올바른 가르침을 받아들이고(攝受正法) 육신과 생명, 재물을 보시해 정법을 수호하고 지켜나가겠습니다. 이것이 세 번째 서원입니다."

부처님께서 승만부인의 서원을 듣고 말씀하셨다.

"승만부인의 세 가지 서원은 보살들의 수많은 서원을 모두 포괄하고 있다. 이 삼대원은 매우 광대하고 무변하다."

- 제3 삼대원장三大願章

올바른 가르침을 받아들이는 일

승만부인이 부처님께 말했다.

"보살이 세운 수많은 서원이 하나의 큰 서원(一大願) 속에 포함되는데, 그것은 정법正法을 섭수攝受하는 일입니다. 즉 올바른 가르침을 받아들이는 일입니다. 이 올바른 가르침을 받아들이는 일은 진실로 큰 서원입니다."

부처님께서 승만부인을 찬탄하셨다.

"세 가지 큰 서원 중에서 올바른 가르침을 받아들이는 일은 과거·현재의 모든 부처님이 말씀하셨고, 미래의 부처님이 설할 것이다. 올바른 가르침을 받아들이는 사람은 공덕이 매우 많으며 큰 이익이 있을 것이다."

승만부인이 말했다.

"올바른 가르침을 받아들인 선남자 선여인은 진리를 받아들이지 않는 사람과 근기가 부족한 사람들에게 인천人天의 공덕과 선근을 설해주고, 성문을 구하는 자에게는 성문의 가르침을 주며, 연각을 구하는 자에게는 연각의 가르침을 주고, 대승을 구하는 자에게는 대승의 가르침을 줍니다. 그러므로 올바른 가르침을 받아들인 선남자 선여인에게서 교화가 된 중생은 큰 보배를 얻어 뛰어난 공덕을 짓게 됩니다. 세존이시여, 큰 보배란 바로 올바른 가르침을 받아들이는 일입니다."

- 제4 섭수정법장攝受正法章

올바른 가르침을 받아들이는 일이 곧 바라밀이다

승만부인이 부처님께 말했다.

"부처님, 올바른 가르침을 받아들이는 일이 바라밀과 다르지 않고, 바라밀은 올바른 가르침을 받아들이는 일과 다르지 않습니다. 그 이유는 바로 이러합니다.

올바른 가르침을 받아들인 선남자 선여인이 보시를 통해 성숙시켜야 할 중생은 보시로서 성숙시키는데, 몸과 팔 다리를 잘라 보시하면서까지 저들의 뜻에 따라 보호하면서 성숙시킵니다. 그렇게 성숙한 중생이 올바른 가르침을 받아들입니다. 이것이 보시 바라밀입니다.

선남자 선여인이 계戒로써 성숙시킬 중생에게는 육근六根을 단속하여 신·구·의 삼업을 청정히 하고, 앉거나 눕거나 움직이거나 가만히 있는 등 일상생활에서 사위의四威儀를 바르게 하여 저들의 뜻을 지켜 성숙시킵니다. 그렇게 성숙한 중생이 올바른 가르침을 받아들입니다. 이것을 지계 바라밀이라고 합니다.

선남자 선여인이 인욕으로 성숙시킬 중생에게는 혹 저 중생이 헐뜯고 욕하며 비방하고 위협하면서 두렵게 할지라도 인내를 가지고 결코 그에게 화내지 않습니다. 또한 그를 이롭게 하려는 마음으로 인욕하면서 얼굴빛을 바꾸지 않고 그들의 뜻을 거두어 성숙시킵니다. 그렇게 성숙된 중생은 올바른 가르침을 받아들이는데, 이것을 인욕 바라밀이라고 합니다.

선남자 선여인이 정진력으로 성숙시킬 중생에게는 게으르고 나태하지 않으며 큰 서원을 세워 열심히 정진하는 갖가지 행동으로 그들의 뜻에 따라 보호하면서 성숙시킵니다. 그렇게 성숙된 중생은 올바른 가르침을 받아들입니다. 이것을 정진 바라밀이라고 합니다.

선남자 선여인이 선정으로 성숙시킬 중생에게는 저 중생에게 산란하지 않은 마음·외부세계로 치달리지 않는 마음·정념正念으로 오래전에 한 일과 오래전에 설한 법을 잊지 않고 저들의 마음을 수호하고 성숙시킵니다. 그렇게 성숙된 중생은 올바른 가르침을 세웁니다. 이것을 선정 바라밀이라고 합니다.

선남자 선여인이 지혜로 성숙시킬 중생에게는 모든 일에 두려움 없는 마음으로 일체 논의와 학문·궁극적인 이치·갖가지 방편으로 그들에게 법을 설해 저들의 뜻에 맞춰 성숙시킵니다. 그렇게 성숙한 중생은 올바른 가르침을 세웁니다. 이것을 지혜 바라밀이라고 합니다.

그러므로 올바른 가르침을 받아들이는 일이 바라밀과 다르지 않고, 바라밀이 올바른 가르침을 받아들이는 일과 다르지 않습니다. 올바른 가르침이 곧 바라밀입니다."

- 제4 섭수정법장

올바른 가르침을 받아들이는 사람과 올바른 일
승만부인이 부처님께 말했다.

"세존이시여, 올바른 가르침을 받아들이는 사람은 올바른 일을 받아들이는 것과 다르지 않으며, 올바른 일을 받아들이는 것은 올바른 가르침을 받아들이는 사람과 다르지 않습니다.

올바른 가르침을 받아들이는 선남자와 선여인이 곧 올바른 일을 받아들입니다. 선남자 선여인이 올바른 가르침을 받아들이기 위해서는 세 가지를 버려야 합니다. 세 가지란 육신·생명·재물입니다.

선남자 선여인이 육신을 버리는 일을 하면, 생사윤회에서 마지막 생을 보내는 것과 같으며, 늙음·병고·죽음의 고통을 여의고, 늘 상주하며, 변화가 없고, 헤아릴 수 없는 무수한 공덕을 갖춘 여래의 법신을 얻을 수 있습니다.

선남자 선여인이 생명을 버리는 일을 하면, 생사윤회에서 마지막 생을 보내는 것과 같으며, 죽음으로부터 초월하게 되고, 항상 머물며, 광대무변한 공덕과 심오한 불법을 얻을 것입니다.

선남자 선여인이 재물 버리는 일을 하면, 생사윤회에서 마지막 생을 보내는 것과 같으며, 중생과 함께하지 않고, 다함이 없고 줄어들지 않으며, 무량한 공덕을 구족해 일체중생에게 공양을 받게 될 것입니다.

세존이시여, 육신·생명·재물, 이 세 가지를 버린 선남자 선여인은 올바른 가르침을 받아들여 모든 부처님으로부터 수기를 받게 되며, 모든 중생들로부터 존경을 받게 될 것입니다.

세존이시여, 혹 중생이 서로 당파를 형성해 분쟁을 일삼아 승가 화합을 깨뜨려 진리가 사라지려고 할 때, 올바른 가르침을 받아들인 선남자 선여인은 그들과 서로 섞이지 않고 아첨하지 않으며 진실하여 불법을 지킬 것입니다. 올바른 가르침을 지키는 선남자 선여인은 반드시 부처님의 수기를 얻을 것입니다."

- 제4 섭수정법장

올바른 가르침을 받아들이는 일은 곧 대승이다

승만부인이 부처님께 말했다.

"세존이시여, 올바른 가르침을 받아들이는 일(攝受正法)은 곧 대승大乘입니다. 왜냐하면, 이 대승은 모든 성문·연각, 세간·출세간의 선법善法을 출생시키기 때문입니다. 마치 아뇩대지阿耨大池라고 하는 큰 강으로부터 여덟 개의 강이 생겨나는 것과 같습니다. 이와 같이 대승으로 인해 성문·연각, 세간·출세간의 선법이 만들어집니다.

세존이시여, 모든 종자가 대지大地를 의지해 성장하는 것처럼, 성문·연각, 세간·출세간의 선법도 대승을 의지해 성장합니다. 따라서 대승에 머물면서 대승을 받아들이는 것은 곧 이승(二乘, 성문·연각)에 머물면서 이승과 일체의 세간·출세간의 선법을 받아들이는 것과 같습니다.

마치 부처님께서 육처六處를 말씀하신 것과 같습니다. 육처란 올바른 가르침이 유지되는 것·올바른 가르침이 소멸되는 것·계본(戒本, pātimokkha)·계율(vinaya)·출가·구족계具足戒를 받는 것을 말하는데, 대승을 위하여 여섯 가지를 설하셨습니다.

왜냐하면 올바른 가르침이 유지되는 것과 대승이 머무는 것은 곧 올바른 가르침이 머무는 것이요, 올바른 가르침의 소멸은 곧 대승의 소멸이기 때문입니다. 대승의 소멸은 올바른 가르침이 유지되지 않는 것입니다. 계본과 계율은 같은 뜻을 의미하며, 교단의 계율은 곧 대승을 배우는 것입니다. 부처님을 의지해 출가해서 구족계를 받기 때문입니다. 따라서 대승의 계가 교단의 계율이며, 출가이고, 구족계를 받는 것입니다."

- 제5 일승장一乘章

해탈의 맛

승만부인이 부처님께 말했다.

"세존이시여, 고통이 일어난 원인을 알고 고통을 인식하며, 고를 소멸하기 위해 수행해 고의 소멸된 경지를 증득한다면, 설령 무상無常하게 파괴된 세간이요, 병든 세간일지라도 이 사바세계에 상주常住하면서 열반을 얻을 수 있습니다.

또 보호해줄 사람이 없는 세간이요, 의지할 데가 없는 척박한 세간에서 보호해주는 자가 되고, 의지자가 될 것입니다.

진리는 뛰어나고 하열한 차별이 없기 때문에 열반을 얻으며, 지혜가 평등하기 때문에 열반을 얻고, 해탈이 평등하기 때문에 열반을 얻으며, 맑고 청정함이 평등하기 때문에 열반을 얻습니다. 열반의 맛은 하나의 맛(一味)이며, 평등한 맛(等味)으로 지혜와 해탈의 맛입니다.

세존이시여, 무명주지無明住地[97]를 끊지 못한 사람은 해탈의 일미·평등한 맛을 알지 못합니다…… 무명주지가 작용해서 마음을 번뇌롭게 하고, 모든 삼매를 방해하는 등 무명주지로 부수적인 여러 번뇌가 발생합니다."

- 제5 일승장

삼승이 곧 일승이요, 대승이다

승만부인이 부처님께 말했다.

"세존이시여, 대승은 불승佛乘입니다. 또한 삼승三乘이 곧 일승一乘입니

---

[97] 무명주지(avidyā-vāsa-bhūmi)란 모든 번뇌의 근원이 된다는 뜻이다. 모든 번뇌를 만들어내며, 번뇌의 의지처이고, 변이생사變異生死의 근원이 되기 때문이다. 잠재적인 번뇌, 근본번뇌라고 해석하는 학자도 있다.

다. 일승을 얻은 사람은 아뇩다라삼먁삼보리(가장 높은 최상의 깨달음)를 얻습니다. 열반의 세계는 곧 여래의 법신法身입니다. 여래의 법신은 곧 궁극적인 법신을 얻는 것과 다르지 않습니다. 궁극적인 법신을 얻는다는 것은 구경일승究竟一乘이니, 여래와 다르지 않고, 법신과 다르지 않습니다. 여래는 곧 법신이요, 구경법신究竟法身이란 곧 구경일승입니다.

만약 어떤 중생이 여래에게 귀의해 진리에 환희로움을 느끼고, 믿음을 내어 가르침과 승려에게 귀의한다면 바로 여래에게 귀의하는 것입니다. 법보·승보에 대한 귀의는 여래와 다르지 않으므로, 곧 여래에게 귀의하는 것입니다.

제일의第一義에 귀의하는 것은 곧 여래에게 귀의하는 것입니다. 두 가지 (법보·승보) 귀의와 제일의는 결국 여래에게 귀의하는 것입니다. 여래에게 귀의하는 것과 법보·승보에 귀의함이 서로 다르지 않기 때문입니다. 여래는 곧 삼귀의입니다. 왜냐하면 일승도를 설하는 것은 여래께서 사무외四無畏[98]를 성취하여 사자후로 설하기 때문입니다. 만약 여래가 저들의 욕망을 따라 방편으로 설한다면 그것은 곧 대승이요, 삼승은 없습니다. 삼승은 일승으로 돌아가며, 일승이란 제일의승第一義乘입니다."

- 제5 일승장

---

98 불보살이 설법할 때 두려움이 없는 네 가지이다. 사무소외는 ①모든 법을 평등하게 깨달았으므로 누구의 비난도 두려워하지 않는 정각무소외正覺無所畏 ②온갖 번뇌를 끊었으므로 모든 어려움을 두려워하지 않는 누영진무소외漏永盡無所畏 ③일체법을 통달하여 법을 설할 때, 막힘이 없는 설장법무소외說出障法無所畏 ④부처님은 세간과 출세간을 벗어난 분이므로 세·출세간에 대한 법을 설할 때, 두려움이 없는 설출도무소외說出道無所畏이다.

여래장은 성스러운 진리

승만부인이 부처님께 말했다.

"세존이시여, 성스러운 진리는 매우 어렵고, 깊은 뜻을 간직하였으며, 미세하여 생각으로 헤아려 알 수 있는 경지가 아닙니다. 지혜로운 사람만이 알 수 있는 일이요, 세간 사람들은 알지 못하는 경지입니다. 왜냐하면 여래장如來藏[99]을 설하기 때문입니다.

여래장이라고 하는 것은 여래의 경지이고, 성문·연각승이 알 수 있는 경지가 아닙니다. 여래장의 경지에서 성스러운 진리가 설해지는 것입니다. 여래장의 경지가 매우 깊고 미묘하기 때문에 설해지는 것 또한 성스러운 진리입니다. 미세하여 알기 어렵고 중생의 얕은 지식으로는 헤아려 알 수 있는 경지가 아닙니다."

- 제7 여래장장如來藏章

법신에 대한 올바른 견해

승만부인이 부처님께 말했다.

"세존이시여, 어떤 중생이 부처님의 말씀을 믿고 따르기 때문에 늘 항상

---

[99] 여래장은 산스크리트어로 tathāgata(如來) - garbha(藏 태아, 어머니의 자궁)이다. 즉 '여래를 담는 그릇'으로 '우리들 중생에게 여래의 성품이 번뇌에 덮여 있다'는 것이다. 여래장 사상은 중기 대승경전에 광범위하게 스며 있다. 여래장계 최초 경전인 『여래장경』에서는 "선남자여, 일체중생이 비록 가지가지 번뇌신煩惱身 가운데 있으나 여래장이 있어 항상 더러움에 물들지 않고 덕상德相을 구족하게 갖추고 있음이 여래인 나와 다를 바 없다"라고 하였다. 또한 『보성론寶性論』에서는 여래계如來界·여래성如來性이라고 언급하고 있는데, "부처의 법신은 두루 가득하고, 진여는 차별이 없다"라고 하였다. 초기대승경전인 『유마경』에서는 여래종如來種·불종佛種·여래성如來性이라고 하였고, 『열반경』에서는 불성이라고 한다.

하다는 생각(常想), 즐겁다는 생각(樂想), 내가 있다는 생각(我想), 깨끗하다는 생각(淨想) 등을 일으킨다면 이것은 결코 잘못된 견해가 아닙니다. 여래법신은 상바라밀常波羅蜜·낙바라밀樂波羅蜜·아바라밀我波羅蜜·정바라밀淨波羅蜜이기 때문입니다.

부처님의 법신을 이렇게 보는 것은 올바른 견해입니다. 부처님의 입으로부터 출생하고, 올바른 법을 따라 태어나며, 법을 따라 화생化生해 진리의 보배를 얻습니다."

- 제12 전도진실장顚倒眞實章

여래장은 자성청정심

승만부인이 부처님께 말했다.

"부처님, 생사生死는 바로 여래장을 의지해 존재합니다. 여래장을 의지하기 때문에 생사의 세계에서는 본제本際[100]를 알 수 없습니다.

세존이시여, 여래장이 있으므로 생사의 세계에서 윤회한다고 말할 수 있는 것입니다. 죽음과 태어남, 이 두 법은 여래장입니다. 세간의 언어로 설해서 죽음이 있고, 태어남이 있는 것입니다. 죽음이란 육신의 감각기관이 사라지는 것을 말한 것이요, 태어남이란 감각기관이 새로 만들어지는(일어나는) 것을 말합니다. 그러나 여래장에는 태어남과 죽음의 두 경계가 없습니다. 여래장이란 것은 유위有爲의 상相을 여의었고, 상주常住하며 영원히 변하지 않습니다. 그렇기 때문에 여래장은 중생이 귀의할

---

100 모든 현상의 궁극적인 본성本性을 말한다. 곧 절대 평등한 진리 본체를 말하는데, 열반·진여·실제·공·여래장 등과 같은 의미이다.

대상이며, 간직해야 할 경지이고, 의지할 바입니다.

세존이시여, 만약 여래장이 없다면 괴로움을 싫어하게 되고, 열반을 즐겁게 구할 수 없습니다. 왜냐하면 육식六識과 심법心法은 잠시도 머물지 않기 때문입니다.

세존이시여, 여래장은 법계장法界藏이며, 법신장法身藏이고, 출세간상상장出世間上上藏이며, 자성청정장自性淸淨藏입니다. 자성이 청정한 여래장이 객진客塵 번뇌[101]와 부수적인 수많은 번뇌에 오염되어 있어 감히 중생의 생각으로는 알 수 없는 여래의 경지입니다. 왜냐하면 찰나의 선한 마음이 번뇌에 물들지 않고, 찰나의 악한 마음 역시 번뇌에 물들지 않기 때문입니다. 번뇌는 마음에 접촉하지 않고, 마음 또한 번뇌에 접촉하지 않는데, 어떻게 마음을 물들일 수 있겠습니까?

그런데 번뇌도 존재하고, 마음이 번뇌에 오염되는 일이 있습니다. 자성청정심이면서 오염되는 일이 있다고 하는 것은 참으로 알기 어려운 문제입니다. 오직 부처님만이 참다운 견해와 진실한 지혜로 법의 근본을 알고, 법을 통달하였으며, 진리의 귀의처로서 진실하게 알고 봅니다."

승만부인이 이해하기 어려운 진리를 설하면서 부처님께 물었을 때, 부처님은 매우 기특해하며 말씀하셨다.

"그렇고, 그렇다. 자성이 청정한 마음이면서 물듦이 있다고 하는 것은

---

101 객진은 초기불교에서는 '본래적인 것이 아니다(āgantuka)'라는 뜻인데, 중국에서 객진客塵이라고 한역하였다. 원래는 래객來客이라는 의미로 처음부터 존재한 것이 아닌 것을 뜻한다. 대승불교에 와서 중생은 불성과 여래장을 가진 청정한 마음인데, 그 마음이 번뇌로 뒤덮여 있다는 것이다. 즉 본래 깨끗한 심성心性은 주인이고, 번뇌라는 손님이 잠시 머물고 있다는 데서 객진이라고 한다.

참으로 알기 어려운 문제다. 즉 자성청정심을 알기 어렵고, 그 청정한 자성이 번뇌에 물든다고 하는 것을 알기 어렵다."

- 제13 자성청정장 自性淸淨章

『승만경』을 수지한 공덕

부처님께서 말씀하셨다.

"내가 입멸한 후, 미래세에 신심을 가지고 밝은 지혜에 의지한다면 자성청정한 마음이 비록 번뇌에 오염되었을지라도 반드시 구경究竟을 얻을 것이다. 여래를 믿는 자는 반드시 큰 공덕이 있으며, 비방을 받지 않을 것이다."

- 제14 진자장 眞子章

『승만경』 이야기

■ 『승만경』의 의의

『승만경』은 대승 중기 경전에 속하며, 기원 3세기~6세기 무렵에 성립되었다. 사위국 파사익왕과 말리부인은 아유타국阿踰陀國의 우칭왕友稱王에게 시집간 딸 승만에게 편지를 보내어 불법에 귀의할 것을 권한다. 승만부인이 부처님께 귀의하자 부처님은 그녀에게 '보광여래가 될 것'이라는 수기를 주신다.

승만부인이 수기를 받은 뒤 감사한 마음으로 부처님께 열 가지 서원(十大受)과 세 가지 큰 서원(三大願)을 세우고, 정법섭수正法攝受를 설한다. 올바른 정법을 받아들이는 일이란 바로 대승의 보살이 실천해야 할 덕목인 육바라밀 실천을 의미한다. 이어서 삼승三乘의 가르침이 결국 일승一乘으로 귀일되며, 중생은 현재 번뇌에 뒤덮여 있지만 그 본성은 청정한 본성을 갖추고 있다는 여래장을 설하는 것으로 경전이 구성되어 있다.

이 경전(구나발타라 역)은 15장으로 구성되어 있다. 서론에 해당하는 1장은 승만부인이 부처님께 귀의, 수기를 받는 내용이다. 본론(정종분)인 2장부터 13장까지는 승만부인이 부처님께 서원을 세우고, 진리를 설하는 장면이다. 결론인 14장과 15장은 승만부인이 왕궁으로 돌아가 남편과 온 국민을 대승불교에 귀의하도록 인도하는 내용을 설하고 있다.

395년 담무참이 번역한 『승만사자후일승방편경勝鬘獅子吼一乘方便經』이 있었으나 현존하지 않는다. 436년 구나발타라(394~468)가 번역한『승만사자후일승대방광방편경勝鬘獅子吼一乘大方廣方便經』이 있다. 200여 년 후 713년 보리유지가 편역한『대보적경大寶積經』중 제48「승만부인회」등이 있다. 일반적으로 유통되는『승만경』은 구나발타라가 번역한『승만사자후일승대방광방편경』이다.

■ 경전을 통해서 본 여인 성불

첫째, 『승만경』은 여자 재가자가 설한 재가불교在家佛敎를 대표하는 경전이다. 초기불교는 출가자 중심의 불교였다.『유마경』과『승만경』을 통해서 재가자도 출가 수행자처럼 부처님께 수기를 받고 성불할 수 있다는 대승불교 사상이 부각되어 있다.

둘째, 불교교단은 사부대중으로 구성되어 있지만 여성에게 불합리한 점이 많다. 비구니만의 계율인 8경계八敬戒가 있고, 여인은 다섯 부류가 될 수 없다는 여인오장설女人五障說[102]이 있다. 여인에게 불평등했던 불교가 대승 초기에 변화가 있었다. 즉『법화경』과『유마경』에서는 여자가 한번 남자 몸으로 바뀌었다가 성불하는 변

---

102 부파불교 때의 '여인오장설'이다. 즉 여인은 제석천·범천·마왕·전륜성왕·부처가 될 수 없다는 설이다.

성성불론變性成佛論이 설해졌다. 그런데 대승 중기 경전인 『승만경』에서는 부처님으로부터 여인이 바로 부처가 되는 수기를 받으며, 설법의 주체가 부처가 아닌 여인으로 설정되어 있고, 여인의 설법을 '사자후師子吼'라고 하여 부처의 경지까지 설정하고 있다. 셋째, 이 경에서 승만부인 뿐만 아니라 대승보살도를 실천하는 일체중생 모두가 성불할 수 있다고 하였다. 여인의 서원과 성불로 회중에 있던 대중이 함께 구제될 수 있다는 점에서 이 경전은 매우 진보적이고 평등한 불교를 표방한다.

■ 경전이 후대에 끼친 영향 - 여래장 사상을 중심으로

이 경전은 여래장 사상의 대표적인 경전으로 중국 선종 형성에 영향을 끼쳤다. 경전 말미에 승만부인은 '여래의 청정 법성을 가지고 있는데도 번뇌에 물들어 있다는 데서 잘 이해가 가지 않는다'는 질문이 있다. '구름(번뇌)이 잔뜩 끼어 있어 태양(여래장, 불성)이 보이지 않는다고 해서 태양이 없는 것이 아니다'라는 조사들의 수많은 답변이 전한다.

여래장如來藏은 『열반경』에서 주로 설하는 불성佛性과 같은 의미이다. 중국에서 여래장이라는 용어보다 불성이라는 말을 쓰면서 여래장이라는 말보다 불성이 보편화되었을 뿐이다. 곧 『승만경』의 여래장 사상은 앞의 『열반경』 이야기(본문 p. 435 참고)에서도 언급했지만, 중국 선종에 돈오견성頓悟見性이라는 선사상 체계를 세우는 데 영향을 미쳤다. 중국이나 한국 선사들의 활구活句는 불성 혹은 여래장이라는 말을 전면에 내세우지 않지만, 이 불성에 대한 자각이 주를 이룬다.

불성사상의 불교사적 흐름

- 초기불교 : 자성청정심(自性淸淨心, 번뇌가 없는 본래 깨끗한 마음)

⬇

- 부파불교 : 수행의 목표를 아라한에 두고 그 경지에 이르는 데 만족한다.
  여러 부파 가운데 대중부가 이 사상을 계승함.

⬇

- 초기대승 : 『금강경』의 무주無住(=무집착)
  『반야경』의 일체개공一切皆空
  『화엄경』의 "일체중생이 지혜덕상智慧德相을 갖추고 있다."
  『법화경』의 "모든 중생이 성불할 수 있다."

⬇

- 용수보살(150~250) : 모든 것이 무아無我임을 증명하기 위해
  중도의 공空을 천명.

⬇

- 중기대승 : 『여래장경』, 『열반경』, 『승만경』, 『보성론』 등에서
  지나치게 공허한 사상으로 허무주의에 빠지는 것을 경계하여
  '그곳에 부처의 본성本性이 있다.'
  '공성空性에 대해 일체개공一切皆空을 깨닫는 주체는 무엇인가?'
  에 대한 답으로 불성과 여래장 사상이 등장.

⬇

- 『해심밀경』, 『승만경』, 『능가경』 등 '오직 마음만이 있다'는 유식唯識사상이 발달.

⬇

- 『원각경』 : 모든 중생은 본래 깨달아 있다(衆生本來成佛).

지혜의 길

16장 원각경 - 원융한 본성과 차별적인 수행의 조화로움
17장 사십이장경 - 북방불교 최초의 경전
18장 불교유경 - 부처님의 마지막 가르침
19장 부모은중경 - 이생에서 가장 소중한 인연, 부모

16장

원각경 [103]

— 원융한 본성과 차별적인 수행의 조화로움

무명이란 무엇인가?

무명無明이란 무엇인가? 무명은 오랜 옛적부터 지금에 이르기까지 일체중생의 갖가지 그릇된 생각으로 인해 생겨난 것이다. 마치 어리석은 사람이 자신이 살던 곳을 뒤바꾼 것과 같다. 육신을 이루는 요소인 4대四大를 '자기 몸'이라고 하고, 6진六塵의 그림자를 '자기 마음'이라고 하는데, 이것을 '그릇된 생각'이라고 한다.

비유하면 눈병 난 사람이 허공에 꽃이 보이는 것과 같고, 달을 쳐다봄에

---

[103] 당나라 7세기 말, 북인도 스님 불타다라(覺救)가 한역한 『대방광원각수다라요의경大方廣圓覺修多羅了義經』을 저본으로 함.

달이 두 개로 보이는 것과 같다. 선남자여, 허공에는 실제로 꽃이 없는데 눈병 난 사람이 허공에 꽃이 있다고 집착하는 것이요, 이 집착으로 허공의 성품까지도 잘못 알 뿐만 아니라 실제로 꽃이 피는 근본 경지까지 모르는 것이다. 그래서 중생이 허망하게 생사의 바다에서 헤매고 있는 것을 무명이라고 한다.

선남자여, 이 무명에 본체가 있는 것이 아니다. 마치 사람이 꿈꿀 때는 꿈속에서 사람을 봤는데 꿈 깨고 나서 그 사람이 없는 것처럼, 허공에 있는 꽃이 허공에서 사라지지만 어디로 사라졌다고 말할 수 없다. 원래 생겨난 곳이 없기 때문이다. 어리석은 중생이 생生이 없는 가운데서 허망하게 생멸生滅이 있다고 여기는 것과 같다. 이것을 '생사의 바다에서 헤매고 있다'고 하는 것이다.

- 제1 문수보살장

수행 방법과 차제

보안普眼 보살이 대중과 함께 있다가 자리에서 일어나 부처님 발에 정례하고 오른쪽으로 세 번 돈 뒤, 무릎을 꿇고 합장한 자세로 부처님께 여쭈었다.

"세존이시여! 이 회중에 모인 보살과 말세 중생을 위하여 보살의 수행하는 방법과 차제를 말씀해 주십시오. 또 어떻게 사유思惟하며 어떤 마음 자세를 가져야 합니까? 깨닫지 못한 중생을 위해 어떤 방편으로 그들을 이끌어야 합니까?"

"세존이시여! 만일 중생이 바른 사유와 방편이 없다면, 부처님께서 설하시는 삼매 법문을 들어도 혼란스러워 깨달음의 경지에 들어가지 못할 것입니다. 저희와 말세 중생을 위하여 법을 설해주십시오."

보안 보살이 부처님께 세 번 거듭 청하고, 다시 청하려고 할 때 부처님께서 말씀하셨다.

"기특하구나. 선남자여, 그대가 모든 보살과 말세 중생을 위하여 수행하는 방법과 차제, 어떻게 사유하고 수지受持하는 방법 등 여러 방편을 물었는데, 법을 설해주리니 잘 들어라.

선남자여, 새로 배우는 보살과 말세 중생이 여래의 청정하고 원만한 깨달음을 구하고자 한다면 반드시 바른 생각으로 모든 허깨비(幻幻)를 멀리 여의어야 한다. 먼저 사마타(samatha, 止·禪定) 수행을 하고, 계율을 엄격히 지키며, 대중과 함께 평온하게 지내면서 고요한 방에 앉아 늘 이런 생각을 하여라."

지금 나의 이 몸은 4대(四大, 지·수·화·풍)로 화합된 것이다.
곧 머리카락·털·손발톱과 치아·가죽과 살·힘줄·뼈와 골수 등
딱딱한 고체덩이는 흙(地)으로 돌아가고,
침과 콧물·고름·피·진액·가래·눈물·정기精氣·똥과 오줌 등
액체 기운은 모두 물(水)로 돌아가며, 따뜻한 기운은 불(火)로 돌아가고,
몸속에 움직이는 기능을 하고 있는 것은 모두 바람(風)으로 돌아간다.
이렇게 사대가 각각 분리되면 현재 허망한 이 몸은 어디에 존재하는가?
이 몸은 끝내 자성自性이 없어 실체가 없으며
임시로 화합해 이루어진 것이므로 이 몸은 허깨비와 같은 것이다.
네 가지 인연(4대)이 임시로 화합해서 허망하게 6근六根이 생겼고,
6근과 4대가 안팎으로 합해져 허망한 기체(緣氣)가 이루어졌으며,
허망한 기운이 가운데 쌓이고 쌓여 반연하는 형상(因緣相)이 있는데,
이것이 바로 마음이다.

그런데 이 마음이라고 하는 것도 임시로 이름 붙여 놓은 것이다.

선남자여,
거짓으로 이름 붙인 허망한 마음은 6진六塵이 없으면 존재할 수 없고,
4대가 각각 흩어져 버리면 티끌(塵)도 있을 수 없다.
그 가운데 모인 인연과 티끌(6진)이 각각 흩어져 없어지면
반연된 마음이란 것도 찾아볼 수 없다.
선남자여, 허깨비와 같은 육신이 없어지면,
허깨비와 같은 마음 또한 사라지며,
허깨비와 같은 마음이 사라지면, 허깨비와 같은 티끌(6진)도 사라진다.
허깨비와 같은 티끌이 사라지면, 허깨비의 사라짐도 없으며
허깨비의 사라짐이 없으면, 허깨비 아닌 것은 사라지지 않는다.
마치 거울을 닦아 때(垢)가 없어지면 밝음이 스스로 드러나는 것과 같다.

선남자여, 몸과 마음이 모두 허깨비의 때(幻垢)이니
이 때(垢)가 없어지면 시방세계가 청정하다.
비유하면, 청정한 마니 구슬에 5색五色을 비추면
5색이 방향마다 각각 다른 빛깔이 나타나는데,
어리석은 이들은 그 마니 구슬에
5색이 실제로 있다고 착각하는 것과 같다.
선남자여, 원각의 청정한 자성이 몸과 마음에 각각 상응한 것이거늘
어리석은 이들은 청정한 원각에 몸과 마음의 형상이
실제로 존재한다고 착각하는 것과 같다.
이렇기 때문에 중생이 환화幻化를 멀리 여의지 못하는 것이다.

그래서 내(여래)가 몸과 마음을 '허깨비의 때(幻垢)'라고 하였다.
이 허깨비의 때를 여읜 이를 '보살'이라고 할 수 있다.
허깨비의 때가 다하여 (그에 상응하는) 대對도 없어지면,
대對와 때(垢)도 없고, '대'니 '때'니 라고 하는 이름조차 사라진다.

선남자여, 보살과 말세 중생이 이 환화幻化를 분명히 알고 증득하면
영상影像이 멸해버렸기 때문에 이때, 문득 끝없는 청정을 얻는다.
이때 (청정한 곳곳 끝없는) 허공이 원각에 나타난다.
원각이 뚜렷하고 밝기 때문에 원각에 드러난 마음이 청정하고
마음이 청정하기 때문에 보이는 경계(眼境)가 청정하며
보이는 경계가 청정하기 때문에 안근眼根이 청정하고
안근이 청정하기 때문에 안식眼識이 청정하다.
안식이 청정하므로 듣는 경계(耳境)가 청정하고
듣는 경계가 청정하므로 이근耳根이 청정하며
이근이 청정하므로 이식耳識이 청정하고
이식이 청정하므로 느끼는 감각(受)이 청정하다.
이와 같이 비鼻·설舌·신身·의意도 또한 마찬가지이다.

선남자여, 근근根이 청정하기 때문에 색경(色境, 보이는 대상)이 청정하고,
보이는 대상이 청정하므로 소리(聲)가 청정하며,
향기(香)·맛(味)·감촉(觸)·대상(法)이 모두 청정하다.
선남자여, 6경六境이 청정하므로 지대地大가 청정하고,
지대가 청정하므로 수대水大 또한 청정하며,

화대火大 · 풍대風大 모두 청정하다.

4대가 청정하므로 12처十二處[104] · 18계十八界[105] · 25유二十五有[106]가 청정하고,

그들이 각각 청정하므로 10력十力[107] · 4무소외四無所畏[108] · 4무애지四無碍智[109] · 18불공법十八不共法[110] · 37조도품三十七助道品[111]이 청정하다.

이와 같이 팔만사천 다라니문까지 청정하다.

---

104 6근六根 + 6경六境

105 6근六根 + 6경六境 + 6식六識

106 유有는 존재의 세계를 말한다. 25유는 중생이 윤회하는 세계를 25종으로 나눈 것이다.

3계		25종의 세계(3계를 세분한 것)	과보
욕계欲界 14유	4악도	지옥 · 아귀 · 축생 · 아수라	전생에 악업을 쌓았기 때문에 악도에 태어남
	4부주	동불바제 · 서구야니 · 북울단월 · 남섬부주	현재 우리는 남섬부주에 거주한다.
	6욕천	사천왕천四天王天(동쪽 지국천, 서쪽 광목천, 남쪽 증장천, 북쪽 다문천) · 도리천(삼십삼천) · 염마천 · 도솔천 · 화락천 · 타화자재천	과거 전생에 보시나 지계 등 선업의 결과로 인해 태어난 천상세계
색계色界 7유		초선천初禪天 · 대범천大梵天 · 2선천 · 3선천 · 4선천 · 무상천無想天 · 정거천淨居天	색계천과 무색계천은 전생에 선정을 행한 과보로서 얻어진 세계. 또한 현세에서 선정을 닦은 자는 사후에 색계천과 무색계천에 출생함.
무색계 無色界 4유		공무변처空無邊處 식무변처識無邊處 무소유처無所有處 비상비비상처非想非非想處	

107 부처님만이 가지고 있는 마음의 열 가지 힘, ① 옳고 그른 곳을 아는 지혜인 시처비처력是處非處力 ② 중생이 업을 받고 업이 만들어지는 인연과 그 과보를 아는 업이숙지력業異熟智力 ③ 해탈 삼매와 선정을 아는 힘인 정려해탈등지등지지력靜慮解脫等持等至智力 ④ 모든 이의 근기가 뛰어나고 하열함을 아는 힘인 근상하지력根上下智力 ⑤ 중생의 욕망을 다 알고, 청정치 못한 행을 하는 이에게는 청정토록 하는 힘인 종종승해지력種種勝解智力 ⑥ 모든 중생의 온갖 경계를 아는 힘인 종종계지력種種界智力 ⑦ 도를 깨달아 해탈에 이를 곳을 아는 힘인 지처도력至處道力 ⑧ 모든 중생의 숙세 인연을 아는 힘인 숙주수념지력宿住隨念智力 ⑨ 모든 중생의 선악의 업력을 아는 힘인 생사지력生死智力 ⑩ 모든 번뇌를 다 없앤 힘인 누진지력漏盡智力이다.

선남자여, 모든 존재의 실상實相의 성품(性)이 청정하기 때문에
한 몸이 청정하고, 한 몸이 청정하기 때문에 여러 몸이 청정하며
여러 몸이 청정하기 때문에 시방十方 중생의 원각도 청정하다.
선남자여, 한 세계가 청정하므로 여러 세계가 청정하고
여러 세계가 청정하므로 허공의 시방 삼세가
평등하고 청정해 동요하지 않는다.
선남자여, 허공이 청정하고 평등해 동요되지 않으니
깨달음의 성품(覺性)도 평등하여 동요되지 않으며
4대가 동요하지 않으므로 깨달음의 성품도 평등해 동요하지 않는다.
이와 같이 팔만사천 다라니문이 평등하여 동요하지 않으므로
깨달음의 성품도 평등하여 동요하지 않는다.

선남자여, 깨달음의 성품이 동요하지 않고

---

108 불보살이 설법할 때 두려움이 없는 네 가지이다. 사무소외는 ① 모든 법을 평등하게 깨달았으므로 누구의 비난도 두려워하지 않는 정각무소외正覺無所畏 ② 온갖 번뇌를 끊었으므로 모든 어려움을 두려워하지 않는 누영진무소외漏永盡無所畏 ③ 일체법을 통달하여 법을 설할 때, 막힘이 없는 설장법무소외說障法無所畏 ④ 부처님은 세간과 출세간을 벗어난 분이므로 세·출세간에 대한 법을 설할 때, 두려움이 없는 설출도무소외說出道無所畏이다.

109 ① 온갖 교법에 통달해서 걸림이 없는 법무애지法無碍智 ② 온갖 교법의 뜻에 통달하여 걸림이 없는 의무애지義無碍智 ③ 수많은 말을 하되 걸림이 없는 사무애지辭無碍智 ④ 온갖 법을 설함에 듣는 이가 즐겨 듣게 하는 요설무애지樂說無碍智이다.

110 10력 + 4무외四無畏 + 대비大悲 + 삼념주三念住(① 중생이 부처님을 믿어도 환희심을 일으키지 않고 정념正念에 머뭄 ② 중생이 부처를 믿지 않아도 슬픔을 일으키지 않고 정념에 머뭄 ③ 중생이 부처를 믿거나 비방에도 흔들리지 않고 정념에 머뭄.) 32상 80종호가 부처님 육신상의 수승함을 말한다면, 18불공법十八不共法은 부처님 정신상의 구족한 위덕威德을 말한다.

111 앞의 아함부 경전 가운데 수행법에서 언급하였다. (본문 p.117 참고)

원만하여 끝이 없으므로 6근이 법계法界에 충만하다.
6근이 충만하므로 6경이 법계에 충만하고
6경이 충만하므로 4대가 법계에 충만하다.
이와 같이 모든 것이 충만해 팔만사천 다라니문이 법계에 충만한 것이다.
선남자여, 미묘한 깨달음의 성품이 충만하므로
근根의 성품과 대상(境)의 성품이 무너지지 않고, 뒤섞임도 없으며,
근과 대상이 무너지고 뒤섞임이 없으므로
모든 것과 다라니문도 무너지거나 뒤섞임이 없다.
이것은 마치 백천 개의 등불이 방 안을 비추면
그 빛이 함께 가득찰지라도 서로 무너지거나 뒤섞임이 없는 것과 같다.

선남자여, 깨달음을 완성한 보살은
법의 속박을 싫어하지도 않고, 진리의 해탈을 구하지도 않는다.
또한 생사를 싫어하지도 않고, 열반을 좋아하지도 않으며
계를 지키는 사람을 특별히 공경하지도 않지만
계를 파한 사람을 싫어하지도 않는다.
또 오랫동안 수행한 사람을 존경하지도 않지만
처음 배우는 이를 가벼이 여기지도 않는다.
모든 것이 원각이기 때문이다.
비유하면 안광眼光이 앞의 경계를 비쳐볼 때
그 빛 자체는 원만해 미움도 사랑도 없다.
광명 자체는 둘이 아니기 때문에 미워할 것도 좋아할 것도 없기 때문이다.

선남자여, 보살과 말세 중생이 마음을 닦아 깨달으면

여기에는 닦을 것도 없고, 증득할 것도 없다.
원각이 두루 비추고 고요해 차별 없는 세계요,
둘이 없는 경계이기 때문이다.
이 가운데 백천만억 아승지 항하사와 같은 무수한 부처님 세계가
마치 허공 꽃이 어지럽게 나타났다가 사라지는 것과 같아서
즉(即)하지도 아니하고, 여의지(離)도 아니하며, 속박도 없고, 해탈도 없다.
중생은 본래 성불해 있는 것이요(衆生本來成佛),
생사와 열반이 지난밤의 꿈과 같다.

선남자여, 지난밤의 꿈과 같으므로 생사와 열반이 생겨난 곳도 없고,
사라지는 것도 없으며, 오고 가는 것도 없느니라.
증득할 것도 없고, 증득을 잃은 것도 아니며,
얻을 것도 없고, 버릴 것도 없다.
혹 증득한 사람일지라도
지음(作)・맡김(任)・그침(止)・사라짐(滅)이 없으며
이런 증득에 증득할 자・증득되는 자가 없어서
마침내 증득함도 없고 증득하는 자도 없나니
일체 법의 성품이 평등해 뒤섞이거나 무너짐이 없기 때문이다.
선남자여! 보살들이 이와 같이 수행하고, 수행하는 차제를 알아야 하며
이와 같이 법을 구한다면, 절대 어리석지 않을 것이다.

- 제3 보안普眼 보살장

생각은 마음으로부터 일어난다

선남자여, 생각은 마음으로부터 일어나는데, 대상 경계(六境)와 관련되

어 생겨난 망상에 불과하다. 허망한 생각이지, 결코 마음의 본체가 아니다. 중생의 생각은 이처럼 허공의 꽃과 같건만, 이런 생각으로 부처 경계를 논하는 것은 마치 허공의 꽃이 열매를 맺으려는 것과 같다. 망상에 망상을 더하는 어리석은 행이다.

선남자여, 허망하게 떠다니는 마음은 교묘한 소견이요, 편견일 뿐이다. 이런 생각으로는 원각을 지향하는 방편을 성취하지 못한다.

- 제4 금강장보살장

애욕은 윤회하는 근원

선남자여, 일체중생이 오랜 옛적부터 지금에 이르기까지 애욕과 탐욕 때문에 윤회한다. 즉 태胎·난卵·습濕·화化로 태어나는 생명이 모두 애욕으로 목숨을 유지하나니, 이 애욕이 근원이 되어 윤회하는 것이다.

수많은 탐욕으로 갈애渴愛가 생기는데, 이것이 바로 생사가 끊임없이 계속되게 하는 요인이다. 갈애로 탐욕이 생겨나고, 탐욕으로 생명(命)을 이어간다. 또한 중생이 생명을 끔찍이 아끼는데, 이는 도리어 탐욕의 근본이 된다. 즉 애욕이 원인이고 생명을 아끼고 사랑하는 것은 결과이다.

선남자여, 탐욕 경계로 거스르기도 하고 따르기도 한다. 탐욕의 경계가 자신의 의사와 같지 않으면 미워하고 질투심을 내어 갖가지 업을 짓기 때문에 다시 지옥·아귀도에 떨어진다. 탐욕 부리지 않고 애욕을 줄이는 것이 선업善業임을 알고, 애착 부리지 않으면 다음 생에 천상이나 인간 세계에 태어난다.

따라서 중생이 생사를 여의고 윤회에서 벗어나고자 한다면 먼저 탐욕을 끊고, 애욕을 제거해야 한다.

- 제5 미륵보살장

원각을 통해서 본 삶의 본성

선남자여, 일체중생이 오랜 옛적부터 지금에 이르기까지 자기 자신에 대한 분별의식과 자신을 애착하는 망상으로 순간순간 생멸生滅을 거듭한다. 중생은 이 점을 자각하지 못하기 때문에 오욕락에 탐착한다. 만약 훌륭한 선지식의 가르침으로 청정한 원각을 알게 되어 생멸을 이해하게 되면, 삶의 본성本性이 공연히 번거로운 것임을 알게 된다.

- 제6 청정혜淸淨慧 보살장

손가락을 보지 말고, 달을 보라

경전의 가르침은 달(月)을 가리키는 손가락과 같다. 손가락을 매개체로 (그것이) 가리키는 달을 보면 손가락은 궁극적으로 달이 아님을 알게 된다. 모든 부처님이 중생을 깨우치는 다양한 방편도 이처럼 달을 가리키는 손가락과 같은 것이다.

- 제6 청정혜보살장

원각에 수순하는 것 (불이不二의 경계)

선남자여, 모든 장애障碍가 곧 구경각究竟覺이다. 바른 생각을 하는 것과 그릇된 생각을 하는 것이 모두 해탈 아님이 없고, 이루어지는(成) 법과 파괴되는(壞) 법이 모두 열반이며, 지혜와 어리석음이 똑같은 반야이다.
수행하는 보살과 외도가 성취한 법이 모두 똑같은 보리菩提이며, 무명無明과 진여眞如가 똑같은 경계이고, 계·정·혜 삼학과 탐·진·치 삼독이 모두 청정행이다.
중생과 국토가 동일한 법성法性이고, 지옥과 천국이 똑같은 정토이며, 모든 번뇌가 다 해탈이다. 법계法界의 지혜로 모든 상相을 비추어보면 모든 것이 허공과 같다. 이와 같은 것을 부처님께서는 '원각圓覺의 성품에 수순하는 것'이라고 말씀하셨다.
선남자여, 모든 보살과 말세 중생은
언제 어느 곳에 처하든 망념을 일으키지 말고,
허망한 망념을 쉬어라(休). 망념을 없애려고도 하지 말라.
또한 망상 경계에 머물러 알려고도 하지 말고, 모르는 것이 진실이라고 애써 분별하는 마음도 내지 말라. 중생이 이 가르침을 들은 뒤, 믿고 이해하며 수지(信·解·受持)해 두려운 마음이 없다면 이것이 곧 원각의 성품에 따르는 것이다.

- 제6 청정혜보살장

자아를 지나치게 애착하거나 싫어하지 말라

중생은 스스로 애착하는 것을 열반으로 생각하기 때문에 증득하고 깨달음이 있을 것 같지만, 조금도 성취한 것이 아니다. 비유하자면 어떤 사람이 도적을 아들로 삼으면 그 집 재산을 다 잃어버린 것과 같다.
또 자기를 애착하는 사람은 열반도 지나치게 애착한다. 자신에 대한 애착의 근원을 없애는 것을 '열반의 모습'이라고 착각하기 때문이다.
또한 자기를 싫어하는 사람은 생사生死도 싫어한다. 애착이 생사를 반복하는 근원인 줄을 모르기 때문에 생사를 싫어하는 것이다. 이런 사람의 해탈은 법다운 해탈이 아니다.

- 제9 정제업장보살장淨諸業障菩薩章

병에 걸리지 말라

선남자여, 수행자는 네 가지 병(四病 : 作·任·止·滅)을 여의어야 깨달음을 성취할 수 있다.

첫째, 인위적으로 무엇인가를 지어야 한다는 병(作病)이다. 혹 어떤 사람이 '나는 본심本心 자리에 여러 가지 행行을 지어서 원각을 구하리라' 라고 하는 이가 있을 것이다. 그런데 원각의 성품은 지어서 얻어지는 것이 아니므로, 이를 작병이라고 한다.

둘째, 그대로 맡겨둔다는 병(任病)이다. 혹 어떤 사람이 '나는 지금 생사를 끊지도 않고, 열반을 구하지도 않는다. 열반과 생사는 생生하거나 멸滅한다는 생각이 없나니, 저 일체에 맡겨 모든 법성法性을 따름으로서 원각을 구하리라' 라고 하는 이도 있을 것이다. 그런데 원각의 성품은 맡겨 두는 것으로 존재하지 않기 때문에 이를 임병이라고 한다.

셋째, 멈추거나 그침을 염두에 둔 병(止病)이다. 혹 어떤 사람이 '나는 지금 마음에 모든 망념을 영원히 쉬어 일체 성품이 고요하고 평등해짐으로써 원각을 구하리라' 라고 한다면, 이는 그릇된 병이다. 원각의 성품은 멈추거나 그치는 것으로 존재하지 않기 때문이다. 이를 지병이라고 한다.

넷째, 모든 것이 사라지고 소멸되는 것에 집착하는 병(滅病)이다. 혹 어떤 사람이 '나는 지금 일체 번뇌를 영원히 끊어 몸과 마음이 공空하여 아무것도 없거늘 어찌 하물며 근根과 진塵의 허망한 경계이리요? 일체를 고요하게 하고 적멸케 하여 원각을 구하리라' 라고 한다면, 이 또한 그릇된 병이다. 원각의 성품은 고요한 모습이 아니기 때문이다.

이 네 가지 병을 여읜 이는 청정함을 알고 있는 것이요, 이런 사람의 수행관을 정관正觀이라고 한다. 반면 앞의 네 가지 병에 걸려 있는 사람은 잘못된 수행관을 가진 사관邪觀이라고 한다.

- 제10 보각普覺보살장

마음에 애증의 찌꺼기를 남겨두지 말라

선남자여, 말세 중생으로서 수행코자 하는 사람은 반드시 선지식을 친근히 해야 한다. 선지식이 먼저 가까이 다가오면 교만한 마음을 내지 말라. 시간이 흘러 조금 멀어지더라도 그에게 화를 내거나 원망하는 마음을 내지 말라. 즉 좋을 때나 나쁠 때, 내게 이롭게 하거나 해롭게 할지라도 허공처럼 마음을 써야 한다.

중생을 대할 때도 허공처럼 집착 없는 마음으로 평등하게 대하고, 몸과 마음을 다해 중생을 자신의 몸처럼 지성껏 보살펴라. 이렇게 수행해야 바로 원각에 들어갈 수 있다.

선남자여, 말세 중생이 도를 성취하지 못하는 것은 오랜 옛적부터 지금에 이르기까지 자신과 남을 미워하고 사랑하는 애증愛憎이라는 종자 때문이다. 이로 인해 해탈하지 못하는 것이다. 그러니 한 맺힌 원수를 만나게 되면, (그를) 부모처럼 섬기어 마음에 남아 있는 미움을 제거하라. 미워하고 사랑하는 일만 없다면 곧 모든 병을 제거할 수 있다. 모든 법 가운데 애증의 분별심을 갖지 않는 일이 중요하다.

선남자여, 말세 중생이 원각을 구하고자 한다면 반드시 다음과 같이 발심할지니라.

"시방 일체 모든 중생을 내가 다 구경 원각에 들게 하되
그 원각 가운데 깨달음을 구하는 주체도 없고,
〈나〉다, 〈너〉다 하는 (차별) 상相을 갖지 않으리라."

이와 같이 발심하면, 절대 그릇된 견해(邪見)에 떨어지지 않을 것이다.

- 제10 보각보살장

업장소멸과 정진

말세의 아둔한 중생이 도를 구해도 성취하지 못하는 것은 오랜 옛적부터 쌓은 업장 때문이다. 수행하기 전에 먼저 진심으로 참회한다면, 업장은 반드시 소멸될 수 있다. 이어서 애증과 질투하는 마음·아첨·교만심을 끊어야 한다. 뒤로 물러서지 말고 꾸준히 정진해야 한다.

- 제11 원각보살장

『원각경』 이야기

■ 『원각경』의 의의

『원각경』의 전체 경명은 『대방광원각수다라요의경大方廣圓覺修多羅了義經』이다. 대방광大方廣은 앞의 『화엄경』에서도 언급했지만 크고 바르며 넓은 방대함을 뜻한다. 『원각경』에서 대방광은 깨달음의 본체와 형상을 표현한 것이다. 원각圓覺이란 일체중생이 본래 부처임을 곧바로 드러내어 원각이라고 이름 붙인 것이다. 요의了義는 가르침이 심오하고 뛰어난 완전함을 말한다. 이와 반대의 뜻으로 불요의不了義라고 한다. 따라서 『원각경』은 '방대하고 원만한 부처님의 깨달음을 드러낸 가장 수승한 경전'이라고 해석할 수 있다.

원각이라는 제목을 붙이고, 다시 요의了義라고 붙인 것은 본성(理)과 현상(事)을 함께 드러내고, 원융한 본성과 차별적인 수행이 서로 방해되지 않음을 설한 것이라고 볼 수 있다.

이 경전은 학인스님들이 공부하는 승가대학 사교과 교과목 가운데 하나이다. 근현대 선지식인 탄허(呑虛, 1913~1983) 스님은 이 경전을 늘 지송하셨으며, '복과 지혜를 쌍수할 수 있는 훌륭한 경전'이라며 제자들에게 권하였다.

■ 경전의 역경 및 구성

중국 당나라 7세기 말 북인도 스님 불타다라(覺救)가 한역한 『대방광원각수다라요의경』만 전하고, 산스크리트어본은 현존하지 않는다. 이런 점으로 중국에서 편찬된 경전으로 알려져 있다. 그러나 대승의 참뜻을 내포하고 있어 널리 유포되어 있으며, 당나라 규봉종밀(780~841)의 『원각경대소초圓覺經大疏鈔』, 조선 함허의 『원각경소』 3권 등 고대로부터 수많은 주석서가 전한다.

이 경전은 1권 12장으로, 12보살들과의 문답 형식으로 구성되어 있다.

제1「문수보살장」에서는 부처님의 수행법이 제시되어 있으며, 누구나 본래 갖추고 있는 원각이므로 생사가 곧 열반이요, 윤회가 곧 해탈임을 가르치고 있다.

제2「보현보살장」부터 제11「원각보살장」까지는 원각을 닦고 증득함에 필요한 수행 방편, 미혹의 본질, 윤회의 본질, 수행의 계위, 수행의 장애를 제거하는 방법과 참회 등을 설하고 있다.

마지막으로 제12「현선수보살장」에서는 이 경의 이름과 신수 봉행하는 방법, 이 경전을 수지하는 공덕과 이익 등을 설하고 있다.

제3「보안장」은 육신이 4대의 화합이며, 마음 또한 연기된 것으로 허깨비와 같고 그림자와 같으므로 모든 근심과 두려움, 장애를 뛰어넘어야 한다는 내용이다. 이 「보안장」은 단독으로 출판되기도 하고, 독송용으로 널리 애독되고 있다.

17장 사십이장경[112]
— 부처님을 믿고 최초의 경전

녹야원에서의 첫 설법

세존께서 도를 이루신 뒤 이렇게 생각하셨다.

'욕심을 버리고 조용한 곳에 머물러 있는 일이 이 세상에서 가장 최선의 일이구나.' 선정에 들어 여러 마구니를 항복 받으시고, 녹야원으로 가시어 교진여 등 다섯 비구에게 사성제 법문을 설해주어 그들이 도과道果를

---

112 가섭마등과 축법난 역 『사십이장경四十二章經』을 저본으로 함.

얻어 깨닫게 하셨다. 또 다른 비구들이 부처님께 자신들이 의심하고 있던 법을 묻자, 세존께서는 그들의 물음에 낱낱이 답하시어 (그들을) 깨닫게 하시니, 모두 합장 공경하는 마음으로 부처님의 가르침을 따랐다.

- 서분

나무 밑에서 하룻밤 자되 절대 두 밤을 머물지 말라

부처님께서 말씀하셨다.

"수염과 머리를 깎고 사문[113]이 되어 불도를 닦고자 하는 사람은 세속의 모든 재물을 버리고, 남에게 빌어 먹는 것으로 만족해야 한다. 하루 한 끼 식사만 하고 나무 밑에서 하룻밤을 자되 절대 두 밤을 머물지 말라. 애착과 탐욕은 사람의 마음을 어리석게 하고, 수행에 방해가 되는 가장 큰 요인이니라."

- 3장

인간 됨됨이의 길

부처님께서 말씀하셨다.

"중생은 열 가지 일로 착해지기도 하지만, 열 가지 일로 악해지기도 한다. 무엇이 열 가지인가? 몸(身)의 세 가지와 입(口)의 네 가지, 뜻(意)의 세 가지이다.

---

113 '사문沙門'은 빨리어로 사마나samaṇa이다. '비구比丘, 걸사乞士'의 의미이다. 바라문교의 제사주의를 부정하고, 반 베다Veda 주의자였던 당시 자유사상가들을 통칭하여 사문이라고 하였다. 석가모니부처님도 사문 가운데 한 분이며, 당연히 불교 수행자들도 출가를 지향했으므로 이 칭호는 불교에서 그대로 쓰이게 되었다.

첫째, 몸의 세 가지란 산목숨을 죽이는 일·남의 물건을 훔치는 일·음란한 행위를 하는 것이다.
둘째, 입의 네 가지란 이간질하는 것·남을 꾸짖고 저주하는 악담·거짓말·진실을 속이고 그럴듯하게 꾸미는 말이다.
셋째, 뜻의 세 가지란 자신이 가진 것에 만족하지 않고 끊임없이 탐내는 마음(貪心)·화를 내는 마음(嗔心)·어리석은 마음(癡心)이다.
이 열 가지 행위는 열반에 방해되는 것으로, 십악업十惡業이라고 한다. 만일 이런 악한 행위, 즉 악업을 그치기만 하면 바로 십선업十善業을 행하는 것이다."

- 4장

늘 자신을 돌아보는 삶

부처님께서 말씀하셨다.

"사람이 허물이 많으면서 스스로 그 마음을 뉘우치지 않으면 모든 허물(업보)이 자신에게 돌아간다. 이는 마치 냇물이 바다로 들어가 점점 깊어지고 넓어지는 것과 같은 이치이다.
그러나 만약 허물이 있음을 스스로 알고 뉘우쳐 자신의 그릇됨을 고쳐 선善한 쪽으로 행한다면, 죄는 자연히 소멸된다. 이는 마치 (죄업이 차츰차츰 사라지는 것은) 병든 사람이 땀을 내고 조금씩 (몸이) 회복되는 것과 같다."

- 5장

자신의 인격 점수는 몇 점인가?

부처님께서 말씀하셨다.

"어떤 사람이 '어디에 선한 사람이 있다'는 소문을 듣고, 네게 와서 (너를) 괴롭히고 힘들게 할지라도 너는 참고 마음을 가라앉혀 (그에게) 성을 내거나 꾸짖지 말라. 그가 와서 너를 꾸짖고 미워하는 것은 자기 스스로를 꾸짖고 미워하는 행위이다."

- 6장

메아리는 소리를 따른다

부처님께서 말씀하셨다.

"어떤 사람이 내가 '수행을 잘하고 중생에게 자비를 베푼다'는 말을 듣고 일부러 찾아와 나를 꾸짖고 욕설을 퍼부었다. 나는 그때 묵묵히 듣고 아무 말도 하지 않았다. 이윽고 그가 꾸짖기를 멈추자, 그에게 물었다.

'당신이 보석을 가지고 와서 A라는 사람에게 주었는데, A가 보석을 받지 않는다면 그 보석은 누구의 것입니까?'

그 사람은 '다시 나의 것이다'라고 대답했다.

내가 그에게 말했다.

'지금 그대가 나를 꾸짖고 욕하지만 내가 그 꾸짖음을 받지 않았으니 그대의 꾸짖고 힐난함은 바로 그대의 것입니다. 마치 메아리가 소리를 따르고 그림자가 형체를 따르는 것처럼, 결국 그 재앙을 면할 수 없으니 반드시 악한 일을 삼가십시오.'"

- 7장

현자를 박해함은 결국 자기 파멸의 길

부처님께서 말씀하셨다.

"악한 사람이 성자를 해치는 것은 마치 하늘을 우러러 침을 뱉는 것처럼 침은 하늘에 머물지 않고 오히려 자신에게 떨어진다. 또한 바람을 거슬러 티끌을 날리면 그 티끌이 저쪽으로 가지 않고 오히려 자신에게 날려오는 것처럼, 지혜로운 사람을 감히 해칠 수 없음이요, 지혜로운 자를 해친다면 그 화는 반드시 자신에게 돌아갈 것이다."

- 8장

원만한 수행의 길

부처님께서 말씀하셨다.

"도를 많이 듣는 것으로 만족한다면 도道는 반드시 이루지 못한다. 굳은 마음을 갖고 실천 수행이 뒤따라야 한다. 그렇게 해야 비로소 깊고 원만한 도를 성취할 수 있다."

- 9장

다른 이의 선행을 함께 기뻐하는 공덕

부처님께서 말씀하셨다.

"어떤 사람이 보시하는 모습을 보고, 그의 보시 행위를 함께 기뻐한다면 (隨喜功德), 얻는 복이 매우 크다."

이때 한 사문이 물었다.

"그러면 그 복덕이 다할 때가 있습니까?"

부처님께서 말씀하셨다.

"비유하자면, 마치 한 개의 횃불에 수천 사람이 각기 불을 붙여 가지고 가서 음식을 익혀 먹거나 어둠을 밝힐지라도 원래의 한 개 횃불은 조금도 변함이 없는 것과 같다. 이 복덕도 또한 그와 같다."

- 10장

인생에서의 스무 가지 어려움

부처님께서 말씀하셨다.

"사람에게 스무 가지 어려움이 있다. 가난하고 궁핍해서 보시하기 어렵고, 부귀하고 지위가 높으면 도道를 배우기 어렵다. 목숨을 버려 반드시 죽기를 기약하기 어렵고, 경전을 얻어 공부하기 어려우며, 살아서 부처님 세상 만나기 어렵고, 성욕과 그 외 욕심나는 경계를 만나면 탐욕을 줄이기 어렵다.

좋은 것을 보고 구하지 않기 어렵고, 욕을 먹고 성내지 않기 어려우며, 권세를 가지고 있으면서 군림하지 않기 어렵고, 살아가면서 사람이나 물건에 무심無心하기 어렵다.

넓고 깊게 도를 배워 연구하기 어렵고, 아만심을 꺾기 어려우며, 공부가 자신보다 조금 덜된 사람을 깔보지 않기 어렵고, 누구에게나 평등한 마음으로 대하기가 어렵다.

남의 옳고 그름을 판단한 뒤 말조심하기 어려우며, 선지식 만나기 어렵고, 자성自性을 깨닫고 도道를 익히기 어렵다.

방편으로 중생 제도하기 어렵고, 세상을 살면서 좋은 일이든 나쁜 일이든 그 경계에 흔들리지 않기 어려우며, 진리를 쉽게 알도록 설해진 방편方便을 이해하기 어렵다."

- 12장

청정한 마음으로 뜻을 굳건히 하라

한 사문이 부처님께 여쭈었다.

"어떤 인연으로 과거 전생의 일을 알 수 있으며, 지극한 도를 깨달을 수 있습니까?"

부처님께서 말씀하셨다.

"마음을 청정하게 하고 뜻을 바르게 하면 지극한 도를 깨달을 수 있다. 마치 거울을 닦아 때가 없어지면 밝음이 드러나는 것처럼, 욕심을 끊고 구하는 것이 적으면 마침내 숙명통을 얻을 수 있다."

- 13장

참다움을 지키는 최선과 최고의 원만함

한 사문이 부처님께 여쭈었다.

"세상에서 어떤 것이 '가장 선善한 것'이며, 어떤 것이 '가장 큰 것(大)'입니까?"

부처님께서 말씀하셨다.

"수행해서 참다움을 지키는 것이 가장 선한 일이요, (불도를 깨닫고자 하는) 뜻이 도道와 하나가 될 때, 가장 큰 것이라고 할 수 있다."

- 14장

인욕 수행으로 맺어진 최상의 지혜

한 사문이 부처님께 여쭈었다.

"어떤 것이 '가장 공을 들여야 하는 일'이며, 어떤 것이 '가장 밝은 것'입니까?"

부처님께서 말씀하셨다.

"인욕 수행이 가장 힘이 많이 든다. 악한 마음을 품지 않기 때문에 (마음이) 편안하고 (신체가) 건강하다. 또한 인욕 수행을 잘한 사람은 악한 마음이 없으므로 다른 사람의 존경을 받게 된다. 한편 번뇌가 모두 소멸되어 청정한 경지에 오른 자를 가장 밝은 것이라고 한다. 오랜 옛적부터 오늘에 이르기까지, 시방세계에 있는 모든 것을 보지 못하는 것이 없고, 알지 못하는 것이 없으며, 듣지 못하는 것이 없는 일체 지혜를 가장 밝은 것이라고 한다."

- 15장

도를 얻는 가장 빠른 길은?

부처님께서 말씀하셨다.

"사람이 애욕을 품고 있으면 도를 얻을 수 없다. 마치 맑은 샘물이 있는데, 손으로 휘저어 여러 사람이 물에 비치더라도 그림자를 볼 수 없는 것과 같다. 사람이 애욕에 빠져 있다면 마음이 산란하기 때문에 도를 볼 수 없다. 너희들 사문은 마땅히 애욕을 버려야 할지니, 그 애욕의 때(번뇌)를 제거하면 반드시 도를 볼 수 있다."

- 16장

무명이 사라짐은 곧 지혜의 자리

부처님께서 말씀하셨다.

"도를 본다는 것은 마치 횃불을 들고 어두운 방 안에 들어가면 어두움이 사라지고, 밝음만이 존재하는 것과 같다. 도를 닦아 진리(諦)를 얻는다면 무명은 곧 사라지고 밝음(지혜)만이 존재할 것이다."

- 17장

참된 수행의 길

부처님께서 말씀하셨다.

"나의 법은 생각하되 무념無念으로 생각하고, 행하되 행함이 없이 행하며, 말하되 무언無言으로 말하고, 수행하되 닦음이 없이 닦는다. (이를) 잘 아는 자는 (진리를 깨닫고 도를 닦는데) 가깝지만, 어리석은 사람은 (도와) 점점 멀어진다. 언어가 끊어지고 어떤 것에도 걸리는 바가 없나니 여기서 조금이라도 어긋나면 순간에 이것을 잃어버린다."

- 18장

무상을 아는 그 자리가 깨달음의 길

부처님께서 말씀하셨다.

"천지가 영원하지 않음을 관觀하고, 이 세계도 영원하지 않음을 관해야 한다. 한편 깨어 있는 마음(自性) 자리를 관하는 그 자리가 곧 보리(깨달음)이다. 이와 같은 도리를 알면, 도를 빨리 얻을 수 있다."

- 19장

나는 어떤 요소로 이루어져 있나?

부처님께서 말씀하셨다.

"중생의 육신은 지地·수水·화火·풍風 사대로 구성되어 있음이요, 각각 낱낱의 이름(地水火風이라고 이름 붙인 것)만이 있을 뿐이다. 사대 어디에도 〈나〉라고 할 만한 실체가 없다. 〈나〉가 어디에도 없나니 그것은 마치 허깨비와 같다."

- 20장

향을 사르고 나면 연기만 남는다

부처님께서 말씀하셨다.

"사람들은 이기심으로 명예를 추구한다. 그러나 명예가 세상에 드러날

즈음, 육신은 쇠퇴하고 만다. 명예에 탐닉되어 도를 배우지 아니하면 헛되이 공을 들여 몸만 피로하게 된다. 마치 향을 사를 때, 사람들이 향냄새를 맡지만 그 향은 재가 되어버리는 것과 같다. 이처럼 명예는 그 몸을 태워버릴 위험한 불씨를 가지고 있다."

- 21장

재물욕과 애욕으로 인한 피해

부처님께서 말씀하셨다.

"사람들은 대체로 재물과 이성의 욕망에서 그것을 (과감히) 떨쳐버리지 못한다. 이는 마치 한번 먹을 만큼도 되지 않는 꿀이 칼날 위에 묻어 있는데, 어린애가 그것을 핥아 혀를 베는 것과 같다."

- 22장

정에 얽매이면 수행이 성글다

부처님께서 말씀하셨다.

"부인과 가정은 감옥보다 더 심하다. 감옥은 언젠가는 풀려날 기약이 있지만 부인과 자식의 얽매임은 벗어나기 어렵다. 인간의 사랑과 정을 어찌 떨쳐버릴 수 있겠는가? 비록 호랑이에게 던져져 고통을 받는다 할지라도 욕망과 속박을 달게 여겨 진흙덩이에 떨어지고 스스로 빠져드는 이가 있는데, 이를 범부라고 한다. (반면 속박에 얽매이는) 문을 뚫고 나와 진흙 밭에서 벗어나는 사람을 아라한이라고 한다."

- 23장

이성에 대한 욕망은 수행의 큰 걸림돌

부처님께서 말씀하셨다.

"인간의 욕망 가운데 이성에 대한 애욕만큼 심한 것은 없다. 이성에 대한 욕망은 그 크기가 매우 크다. 그나마 그것이 하나뿐이니 망정이지, 만약 그것이 둘이었다면 세상에 도 닦을 사람은 하나도 없을 것이다."

부처님께서 말씀하셨다.

"애욕에 빠진 사람은 마치 횃불을 들고 바람을 거슬러 걸어가 손을 태워 화를 입는 것과 같다."

- 24장, 25장

부처님이 애욕을 멀리한 이야기

천신天神이 부처님께 옥녀玉女들을 보내어 부처님의 수행코자 하는 결연한 의지를 무너뜨리려고 하였다. 부처님께서 그녀들에게 말씀하셨다. "가죽 주머니 속에 온갖 오물을 갖춘 자들이여! 너는 무엇 때문에 왔는가? 나에게는 너희들이 필요치 않으니 사라질지니라."

천신은 부처님의 말씀을 듣고 오히려 공경하는 마음이 일어나 부처님께 진리를 물었다. 부처님이 그에게 법을 설해주니 그는 곧 수다원과를 얻었다.

- 26장

이기심과 삿된 견해에 떨어지지 않는 중도

부처님께서 말씀하셨다.

"무릇 도를 닦는 사람은 마치 나무토막이 물의 흐름을 따라 흘러가는 것과 같아야 한다. 양쪽 기슭에 닿지 않고, 사람에게 건져지지도 않으며, 귀신의 장애도 받지 않고, 소용돌이에 휘말려 한쪽에 머물러 있지 않으며, 썩지 않는다면 나무토막은 반드시 큰 바다에 도달할 것이다.
도를 배우는 사람이 정욕에 빠지지 않으며, 온갖 삿된 견해에도 흔들리지 않고, 오롯한 마음으로 정진한다면, 이런 사람은 반드시 깨달음을 얻을 수 있다."

- 27장

근심은 애욕으로부터 생긴다

부처님께서 말씀하셨다.

"삼가 너의 뜻을 믿지 말라. 너의 뜻은 믿을만한 것이 못된다. 이성의 경계에 부딪치면 항상 조심하라. 이성의 경계를 잘 다스리지 않는다면 화를 초래할 것이다. 아라한이 된 뒤에라야 비로소 너의 뜻을 믿을 수 있다."

- 28장

"사람은 애욕으로부터 근심이 생기고, 근심으로부터 두려움이 생긴다. 애욕을 멀리하면 무엇을 근심하고 무엇을 두려워할 것인가?"

- 32장

여인을 바라볼 때는 그대의 누이라고 생각하라

부처님께서 말씀하셨다.

"삼가 여인을 경계하라. 또한 그들과 더불어 말도 하지 말라. 만약 그들과 함께 해야 한다면 바른 사념思念으로 다음과 같이 생각해야 한다. '나는 사문으로서 아무리 혼탁한 세상에 살지라도 진흙 밭에서 더러움에 물들지 않는 연꽃처럼 청정하리라'
그러니 비구들이여, 나이 많은 여인은 어머니로 여기고, 그대보다 연장자는 누님처럼 생각하며, 나이가 적은 여인은 여동생처럼 여기고, 어린아이는 딸처럼 생각하여 제도하는 마음으로 여인을 대한다면 악한 생각이 사라질 것이다."

- 29장

애욕이 일어나는 근원지를 끊어라

부처님께서 말씀하셨다.

"어떤 수행자가 음욕이 그치지 않아 자신에게 크게 실망하고 스스로 생식기를 끊으려고 하였다. 그때 내가 그에게 이런 말을 하였다.

'생식기를 끊는 것은 마음을 끊는 것만 같지 못하다. 마음은 마치 단체의 지도자와 같은데, 그 지도자가 하던 일을 멈추면 그를 따르는 사람도 모두 멈추는 것처럼, 마음에서 일어나는 삿된 생각을 그치지 않으면 생식기를 끊어도 아무 소용이 없다.'"

부처님께서 게송으로 거듭 말씀하셨다.

"욕심은 너의 뜻에서 생기고, 너의 뜻은 생각으로부터 생긴다.
생각과 뜻, 두 마음이 고요해지면
물질(色)도 물질이 아니요, 행行도 행이 아니다."

- 31장

열심히 정진하라

부처님께서 말씀하셨다.

"도를 닦는 것은 한 사람이 만 사람과 싸우는 것과 같다. 갑옷을 입고 문을 나서는 순간 마음이 약해져 겁을 먹기도 하고, 혹은 반쯤 나아가다 물러서기도 하며, 혹은 전쟁터에서 싸우다가 죽기도 하고, 혹은 승리해 돌아올 수도 있다. 사문이 도를 닦을 때는 마땅히 마음을 굳게 먹고 용감하게 정진하라. 앞에 어떤 경계가 닥칠지라도 두려움이 없어야 모든 마구니를 물리치고 도과道果를 얻을 수 있다."

- 33장

조화로운 삶과 수행 방법

한 사문이 밤에 가섭불의 『유교경』을 독송하는데 그 독경하는 소리가 슬프고 마음에 애달픔이 담겨 있었다. 또한 그 곡조의 음율이 마치 출가를 후회하고 다시 세속으로 되돌아가고 싶은 생각이 담겨 있는 듯해 보였다. 부처님께서 그에게 물었다.

"너는 옛날 세속에 살 때, 어떤 일을 하였는가?"

"저는 거문고 타기를 좋아했습니다."

"거문고 줄을 느슨하게 늦추면 어떠한가?"

"소리가 잘 나지 않습니다."

"그렇다면 줄을 팽팽하게 조이면 어떠한가?"

"줄이 끊어집니다."

"줄을 느슨하지도, 팽팽하지도 않게 조절한다면 어떠하겠는가?"

"모든 것이 조화로워 맑은 소리가 납니다."

"사문이 도를 배우는 것도 이와 같다. 마음이 만약 고르고 알맞으면 도를 얻을 수 있다. 그러나 빨리 깨닫고자 너무 조급하게 마음을 쓴다면 곧 몸만 피로할 것이요, 그 몸이 피로해지면 마음도 괴로울 것이다. 마음이 점점 괴로워지면 수행이 퇴보하게 되고, 수행이 퇴보하면 죄업만 더해 갈 것이다. 그러니 몸과 마음을 청정하게 하고 평온한 마음을 가진다면,

반드시 도를 잃지 않을 것이다."

- 34장

번뇌를 제거하면 마음이 청정해진다
부처님께서 말씀하셨다.
"어떤 사람이 쇠를 단련할 때 (쇠에 섞인) 찌꺼기를 제거하고 그릇을 만든다면 매우 정밀하고 좋은 그릇이 만들어진다. 이와 같이 도를 배우는 사람도 마음에 있는 번뇌를 제거하면 행위가 청정해진다."

- 35장

불법 만나기 어렵고, 바른 스승 만나기 어렵다
부처님께서 말씀하셨다.
"악도를 벗어나 사람으로 태어나기 어렵고, 이미 사람이 되었을지라도 남자로 태어나기 어려우며, 이미 남자가 되었어도 육근을 완전히 갖추기 어렵고, 육근이 청정한 사람일지라도 부처님 세상 만나기 어렵다. 이미 부처님 세상을 만났을지라도 선지식 만나기 어렵고, 이미 선지식을 만났을지라도 신심 일으키기 어려우며, 이미 신심을 일으켰을지라도 보리심 내기 어렵고, 이미 보리심을 발했을지라도 무수무증無修無證한 도를 증득하기 어렵다."

- 36장

계율을 늘 염두에 두어라
부처님께서 말씀하셨다.
"그대가 나와 떨어져 수천 리 먼 곳에 있을지라도 계율을 항상 염두하고 마음에 새긴다면 반드시 도과(깨달음)를 얻을 수 있다. 그러나 비록 내 곁에 있을지라도 계율을 따르지 않는다면 도를 얻지 못한다."

- 37장

삶과 죽음은 호흡과 호흡 사이에 있다

부처님께서 한 사문에게 물었다.

"사람의 목숨이 얼마 동안에 있느냐?"

한 사문이 대답하였다.

"며칠 사이에 있습니다."

"그대는 아직 도를 모른다."

다시 다른 사문에게 물었다.

"사람의 목숨이 얼마 동안에 있느냐?"

"밥 먹는 사이에 있습니다."

"그대도 아직 도를 모른다."

다시 다른 사문에게 물었다.

"목숨이 얼마 동안에 있느냐?"

"한 호흡과 한 호흡 사이에 있습니다."

부처님께서 말씀하셨다.

"훌륭하구나. 그대야말로 도를 바르게 아는 것이다."

- 38장

부처님의 가르침은 처음 · 중간 · 마지막이 모두 일미一味이다

부처님께서 말씀하셨다.

"불도를 배우는 사람은 부처님께서 말씀하신 진리를 믿고 따라야 한다.

꿀이 가운데나 가장자리가 모두 달고 맛있는 것처럼, 부처님의 가르침도 역시 그러하다."

- 39장

마음이 있으면 행이 따라온다

부처님께서 말씀하셨다.

"사문이 도를 행할 때, 마우(磨牛, 맷돌을 돌리는 소)와 같아서는 안 된다. 몸은 비록 억지로 도를 행할지라도 마음에서는 도를 따르지 않는 것과 같다. 진정으로 마음에서 우러나와 도를 행한다면, 다른 방법으로 도 닦을 필요가 없느니라."

- 40장

곧은 마음으로 도만을 사념하라

부처님께서 말씀하셨다.

"대저 도를 닦는다는 것은 마치 소가 무거운 짐을 지고 깊은 진흙 밭을 걷는 것과 같다. 소가 좌우를 둘러보지도 못할 만큼 육신이 피로한 상태에서 겨우겨우 진흙 밭을 벗어난 뒤에 비로소 숨을 돌리는 것처럼, 사문도 애욕이 진흙 밭보다 심하다는 것을 염두하고, 곧은 마음으로 도만을 사념하라. 그래야 비로소 고苦에서 벗어날 수 있다."

- 41장

왕위를 먼지같이 보고, 보배를 조약돌처럼 여긴다

부처님께서 말씀하셨다.

"나는 왕위를 문 틈새에 지나는 먼지같이 보고, 금은보화를 기와나 조약돌처럼 여기며, 고운 명주비단옷을 빛이 바래고 해진 누더기처럼 바라본다. 나는 이 대천세계를 한 개의 작은 겨자씨처럼 보며, 아뇩대지阿耨大池의 물(水)을 발에 바르는 기름으로 여긴다.

나는 방편문을 마치 환화로 이루어진 보물덩이로 보며,[114] 무상승無上乘을 꿈속의 금이나 비단같이 보고, 불도를 마치 눈앞의 허공 꽃처럼 여긴다.

나는 선정을 수미산의 기둥처럼 보며, 열반을 아침·저녁으로 깨어 있는 것처럼 여기고, 옳고 그른 시비是非를 마치 여섯 마리 용이 춤추는 것으로 보며, 평등을 일진지(一眞地, 진여)와 같이 보고, 흥하고 지는 세상의 변화를 사계절에 피고 지는 나무처럼 본다."

- 42장

---

114 방편은 진리를 설하기 위한 것이지, 그 방편 자체가 실체화될 수 없기 때문이다.

『사십이장경』이야기

■ 『사십이장경』의 불교사적 위치

중국에 불교가 전파된 경로는 여러 설이 있지만, 역사적인 전거에 의하면 후한의 명제(A.D. 58~75년 재위) 시대이다. 명제는 어느 날 밤 꿈에 온통 금빛이 나는 사람이 나타나 정수리에서 광채가 나고, 몸에서 빛이 나는 것을 보았다. 다음날 황제는 신하들에게 꿈의 사연을 말하고 그 뜻을 물었다. 한 신하가 '서방에 신이 있는데 그 이름을 부처라 하고 그 형상이 장대長大하다'고 하였다. 명제는 십여 명의 사신을 인도로 파견하였다.

사신들이 불경을 구하러 인도로 가는 도중, 서역 지방(대월지국, 현 아프카니스탄)에서 백마白馬에 불상과 경전을 싣고 중국으로 오던 가섭마등과 축법난을 만나 이들을 데리고 중국으로 돌아왔다. 황제는 크게 기뻐하며 낙양문 밖에 백마사를 창건하고, 가섭마등과 축법난이 이곳에서 경전을 번역하도록 후원했는데, 그 경전이 바로 『사십이장경』이다. 따라서 백마사는 중국 최초의 사찰이요, 『사십이장경』은 중국 최초의 경전이다.

■ 경전의 주요 사상 및 특징

이 경에서는 초기불교를 중심으로 하는 수행 위주의 가르침과 육바라밀의 대승불교적 보살행이 함께 설해져 있다. 이런 점으로 이 경전은 오랜 세월 동안 불자들이 애독하고 있다.

첫째, 초기불교 경전에 언급되어 있는 고·무상·무아·중도·계율이 언급되어 있다. 특히 수행자로서 가장 멀리해야 할 명예나 색욕 등을 경계하는 내용이 강조되어 있다. 욕망을 제거하고 집착심을 끊는 무소유적 삶을 통해 도를 얻어 열반에 이른다는 점이다.

둘째, 출가 공덕(1·23·42장)이 설해져 있다.

셋째, 수행에 따르는 번뇌·고통·탐욕 등 인간의 세밀한 번뇌를 묘사하고 있는데, 출가자뿐만 아니라 재가자들을 경책하는 언구가 담겨 있다.

넷째, 초기불교적인 개념을 넘어 대승불교적인 삶의 자세도 언급되어 있다. 그 예로 선업·참회·인욕·보시·수희공덕 등 대승의 보살행을 강조하고 있다.

다섯째, 이 경전은 여타 대승경전과는 다른 차이를 보이고 있다. 대체로 경전들은 서분·정종분·유통분 형식으로 정형화되어 있으나, 이 경은 이름 그대로 42장의 짤막한 내용으로 나누어져 있다. 또한 내용은 조직적이고 체계적인 사상을 담고 있지 않으며 여러 경전의 요지를 묶어 놓은 인상을 주기도 한다. 그러나 경전마다 인용되고 있는 비유설과 인용구가 불법의 긴요한 요지를 내포하고 있다.

■ 경전의 진위 문제

이 경은 일찍부터 진위眞僞 문제로 논란이 많았다. 십여 종의 여러 이본異本이 있으며, 본문이 윤색되고 내용을 첨가한 흔적이 많기 때문이다. 또한 아라한을 수행계위에서 바라본 것이 아닌 '신통 부리는 사람'으로 언급하고 있다.

일부 학자들은 대승경전을 부처님이 직접 말씀하신 초기불교 경전과는 다르다고 하여 '대승비불설大乘非佛說'이라고까지 한다. 하지만 일부 경전이 부처님의 친설은 아닐지라도 대승불교를 일으킨 사람들이 부처님을 절대적으로 신뢰하여 대승경전을 성립시켰다. 또한 대승경전은 부처님처럼 똑같은 깨달음의 경지에 이른 보살에 의해 편찬되었다. 부처님의 친설이 아닌 제자들에 의해 완성된 경일지라도 부처님의 친설이나 다름없다. 『사십이장경』이 위경이라고 보는 이들도 있으나, 부처님의 가르침과 계율이 내포되어 있으므로, 부처님께서 우리 앞에서 친히 설한 경전과 다름없다고 생각한다.

18장 불유교경 [115]
― 부처님의 마지막 가르침

계율로 스승을 삼을지니라

부처님께서 말씀하셨다.

"수행자들이여, 내가 세상을 떠난 뒤에는 아무리 작은 계율일지라도 존중해야 한다. 어둠 속에서 빛을 만난 것처럼 가난 속에서 보물을 얻은 것처럼 소중히 하여라. 계율은 바로 큰 스승이니, 내가 세상에 더 머물러 있을지라도 똑같은 것이다.

수행자들은 이익을 위해 장사하지 말고, 집이나 논밭을 소유하지 말며,

---

115 구마라집(344~413) 역, 『불수반열반약설교계경佛垂般涅槃略說敎誡經』을 저본으로 함.

노비를 갖지도 말고, 짐승이나 채소를 기르지 말라. 계율에 청정해야 할지니, 절대 재물을 모으지 말라.

또한 초목을 베거나 땅을 개간하지 말고, 약을 만들거나 사람의 길흉·관상을 보지 말라. 세상일에 참견하지 말며, 권력이나 세력을 가진 사람과 가까이하지 말고, 부모형제를 업신여기지 말며, 귀인貴人을 사귄다고 자기보다 낮은 사람을 함부로 대하지 말라.

마음을 단정히 하고, 바른 생각으로 자신과 남을 제도하려고 노력하며, 자기 허물을 숨겨 대중을 속이지 말고, 음식·의복·침구·의약116은 필요 분량만 소유해 공양물을 쌓아두지 말라.

계율은 해탈의 근본이 된다는 사실을 잊지 말라. 계율을 잘 지키면 선정禪定에 들기 쉽고, 고통을 소멸해 지혜를 얻을 수 있다. 부처님의 계율을 잘 지키면 공덕이 됨이요, 계율은 공덕이 머무는 가장 적합한 곳이다."

마음을 잘 단속하라

부처님께서 말씀하셨다.

"계율을 잘 지키기 위해서는 오근(눈·귀·코·혀·몸)을 잘 제어하고, 오욕117에 빠져 함부로 행동해서는 안 된다. 마치 목동이 막대기를 쥐고 소를 단속해 소들이 남의 곡식을 함부로 하지 못하는 것처럼 오근이 원하는 대로, 혹은 욕망대로 자기를 방치해 게을러서는 안 된다. 소나 말의

---

116   비구가 재가자로부터 공양받는 기본적인 필수품이다.

117   대체로 오욕은 재물·수면·성욕·명예·식욕인데, 여기서는 눈·귀·코·혀·몸이 탐착하는 감각적인 욕망을 말한다.

피해는 일생에 그치지만 오근의 피해는 여러 생生에 미친다. 오근으로 인한 재앙은 적지 않으니, 도둑을 지키듯이 오욕에 빠지지 않도록 오근을 다스려야 한다.

오근을 다스리지 못하면 파멸에 이르게 되는데, 오근의 주인은 바로 마음이다. 따라서 마음을 잘 다스려야 한다. 마음은 독사와 맹수, 원수, 도둑보다 더 심각하고 무서운 것이다. 또한 마음은 이리저리 몸을 함부로 하면서 꿀단지를 들고 가며 발 앞의 구덩이를 보지 못하는 사람과 같다. 또 미쳐서 날뛰는 코끼리와 같으며, 이 나무 저 나무로 옮겨다니며 잠시도 머물지 않는 산란한 원숭이와 같다.

마음이란 존재가 바로 이와 같으니, 함부로 날뛰거나 방일하지 않도록 신중하게 다스려야 한다. 마음을 놓아버리면 선한 공덕을 잃게 되고, 마음을 잘 살핀 사람은 선한 공덕을 쌓을 수 있다. 그러니 부지런히 정진해 마음을 잘 다스려야 한다."

화는 공덕을 훔쳐가는 도둑이다

부처님께서 말씀하셨다.

"수행자들이여, 어떤 사람이 와서 너의 사지를 마디마디 자르더라도 화를 내지 말라. 입을 잘 다스려서 나쁜 말을 삼가라. 화를 참지 못하고 행동하면 도를 해쳐서 공덕을 잃게 된다. 계율을 지키거나 고행하는 것보다 인욕하는 공덕이 매우 수승하다.

참기 어려운 일을 참았을 때, 바로 이런 사람을 성자라고 한다. 만약 참기 어려운 경계가 닥쳤을 때, 감로수를 마시듯이 욕됨을 자연스럽게 받아들이고, 웃어넘겨라. 또한 (그대에게) 욕한 사람을 공부시켜주는 선지식으로 받아들이고 섬긴다면, 이런 사람을 지혜로운 사람(智者)이라고 할 수 있다.

화를 냄으로써 생기는 피해는 매우 크다. 즉 모든 선법善法을 파괴하고, 자신의 명예가 훼손되며, 남에게 좋지 않은 말을 듣게 된다. 진심瞋心은 맹렬히 타오르는 불길보다 더 무서운 것이니, 이 진심을 잘 다스려야 한다. 진심은 공덕을 훔쳐가는 가장 큰 도둑이다. 재가자는 출가한 사람이 아니므로 어느 정도 성을 내어도 용서받을 수 있지만, 도를 닦는 출가자는 가장 조심해야 할 일이다."

탐욕 부린 만큼 고뇌가 발생한다

부처님께서 말씀하셨다.

"수행자들이여, 탐욕이 많은 사람은 고통과 고뇌가 많이 발생한다는 것을 알아야 한다. 반면 욕심이 적은 사람은 고통과 고뇌가 덜 생긴다. 이에 욕심을 줄이기 위해 이를 의식하며 항상 수행자라는 사실을 명심해야 한다. 욕심이 적은 만큼 공덕을 얻는 일도 쉽다. 욕심내지 않으니 아첨할 일이 없고, 육근의 감각적인 욕망에 끌려가지 않는다. 욕심내지 않으면 슬픔이나 두려움이 없고, 마음이 평온해지며, 여유가 있고, 항상 만족스럽게 생각한다. 욕심이 없어야 수행의 참맛을 알 수 있으니, 욕심내지 말라."

소유지족을 미덕으로 삼아라

부처님께서 말씀하셨다.

"수행자들이여, 만약 고뇌에서 벗어나려면 만족할 줄 알아야 한다. 적은 소유에도 만족할 줄 아는 사람은 어디서나 넉넉하고 즐거우며 평온하다. 만족할 줄 아는 사람은 비록 맨땅에 누워 있어도 편안하고 즐겁지만, 늘 만족하지 못한 사람은 천당에 있어도 불편하다고 불평만 일삼는다.

만족할 줄 모르는 사람은 가진 것이 많아도 늘 가난하다고 신세 한탄하지만, 만족할 줄 아는 사람은 비록 가진 것이 없어도 만족스러워하며 부유하다고 생각한다.

만족할 줄 모르는 사람은 늘 오욕락에 빠져 지내므로 많은 사람의 지탄을 받게 된다. 그러니 수행자는 소유지족少有知足을 미덕으로 삼아야 한다."

사람을 좋아하면 수행이 성글다

부처님께서 말씀하셨다.

"수행자들이여, 너무 번거로운 곳에 머물지 말고 조용하고 한가한 곳에 머물러라. 한가롭고 조용한 곳은 고뇌를 제거하고, 번뇌를 없앨 수 있는 요인 가운데 하나이다.

사람을 좋아하고 무리와 함께하는 것을 즐겨하는 사람은 반드시 사람 때문에 곤란을 당하게 된다. 큰 나무에 새가 많이 모여들면 나무가 말라죽거나 가지가 부러지는 것과 같은 것이다. 또 자신과 상관없는 일에 얽매이거나 간섭하지 말라. 지나치게 속된 일에 빠져 있으면 늙은 코끼리가 늪에 빠져서 헤어나오지 못하는 것과 같다."

게으름 피우지 말고 정진하라

부처님께서 말씀하셨다.

"수행자들이여, 꾸준히 정진하면 장애가 생기지 않는다. 작은 물방울이 쉬지 않고 떨어져 큰 바위를 뚫는 것과 같다. 수행자가 정진하지 않으면 해탈할 수 없다. 열심히 수행하다가 게으르면, 마치 나무를 비벼 불을 내고자 할 때 나무가 뜨겁기 전에 그만 멈추는 것과 같다. 불을 얻고자 해도 얻지 못하는 것과 같으니, 끊임없이 정진하는 일이 중요하다."

선정을 얻은 사람이 지혜를 얻는다

부처님께서 말씀하셨다.

"수행자들이여, 마음을 잘 다스려 선정禪定에 들어야 한다. 마음이 선정에 머물러 있기 때문에 세상의 생멸법生滅法을 알 수 있는 것이다. 따라서 부지런히 선정을 닦아라. 선정을 얻은 사람은 마음이 흩어지지 않는다. 홍수가 나기 전에 물이 새지 않도록 제방을 잘 다스리는 사람처럼 수행자도 이와 같아야 한다. 선정을 잘 닦아 지혜의 물이 새어 나가지 않도록 하라."

지혜는 해탈로 나아가는 지름길이다

부처님께서 말씀하셨다.

"수행자들이여, 지혜로운 사람은 탐욕심을 내지 않고 집착하지도 않는다. 항상 스스로 잘 살펴서 지혜를 잃지 않아야 한다. 지혜는 법 가운데 해탈로 나아가는 지름길이다. 지혜가 없는 사람을 수행자라고 할 수 없고, 불자라고 할 수 없다.

지혜는 늙고 병들고 죽는 고통 바다를 건너게 할 수 있는 굳건한 선박(船)이요, 또한 무명을 밝히는 밝은 등불이다. 병든 사람에게 좋은 의약이요, 번뇌의 나무를 잘라 버릴 수 있는 예리한 도끼이다. 그러니 반드시 듣고(聞), 사유(思)하며, 수행(修)을 통한 지혜로서 자기를 잘 길러야 한다(聞思修:三慧). 지혜가 밝아지면 비록 육안肉眼을 가지고 있을지라도 밝게 볼 수 있다."

쓸데없는 말을 많이 하지 말라

부처님께서 말씀하셨다.

"수행자들이여, 쓸데없는 말을 많이 하지 말라. 말을 많이 하면 마음이 산란하여 수행에 도움되지 않는다. 적멸의 즐거움, 해탈의 즐거움, 수행의 기쁨을 얻으려고 한다면 말을 삼가야 한다."

늘 수행을 염두에 두라

부처님께서 말씀하셨다.

"수행자들이여, 일심으로 공덕을 닦아야 한다. 도둑을 경계하듯이 자신의 게으름을 살펴라. 부처님께서는 '모든 사람이 평등하게 열반에 들 수 있는 길'을 설한 것이니 그대들은 반드시 세존의 뜻을 받들어 부지런히 행할지니라. 산속이든, 나무 아래서든, 마을이든, 조용한 방에 머물러 있든 어느 곳에서나 잠시도 쉬지 않고 진리를 생각하고 잊지 않아야 한다. 사람으로 태어나 아무 일도 하지 않고 헛되이 죽으면 반드시 훗날 후회한다. 여래는 병에 따라 약을 처방해주는 의사와 같으니, 처방한 약을 먹지 않는 것은 의사의 탓이 아니다. 또한 여래는 길을 안내하는 길잡이와 같은데, 인도하는 길을 따르지 않는 것은 길잡이의 탓이 아니다."

진리는 영원히 변하지 않는다

부처님께서 말씀하셨다.

"수행자들이여, 사성제에 대해 의심나는 것이 있으면 지금 물어라."
부처님께서 세 번을 말씀하셨지만 어느 누구도 질문하지 않았다.
아나율이 말했다.

"부처님, 달을 뜨겁게 할 수 있고, 해는 차갑게 할 수 있어도 부처님께서 말씀하신 사성제는 절대 변하지 않습니다. 고성제는 참된 괴로움이므로 즐거움이라고 할 수 없으며, 집성제는 고통스럽게 하는 원인, 즉 집착이므로 다른 원인을 찾을 수 없습니다. 멸성제는 고통을 없애려면 고통의 원인이 제거되어야 고통이 사라진다는 그 원리 자체이고, 도성제는 고통을 제거하는 바른 길, 그 자체입니다. 부처님, 사성제에 대해 조금도 의심하는 수행자는 없는 것 같습니다."

여래의 법신은 늘 그대 곁에 머물 것이다

아직 번뇌를 끊지 못한 사람들은 부처님이 열반에 들려고 한다는 것을 알고, 슬픔에 잠겨 눈물을 흘렸다. 부처님의 가르침을 처음 들은 사람들은 부처님의 가르침에 감동되어 해탈할 수 있다고 생각했는데, 이런 스승이 떠나려 한다는 사실에 눈물을 비 오듯이 흘렸다. 공부가 조금 된 사람들은 모두 '왜 부처님께서 이렇게 빨리 열반에 들려고 하는가?'라는 의구심이 들었다.

부처님께서 말씀하셨다.

"그대들은 슬퍼하거나 한탄하지 말라. 내가 비록 한 겁을 더 산다고 하더라도 반드시 입멸入滅하게 되어 있다. 만남이 있으면 이별이 있게 마련이다. 자신에게도 이롭고 남에게도 이로운 진리는 이미 다 설해 마쳤다. 비록 내가 더 오래 산다고 하더라도 이익될 것은 없다. 마땅히 제도할 사람은 다 제도해 마쳤고, 아직 제도되지 못한 사람은 이미 다 제도될 수 있는 인연을 지어 놓았다. 그대들이 물러나지 않고 여래가 설한 대로 꾸준히 정진한다면, 여래의 법신法身은 영원히 그대들 곁에 머물 것이다."

모든 것은 변하게 되어 있다

부처님께서 말씀하셨다.

"세상일이나 모든 것은 무상하다. 모였으면 반드시 흩어지게 마련이다.

슬퍼하거나 걱정하지 말라. 부지런히 정진하여 빨리 해탈할지어다. 지혜를 밝혀서 무명의 어두움을 없애라. 세상에 변하지 않는 것은 하나도 없다. 모든 것은 변하게 되어 있다.

내가 지금 이 세상을 떠나는 것도 나쁜 병을 없애기 위해서다. 내가 버리려고 하는 이 육신은 생로병사의 고해에 떠다니는 죄악의 물건이다. 이 육신을 제거하면, 나는 완전한 열반(無餘涅槃)에 이른다. 사악한 도둑(육신)을 잡는 것과 같거늘 어찌 그대들은 기뻐하지 않는가!

수행자들이여, 부지런히 수행하여 번뇌에서 벗어나라. 이 세상의 살아 있는 존재는 모두 사라져 없어지게 되어 있다. 무너지지 않는 것은 이 세상에 아무것도 없다. 그대들은 지금 아무 말도 하지 말라. 나는 곧 세상을 하직하려고 한다. 이것이 나의 마지막 가르침이다."

『불유교경』 이야기

◘ 『불유교경』의 의의

『불유교경佛遺敎經』은 부처님께서 제자들에게 마지막으로 당부하신 말씀을 주제로 한다. 이 경은 『사십이장경』・『위산대원선사경책문』과 함께 불조삼경佛祖三經 가운데 하나이다. 중국・한국・일본의 승려들은 이 경전을 부처님 대하듯 소중히 여긴다.

원제목은 『불수반열반약설교계경佛垂般涅槃略說敎誡經』으로 5세기 초 구마라집이 번역하였다. 이 경은 『유경遺經』, 『약설교계경略說敎誡經』이라고도 하며, 줄여서 『유교경』이라고 한다. '부처님께서 열반에 들기 직전 제자들에게 마지막으로 남기신 가르침'이라는 뜻이다. 산스크리트어 원전은 현존하지 않으며 한역본만이 유일하다.

◘ 경전의 구성 및 내용

이 경전은 서분序分, 정종분正宗分, 유통분流通分 세 부분으로 나뉜다.

서분(서론)은 부처님께서 제자들에게 쿠시나가라 사라쌍수 아래에서 입멸할 것이라고 예언하고, 몇 가지를 당부하신다.

정종분(본문)에서는 당신께서 입적한 후 제자들에게 계戒를 스승으로 삼아 수행할 것을 말씀하신다. 수행자가 지켜야 할 계율이라기보다는 수행자의 마음가짐이다. 즉 욕심내지 않는 것, 화를 내지 않는 것, 적은 것에 대한 만족, 조용한 곳에 머물 것, 게으름 피우지 말고 정진할 것, 진리는 영원하다는 것 등이 설해져 있다. 한편 이 경은 계율을 바르게 수지해야 선정과 지혜를 얻을 수 있다는 수행 체계가 제시되어 있다. 즉 계율을 바르게 수지해야 선정에 들어갈 수 있으며, 선정에 잘 들어가야 지혜를 얻을 수 있고, 지혜가 무르익어야 해탈을 성취할 수 있다는 것이다(계 → 정 → 혜 → 해탈).

유통분(결론)에서 부처님은 사성제에 대해 의문점을 물으라고 하신다. 아무도 질문하지 않자, 부처님은 '이별은 반드시 오는 것이니 슬퍼하지 말고 열심히 정진한다면 법신은 영원히 그대들 곁에 상주할 것이요, 그대들은 빨리 해탈한다' 라고 당부하셨다.

이 경은 승려들에게 계율을 잘 지키고 열심히 수행할 것을 권하지만, 재가자들에게도 참 삶의 길을 제시하는 따스한 가르침이 담겨 있다.

19장 부모은중경[118]
— 이생에서 가장 소중한 인연, 부모

**옛적부터 현생에 이르는 동안 육도 중생이
나의 부모·형제·친척 아님이 없다**

부처님께서 여러 제자와 함께 길을 가다, 길가에 쌓인 뼈 무덤을 보고 절을 하셨다. 이때 제자 아난이 물었다.

"세존께서는 삼계三界의 큰 스승이요, 사생(四生, 태胎·란卵·습濕·화化)의 아버지로서 많은 이들로부터 존경받는 성인이십니다. 그런데 어찌 부처님께서 하찮은 뼈 무덤에 절을 하십니까?"

118　수원 용주사 판본인 『불설대보부모은중경佛說大報父母恩重經』을 저본으로 함.

부처님께서 말씀하셨다.

"네가 나의 제자가 된 지 오래되었는데, 아직도 모르는 것이 많구나. 이 뼈 무더기가 나의 전생의 조상일 수도 있고 부모일 수도 있다. 끝없는 옛적부터 금생에 이르는 동안 육도중생이 나의 부모·형제·친척 아님이 없느니라. 모든 이들과 서로서로 인연으로 얽혀 있느니라."

여자는 자식을 낳을 때 서 말의 피를 흘리고, 여덟 섬 젖을 먹인다

부처님께서 말씀하셨다.

"아난아, 네가 뼈 무더기를 둘로 나누어 보아라. 남자의 뼈는 희고 무거운 반면, 여자의 뼈는 검고 가벼울 것이다."

아난이 말했다.

"부처님, 남자는 이 세상에 살아 있을 때, 큰 옷을 입고 띠를 두르고 신을 신기 때문에 남자인 줄을 알고, 여자는 화장을 하고 향수를 뿌려 여인의 몸인 줄 알지만, 죽은 뒤의 백골을 보고 어떻게 남자인지 여자인지 구별할 수 있습니까?"

부처님께서 말씀하셨다.

"남자라면 세상에 있을 때 절에 가서 법문도 듣고, 경전도 외우며, 삼보에 예배하기 때문에 그 뼈는 희고 무거울 것이다. 그런데 여자는 세상에 살면서 자식을 낳을 때 서 말 석 되나 되는 많은 피를 흘리고, 여덟 섬 네 말이나 되는 흰 젖을 아기에게 먹인다. 이렇게 몸의 기운을 다 뽑아 버리게 되니, 죽어서 여자의 뼈는 남자의 뼈보다 검고 가벼우니라."

아난이 부처님의 말씀을 듣고 마치 칼로 가슴을 베인 듯 눈물 흘리며 슬피 울었다. 아난이 눈물을 멈추고 부처님께 여쭈었다.

"부처님, 어머니의 은혜를 어떻게 하면 갚을 수 있습니까?"

10개월 동안 태아는 어떻게 형성되는가?

부처님께서 아난에게 여인이 자식을 잉태한 후 10개월의 과정을 말씀하셨다.

"어머니가 아기를 잉태한 지 열 달 동안 말로 표현할 수 없는 고통이 있다. 첫 달째의 태아는 마치 풀잎 위의 이슬이 아침에 잠시 맺었다가 저녁에 사라지는 것처럼 이른 새벽에는 피가 모여 있다가 낮이 되면 흩어진다.

두 달째의 태아는 마치 우유를 끓였을 때 엉킨 우유와 비슷한 형태이다.

세 달째의 태아는 마치 엉겨 있는 피와 같다.

네 달째의 태아는 점차 사람 모양을 닮아간다.

다섯 달째의 태아는 어머니 배 속에서 다섯 부분의 사람 형체가 형성된다. 즉 머리와 두 팔, 두 다리이다.

여섯 달째의 태아는 어머니 배 속에서 여섯 가지 정기(六情)가 열리게 된다. 즉 눈·귀·코·입·혀·뜻이 만들어진다.

일곱 달째의 태아는 어머니 배 속에서 삼백육십 뼈마디와 팔만 사천 모공이 생긴다.

여덟 달째의 태아는 뜻과 앎이 점점 발달하고, 아홉 구멍이 뚜렷이 형성된다.

아홉 달째의 태아는 어머니 배 속에서 무엇인가를 먹기 시작한다. 그런데 태아는 복숭아, 배, 마늘은 먹지 않고 오곡만을 먹는다. 어머니의 생장(生藏, 심장·간장·비장·폐장)은 아래로 향하고, 숙장(熟藏, 창자·위장·방광·대장 등)은 위로 향해 있다. 이 생장과 숙장 사이에 산山이 하나 있는데, 이 산은 세 가지 이름으로 불리운다. 첫째는 수미산, 둘째는 업산, 셋째는 혈산이다. 이 산이 한번 무너지면, 한 덩어리의 엉킨 피가 되어서 태아의 입속으로 흘러 들어간다.

이렇게 잉태한 지 열 달이 되면 비로소 아기가 태어난다. 그런데 아기가 효순한 자식이라면 주먹을 모아 합장하고 태어나 어머니 몸을 상하지 않게 한다.

그러나 불손한 자식이라면(원문에서는 오역죄를 지은 자식) 아기가 세상에 나오려 할 때, 어머니의 포태를 깨치고 손으로는 어머니의 염통이나 간을 움켜쥐고 발로는 어머니의 골반 뼈를 밟아 어머니로 하여금 마치 일천 개의 칼로 배를 찢는 것과 같으며, 일만 개의 칼로 염통을 쑤시는 듯 어머니에게 고통을 준다."

자식을 낳아 기르는 열 가지 은혜

부처님께서 말씀하셨다.

"어머니가 자식을 낳은 뒤에도 아이가 장성할 때까지, 자식을 위해 힘쓰는 열 가지 은혜(十種大恩)가 있다.

첫째, 어머니가 언제나 자신의 몸은 돌보지 않고 오롯이 자식을 품에 안고 자식을 지켜주는 은혜이다(懷耽守護恩).

둘째, 임산부는 아기를 낳기 전, 진통이 오면 죽을지도 모른다는 각오를 하고 아기를 낳는다. 그만큼 산통을 이기면서까지 자식을 낳는 은혜이다(臨産受苦恩).

셋째, 아기를 낳은 이후부터 줄곧 자식이 병나지 않을까 노심초사하며 근심을 잊지 않는 은혜이다(生子忘憂恩).

넷째, 쓴 것은 자신이 삼키고, 맛있고 단 것만을 뱉어내어 자식에게 먹이는 은혜이다(咽苦吐甘恩).

다섯째, 아기가 누워 있는 자리가 젖어 있는지 살피고, 자리가 젖었거든 마른 자리로 옮기어 자식에게 병이 생기지 않도록 보살피는 은혜이다(廻乾就濕恩).

여섯째, 젖을 먹여 기르는 은혜이다(乳哺養育恩).

일곱째, 자신의 손발이 부르트고 닳도록 자식을 깨끗이 씻어주는 은혜이다(洗濯不淨恩).

여덟째, 자식이 장성해 먼 길을 떠났을 때, 늘 걱정하고 염려하는 은혜이다(遠行憶念恩).

아홉째, 자식이 나쁜 짓을 했을 때, 자식을 위해 나쁜 일까지 감당하는 은혜이다(爲造惡業恩).

열째, 당신이 이 세상을 하직할 때까지 자식을 연민히 여기고 사랑해 주는 은혜이다(究竟憐愍恩)."

『부모은중경』 이야기

■ 『부모은중경』의 의의

『부모은중경』은 『불설대보부모은중경佛說大報父母恩重經』이라고도 하며, 부모의 은혜가 얼마나 크고 깊은가를 설한 경전이다.

부처님께서 제자들과 함께 길을 걷다, 길가에 쌓인 뼈 무덤에 절을 하면서 '끝없는 옛적부터 금생에 이르는 동안 육도중생六道衆生이 나의 부모·형제·친척 아님이 없다'고 말씀하시고, 부모의 열 가지 큰 은혜(十種大恩)를 설하셨다. 또한 어머니가 자식을 잉태하여 출산하기까지의 과정이 세밀하게 묘사되어 있는데, 이 경의 특징이기도 하다.

『부모은중경』은 중국에서 찬술된 경전으로 유교 사상을 배경으로 하고 있다. 한편 불교의 초기경전을 비롯해 대승경전에도 효사상이 언급되어 있다. 이에 이 경이 중국에서 만들어진 경전이라고 하지만, 불교의 효사상을 반영한 경전이라고 할 수 있다.

중국·한국·일본에서도 여러 번역본이 있으며, 고대로부터 현재에 이르기까지 널리 유포되어 그림이나 서예, 문학 작품에서 주제로 인용되었다. 한국의 현존 최고 판본은 1381년(고려 우왕7)에 간행된 고려본이다. 1790년 정조는 사도세자의 원찰願刹로 수원에 용주사를 창건하고, 그곳에 『부모은중경』 목판과 김홍도 그림을 동판에 새겨 모셔놓았다.

■ **경전을 통해서 본 불교의 효사상**

첫째, 자비사상이다. 『탄이초』119에 이런 내용이 전한다. "나는 일찍이 부모에게 효도하기 위해 염불한 적은 한번도 없다. 왜냐하면 모든 중생이 세세생생 부모·형제·친척인 까닭이다." 이 경전의 서문과 유사한 내용으로 모든 존재가 서로서로 인연으로 얽혀 있으며, 효사상을 넘어 일체중생에 대한 자비사상이 내포되어 있다.

둘째, 효사상이다. 효사상에 대한 언급은 『부모은중경』뿐만 아니라 『옥야경』·『육도집경』·『반야경』·『법화경』·『열반경』·『화엄경』 등 여러 경전에 효가 설해져 있다. 부처님께서도 효를 실천하셨는데, 마야부인에게 법을 설하기 위해 도리천에 올라갔다가 석 달이 지나 하강하시는 장면이 초기경전에 전한다.

다음은 『증일아함경』 11권에 전하는 효사상이다. "부모의 은혜는 매우 위대하다. 우리를 안아 길러주셨고, 수시로 보살펴 시기를 놓치지 않고 병을 살펴주셨기에 저 해와 달을 볼 수 있는 것이다. 부모의 은혜가 위대하므로 부모의 은혜 갚는 것은 참으로 어려운 일이다. 그러니 비구들이여, 너희는 마땅히 부모에게 공양해야 할 것이요, 항상 효도하라." 또한 『화엄경』에서는 "부모를 섬길

---

119 일본 정토종의 친란(親鸞, 1173~1262)의 언행록 言行錄으로, 일본에 널리 유포되어 있는 어록이다.

때는 부모가 편안한 마음을 유지할 수 있도록 모셔야 한다", 『범망경』에서는 "부모 형제가 돌아가시면, 법사를 초청해 보살의 계율경전을 강설해 망자의 명복을 빌어주라"고 하였다.

셋째, 효사상과 백중(百中, 白衆)의 관련이다. 『불설우란분경』에는 목련존자가 지옥에 떨어진 어머니 청제부인을 구제하기 위해 7월 15일 자자自恣[120]하는 대중에게 우란분재盂蘭盆齋를 베풀어 삼보의 위신력으로 어머니를 구제하고, 부모와 과거 칠세 부모를 위하여 공양하는 내용이 언급되어 있다. 여기서 유래되어 7월 보름은 불교의 5대 명절 가운데 하나로 자신과 인연 있는 선망부모·형제·스승, 인연이 없더라도 구천에 떠도는 모든 영가를 천도하는 날이다. 이 날을 백종百種·중원中元·우란분절盂蘭盆節 등 다양하게 불리운다. 우란분절의 의미는 '죽은 사람이 사후에 거꾸로 매달리는 고통 받고 있는 이들을 구제하기 위해 제를 올리는 날'이라고 해석할 수 있다. 불자들은 백중 기도 가운데 하나로 『부모은중경』을 사경하거나 10종대은十種大恩 변상도變相圖를 모사하기도 한다.

---

120 포살 의식이 자기의 범계犯戒를 스스로 반성하는 것이라면, 자자는 안거가 끝나는 마지막 날 밤에 대중이 모여 안거 동안 계를 범한 사실이 있는지를 도반들에게 묻고, 서로서로 범계 사실을 지적해 주는 제도이다.

부록

경전의 사구게 및 주요 게송

"수보리야, 경전의 내용이나 사구게四句偈만이라도 설한다면, 그 설해지는 장소는 일체세간의 천·인·아수라가 공양하기를 마치 부처님의 사리탑과 같이 할 것이다." 금강경, 12품

법구경

원한을 원한으로 되갚는다고 해서
맺힌 한이 풀어지는 것은 아니다.
원망을 쉬어야 원한이 풀어진다.
이것은 영원한 진리이다.
不可怨以怨 終以得休息 行忍得息怨 此名如來法

- #05

잠 못 드는 사람에게 밤은 길고, 피곤한 사람에게 길이 멀듯이
진리를 알지 못하는 어리석은 사람에게는
생사의 밤길이 멀고 험하다.
不寐夜長 疲倦道長 愚生死長 莫知正法

- #60

모든 생명은 채찍을 두려워하고, 살기를 좋아한다.
자신의 생명을 소중히 여기는 것처럼

남을 죽이거나 해롭게 하지 말라.
遍於諸方求 念心中間察 頗有斯等類
不愛己愛彼 以己喩彼命 是故不害人

- #130

나쁜 짓 하지 말고, 수많은 선행을 하여라.
자기 마음을 깨끗이 하는 것,
이것이 모든 부처님의 가르침이다.
諸惡莫作 衆善奉行 自淨其意 是諸佛敎

- #183 칠불통계게七佛通戒偈

금강경

신체적 특징들은 모든 헛된 것이니
신체적 특징을 신체적 특징 아닌 것으로 본다면
바로 여래를 볼 수 있으리라.
凡所有相 皆是虛妄 若見諸相非相 則見如來

- 5품

형색(色)에 집착하지 않고 마음을 내어야 하고
소리·냄새·맛·감촉·마음의 대상에도
집착하지 않고 마음을 내어야 한다.
마땅히 집착 없이 그 마음을 내어야 한다.
不應住色生心 不應住聲香味觸法生心 應無所住 而生其心

- 10품

형색으로 나를 보거나 음성으로 나를 찾는다면
삿된 길 걸을 뿐 여래를 볼 수 없느니라.
若以色見我 以音聲求我 是人行邪道 不能見如來

- 26품

일체 모든 유위법은
꿈·허깨비·물거품·그림자와 같으며,
이슬과 같고, (순간 번쩍이는) 번개와 같나니,
반드시 이렇게 관찰할지니라.
一切有爲法 如夢幻泡影 如露亦如電 應作如是觀

- 32품

화엄경

믿음은 바로 도의 시작이요, 공덕의 어머니다.
모든 선법을 증장시키고, 일체 의혹을 제거하여,
최상의 도를 드러내고, 불도를 열어준다.
信爲道元功德母 增長一切諸善法 除滅一切諸疑惑 示現開發無上道

- 현수보살품

처음 발심했을 때, 문득 최상의 정각을 얻는다.
初發心是便正覺

- 범행품

마음은 화가와 같아서 모든 세간을 그려낸다.

오온이 마음을 따라 생겨나는 것이니

이 세상 모든 것이 이렇게 만들어지지 않은 것이 없다.

마음과 같이 부처도 또한 그러하고

부처와 같이 중생도 또한 그러하다.

마음과 부처, 중생 이 셋은 차별이 없다.

心如工畵師　畵種種五陰　一切世界中　無法而不造

如心佛亦爾　如佛衆生然　心佛及衆生　是三無差別

- 야마천궁게찬품

과거·현재·미래 삼세의 부처를 알고자 한다면

반드시 법계의 성품을 관하라.

오직 이 마음이 모든 것을 만든다.

若人欲了知　三世一切佛　應觀法界性　一切唯心造

- 야마천궁게찬품

마음으로 인해 삼계가 생긴 것이요, 마음이 삼계를 만든다.

십이인연도 다 마음을 의지해 생겨난 것이다.

마음으로 인해 생사가 만들어진 것이므로

마음이 다한다면 생사도 없다.

了達三界依心有　十二因緣亦復然　生死皆由心所作　心若滅者生死盡

- 십지품

내가 닦은 수승한 보현행원의 광대무변한 좋은 복을 회향하오니

바라건대 고해에 빠진 모든 중생이

어서 빨리 아미타불 극락세계에 왕생하여지이다.
我此普賢殊勝行　無邊勝福皆廻向　普願沈溺諸衆生　速往無量光佛刹

- 보현행원품

모든 중생이 여래의 지혜를 갖추고 있으면서도
어리석고 미혹하여 알지 못하고
보지 못하고 있구나.
諸衆生　云何具有如來智慧　愚癡迷惑　不知不見

- 여래성기품

만약 부처의 경계를 알고자 한다면
그 마음을 허공처럼 맑게 하여라.
모든 망상과 삿된 견해를 멀리 여의고
마음 가는 곳마다 걸림 없게 하여라.
若人欲識佛境界　當淨其意如虛空　遠離妄想及諸趣　令心所向皆無碍

- 여래성기품

세계의 티끌 수 같이 수많은 마음을 다 헤아려 알고
큰 바다 물을 다 마시며
허공을 측량하고 바람을 얽어맬 수는 있어도
부처님의 공덕은 말로 다할 수 없다.
刹塵心念可數知　大海中水可飮盡　虛空可量風可繫　無能盡說佛功德

- 입법계품

무량수경

제가 부처가 될 적에
어떤 중생이든지 지극한 마음으로
저의 불국토를 믿고 좋아해 제 국토에 태어나고자 한 사람이
제 이름(아미타불)을 열 번 불렀는데도
그들이 모두 제 국토에 태어날 수 없다면
저는 부처가 되지 않겠습니다.
設我得佛 十方衆生 至心信樂 欲生我國 乃至十念 若不生者 不取正覺
- 18원

제가 부처가 될 적에
보리심을 발하고 여러 가지 공덕을 닦아 제 국토에 태어나고자
서원을 세운 중생이 있어, 그가 임종할 무렵에
대중과 함께 그를 마중할 수 없다면
저는 부처가 되지 않겠습니다.
設我得佛 十方衆生 發菩提心 修諸功德 至心發願 欲生我國
臨壽終時 假令不與 大衆圍繞 現其人前者 不取正覺
- 19원

제가 부처가 될 적에
시방세계 중생이 제 이름(아미타불)을 듣고
저의 불국토에 오고자 하는 바람으로 많은 공덕을 쌓고
제 국토에 태어나기를 원했는데
그 중생이 목적한 바를 이루지 못한다면

저는 부처가 되지 않겠습니다.
設我得佛 十方衆生 聞我名號 係念我國 植衆德本
至心廻向 欲生我國 不果遂者 不取正覺

- 20원

법화경

모든 법의 실상은 본래부터 적멸한 상이다.
불자가 이와 같이 도를 행한다면
내세에 반드시 부처를 이루리라.
諸法從本來 常自寂滅相 佛者行道已 來世得作佛

- 방편품

내가 이제까지 (기도·참선·간경·주력)한 공덕이
모든 중생에게 두루 미치어
나와 모든 중생이 다 함께 성불하기를 원합니다.
願以此功德 普及於一切 我等與衆生 皆共成佛道

- 화성유품

열반경

모든 것이 무상한데, 이는 생멸의 법이다.
생멸이 멸해 마치면,
바로 열반의 즐거움이다.
諸行無常 是生滅法 生滅滅已 寂滅爲樂

- 성행품 무상게

원각경

깨달음은 허공과 같이 평등해 동요됨이 없나니
깨달음이 온 시방十方에 가득하면
곧 불도를 이루리라.
覺者如虛空 平等不動轉 覺遍十方界 卽得成佛道

- 문수보살장

세상이 환상인 줄 알면
곧 그 환상을 여의어 방편을 짓지 말고
환을 여의는 그 자리가 깨달음이요,
닦을 필요도 없다.
知幻卽離 不作方便 離幻卽覺 亦無漸次

- 보현보살장

중생은 애욕이 근원이 되어 윤회를 한다.
수많은 탐욕으로 인해 애욕이 생겨나는데
이것이 생사를 끊임없이 반복하게 하는 원인이다.
當知輪廻 愛爲根本 由有諸欲 助發愛性 是故 能令生死相續

- 미륵보살장

불교의 역사

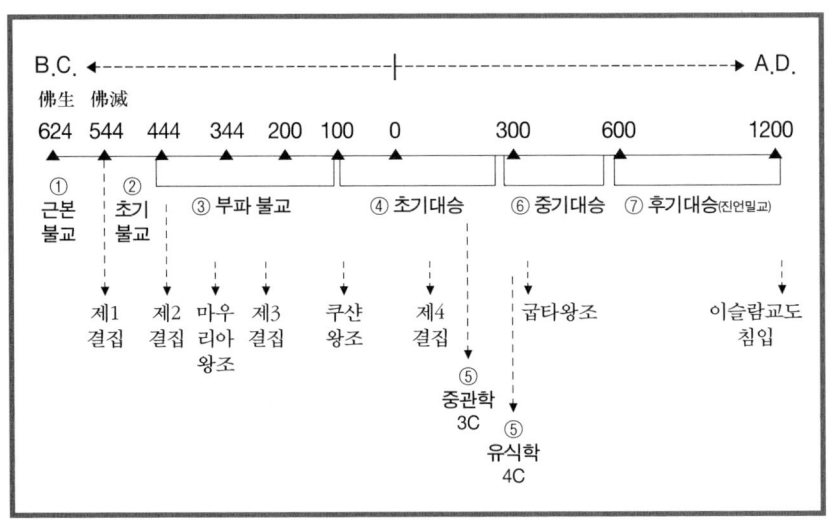

1. 왕조의 발전

샤이슈나카왕조(마가다국)
↓
난다왕조(B.C 327년 알렉산더 인도 침입)
↓
마우리아왕조(B.C 317년 찬드라굽타 → 빈두사라 → 아쇼카왕 재위 B.C 268~232) → 제3 결집
↓
쿠산왕조(기원전 1세기초 인도 통일→2세기 중엽 카니슈카왕) → 제4 결집
↓
굽타왕조(A.D 318년 인도 통일) : 무칙과 세친의 활동(유식사상)

2. 불교사

① 근본불교 : B.C 624~B.C 544년까지 부처님께서 재세하던 때이다.[121]

② 초기불교 : 불멸 후 교단분열이 없이 그대로 부처님 법이 보존되었던 시대.

③ 부파불교 : 불멸후 100년, 근본분열을 계기로 점차 불화가 심화되었고, 지엽적인 교리 해석의 차이로 여러 파로 나뉘어 있었다. 결국 아쇼카왕 치세 말 무렵, 상좌부는 11부파, 대중부는 9파, 총 20부파로 나뉘었다. 이를 지말분열枝末分裂이라고 한다. 이후 부파불교는 400년간 지속되었다.

④ 초기대승불교 : 반야부 경전·화엄경·정토계 경전·법화경 등

⑤ 중관학·유식학 : 서로 보완하면서 발전 → 차츰 융합 → 후대로 가면서 두 학파 모두 밀교화.

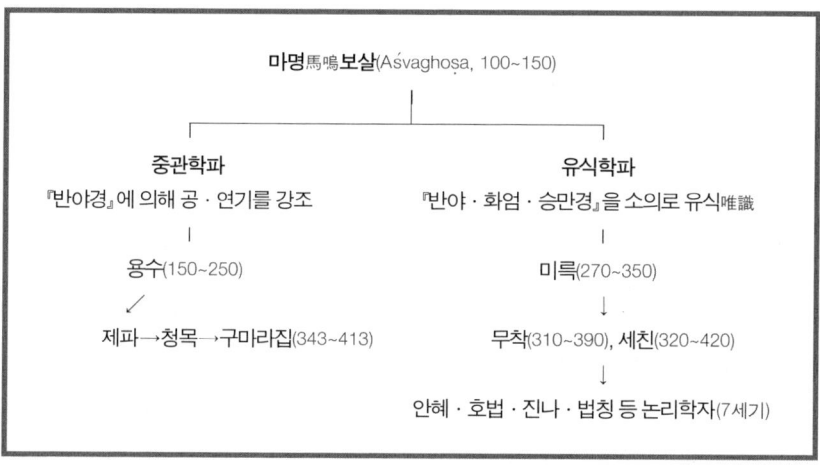

---

[121] 학자들마다 불교 시기를 나누는 관점이 다르다. 근본불교를 불멸 후 100년까지 보는 학자도 있고, 초기불교도 원시불교, 고대불교 등 다양한 용어로 쓰이고 있다. 한편 부처님 탄생 연도는 여러 이설이 있다. 불생 B.C 624년은 1956년 네팔 카트만두에서 열린 세계불교도 대회에서 그 해를 불기 2500년으로 정한 데서 나온 것이다.

⑥ 중기대승불교 : 여래장과 유식이 발달. 열반경 · 승만경 · 해심밀경 · 능가
　　　　　　　 경 등
⑦ 후기대승불교(진언밀교) : 대일경 · 금강정경 · 지장십륜경 등
　★ 대승불교 시대라고 해서 당시 인도에서 부파불교가 사라진 것은 아니었다.
　　인도에서 불교가 사라질 무렵까지 부파불교도 대승과 함께 존속했다.

3. 경률론 삼장결집(제1~제4 결집)

제1 결집

처음 결집은 여러 원인이 있었다. 부처님이 입멸하자, 비구들 중에는 부처님을 '늘 간섭하는 늙은 장로'에 비유하는 비구도 있었다. 가섭 존자는 이런 이들을 염려하던 차, 구전되어 오던 붓다의 말씀을 검토하고 항목으로 나누어 구분했다. 당시에는 문자가 없었기 때문에 당연히 합송(合誦, 상기티 saṁgiti)하였다고 보면 된다. 우기雨期 동안 마가다국에 오백 명의 장로가 모였다. 가섭 존자가 상수가 되고 우바리 존자가 계율을, 아난 존자가 경을 송출誦出하였다.

제2 결집

불멸 후 100년 무렵이 되자, 계율이 점차 해이해지기 시작했다. 야사Yaśas장로가 베살리Vesāli에 갔다가 베살리 비구들이 계율에 철저하지 못함을 목격하고, 계율을 바로 잡기 위해 칠백 명의 장로가 모여 (계율에 관한) 열 가지가 옳지 못하다(十事非法)고 주장하며 결집하였다. 제2 결집도 토론 형식과 합송으로 이루어졌다. 이 계율 제정에 대해 찬성하는 비구들을 상좌부上座部라고 하였고, 계율에 융통성이 없다며 반대하는 비구들을 대중부大衆部라고 하였다. 계율 문제로 승단에 최초의 분열이 발생했는데, 이 분열을 '근본분열'이라고 한다. 대중부에서 주장하는 십사는 다음과 같다.

① 염정鹽淨 : 소금을 조금 저장하는 것.
② 이지정二指淨 : 해 그늘이 두 손가락이 될 때까지 공양을 허용.
③ 취락간정聚落間淨 : 공양한 뒤에 다른 마을에 가서 또 공양해도 되는 것.
④ 주처정住處淨 : 승가 집회시 너무 넓은 범위의 승가인 경우, 좁은 범위의 몇몇 수행자가 모이더라도 집회가 성립될 수 있다는 것.
⑤ 수의정隨意淨 : 승가가 구성원 모두 모일 수 없는 경우, 모인 인원들이 결의를 하고, 결석한 사람에게는 사후에 승낙을 받는 방식.
⑥ 구주정久住淨 : 지역마다 관습이 다르므로 각 지역의 관습을 인정하는 것.
⑦ 생화합정生和合淨 : 사탕물인 음료는 식사 때가 아닌 어느 때나 마셔도 된다. 이처럼 우유로 만든 음료도 식사 시간이 아닌 때 먹어도 되지 않는가?
⑧ 수정水淨 : 출가자는 술을 마셔서는 안 되는데 술이 되기 전, 곧 발효가 안 된 술은 물이라고 생각하고 마셔도 된다는 것.
⑨ 불익누니사단정不益縷尼師檀淨 : 좌구坐具[122]를 만드는 방식에 관한 규정.

---

122 여기서 좌구란 니사단尼師檀, niṣīdana을 말한다. 좌구坐具 · 수좌의隨坐衣라고 번역되며, 흔히 좌복이라고 생각하면 된다. 작은 천 조각인데, 비구가 꼭 소지해야 하는 '비구 육물六物' 가운데 하나이다. 비구가 앉거나 누울 적에, 혹은 좌선을 할 때에도 니사단을 땅에 펴고 앉는다. 현재 남방의 승려들은 니사단을 어깨에 꼭 메고 다닌다.『율장』에는 니사단의 크기가 정해져 있는데, 편역자가 미얀마에 있을 때 경험해 보니, 지역과 사찰마다 크기와 색깔이 각각 다르다.

⑩ 금은정金銀淨 : 금은 따위의 돈을 지니는 것.

제3 결집

아쇼카왕 즉위 18년 무렵, 출가한 승려들이 계율을 함부로 하고, 안일하게 생활하였다. 게다가 당시 이교도들이 불교 교단을 교란하자, 아쇼카왕은 교단 정리를 위해 목갈리풋타 티샤Moggalīputta-tissa에게 교설의 확장과 승가의 화합을 도모하라고 위촉하였다. 이에 티샤는 천 명의 승려와 함께 파탈리푸트라(Pātaliputra, 현 파트나)에서 결집하였다. 제3결집을 계기로 경률론經律論 삼장 결집이 완성되었다.

제4 결집

쿠샨왕조의 카니슈카왕은 불교를 비호하며, 호의적이었다. 왕의 도움으로 경

결집 (1~3차 결집까지는 북방과 남방불교에서 똑같은 견해이고, 4차 결집은 북방의 설이다.)

	시기	장소	기간	원인	참가 승려	상수 上首
제1 결집	불멸 후 95일 아사세왕	왕사성 칠엽굴	7개월	부처님이 입멸하자, 가르침과 계율이 사라질 것에 대한 염려 때문.	500	가섭
제2 결집	불멸 후 100년	베살리	8개월	십사十事 논쟁을 계기로 계율을 바로 잡기 위해.	700	야사
제3 결집	불멸 후 약 234년 기원전 310년 아쇼카왕 시대	파탈리푸트라 계원사鷄園寺	9개월	교설의 확장과 승가 화합을 위해.	1000	목갈리 풋타 티샤
제4 결집	약 2세기 카니슈카왕	카슈미르 환림사環林寺		경·율·론 삼장에 대한 주석과 논의 완성을 위해.	500	협존자

★ 대략 제1결집 때는 경, 제2결집 때는 율, 제3결집 때는 논, 제4결집 때는 삼장에 대한 총론이 완성되었다

론의 교리 통일을 위해 협존자(脇尊者, Pārśva)가 상수가 되어 오백 명의 승려가 카슈미르 지방에서 결집하였다. 제4결집은 삼장에 관한 결집이 아니라 주석에 관한 결집이다. 『대비바사론』 200권인 유부 교의가 집대성되었다.

4. 남방불교 4차~6차 결집

아쇼카왕 때 스리랑카에 불교가 최초 전래된 장소는 대사大寺이다. 그런데 200여 년이 지난 후 무외산사無畏山寺가 창건되었는데, 이곳에서 진보파(대승)와 상좌부 교학이 함께 이루어지면서 대사와 무외산사와의 대립이 시작되었다. 기원전 1세기경, 대사의 비구들은 부처님의 가르침이 왜곡되는 것을 염려해 경전을 결집, 문자화함으로써 빨리Pāli 삼장이 성립되었다. 이것이 바로 4차 결집이다. 이 대사파 계통의 불교가 미얀마·태국·캄보디아·라오스 등지로 전파되어 남방불교가 형성되었다. 이후 미얀마에서 5·6차 결집이 있었다.

남방불교의 4차 ~ 6차 결집 (1~3차 결집은 앞의 내용)						
	시기	장소	기간	원인	참가 승려	상수 上首
제4 결집	불멸 후 450년 기원전 94년	아누라다푸라의 대사大寺 (스리랑카)		구전口傳되던 부처님 가르침을 주석서를 참고해 기록함.	500	담마락 키타
제5 결집	1871년	만달라이 (미얀마)	5개월 (암송)	영국 지배에 불교가 사라질 것을 염려해 경전을 재정비하고, 729개의 대리석판에 새겨 450개 불탑에 모심.	2400	자가라 테라
제6 결집	1954~1956년	양곤 (미얀마)	2년 빨리 원문	이전 결집한 원본을 재정비. 빨리어 성전과 주석서를 미얀마 문자로 출판.	2500	레와따 테라

5. 빨리어와 산스크리트어

빨리어Pāli는 언어학적으로 프라크리트(Prākṛta, 방언)로 총칭되는 인도 아리아어의 일종이다. '빨리' 라는 말은 '성전聖典' 이라는 뜻으로, 스리랑카에서 니까야Nikāya를 중심으로 결집된 것을 '빨리 삼장' 이라고 한다. 아쇼카왕의 아들 마힌다 왕자가 스리랑카에 전한 당시 언어와 무관하지 않다. 남방불교에서는 부처님께서 빨리어를 사용하셨다고 하지만, 부처님께서 사용하신 언어는 빨리어도 산스크리트어도 아니다. 부처님께서 주로 활동하셨던 지역은 인도 중부 지방인 마가다국(왕사성)과 코살라국(사위성)으로서 마가다어로 법을 설하셨다. 즉 바라문이나 귀족층들이 쓰던 언어(베다어)가 있었지만, 부처님께서는 당시 민중에 통용되고 있던 서민어, 즉 방언을 사용하셨다. 오늘날 빨리어 경전을 서사하거나 인쇄할 때 각국의 언어를 사용하는데, 혼돈을 피하기 위해 19세기 말에서 20세기 초에 영국의 빨리성전협회(The Pāli Text Society)를 중심으로 빨리어 표준 로마자본(Pāli English Dictionary)이 간행되었다.

산스크리트어(Saṅskṛit, 梵語)는 문법이 뛰어난 고급 언어로 지식인이나 상류층이 사용하던 언어(雅語)이다. 바라문교의 성전인 베다Veda는 산스크리트어의 기원이 된다. 대략 기원전 2세기 무렵부터 고전 산스크리트어로 경전이 편찬되었는데, 대체로 대승불교 경전이 이에 속한다.

스리랑카 · 미얀마 · 태국 등 남방불교에서는 빨리 경전이 유포되어 있으며, 한국 · 중국 · 일본 등 북방불교에서는 산스크리트 경전이 유포되어 있다.

6. 불교를 부흥시킨 아쇼카왕의 업적

마우리아왕조 제3대 왕으로 아쇼카왕의 재위 기간은 B.C 268~232년이다. 인도 동남부 칼링가국을 평정할 때, 수십만의 부하를 잃고 무고한 사람들이 죽어 가는 것을 목격한 뒤, 불교에 귀의해 세계적인 종교로 발전시킨 인물이다.

아쇼카왕은 이후 무력을 쓰지 않을 것을 맹세하고, 정법正法에 맞는 정치를 이상으로 삼았다. 국민들에게 이를 알리기 위하여 전국 각지에 석주石柱를 세웠는데, 이것이 바로 아쇼카왕의 법칙이다. 또한 암벽을 깎아 새긴 마애摩崖법칙이 있다. 이 법칙의 중심 사상은 다음과 같다.

첫째, 인간과 동물의 생명을 함부로 죽이지 말 것. 둘째, 정법에 입각한 인간관계로 부모와 스승에게 순종하고 하인이나 노인에게도 친절할 것. 셋째, 종파를 초월해 모든 수행자에게 공양하고, 주변 사람들에게 아낌없이 보시할 것.

그 이외 인간과 동물을 위한 병원을 세우고, 약초를 재배케 했으며, 가로수를 세우고, 우물을 파 휴게소나 물 마시는 곳을 만들었으며, 죄수를 석방하였다.

불교에 남긴 그의 업적을 살펴보면 다음과 같다.

첫째, 아쇼카왕은 불법의 가르침을 철저히 따르도록 하기 위해 관리를 동원하여 선전하고, 해외 각지에 포교사를 파견하였다. 왕자인 마힌다Mahinda와 딸 상가미따Saṁghamittā를 출가시켜 스리랑카에 파견하였다. 외국에도 포교사절을 보내 간다라 · 캐시미르 · 시리아와 이집트 · 마케도니아까지 불교를 전파하려고 노력했다. 특히 스리랑카에 불교를 전하여 국왕과 4만 명의 신하를 불교에 귀의시킨 일은 교세 확장에 중요한 역할을 하였다.

둘째, 그가 치세하는 도중 승단이 분열되는 것을 막기 위해 수도 파탈리푸트라에서 제3결집을 하도록 승단에 도움을 주었다.

셋째, 『아육왕경』에 의하면 "부처님의 사리탑을 열어서 인도 각 지역에 팔만사천 탑을 세웠고, 승려들에게 많은 사원을 보시했으며, 룸비니 · 녹야원 · 붓다가야 · 쿠시나가라 등 많은 불적을 순례하고 그곳에 탑을 세웠다"는 기록이 전한다. 아쇼카왕이 인도 각지에 세운 사리탑을 중심으로 민중이 불교에 참여할 수 있는 터전을 만듦으로서 대승불교를 부흥시키는 중요 요인이 되었다.

7. 남방불교와 북방불교

	남방불교 (상좌부불교)	**북방불교** (대승불교)
경전	빨리Pāli 삼장	초기·부파불교 경전과 논, 대승경전으로 산스크리트어 원전을 토대로 번역된 한역경전
수행 목적	아라한	부처
불타론	과거 6불六佛, 미래불 석가모니부처님	제불諸佛(누구라도 깨달아 부처가 될 가능성이 있기 때문)
보살론	석가모니부처님이 성불하기 이전, 과거세 수행자	① 이미 깨달음을 이루고 중생을 위해 구제하는 (관음·지장·문수 등) 보살 ② 보리심을 일으킨 모든 보살행자
수행론	사마타·위빠사나	간화선·묵조선·염불선 등등
계율론	율장에 근거한 계율 엄수	지역적인 문화·풍토에 따른 수행과 노동 일여一如, 다선일미茶禪一味 등 일상성의 종교로 계율 일부분이 변형됨
전파 시기	1차 : 아쇼카왕 2차 : 스리랑카 대사大寺에서 기원전 94년에 빨리 삼장이 결집된 이후, 대사파(상좌부) 계통의 불교가 미얀마·태국·캄보디아·라오스 등지로 전파됨으로서 남방불교 형성	중국 후한명제(A.D 67년)때 가섭마등과 축법난이 중국에 도래, 낙양 백마사에 상주하면서 처음으로 『사십이장경』을 번역하였다. 중국은 인도가 아닌 서역으로부터 불교를 받아들였다. 서역이란 현 중앙아시아 지역으로 월지국(현 아프가니스탄), 안식국(현 이란), 강거국(현 시말칸트) 등이다. 이 지역은 당시 무역이 성행했던 실크로드길이다.[123] 한국은 고구려 소수림왕 2년(372년)에 전진왕 부견이 순도順道를 통해 불상과 경전을 보내어 처음으로 전래, 375년에 초문사와 이불란사를 창건했다. 일본은 흠명천황 13년(서기 552년)에 백제에서 불상과 경전을 보냈고, 이후 성덕태자가 불교를 발전시켰다.
현 국가	미얀마·스리랑카·태국·라오스 등	한국·중국·일본·베트남·티베트·몽골 등

---

123 실크로드란 동서무역로를 말하는데, 장안·낙양 – 타림분지 – 서아시아·중앙아시아에 걸친 무역길이다.

8. 불교가 인도에서 쇠퇴한 원인

인도에서 불교가 쇠퇴한 원인은 매우 다양하고, 인도불교사를 연구한 학자들마다 견해가 조금씩 다르다.

첫째, 대승불교가 인도의 민간신앙인 탄트라를 채용해 밀교화되어 점점 좌도 밀교적인 경향으로 타락하였다는 점.

둘째, 지나치게 학문적인 불교였다는 점.

셋째, 계율이 엄격한 출가 교단을 가지지 못했다는 점.

넷째, 교단이 사유재산을 가지고 안일한 생활에 빠져 있어 민중과 함께하지 못했다는 점.

다섯째, 8세기 이후~13세기까지 회교도의 우상숭배라는 명목으로 사원이 파괴당하고 승려가 살해당함.

여섯째, 인도의 모든 종교는 사성(카스트) 계급이 존중되었다. 계급 제도를 반대했던 불교는 인도 사회에서 존속하기 힘들었다는 점.

경전 내용의 형식과 특징

불교는 3장(三藏, 經·律·論)과 12분교十二分教로 구성되어 있다. 십이분교란 12분경十二分經이라고도 하며, 경전의 서술 방식이나 내용 형식을 12가지로 분류한 것이다.

① 계경(契經, Sūtra)은 길게 쓴 산문체의 경전을 말하며, 경전 서술의 주된 기본이다.
② 응송(應頌, Geya)은 앞에서 서술한 산문 뒤에 시구 형식의 게송(韻文)으로 거듭 설한 것을 말한다.
③ 기별(記別, Vyākaraṇa)은 서로 묻고 대답하는 가운데 법의 진리를 아는 것인데, 후대에 부처님께서 제자에게 부처가 될 것이라는 수기授記로 변하였다.
④ 풍송(諷頌, Gāthā)은 게타 혹은 가타伽陀라고 하며, 게송이다. ②응송이 앞의 내용을 요약한 게송이라면, 풍송은 단독의 시구 형식으로 고기송孤起頌이라고 한다. 즉 앞 산문의 글과 전혀 다른 내용을 읊기도 한다.
⑤ 무문자설(無問自說, Udāna)은 묻지도 않았는데, 부처님께서 감흥을 받아 설하신 가르침을 말한다.
⑥ 인연(因緣, Nidāna)은 연기緣起라고도 하며, 교법이 일어나는 인연과 연기를 밝힌 것이다. 즉, 누군가 계를 범한 사람이 있으면, 그 계에 대해 설하게 된 동기나 까닭을 서술한 것이다.
⑦ 비유(譬喻, Avadāna)는 교훈적인 내용을 쉽고 분명하게 서술한 것이다.
⑧ 본사(本事, Itivṛttaka)는 부처님 제자들의 과거 전생의 수행담을 서술한 것이다.
⑨ 본생(本生, Jātaka)은 부처님의 과거 전생 보살행을 서술한 것이다.
⑩ 방광(方廣, Vaipulya)은 방등方等이라고도 한다. '방方'은 이치가 매우 바

른 것을 말하고, '광廣'은 문장이 매우 풍부한 것을 말한다. 부처님의 가르침이 논리적으로 뛰어나고, 깊은 철학적 의미를 띠고 있다는 뜻이다. 이 방광은 대승경전을 통칭하기도 한다.
⑪ 미증유법(未曾有法, Adbhuta-dharma)은 희유법希有法이라고도 하며, 부처님이 위신력으로 부사不思議한 일을 나타내 보인 것을 말한다.
⑫ 논의(論議, Upadeśa)는 문답 형식으로 되어 있으며, 진리의 이치를 명백히 밝히고 논한 것이다.

먼저 불교를 9분교로 나누었는데, 후에 ⑥인연 ⑦비유 ⑫논의를 포함시켜 12분교로 세분화하였다. 빨리 삼장에서는 9분교로만 구분하고, 산스크리트 한역경전에서 12분교로 구분하였다.
①계경과 ③기별은 서사형식의 글에 속하고, ②응송과 ④풍송은 당시 노래처럼 읊었던 것으로 송영頌詠 문학에 속하며, ⑤무문자설은 감동문, ⑥인연 ⑧본사 ⑨본생은 설화 형식의 글, ⑦비유는 비유문학, ⑩방광은 방대하고 철학적인 논리구조 ⑪미증유법은 신비적인 표현, ⑫논의는 비평과 논술 형식이다. 이와 같이 경전은 문학적인 특성을 겸비하고 있다.

경전의 짜임새

첫째, 몇 경전을 제외하고 모든 경전이 장항長行(契經)과 게송偈頌으로 구성되어 있다. 즉 산문체로 된 장항 부분이 있고, 장항의 내용을 다시 되풀이하여 게송으로 설한 중송분重頌分이 있다.
둘째, 대다수 경전이 서분序分·정종분正宗分·유통분流通分의 구조를 이룬다.
　① 서분(서론)은 경經을 설하게 되는 동기 부분이다(教起因緣分).
　② 정종분(본론)은 경전의 핵심 내용이다(聖教所說分).
　③ 유통분(결론)은 경전을 수지하고 독송·해설·서사하는 공덕을 언급하며, 경전이 널리 유포되고 미래에 오래도록 전하기를 당부하는 부분이다(依教奉行分).

경전 독송 시작하고 끝날 때의 게송

경전 독송을 시작할 때

개경게開經偈

무상심심미묘법 無上甚深微妙法　백천만겁난조우 百千萬劫難遭遇
아금문견득수지 我今聞見得受持　원해여래진실의 願解如來眞實義

위없이 깊고 깊은 미묘한 부처님의 가르침,
백천만겁 지내도록 만나기 어려운데
내가 이제 보고 듣고 지니오니
부처님의 진실한 뜻 알기를 간절히 원합니다.

개법장진언開法藏眞言

옴 아라남 아라다 (3번)

경전 독송을 끝낼 때

원이차공덕 願以此功德　보급어일체 普及於一切
아등여중생 我等與衆生　당생극락국 當生極樂國
동견무량수 同見無量壽　개공성불도 皆共成佛道

이러한 공덕이
저와 모든 중생에게 두루 미치어
반드시 극락세계에 태어나
다함께 무량수 부처님을 친견하옵고
모두 다 성불하기를 원합니다.

찾아보기

| 경전명 |

ㄱ

『관무량수경(觀經)』 378
「관세음보살보문품(觀世音菩薩普門品)」=관음품 366, 404
『금강능단반야바라밀경(金剛能斷般若波羅蜜經)』 257
『금강반야바라밀경(金剛般若波羅蜜經)』 244, 257

ㄴ

『나선비구경(那先比丘經)』 232
『나운인욕경(羅云忍辱經)』 151
남본(南本) 410, 434
『남전대장경(南傳大藏經)』 22, 41, 166, 204
『능가경(楞伽經)』 256, 454
『능단금강반야바라밀다경(能斷金剛般若波羅蜜經)』 257
니까야(Nikāya) 168, 169

ㄷ

『담마빠다(Dhammapāda)』 41, 61
『대반니원경(大般泥洹經)』 434
『대반열반경(大般涅槃經)』=『유행경(遊行經)』 190, 433, 434
『대방광불화엄경(大方廣佛華嚴經)』=『마하 바이플라 붓다 아바탐사카 수트라(Mahā-vaipulya-buddha-avataṃsaka-sūtra) 290, 350, 351, 355
『대방광원각수다라요의경(大方廣圓覺修多羅了義經)』 456, 471
『대방편불보은경(大方便佛報恩經)』 87
『대보적경(大寶積經)』 378, 452
『대승열반경(大乘涅槃經)』 190
디가 니까야(Digha-nikāya)=장부(長部) 경전=장아함 168, 202

ㅁ

『마하반야바라밀대명주경(摩訶般若波羅蜜大名呪經)』 242
『마하빠리닙바나숫따(Mahā-parinibbāna-Suttanta)』 190
맛지마 니까야(Majjhima-nikāya)=중부(中部) 경전=중아함 168
『맹귀경(盲龜經)』 160
『묘법연화경(妙法蓮華經)』 380, 405
『무량수경(無量壽經)』 367, 377
『밀린다왕문경(Milind-pañhā)』=『나선비구경』 208, 231, 232

ㅂ

『바즈라체디카 프라즈냐 파라미타 수트라

(Vajracchedikā Prajñā-Pāramitā sūtra)』=『금강경』 256

『반야경(般若經)』 240, 287, 377, 405, 454, 511, 523

『반야바라밀다심경(般若波羅密多心經)』=『반야심경』 167, 236~238, 240~242

『방등경(方等經)』 422, 435

『범망경(梵網經)』 131, 168

「범행품(梵行品)」 425, 426, 516

『법구경(法句經 Dhammapāda)』 38, 39, 55, 61, 62, 137, 166, 167, 169, 514

『법구비유경(法句譬喩經)』 62

『법집요송경(法集要頌經)』 62

『법화경(法華經 Saddharma-puṇḍarīka)』=『妙法蓮華經』 167, 258, 285, 366, 389, 391~393, 397~399, 402, 405, 406, 408, 436, 452, 454, 511, 520, 523

『보살영락본업경(菩薩瓔珞本業經)』 131

『보성론(寶性論)』 447, 454

「보왕여래성기품(寶王如來性起品)」 351

『보현행원품(普賢行願品)』 363, 365, 366, 518

『본생담(本生譚 Jātaka)』 169, 533

『부모은중경(父母恩重經)』=『불설대보부모은중경(佛說大報父母恩重經)』 505, 510, 511

「부사의품(不思議品)」 277, 278, 286

북본(北本) 434

『불반니원경(佛般泥洹經)』 191

『불설선생자경(佛說善生子經)』 202

『불설성불모반야바라밀다심경(佛說聖佛母般若波羅蜜多心經)』 242

『불설시가나월육방예경(佛說尸迦羅越六方禮經)』 202

『불유교경(佛遺敎經)』=『불수반열반약설교계경(佛垂般涅槃略說敎誡經)』 503

불조삼경(佛祖三經) 503

『사분율(四分律)』 169

『사십이장경(四十二章經)』 473, 491, 503, 530

상응부 경전(相應部經典)=쌍윳따 니까야(Samyutta-nikāya) 168, 169

『상적유경(象跡喩經)』 108

『서역기(西域記)』 285

『선생경(善生經)』=『육방예경』 194, 202

『설무구칭경(說無垢稱經)』 286

소부경전(小部經典)=쿳다카 니까야(Khuddaka-nikāya) 38, 61, 169, 232

『소승열반경(小乘涅槃經)』 190

『수카바티 브유화 Sukhāvatī-vyūha』=『무량수경』 377

『숫타니파타(Suttanipāta)』 22, 38, 39, 61, 166, 167, 169

『승만경(勝鬘經)』=승만사자후일승대방광방편경(勝鬘獅子吼一乘大方廣方便經)=승만사자후일승방편경(勝鬘獅子吼一乘方便經) 407, 450~454, 523, 524

「십지품(十地品)」 308~312, 314~316, 318, 320, 351, 353, 517

○

『아미타경(阿彌陀經, 小經)』 371, 378

앙굿따라 니까야(Aṅguttara-nikāya)=증지부(增支部) 경전=증일아함 69, 70, 73, 77~79, 83, 86, 88, 89, 94, 101, 104, 107, 112, 130, 135, 136, 148, 152, 153, 156~158, 163, 168, 169, 511

「여래출현품(如來出現品)」 323, 353

『열반경』=大般涅槃經, 大般泥洹經 354, 407, 413, 418, 421~436, 447, 453, 454, 511, 520, 524
『염처경(念處經)』 119~121, 125, 127
『오분율(五分律)』 88, 169
『우다나품(Udāna-varga)』 62
『위산대원선사경책문(潙山大圓禪師警策文)』 503
『원각경(圓覺經)』=『대방광원각수다라요의경(大方廣圓覺修多羅了義經)』 366, 407, 454, 471, 521
『원각경대소초(圓覺經大疏鈔)』 472
『유가론(瑜伽論)』=『유가사지론(瑜伽師地論)』 131
『유교경(遺敎經)』=『불수반열반약설교계경(佛垂般涅槃略說敎誡經)』 486, 494, 503
『유마경(維摩經 Vimalakīrti-nirdeśa-sūtra)』=『유마힐경(維摩詰經)』=『유마힐소설경(維摩詰所說經)』 240, 266, 285, 287, 288, 315, 447, 452
『유일마니보경(遺日摩尼寶經)』 240
『유행경(遊行經)』=『열반경(涅槃經)』 172, 191, 433
『육방예경(六方禮經)』 168, 194, 201, 202
「입법계품(入法界品)」 327, 329, 332~339, 341~343, 347, 349, 351, 353, 518
「입불이법문품(入不二法門品)」 283, 286, 315

ㅈ

『자설경(自說經 Udāna)』 169
『잡아함경(雜阿含經)』 107, 145, 167, 169
장부 경전(長部經典)=디가 니까야(Digha-nikāya) 168, 191, 202
『장로게(Theragāthā)』 169
『장로비구니게(Therīgāthā)』 169
『장아함경(長阿含經)』 168, 169
『정법화경(正法華經)』 405
중부경전(中部經典)=맛지마 니까야(Majjhima-nikāya) 168
『중아함경(中阿含經)』 167, 169
『증일아함경(增一阿含經)』 168, 169, 511
증지부경전(增支部經典)=앙굿따라 니까야(Aṅguttara-nikāya) 169

ㅊ

『첨품묘법연화경(添品妙法蓮華經)』 405
『청정도론(淸淨道論)』 233
『출요경(出曜經)』 62, 137

ㅍ

『프라즈냐 파라미타 흐리다야 수트라(Prajñā-pāramitā-hṛdayà-sūtra)』=『반야심경』 240

ㅎ

『화엄경(華嚴經)』=대방광불화엄경 131, 167, 323, 350~354, 366, 407, 454, 471, 511, 516, 523

| 인명 |

ㄱ

감로반왕(甘露飯王 Amitodana) 77
곡반왕(斛飯王 Dhotodana) 77
관세음보살(觀世音菩薩)=관음보살 236, 328, 340, 403, 404, 530
관정(灌頂) 408
구마라집(鳩摩羅什) 242, 244, 257, 262, 286, 380, 405, 406, 494, 503, 523

ㄴ

나가세나(那伽犀那 Nāgasena)=龍軍 205, 206, 232, 233
난다(Nanda) 77

ㄷ

대광왕(大光王) 337
대자재천왕(大自在天王) 319
덕생 동자(德生童子) 328, 342
덕수 보살(德首菩薩) 293
덕운 비구(德雲比丘) 327

ㄹ

리스 데이비스(Rhys Davids) 166

ㅁ

마명(馬鳴 Aśvaghoṣa) 523
마승(馬勝 Assaji) 69, 75
마야부인(摩耶夫人 Mahāmāyā) 81, 328, 511
마조(馬祖) 288, 315
마하나마(Mahamana) 77, 78, 144, 155
마하파자파티(Mahā-prajāpatī)=구담미 142~145
마힌다(Mahinda) 528, 529
문수 보살(文殊菩薩) 290~299, 326~329, 344, 347, 353, 365, 393, 394, 396, 398
미륵 보살(彌勒菩薩) 147, 328, 344~347, 365

ㅂ

반야삼장 352
반특(Panthaka) 135, 136
발제(跋提 Bhaddiya) 77, 78
방거사(龐居士) 288
백반왕(白飯王 Sukkodana) 77
백장(百丈) 288
법장 비구(法藏比丘) 367, 368, 375~378
보광여래(普光如來) 438, 451
보수 보살(寶首菩薩) 292, 293
보현 보살(普賢菩薩) 320, 321, 323, 324, 327, 347, 348, 353~356, 364, 365, 371
불타다라(佛陀多羅)=覺救 456, 472
불타발타라(覺賢) 290, 351, 355
붓다고사(Buddhaghosa) 233
비로자나불(毘盧遮那佛, 光明遍照 Vairocana) 352, 361

ㅅ

산자야(sañjaya) 69, 185
상불경 보살(常不輕菩薩) 401, 402
선재 동자(善財童子) 326~329, 332~338, 340~342, 344~348, 353, 355, 356
설산 동자(雪山童子) 422
세자재왕(世自在王) 367, 368, 375, 377
세존(世尊) 66~73, 76~84, 86, 90, 92, 99, 100, 101, 106, 108, 128, 129, 134, 136, 139, 142, 143, 144, 151, 152, 153, 156, 159, 161, 162, 171, 173, 174, 177, 178 ~188, 213, 223, 224, 243, 245, 247, 251~254, 265, 270, 361, 367~369, 381, 385, 391, 395, 406, 411, 413, 415, 441, 443~445, 447~449, 457, 473, 474, 500, 505
세친(世親 Vasubandhu) 522, 523

소명태자(昭明太子) 257
승만부인(勝鬘夫人) 437, 438, 440~442, 444, 445, 447~449, 451, 453
승열 바라문(勝熱婆羅門) 334
실차난타(喜學) 352
십대제자(十大弟子) 64, 74, 87, 88, 91
   지혜제일 사리불(舍利弗 Sāriputta) 68~75, 88, 89, 91, 92, 148, 149, 150, 157, 170, 213, 265, 267, 268, 278~381, 384, 385, 395
   신통제일 목련(目連 Moggallāna) 68~77, 89, 92, 170, 386, 512
   두타제일 가섭(迦葉 Kassapa) 69, 79~81, 88, 91, 92, 188, 189, 268, 386~388, 413, 415, 524, 526
   천안제일 아나율(阿那律 Ānuruddhā) 75, 77~79, 91, 92, 134, 135, 146~148, 170, 189, 500
   해공제일 수보리(須菩提 Subhūti) 81, 82, 91, 93, 243~256, 269, 386
   설법제일 부루나(富樓那 Pūṇṇa) 74, 75, 91, 93, 269, 270
   논리제일 가전연(迦旃延 Kaccāna) 83, 84, 86, 91, 93, 106, 107, 141, 386
   계율제일 우바리(優婆離 Upāli) 78, 86~88, 91, 93, 270, 271, 524
   밀행제일 라훌라(Rāhula) 69, 88~91, 93, 94, 128~130, 148~151, 170, 413
   다문제일 아난(阿難 Ānanda) 69, 71, 75~78, 88, 91, 94, 111, 112, 132, 136, 143, 144, 156, 159, 162, 170, 172~175, 178, 179~187, 191, 192, 377, 505~507, 524

아미타불(阿彌陀佛) 365, 367, 370, 371, 373, 377~379, 518, 519
아사세(阿闍世 Ajātasattu) 172, 526
아쇼카왕(無憂樹 Aśoka)=아육왕 202, 522, 523, 526, 528, 529, 530
야쇼다라(Yaśodharā) 88
약왕 보살(藥王菩薩) 391, 392
여래(如來) 66, 67, 71, 73, 74, 82, 84~87, 104, 109, 111, 134, 160, 178~181, 183~186, 193, 225, 243, 245, 246, 248~253, 259, 265, 281, 284, 291, 294, 296, 297, 305, 308, 311, 315~318, 320~325, 330~332, 337, 340, 342, 353, 355, 358, 362, 367, 368, 377, 387, 388~393, 398~400, 403, 407, 413, 414, 418, 419, 422, 424, 425, 434, 435, 437, 443, 446, 447, 449, 450, 453, 458, 460, 500, 501, 515, 516, 518
여래10호(如來十號) 67
여산 혜원(慧遠) 379
연등불(燃燈佛) 250, 251, 399
올덴베르그(H. Oldenberg) 166
왕유(王維) 288
우발화색 비구니(優鉢華色比丘尼) 82
우칭왕(友稱王) 451
유덕 동녀(有德童女) 328, 342
유리 태자(Viḍūḍabha) 154~156
육조혜능(六祖慧能) 247, 256, 260, 435
율장(律藏) 168, 525, 530
의천(義天) 408
일련(日蓮) 408

정반왕(Suddhodana) 77, 88, 89

제바달다(提婆達多) 91, 94, 152, 153, 393, 408
제석천인(帝釋天人) 422, 423
제파(提婆) 241, 523
주리반특(周利槃特) 135, 136
지겸(支謙) 38, 62, 286, 378
지바카(Jivaka) 78
진제(眞諦) 257

ㅊ

차나 비구(車那比丘) 156, 187
천태지의(天台智顗) 406, 408
청원유신(靑原惟信) 260
최징(最澄) 408
축불념(竺佛念) 137, 169
춘다(Cunda) 181~183, 190, 192, 193, 414
친란(親鸞) 511

ㅋ

카니슈카왕(Kaniṣka) 522, 526

ㅌ

탄허(呑虛) 471

ㅍ

파사익왕(Pasenadi) 154, 189, 451

ㅎ

해운 비구(海雲比丘) 329, 330

현수 보살(賢首菩薩) 297
현장법사(玄奘法師) 236, 241, 257, 285, 286, 351, 353
혜관(慧觀) 410, 434
혜엄(慧嚴) 410, 434
휴사 우바이(休捨 優婆夷) 328, 333
흑암녀(黑暗女)·공덕천(功德天) 420, 421

| 일반 |

9분교(九分敎) 97, 533
10종대은(十種大恩) 512
25유(二十五有) 461
53선지식(五十三善知識) 327, 328

ㄱ

가지(加持) 316, 318
계본(戒本) 444
간다라(Gandhāra, 현재 라호르핀디 지방의 페샤와르 지역) 61, 231, 529
객진(客塵 āgantuka) 449
갠지스(Ganges 갠지스강가) 249, 251, 254, 255
겁탁(劫濁) 383, 384
견탁(見濁) 384
견화경(見和敬) 306
결업(結業) 195
결집(結集) 88, 168, 201, 233, 266, 522, 524, 526, 527, 529, 530
경안(輕安, passaddhi) 133
경장(經藏) 97
계금취견(戒禁取見) 131

계율(戒律 vinaya) 131, 145~147, 151, 152, 165, 175, 176, 186, 187, 191, 216, 217, 227, 265, 271, 305, 306, 309, 336, 396, 397, 413~416, 419, 425, 438, 444, 452, 458, 487, 488, 492~ 496, 504, 524, 526, 530, 531

계행(戒行) 205, 216, 217, 263, 264, 266, 288, 359, 413

계화경(戒和敬) 306

고고(苦苦) 101

고성제(苦聖諦 dukkha-sacca) 102, 103, 311, 500

고집멸도(苦集滅道) 239

고행(苦行) 25, 104, 106, 133, 359, 394, 422, 428, 496

공(空) 81, 82, 99, 116, 208, 238, 239, 240, 241, 257, 267~269, 282, 287, 292, 299, 301, 304, 313, 314, 393, 419, 423, 454, 468

공덕(功德) 394, 399, 403, 404, 408, 421, 428, 437, 439, 440, 441, 443, 450, 472, 477, 492, 495~497, 500, 516, 518, 519, 520, 534

공무변처(空無邊處) 72, 187, 188, 461

공무해탈문(空無解脫門) 82

공성(空性) 237, 260, 454

공업(共業) 431

공적(空寂) 81

공지문(空智門) 314

과보(果報) 32, 38, 54, 70, 85, 112~117, 129, 130, 176, 195, 205, 229, 230, 233, 274, 290, 292~294, 305, 381, 417, 430, 431, 461

관찰(sati, 알아차림) 118~128, 130, 132, 136, 150

괴고(壞苦) 101

교종(敎宗) 288

구경각(究竟覺) 125, 126, 466

구경법신(究竟法身) 446

구경일승(究竟一乘) 446

구부득고(求不得苦) 103

구역(舊譯) 352, 353

구원실성(久遠實成) 399, 407

구자무불성(狗子無佛性) 436

구족계(具足戒) 144, 186, 205, 271, 444

구화경(口和敬) 306

궁자(窮子) 386, 406

극락도(極樂圖) 371

금강(金剛) 301, 414

금강역사(金剛力士) 372

금강주(金剛珠) 417

기수급고독원(祇樹給孤獨園기원정사) 68, 79, 91, 96, 98, 99, 103, 109, 115, 128, 130, 136, 138, 141, 145, 151, 157, 160

낙바라밀(樂波羅蜜) 448

난승지(難勝地) 308, 311, 312, 319

녹야원(鹿野苑) 64, 67, 94, 100, 102, 103, 473, 529

니르바나(nirvāṇa) 433

닙바나(nibbāna) 433

다자탑전분반좌(多子塔前分半坐) 80

단선근(斷善根) 413

대기설법(對機說法) 170

대방광(大方廣) 350, 471

대비(大悲) 297, 462

대비심(大悲心) 274, 275, 303, 331, 383

대비행(大悲行) 340

대성문(大聲聞) 74
대승(大乘 Mahāyāna) 270, 279, 303, 308
대승계(大乘戒) 202
대승불교(大乘佛敎) 240, 286
대승비불설(大乘非佛說) 493
대일여래(大日如來) 353
대자(大慈) 337, 338
대자관문(大慈觀門) 341
대자당행(大慈幢行) 338
대자력(大慈力) 338
대자행(大慈行) 338
도과(道果) 473, 486, 488
도리천(忉利天) 81, 422, 461, 511
도성제(道聖諦 magga-sacca) 102, 104, 312, 501
도피안(到彼岸) 241, 257
돈교(頓敎) 354
돈오견성(頓悟見性) 453
동사섭(同事攝) 311
두타(頭陀) 79, 92

ㄹ

리차비족(Licchavi) 177, 178, 189

ㅁ

마왕(魔王) 224, 273, 274, 334, 395, 398, 452
막착언설(莫着言說) 288
만선성불(萬善成佛) 382
말라족(Mallā) 188, 189, 192
멸도(滅度) 190, 239, 287, 433
멸성제(滅聖諦 nirodha-sacca) 102, 104, 312, 501
멸진정(滅盡定) 72, 188, 267, 268

명행족(明行足) 66, 67
무구세계(無垢世界) 396
무량광불(無量光佛) 377
무량수불(無量壽佛) 377
무루(無漏) 282, 398
무명(無明) 27, 109, 110, 112, 218, 237, 239, 274, 282, 313, 334, 343, 410, 456, 457, 466, 480, 499, 502
무명주지(無明住地) 445
무상(無常) 58, 70, 81, 95, 98, 99, 100, 101, 108, 111, 128, 138, 149, 191, 192, 218, 266, 271, 292, 310, 410, 411, 413, 422, 424, 445, 481, 492, 501, 520
무상(無相) 312, 314
무상(無上, anuttarā) 244
무상사(無上士) 66, 67
무상승(無上乘) 328, 490
무상천(無想天) 461
무상해탈문(無相解脫門) 313
무색유(無色有)=무색계(無色界) 104, 110, 111, 461
무생법인(無生法忍) 283, 303, 315, 316, 319, 373, 375
무소득(無所得) 258
무소유처(無所有處) 72, 188, 461
무수무증(無修無證) 487
무심정(無心定) 268
무아(無我, 無自性) 81, 82, 95, 99, 149, 208, 218, 238, 255, 259, 411, 412, 454
무여열반(無餘涅槃) 147, 183
무원해탈문(無願解脫門) 314
무위(無爲) 79, 282
무위법(無爲法) 278
무유애(無有愛 vibhava-taṇhā) 111

무유정법(無有定法) 246, 258, 259
무주상(無住相) 245, 257
무주상보시(無住相布施) 258
무진등(無盡燈) 273, 274
미얀마(Myanma) 232, 525, 527, 528, 530
밀교(密敎) 353, 522~524, 531

ㅂ

바라나시(Bārānasi, 카시의 수도, 현재 베나레스) 64, 94, 100, 103
바라문(Brāhman) 25, 26, 31, 32, 40, 87, 96, 97, 141, 142, 153, 154, 172, 174, 176, 189, 198, 199~201, 328, 334, 335, 361, 420, 528
바라문교 201, 474, 528
바라밀(波羅蜜) 439, 441, 442
바라밀문(波羅蜜門) 359
바르나(Varna) 87
바른 견해(正見) 43, 105, 106, 107, 133
바른 노력(正精進) 105, 133
바른 말(正語) 105, 133, 162
바른 사유(正思惟) 105, 127, 133
바른 삼매(正定) 105, 133
바른 생활(正命) 133, 162, 334
바른 알아차림(正念) 133
바른 행위(正業) 105, 133, 162
바이샬리(Vaiśāli) 266
반야(般若) 236~239, 242, 287, 305, 337, 348, 433, 466, 523
반야바라밀다(般若波羅密多) 236, 237, 239, 241
반열반(般涅槃) 70, 73, 190
발광지(發光地) 310, 311, 319
발심(發心) 329, 335, 359, 361, 364, 469, 516

방편(方便) 79, 103, 104, 264, 265, 272, 287, 297, 304, 310, 315, 316, 319, 320, 329, 334, 337, 338, 341, 342, 346, 348, 360, 370, 382, 384~390, 399, 400, 401, 407, 411, 413, 419, 424, 428, 431, 434, 442, 446, 457, 458, 465, 466, 472, 478, 490, 521
백마사(白馬寺) 367, 378, 491, 530
백우거(白牛車)=大車 385, 386
백중(百種, 百中) 512
번뇌신(煩惱身) 447
번뇌즉보리(煩惱卽菩提) 282, 287
번뇌탁(煩惱濁) 383, 384
범단법(梵檀法) 156, 187
범행(梵行) 68
법(法, ⓟ dhamma ⓢ dharma) 68, 72~75, 78~80, 82, 85, 86, 88, 91, 96~99, 101, 108, 109, 114, 118, 121~125, 127, 128, 130, 132~135, 142, 143, 147, 152, 153, 155, 160, 165, 170, 173, 175, 177, 181, 184, 195, 198, 199, 237~239, 246, 247, 249, 250, 251, 257, 259, 266, 269~280, 283, 284, 294, 296~298, 302, 303, 308, 309, 314~326, 330~334, 337~339, 342~344, 346, 348, 358, 360, 361, 375, 381~389, 393~399, 402, 403, 406, 411, 413, 415, 416, 419, 420, 422, 423, 440, 442, 446, 448, 449, 457, 458, 462~464, 466, 469, 474, 480, 483, 499, 511, 520, 523, 528, 532
법계(法界) 97, 109, 241, 305, 307, 327, 333, 348, 353, 357, 358, 463, 466, 517
법계장(法界藏) 449
법념처(法念處) 121, 126
법락(法樂) 273
법무애지(法無碍智) 317, 462

법보(法寶) 306, 307, 446
법보시(法布施) 72, 253, 258, 274
법비(法雨) 318, 319, 424
법상(法相) 246
법수(法數) 168, 295, 296
법신(法身) 82, 134, 184, 241, 252, 297, 301, 314, 321, 337, 392, 395, 411, 414, 419, 424, 433, 434, 436, 443, 446~448, 501, 504
법신상주(法身常住) 436
법신장(法身藏) 449
법안(法眼) 344
법운지(法雲地) 308, 318, 319
법주법계(法住法界) 108
법체(法體) 188, 189, 192
베다(Veda) 87, 233, 420, 474, 528
베살리(🅟 Vesālī, 🅢 Vaiśālī 비야리성, 밧지의 리차비족 수도, 현재 바이샤리) 98, 159, 161, 174, 177, 180, 181, 189, 190, 265, 266, 271, 274, 285, 286, 524, 526
변상도(變相圖) 512
변성성불(變性成佛) 396, 452, 453
변이생사(變異生死) 445
변재(辯才) 73, 279, 303, 316, 317, 319, 348, 357, 394
보리심(菩提心) 243, 244, 253, 263, 272~274, 288, 300~303, 308, 320, 325, 327~331, 333, 337, 340, 342~346, 353, 358, 362, 365, 366, 368, 371, 373, 377, 394, 397, 487, 519, 530
보문(普門) 330
보문성(普門城) 347
보살심(菩薩心) 282
보시섭(布施攝) 309
보안법문(普眼法門) 332

복덕장(福德藏) 336
본성(本性) 24, 116, 238, 279, 290, 292~294, 316, 317, 320, 325, 427, 428, 434, 435, 448, 451, 454, 466, 471
본심(本心) 400, 468
본원(本願) 377
본제(本際) 448
본지(本地) 406
본체(本體) 362, 406, 448, 457, 465, 471
부동지(不動地) 303, 308, 316, 319
부정관(不淨觀) 128, 304, 337, 426
부정관문(不淨觀門) 341
부파불교 452, 454, 523, 524, 530
불가촉천민(不可觸賤民) 87
불고불락(不苦不樂) 95, 132
불공법(不共法) 318, 461
불국토(佛國土) 246, 247, 259, 262, 263, 265, 297, 308, 314, 343, 350, 368, 370, 371, 372, 519
불법(佛法) 51, 159, 160, 233, 250, 251, 261, 273, 281, 287, 295, 296, 297, 299, 301, 303, 312, 316, 328, 332, 344, 346, 366, 413, 431, 438, 439, 443, 451, 487, 492, 529
불법승(佛法僧) 97, 145, 187, 413
불보(佛寶) 306, 307
불생(不生) 311, 315, 523
불성(佛性) 167, 354, 407, 416~418, 422, 424, 425, 427, 430, 434
불세존(佛世尊) 66, 67, 408
불이법문(不二法門)=불이사상(不二思想) 282, 283, 285, 288, 315
불지견(佛知見) 382
불환과(不還果) 131

비상비비상처(非想非非想處) 72, 188, 461
비식(鼻識) 98, 110
빠리니르바나(般涅槃, parinirvana) 433
빨리성전협회(The Pāli Text Society) 528

ㅅ

사견(四見) 244
사경(寫經) 242, 258, 324, 364, 365, 405, 512
사고(四苦) 192, 383
사구게(四句偈) 55, 247, 253, 254, 514
사념처(四念處, cattāro satipaṭṭhānā) 125, 126, 127, 131, 132, 179, 180, 281
사다함(Sakadāgāmi, 一來果) 130, 131, 148
사대(四大, 地·水·火·風) 81, 110, 119, 126, 149, 150, 159, 233, 267, 275, 292, 362, 431, 432, 458, 459, 472
사띠(sati) 105, 118, 119, 120, 121, 124, 125~127, 133, 150, 162, 179, 214
사라쌍수곽시쌍부(沙羅雙樹槨示雙趺) 80
사랑(慈心) 23, 27, 28, 34, 54, 56, 67, 97, 103, 114, 129, 157, 179, 184, 198, 213, 272, 275, 294, 297, 310, 330, 336, 338, 340, 414, 421, 424, 425, 427, 463, 465, 469, 482, 509
사마타(samatha, 止·禪定) 458, 530
사무량심(四無量心, 慈·悲·喜·捨) 128~130, 263, 296, 414, 424
사무소외(四無所畏)=사무외(四無畏) 446, 462
사무애지(四無碍智-法·義·辭·樂說無碍智)= 사무애변(四無碍辯) 317, 319, 462
사문(沙門, ㊞ samaṇa, ㊞ śramaṇa) 25, 69, 70, 78, 83, 91, 92, 97, 115, 130, 164, 176, 189, 198~201, 241, 266, 288, 474, 477~480, 484,
486, 488, 489
사법계(四法界) 354
사법인(四法印) 101
사사무애법계(事事無碍法界) 354
사상(四相) 244
사생(四生) 361, 505
사선정(四禪定) 187, 188, 217
사섭법(四攝法, 布施·愛語·利行·同事攝) 272, 303, 309, 310, 311, 319, 340, 439
사성(四姓, caste 카스트) 87, 141, 142, 531,
사성제(四聖諦, Cattāo-ariya-sacca)=四諦 38, 39, 65, 102~105, 110, 125, 126, 132, 138, 160, 170, 192, 218, 237, 311, 319, 383, 411, 473, 500, 501, 504
사신족(四神足, cattāro iddhipānā)=사여의족(四如意足) 70, 132, 180
사쌍팔배(四雙八輩) 131
사위성(舍衛城, ㊞ Sāvatthi, ㊞ Sāvasti 코살라국 수도, 현재 사헤트마헤트) 68, 79, 91, 96, 98, 99, 103, 109, 112, 115, 128, 130, 136, 138, 141, 145, 151, 154, 157, 160, 189, 256, 528
사위의(四威儀) 288, 441
사유(思惟, vīmaṁsa) 82, 84, 105, 109, 112, 127, 129, 130, 132, 133, 136, 146, 147, 152, 153, 170, 224, 233, 314, 338, 457~499
사정근(四正勤, cattāro sammappadhānā) 132, 180
사향사과(四向四果) 130, 131
삭발염의(削髮染衣) 271, 288
산스크리트(sanskrit) 89, 167, 202, 232, 236, 240, 241, 244, 256, 266, 285, 286, 350, 352, 377, 433, 447, 472, 503, 528, 533
산시산 수시수(山是山水是水) 260, 261

삼거(三車, 三乘) 386
삼결(三結) 130, 131
삼계(三界) = 욕계(欲界)·색계(色界)·무색계(無色界) 131, 150, 266, 267, 276, 288, 300, 313, 314, 318, 330, 343, 376, 385, 386, 398, 407, 436, 505, 517
삼계화택(三界火宅) 385, 386
삼념주(三念住) 462
삼독(三毒, 貪·嗔·痴) 44, 130, 140, 228, 279, 281, 295, 300, 301, 306, 309, 314, 327, 376, 384, 385, 398, 417, 418, 425, 426, 427, 466
삼매(三昧) 71, 81, 105, 107, 126, 133, 146, 147, 263, 305, 308, 315, 318, 330, 332, 335, 339, 346, 347, 370, 374, 402, 424, 445, 457, 461
삼명(三明, 천안·숙명·누진통) 67, 75
삼법인(三法印) 95, 98, 101, 167, 192, 319
삼보(三寶, 佛·法·僧) 187, 301, 302, 306, 311, 344, 362, 413, 506, 512
삼삼매(三三昧, 空·無相·無願) 314
삼선정(三禪定) 187, 188
삼승(三乘) 381, 383, 384, 390, 445, 446, 451
삼승방편(三乘方便) 407
삼십이상(三十二相) 263, 314, 364, 396, 462
삼십칠보리분법(三十七菩提分法) = 삼십칠조도품(三十七助道品) 132, 180, 268, 311, 319, 461
삼악도(三惡道, 지옥·아귀·축생) 135, 369
삼업(三業, 身·口·意) 63, 67, 90, 91, 95, 113, 114, 135, 288, 299, 308, 318, 356, 358, 360, 363, 441
삼정육(三淨肉) 415
삼처전심(三處傳心) 80
삼학(三學) 105, 466
상락아정(常樂我淨, 열반사덕) 410~413, 448
상바라밀(常波羅蜜) 448

상의상관(相依相關) 108
상일성(常一性) 101
상좌부(上座部 Theravāda) 169, 233, 523, 524, 527, 530
상카라(sankhara) 123
색경(色境) 98, 123, 460
색계(色界) 104, 110, 111, 276, 461
색신(色身) 434, 436
생로병사(生老病死) 101, 140, 192, 239, 342, 385, 386, 502
생멸법(生滅法) 499
생사즉열반(生死卽涅槃) 282, 287
생주이멸(生住異滅) 179
석가족(釋迦族) 77, 83, 144, 154, 189
선(禪) 69, 217, 354, 408
선근(善根) 153, 308, 312, 320, 325, 330, 333, 334, 343, 344, 346, 348, 359, 371, 374, 425, 437, 440, 441
선리(禪理) 260
선법(善法) 282, 302, 333, 344, 426, 444, 497, 516
선서(善逝) 66, 67
선업(善業) 38, 39, 46, 113, 114, 116, 117, 142, 182, 183, 200, 214, 215, 229, 233, 309, 319, 363, 426, 461, 465, 492
선열(禪悅) 266, 288
선정(禪定) 59, 66, 70, 72, 104, 105, 107, 124, 128, 132, 146, 147, 162, 182, 184, 216~218, 263, 266, 270, 296, 305, 312, 315, 319, 337, 343, 367, 368, 394, 398, 413, 419, 442, 461, 473, 490, 495, 499, 504
선정일치(禪淨一致) 379
선종(禪宗) 80, 167, 256, 287, 288, 354, 379, 408, 435, 436, 453

선지식(善知識) 29, 39, 48, 153, 162~164, 165, 176, 303, 305, 327~329, 332~338, 340~344, 346~348, 353, 360, 397, 418, 426, 466, 469, 471, 478, 487
선혜지(善慧地) 308, 316, 317, 319
설식(舌識) 98, 110
성기(性起) 320~323, 353, 354
성문(聲聞) 73, 86, 88, 89, 224, 277, 279, 283, 318, 336, 352, 359, 360, 361, 370, 383, 386, 390, 396, 402, 441, 444, 447
성문법(聲聞法) 279, 381
성문심(聲聞心) 282
성주괴공(成住壞空) 101
성행(聖行) 419
세간해(世間解) 66, 67
소승교(小乘敎) 354
소승법(小乘法) 270, 389, 400
소신공양(燒身供養) 402, 403, 407
소의경전(所依經典) 256, 354, 378, 408, 435
소지공양(燒指供養) 407
속제(俗諦) 259
수념처(受念處) 120, 126
수다라(修多羅) 422, 435
수다원(豫流果, Sotāpanna) 130, 131, 148, 483
수자견(壽者見) 244
수희공덕(隨喜功德) 492
순일무잡(純一無雜) 408
스리랑카(Sri Lanka) 233, 527, 528, 529, 530
스카라 맛다바(Sūkaramaddava) 181, 182, 414
승가(僧家) 175, 176, 178, 179, 186, 443, 525, 526
승가리(僧伽利) 69
승보(僧寶) 144, 306, 307, 446
시절인연(時節因緣) 382

식무변처(識無邊處) 72, 187, 188, 461
신근(信根) 133, 153
신념처(身念處) 117, 126, 131
신력(信力) 133
신수심법(身受心法) 126, 179
신식(神識) 145
신식(身識) 98, 110
신심(信心) 87, 249, 302, 320, 327, 331, 347, 364, 450, 487
신역(新譯) 352, 353
신화경(身和敬) 306
실상(實相) 170, 240, 284, 292, 310, 315, 381, 384, 396, 462, 520
심념처(心念處) 120, 126
심성본정(心性本淨) 353
십계(十界) 131
십력(十力) 461
십바라밀(十波羅蜜) 304, 306, 309~312, 314, 315, 319
십선(十善) 263, 264, 414
십선업(十善業) 475
십악업(十惡業) 475
십여시(十如是) 381
십이연기설(十二緣起說)=십이인연법(十二因緣法) 111, 112, 237, 279, 313, 383, 426, 517
십이처(十二處) 81, 96, 125, 126, 170, 267
십주(十住) 352
십지(十地) 352, 353
십팔계(十八界) 167, 239, 461
십팔불공법(十八不共法) 461
십행(十行) 352
십회향(十廻向) 352

ㅇ

아가마(Āgama) 167

아견(我見) 244,

아나함(Anāgāmi, 不還果) 115, 125, 126, 130, 131, 148

아뇩다라삼먁삼보리(阿耨多羅三藐三菩提, 無上正等正覺, 가장 높은 최상의 깨달음) 238, 243, 244, 273, 281, 362, 364, 385, 400, 446

아뇩대지(阿耨大池) 444, 490

아라한(Arahant, 應供果) 67, 86, 108, 125, 130, 131, 135, 136, 142, 144, 148, 153, 156, 163, 174, 186, 213, 391, 454, 482, 484, 493, 530

아란야(阿蘭若)=아란야(阿蘭耶)=아란나(阿蘭拏) 79

아비달마(阿毘達磨) 232, 233

아상(我相) 244, 248, 416

아웃카스트(outcaste) 87

악도(惡道) 115, 176, 250, 300, 439, 461, 487

안거(安居) 68, 69, 75, 135, 143, 144, 189, 512

안광(眼光) 463

안근(眼根) 98, 123, 460

안반념(安般念) 128, 132

안수정등(岸樹井藤) 158

안식(眼識) 85, 98, 110, 460

알아차림(正念, sati) 118, 119, 120~126, 133, 214

애별리고(愛別離苦) 103

애어섭(愛語攝) 310

업보(業報) 70, 114, 215, 431, 475

업연(業緣) 431

여래(如來) 65~67, 71, 73, 74, 82, 84~87, 104, 109, 111, 134, 160, 178~181, 183~186, 193, 225, 243, 245, 246, 248~253, 259, 265, 281, 284, 291, 294, 296, 297, 305, 308, 311, 315~318, 320~325, 330~332, 337, 340, 342, 353, 355, 358, 362, 367, 368, 377, 386~393, 398~401, 403, 407, 413, 414, 418, 419, 424, 425, 434, 435, 437, 443, 446, 447, 450, 453, 458, 460, 500, 501, 515, 516, 518

여래장(如來藏) 353, 407, 416, 417, 447~449, 451, 453, 524

여래종(如來種) 447

여래지(如來地) 316

여실지견(如實知見) 107, 230

여여부동(如如不動) 252, 253

여인오장설(女人五障說) 395, 452

연각(緣覺) 279, 318, 336, 359, 360, 383, 386, 390, 441, 444

연기(緣起)=연기사상(緣起思想)=빠띳짜-사뭅빠다(paṭicca-samuppada) 38, 97, 102, 108, 112, 167, 233, 238, 240, 260, 312, 337, 472, 523, 532

연민심(大心) 309, 310, 312, 320, 428

열반(涅槃) 36, 56, 59, 68~71, 73~75, 77~80, 88, 99, 100, 102, 104, 105, 114, 127, 131~133, 138, 147, 152, 156, 170, 180, 183, 185, 188~193, 205, 213, 225, 233, 237, 240, 244, 266~277, 281, 282, 287, 305, 310~312, 325, 330, 359~361, 363, 370, 381, 383, 389~391, 394, 398~401, 407, 408, 410, 411, 419, 423, 424, 428, 433, 445, 446, 448, 449, 463, 464, 466~468, 472, 475, 490, 492, 500~503, 520

열반적정(涅槃寂靜) 101

염각지(念覺支) 124

영산회상염화미소(靈山會上拈花微笑) 80

영축산(靈鷲山) 81, 190, 194, 377, 406, 407

예류과(豫流果) 131

오개(五蓋) 121, 125, 126, 281

오계(五戒) 414
오교(五敎) 354
오근(五根) 132, 133, 180, 398, 495, 496
오도(五道)=오취(五聚) 104, 105, 159
오력(五力) 132, 133, 216
오십이위(五十二位) 131
오온(五蘊) 38, 81, 94, 95, 103, 110, 111~123, 125, 126, 136, 170, 206, 208, 233, 236, 259, 260, 267, 276, 307, 313, 342, 517
오온무아(五蘊無我) 95
오욕(五欲)=오욕락(五欲樂) 139, 159, 164, 273, 279, 299, 343, 389, 466, 495, 496
오음마(五陰魔) 398
오음성고(五陰盛苦) 103
오종불남(五種不男) 397
오탁악세(五濁惡世) 383, 384
왕사성(王舍城) 66~68, 72, 75, 139, 148, 152, 194, 526, 528
요설무애지(樂說無碍智) 317, 462
욕계(欲界) 104, 110, 111, 130, 131, 276, 461
욕애(欲愛) 111
우란분재(盂蘭盆齋)=우란분절(盂蘭盆節) 512
원증회고(怨憎會苦) 103
원행지(遠行地) 308, 314, 316, 319
위법망구(爲法忘軀) 402
유루(有漏) 282
유식(唯識) 454, 522, 524
유신견(有身見) 131
유심(唯心) 240, 288, 354
유심정토(唯心淨土) 288
유애(有愛, bhava-taṇhā) 111
유여열반(有餘涅槃) 183
유위(有爲)=유위법(有爲法) 253, 278, 282, 448, 516
유전연기(流轉緣起) 111, 313
유통분(流通分) 286, 492, 503, 504, 534
유행(遊行) 68, 72, 143, 146, 185, 191, 266
육경(六境) 123, 279
육근(六根) 81, 110, 123, 170, 237, 291, 313, 364, 374, 402, 441, 487, 497
육도중생(六道衆生) 505, 506, 510
육바라밀(六波羅蜜) 258, 343, 393, 451
육방(六方) 194, 195, 196, 198
육법(六法) 144
육식(六識) 110, 449
육안(肉眼) 79, 107, 252, 322, 424, 499
육진(六塵) 237, 456, 459
육처(六處) 444
육화경(六和敬) 307
윤회(輪廻) 32, 87, 104, 111, 112, 131, 153, 210, 213, 214, 233, 309, 311, 338, 443, 448, 461, 465, 472, 521
응공(應供) 65, 67
응공과(應供果) 131
의화경(意和敬) 306
이고득락(離苦得樂) 209
이구지(離垢地) 308~310, 319
이구칭(離垢稱) 285
이근(耳根) 460
이선정(二禪定) 187, 188
이승(二乘) 318, 383, 390, 444
이식(耳識) 98, 110, 460
이타(利他) 319, 366, 428
이화경(利和敬) 306
인과(因果) 108, 112, 303
인과업보(因果業報) 108

인과율(因果律) 108
인과응보(因果應報) 108
인연관(因緣觀) 304
인연화합(因緣和合) 98, 108
인욕(忍辱) 29, 134, 148~151, 263, 265, 272, 296, 305, 309, 311, 315, 319, 333, 337, 392, 441, 442, 479, 492, 496
일대사인연(一大事因緣) 382
일래과(一來果) 131
일미(一味) 388, 445, 488
일불승(一佛乘) 383, 384, 386, 390, 407, 436
일생보처(一生補處) 336, 371
일심(一心) 167, 297, 329, 353, 397, 402~404, 500
일진지(一眞地) 490
일천제(一闡提) 413, 425, 435, 436
일체개고(一切皆苦) 58, 100, 101
일체법(一切法) 94, 96, 97, 167, 236, 251, 255, 282, 312, 313, 316, 319, 446, 462
입멸(入滅) 71, 80, 179, 182~192, 392, 450, 501, 504, 524, 526

ㅈ

자비관(慈悲觀) 304, 337, 426
자성(自性) 259, 290, 291, 293, 311, 313, 346, 353, 434, 435, 449, 458, 459, 478
자심해탈(慈心解脫) 114, 115
자아(自我) 131, 205, 244, 282, 292, 309, 467
자자(自恣) 73, 144, 512
적멸법(寂滅法) 334
전도(傳道) 67, 68
정(定, samādhi) 105, 133
정각(正覺) 136, 217, 244, 296, 297, 320, 324, 352, 353, 394, 395, 427, 516
정견(正見) 43, 104~106, 162, 264
정근(定根, samādhi) 133
정념(正念) 25, 69, 104, 105, 118, 217, 329, 442, 462
정도(正道) 282, 301
정력(定力) 133
정명(正命) 104, 105
정명(淨名) 285
정바라밀(淨波羅蜜) 448
정법섭수(正法攝受) 451
정변지(正遍知) 66, 67, 438
정사유(正精進) 104, 105
정어(正語) 104, 105, 133
정업(正業) 104, 105
정정(正定) 104, 105, 133
정정진(正精進) 104, 105, 133
정종분(正宗分) 286, 451, 492, 503, 504, 534
정진(精進) 132, 133
정진근(精進根) 133
정진력(精進力) 133, 265, 442
정토(淨土) 263, 264, 283, 378, 379, 466
정토종(淨土宗) 378, 379, 511
제법무아(諸法無我) 58, 97, 100, 101
제법실상(諸法實相) 381, 408
제불(諸佛) 303, 305, 306, 308, 324, 326, 334, 344, 368~370, 374, 382, 399, 530
제일의(第一義) 446
제일의승(第一義乘) 446
제일의제(第一義諦) 311
제행무상(諸行無常) 58, 95, 100, 101, 422
제호(醍醐) 147, 422, 435
조계종(曹溪宗) 236, 242, 244, 247, 256, 379

조어장부(調御丈夫) 66, 67
종자(種子) 281, 307
좌선(坐禪) 138, 267, 268, 288, 525
죄복상(罪福相) 394
중각당(重閣堂)=중각강당 98, 159, 351
중도(中道) 104~107, 170, 240, 260, 375, 390, 454, 483, 492
중생견(衆生見) 244
중생심(衆生心) 320, 353
중생탁(衆生濁) 284
즉비논리(卽非論理) 258, 259
지계(持戒) 296, 310, 315, 319, 337, 441, 461
진아(眞我) 416
진여(眞如) 67, 82, 271, 284, 448, 466, 490
집성제(集聖諦) 102, 104, 311, 500

ㅊ

찬불승(讚佛乘) 405
참회(懺悔) 73, 144, 152, 153, 156, 356, 358, 359, 416, 419, 431, 470, 472, 492
천계(天界) 105, 159, 183
청규(清規) 288
청정행(清淨行) 40, 153, 165, 271, 277, 332, 380, 424, 466
초기불교(初期佛敎) 61, 94, 97, 101, 105, 111, 118, 132, 167, 168, 192, 201, 208, 233, 449, 452, 454, 492, 493, 523
초선정(初禪定) 187, 188
최상승심(最上乘心) 250
출세간법(出世間法) 281
칠각분(七覺分) 133
칠각지(七覺支) 125, 126, 132, 133, 180

칠불통계게(七佛通戒偈) 55
칠불퇴법(七不退法) 175

ㅋ

카스트(caste, 四姓: Brāhmaṇa·Kṣatriya·Vaiśya·Sūdra) 87, 141, 171, 231, 420, 531
카필라국, 카필라성(Kapilavatthu Kapilavastu, 迦毘羅衛城 현재 네팔 타라이 지방) 83, 88, 144, 155, 156
쿠시나가라(📖kusināra, 📖kuśinagara) 182~192

ㅌ

택법(擇法, dhamma-vicaya) 133
티베트(Tibet) 191, 202, 286, 352, 530

ㅍ

파라미타(pāramitā, 波羅密多) 240, 241, 256
팔경계(八敬戒)=팔불가과법(八不可過法)=팔불가월법(八不可越法) 144, 452
팔등지(八等至) 217
팔십종호(八十種好) 314, 396
팔정도(八正道) 103, 105, 130, 133, 180, 311
팔해탈(八解脫) 217
평상심(平常心) 288
평온한 마음 해탈(捨心解脫) 115
포살(布薩) 73, 170, 512
프라즈냐(prajñā, 般若) 241, 256

ㅎ

하택종(荷澤宗) 354

해인삼매(海印三昧) 352

해탈지견(解脫知見) 71, 107

행고(行苦) 101

현전지(現前地) 308, 312, 314, 319

혜근(慧根, paññā) 133

혜력(慧力) 133

홍주종(洪州宗) 354

화성(化城) 389, 390, 406

화택(火宅) 406, 385, 386, 406

환멸연기(還滅緣起) 111, 313

환주(幻住) 342, 343

환화(幻化) 459, 460, 490

환희지(歡喜地) 308, 309, 319

활구(活句) 453

회삼귀일(會三歸一) 407

편역 지겸 정운

대승불전연구소장. 운문승가대학을 졸업하고, 대원사 선방 등에서 안거를 성만했으며, 미얀마에서 1년여간 머물렀다. 조계종 교육원 불학연구소장을 역임했으며, 운문승가대학의 명성스님으로부터 전강을 받았다. 동국대학교에서 박사학위를 받은 이래 20년 대학에서 강의하고 있으며, 조계종 종단의 교육과 연구를 전담하는 교육아사리이다. 『경전숲길』·『유마경』·『법구경 마음공부』등 20여권의 저서와 학술 등재지에 40여 편의 논문을 게재했다.

· 니련선하원 http://cafe.daum.net/saribull

한 권으로 읽는 경전
경전숲길

1판 1쇄 펴냄 2011년 9월 15일
1판 6쇄 펴냄 2024년 8월 1일

편역 정운

펴낸이 원명
펴낸곳 (주)조계종출판사

출판등록 제 300-2007-78호
등록일자 2007년 4월 27일
주　　소 서울시 종로구 삼봉로 81 두산위브파빌리온 1308호
전　　화 02-720-6107
팩　　스 02-733-6708
홈페이지 www.jogyebooks.co.kr

ⓒ 정운, 2011

ISBN 978-89-93629-64-4　03220

※책값은 뒤표지에 있습니다.
※저작권법에 의하여 보호를 받는 저작물이므로
　무단으로 복사, 전재하거나 변형하여 사용할 수 없습니다.
※(주)조계종출판사의 수익금은 포교·교육 기금으로 활용됩니다.
※이 도서의 국립중앙도서관 출판시 도서목록(CIP)은
　e-CIP홈페이지(http://www.nl.go.kr/ecip)에서 이용하실 수 있습니다.
　(CIP제어번호 : CIP2011003339)

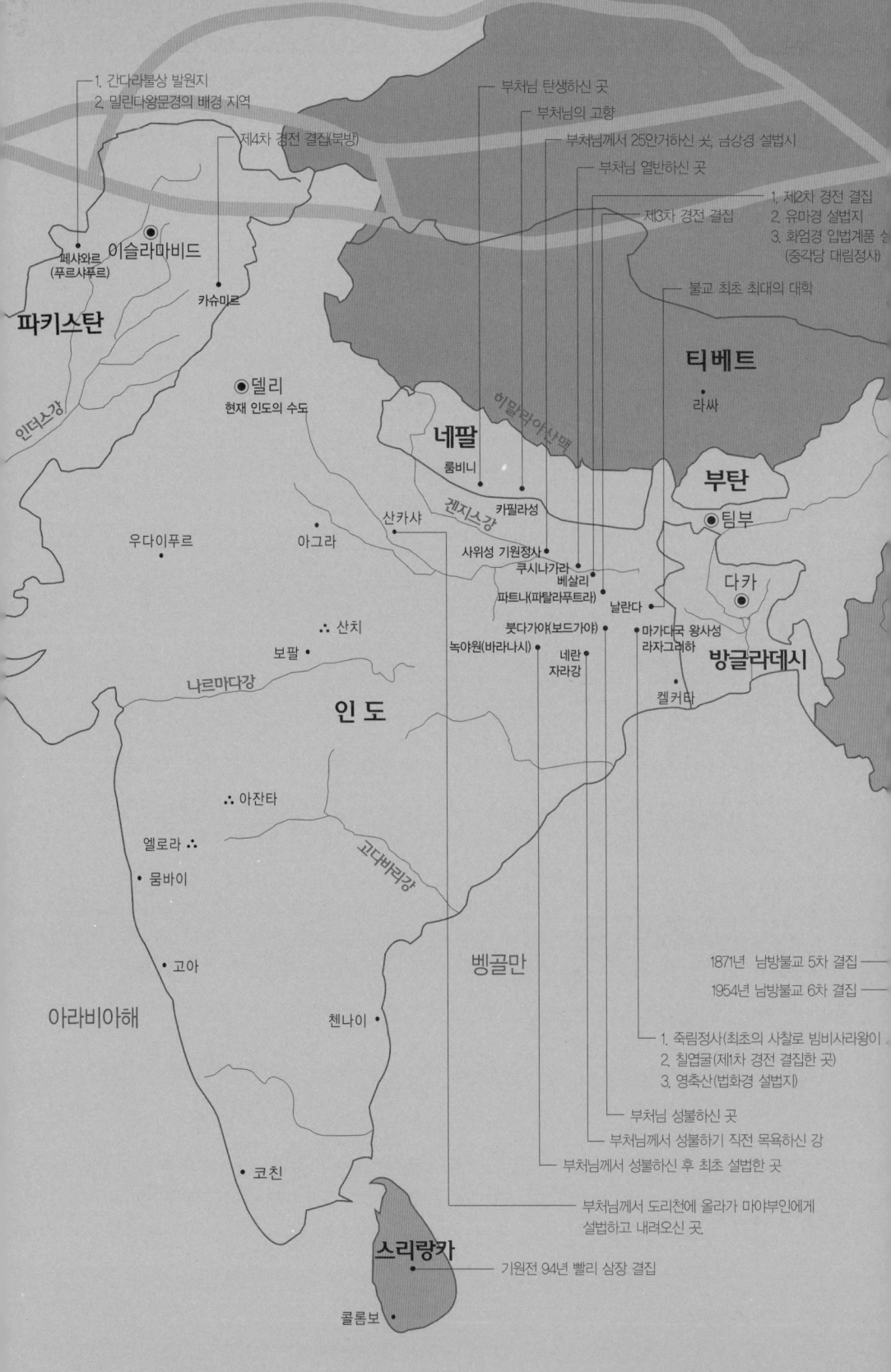